主 编 ◎ 闫德亮　副主编 ◎ 李 娟

编辑　李玲玲　姬亚楠　张冬宁

中华文明探源论丛

华夏文明之光

ON THE ORIGIN OF
CHINESE CIVILIZATION

社会科学文献出版社
SOCIAL SCIENCES ACADEMIC PRESS (CHINA)

目　录

中华文明是多元一体的文明。中华大地各个区域具有不同的自然环境和生业基础，发展出各具特色的区域文明，裴李岗文化、红山文化、良渚文化、仰韶文化、陶寺文化、三星堆文化、齐家文化等文化形态表现出各自不同的文明特征。这些文明走着各自的演变道路，经历了不同的兴衰过程，展现出一幅丰富多彩、波澜壮阔的中华文明灿烂辉煌的画卷，呈现出区域文明百花争艳的局面。各区域文化之间的互动与融合，对华夏文明形成和早期发展发挥了举足轻重的作用。探讨中华各区域文明化进程及其不同特点与原因以及文明核心基因共性因素，关注各区域文化融合及其不同势力集团力量的消长与变化，是中华文明研究的重要内容，也是全面客观地认识中华文明的重要步骤。

本册对三星堆文明形成的年代和机制、良渚文化与华夏文明的关系、齐家文化的起源、先秦古蜀与华夏的交流互动与融汇、"天圆地方"概念的起源等的研究，都从不同视角探讨了区域文明与华夏文明交流互鉴的关系，丰富了文明探源研究的广度，为探索华夏文明提供了新视角。本册对中国古代的干支、十进位制和十二进位制纪时，"二十四节气"的产生，早期冶铜术的起源，早期水利与农业发展的研究从不同侧面表现了中华文明之光。本册对仰韶文化中的玄玉、双槐树所出的牙雕蚕、仰韶文化中的鱼纹、陶寺遗址中有关饮食的各种遗迹遗物、中国初期国家形成中的牙璋、殷墟商墓随葬铜器玉器等进行研究，探讨某种制度、某种文明形态。通过这些原初编码，深入理解华夏精神的文化基因，以小见大，揭开中华文明的神圣起源，为古史研究领域提供新的研究思路与方法。本册对中国早期都邑城址的起源、形成、发展等问题的研究，将文献记载与考古发现紧密结合，探讨河南巩义双槐树"河洛古国"、夏商周都城的宫城、夏商西周畿内的防御体系、华国遗址等问题，对破解"最早中国"的文明密码，深化对中华文明起源的认识具有极其重要的意义。

　　本册印证了文明的起源、形成、发展是一个漫长的过程，是适宜的自然环境、农业和手工业的发展、精神领域的进步、社会组织结构的变化、不同文化之间的交流互动等多种因素共同作用的结果。这些成果以人文科学和自然科学相结合、探讨社会内部机制与来自社会外部的影响互动相结合等方式呈现出来，对探寻华夏文明的起源与发展过程，探索其产生的背景、契机以及演进的机制和规律，具有重要的学术价值。

三星堆文明形成的年代和机制

朱乃诚

摘　要：三星堆文明形成于三星堆遗址二期，具体年代在公元前 1600 年至公元前 1500 年。三星堆文明是在三星堆遗址二期受到二里头文化、齐家文化的影响下产生的，形成时期包含了二里头文化、齐家文化以及宝墩文化的继承者等三种文化因素。二里头文化与齐家文化对成都平原地区的影响，促使当地的本土文化发生巨变，导致三星堆文明的形成。由于三星堆文明形成过程中继承了一些二里头文化所代表的夏文明因素以及齐家文化因素，所以在三星堆文明的发展过程中，尽管受到中原商文明的影响，但其所呈现出的最主要的文化特征即表明三星堆文明特质的文明因素，却迥异于商文明。

关键词：三星堆文明；二里头文化；齐家文化；文化特征

"沉睡数千年，一醒惊天下"，这是对 1986 年在四川广汉三星堆遗址发现两座大型"祭祀坑"及一大批精美而奇特文物的高度赞誉。这一发现，展示了商王朝区域以外的一处最为辉煌夺目的方国文明所取得的巨大成就，为探索古蜀文明提供了最为重要的资料，也是探索中华文明不可或缺的重要内容。最近，通过对三星堆遗址两座"祭祀坑"附近的再次发掘，又发现了六座"祭祀坑"，已经清理出土的大型金面具、大型青铜尊、玉琮与玉戈、象牙以及象牙雕刻作品等珍贵文物，再次放射出惊醒世人的光彩。三星堆遗址的这一系列重大发现，显示三星堆遗址曾承载着一个经充分发展的文明社会，即"三星堆文明"。对三星堆文明的年代、性质、文化特征、经济形态、意识形态、社会形态等诸多问题的研究，将是今后一段时期内考古学与历史学等学科共同探索的系列重大课题，也是社会公众关注的重要议题。本文以2019年及以前的学术刊物公布的三星堆遗址发掘资料为基础，探索三星堆文明形成的年代和机制，以期对三星堆文明的认识有所裨益。

一　三星堆文明中年代较早的高档次
文化遗存及其年代分析

探索三星堆文明形成的年代，自然不能简单地以已经发掘的两座"祭祀坑"以及正在发掘的六座"祭祀坑"的年代为探索的主要依据，因为这些坑是三星堆文明后期的遗存，而应以三星堆文明中年代较早或最早一批能够反映三星堆文明形成的高档次文化遗存为探索分析的主要研究对象。

在三星堆遗址中发现的能够反映其文明已经形成的高档次文化遗存主要有：发现于月亮湾燕家院子的玉石器坑类遗迹、三星堆遗址附近广汉高骈乡机制砖瓦厂一座坑类遗迹、三星堆两座大型"祭祀坑"、月亮湾仓包包一座坑类遗迹、三星堆遗址西侧仁胜村墓地、三星堆城址城墙、青关山大型建筑遗存等。这些遗迹及其遗物是否为三星堆文明中年代较早或最早的一批遗存，需要仔细分析甄别，下面就对这些遗存进行逐一分析。

（一）月亮湾燕家院子玉石器坑类遗迹

1929年在月亮湾燕家院子门前发现的玉石器坑类遗迹，出土玉石器数量达三四百件之多。后来大多散失。华西大学博物馆于1934年3月在燕家院子门前太平场水沟处进行首次考古发掘，从发现者燕道诚及收藏人处受赠收集玉石器数件。1951年、1957年、1961年四川省博物馆先后三次征集了部分玉石器。后冯汉骥对1929年的发现进行了多次查访，并对收藏在四川省博物馆、四川大学博物馆的3件玉斧（锛）、3件牙璋、3件玉琮、3件有领玉璧，以及数十件石璧进行了专题研究。1994年陈德安公布1件故宫博物院收藏的可能是1929年出自月亮湾燕家院子玉石器坑类遗迹的牙璋。2017年由成都金沙遗址博物馆、中国社会科学院考古研究所等十多家单位在成都金沙遗址博物馆联合举办的"玉汇金沙——夏商时期玉文化特展"中，汇集四川博物院、四川大学博物馆的藏品，展出燕家院子玉石器坑类遗迹出土的玉器19件，其中牙璋6件、玉斧（锛）3件、玉琮5件、玉璧2件、有领玉璧3件，并公布了彩色图片[1]54-150。这批玉石器的文化面貌较为复杂，制作年代也有区别。经对这19件玉器的初步辨识，大致可将其分为以下五类。

第一类，龙山文化时期的作品。如四川大学博物馆藏品（3.1）226玉琮（见图1）[1]124，外径7.4厘米、内径6.6厘米、高5.5厘米，玉琮的四壁中部施刻两道竖线，四壁角面上施刻上、中、下三道平行线纹，在上下两道平行线纹之间刻一圆圈眼纹，圆圈眼纹叠压中间一道平行线纹。这些特征表明其是良渚文化之后制作的仿良渚文化玉琮的作品。风格相同的玉琮在山东五莲丹土发现1件[2]山东卷28,[3]109。这类玉琮可能是在良渚文化之后的钱山漾文化时期制作的，大致属龙山文化时期的作品。

第二类，二里头文化四期的作品。如四川大学博物馆藏品（3.1）260牙璋（见图2）[1]72，长39.2厘米、刃部宽10.3厘米、柄部宽6.3厘米、厚0.4厘米。四川博物院藏品A313牙璋（见图3）[1]80，长60厘米、最宽8.4厘米、厚0.8厘米。这几件牙璋制作精致，尤其是阑部的平行弦纹和扉棱扉牙，十分精细，扉棱扉牙的形制，已发展到顶峰。

与这几件牙璋的阑部纹饰和扉棱扉牙形制相同的牙璋，见于偃师二里头遗址四期。如二里头75YLⅦKM7：5牙璋[2]河南卷12，双阑形成了复杂的扉棱与齿牙，显示了高超的工艺技术。二里头文化四期，是牙璋制作最为精美的阶段。

第三类，齐家文化时期的作品。如四川博物院A41玉琮[1]126，外径5.3厘米、高7.5厘米；四川博物院藏品A110485玉琮（见图4）[1]127，外径9厘米、高11厘米，光素无纹，为齐家文化特征的玉琮。又如四川大学博物馆藏品（3.1）441玉琮[1]123，外径5.9厘米、内径4.2~4.6厘米、高3.1厘米；四川大学博物馆藏品（3.1）113玉琮[1]124，外径5.1厘米、内径4.1厘米、高5.1厘米。这4件玉琮，都是光素无纹，射口的外缘中部与玉琮四面外壁面一体，射口的制作是在两端的四角剔刻而形成，通常不规整，为齐家文化特征的玉琮。还有四川大学博物馆藏品（3.1）439玉璧（见图5）[1]138，外径18.5厘米、内径4.9厘米、厚0.6厘米；四川大学博物馆藏品（3.1）131玉璧[1]139，外径10.5厘米、内径4.2厘米、厚

0.4 厘米。这 2 件玉璧也是齐家文化的作品。

第四类，二里岗文化时期的作品。如四川博物院藏品 A12 有领玉璧（见图 6）[1]149，外径 11 厘米、高 3.3 厘米。这件有领玉璧，器形较小，领部略高，领部的两端口唇外侈，在领部两端外表接近口沿处施刻两道凹弦纹。这种风格的有领玉璧目前尚未见于商代晚期，也不见于二里头文化或更早的文化遗存中，推测可能是二里岗文化时期的作品，大致属商代中期。

第五类，商代晚期作品。如四川博物院藏品 A113915 有领玉璧[1]150，残缺一小部分，外径 12 厘米、高 1.2～1.7 厘米、璧面厚 0.2 厘米。四川博物院藏品 A110483 有领玉璧[1]150，残缺一小部分，外径 11 厘米、高 1.2～1.7 厘米、璧面厚 0.2 厘米。这 2 件有领玉璧，器形较小，在璧面上施刻有 10 多道同心圆弦纹，是典型的商代晚期同心圆弦纹有领玉璧。其中，四川博物院藏品 A110483 有领玉璧两面的同心圆弦纹被磨损十分严重，显示其制作之后可能使用了很长的一段时间。

与这两件同心圆弦纹有领玉璧形制相同的器形，在殷墟妇好墓中有较多的出土。在有领玉璧的璧面上施刻复杂的同心圆弦纹，是商代晚期有领玉璧的特征[4]1-60。

以上分析表明，1929 年在月亮湾燕家院子发现的玉石器坑类遗迹中的玉器，至少分属龙山文化时期、二里头文化四期、齐家文化时期、二里岗文化时期、商代晚期五个阶段。而这座玉石器坑类遗迹的年代即这批玉石器的埋藏年代，只能依据这批器物的最晚年代来确定，应是在商代晚期埋入的。如果考虑四川博物院藏品 A110483 有领玉璧制作之后已经使用了一段时间而出现磨损，那么其埋藏年代可能在商代晚期后段或商末。

（二）三星堆遗址附近广汉高骈乡机制砖瓦厂一座坑类遗迹

1976 年在三星堆遗址附近的广汉高骈乡机制砖瓦厂发现一座坑类遗迹，出土镶嵌绿松石铜牌饰 1 件、玉戚 1 件、玉刀 1 件、玉矛 1 件[5]，后藏入四川博物院。

镶嵌绿松石铜牌饰[5]图二.4，平面大致呈长方形，上端略宽、顶边向下微凹弧，下端略窄、底边向下微凸弧，平面横向弯弧呈瓦状，外侧近四角饰半环状小钮。铜牌饰面上有 10 个镶嵌绿松石块图案，左右对称，两侧各一排，每排 4 个图案，两端各 1 个图案。长 12.3 厘米、最宽 5 厘米。这是一件具有二里头文化因素的镶嵌绿松石铜牌饰，但形体已经演变为瘦长，镶嵌绿松石块的图案已不见二里头文化镶嵌绿松石铜牌饰上常见的兽面图案的踪影（如二里头文化四期的二里头 87VIM57：4 镶嵌绿松石铜牌饰[6]图二.1,图版壹），年代应晚于二里头文化四期的镶嵌绿松石铜牌饰。这件镶嵌绿松石铜牌饰还晚于仓包包坑类遗迹中出土的仓包包 87GSZJ：36 镶嵌绿松石铜牌饰（见后述），但早于铜牌饰外侧四角没有半环状小钮的仓包包 87GSZJ：17 铜牌饰（见后述）。这种具有二里头文化因素但形制变异并缺乏兽面特征的镶嵌绿松石铜牌饰，不是中原地区二里头文化的作品，可能是在三星堆遗址一带制作的具有二里头文化因素的镶嵌绿松石铜牌饰。推测其制作年代不会早于三星堆遗址三期。

四川博物院藏品 A140328 玉戚（见图7）[1]54，长 17.9 厘米、宽 8.3 厘米、厚 1 厘米。这件玉戚两侧偏下饰 5 个扉牙，5 个扉牙的分布形式，以中间 1 个扉牙为中轴，上下各 2 个扉牙分别上下斜侈，扉牙呈尖状。这种玉戚扉牙的形式，目前尚不见于商代晚期以前的作品，即使在商代晚期前段玉戚上也鲜见，推测其可能是商代晚期后段的作品。

四川博物院藏品 A140329 玉刀的形制为玉铲（见图8）[1]76，长 26 厘米、刃宽 11.2 厘米、厚 1.2 厘米。这是一件由牙璋改制的作品，在下部穿三孔以便于安装铲柄。相同的作品见于金沙遗址[1]77，类似的作品曾见于湖北黄陂钟分卫湾 M1 墓中出土的玉铲[7]图三.6，可能也是由牙璋改制的作品。钟分卫湾 M1 墓曾被定为商墓，墓中出土有带胡的青铜戈，李学勤据此推定该墓年代为商末[8]。由此可推测高骈出土的这件玉铲可能是商代晚期后段改制的作品。

四川博物院藏品 A140330 玉矛[1]98，已残。类似的玉矛不见于其他地区的商时期遗存中，无法进行比对分析，对其年代暂时不能明确。

通过以上分析，高骈这座坑类遗迹中出土的 1 件镶嵌绿松石铜牌饰、3 件玉器，除 1 件年代不明外，其余的分别为商代晚期后段和可能是三星堆遗址三期的作品。据此推测高骈这座坑类遗迹的年代及其绿松石铜牌饰和玉器的埋藏年代在商代晚期后段。

（三）三星堆两座大型“祭祀坑”

1986 年发现的三星堆两座大型“祭祀坑”，坑内堆满了大批珍贵文物，大部分是相当于商代晚期的作品。但也有少量的早期作品。如一号"祭祀坑"K1:11-2玉琮[1]125,外径(边长)6.8厘米、内径5.2厘米、高7.3厘米,制作粗糙,是齐家文化作品。又如二号"祭祀坑"K2③:201-4玉璋,器表两面施刻祭祀场景的图[9]572,图90,是由牙璋改制的作品,改制前的原件牙璋,可能是中原地区二里头文化一、二期之间的作品[10]。

关于三星堆两座大型"祭祀坑"的年代,发掘主持者与发掘报告编写主持者陈德安将两座"祭祀坑"的埋葬年代,分别推定为殷墟一、二期之间与殷墟二期晚段至三、四期[9]4274-432。但一号"祭祀坑"出土了陶尖底盏和陶器座[9]146,图七六.1-7,图版五三.1-4,这两件陶器可能是配套使用,应是有意埋入的。这类陶尖底盏见于成都十二桥商代遗址[11]79-80,图五五、五六和成都指挥街周代遗址[12]171-210。三星堆一号"祭祀坑"的陶尖底盏的形制特征,最早的可能属三星堆遗址第四期早段。据此可确定一号"祭祀坑"的埋藏年代不会早于三星堆遗址四期早段,可能相当于商代晚期后段或商末。二号"祭祀坑"的埋藏年代可能与一号"祭祀坑"接近。

(四)月亮湾仓包包一座坑类遗迹

1987年在三星堆遗址月亮湾燕家院子以东约400米处的仓包包发现一座坑类遗存,出土铜牌饰3件、玉环(原称玉瑗)8件、玉箍形器1件、玉凿1件、石璧11件、石纺轮形器10件(原将11件石璧、10件石纺轮形器都称为石璧)、石斧3件、石琮1件[13]78-90。这批文物可分为三类。

第一类,具有二里头文化因素的遗存。主要是3件铜牌饰。3件铜牌饰平面大致呈长方形,上端略宽、下端略窄,细节形制有区别。仓包包87GSZJ:36镶嵌绿松石铜牌饰(见图9,图片系由陈德安先生提供,谨致谢忱)[13]78-90,图三.2,平面横向弯弧呈瓦状,下端呈弧形,外侧近四角饰半环状小钮。铜牌饰面上形成铜牌饰框架图案结构、内镶嵌绿松石块。铜牌饰框架图案以中部上下一条主干架为中轴,与左右对称的斜支干、圆圈、小弯勾组成上下四组图案。正面铜锈上有细线织物的印痕,背面铜锈上有竹编印纹痕迹。铜牌饰长13.8厘米、上宽5.6厘米、下宽5.2厘米、厚0.1厘米。仓包包87GSZJ:16镂空铜牌饰(见图10,图片系作者于2019年参观三星堆博物馆藏品时经朱亚蓉馆长允许拍摄,谨致谢忱)[13]78-90,图三.1,平面横向弯弧呈瓦状,外侧近四角饰半环状小钮,铜牌饰框架图案以中部上下一条主干架为中轴，与左右对称的各种细斜支干、短弧支干组成，形成上下对称的以"S"形单元为主体、相间小三角形镂孔的五组卷草形镂空图案。器表铜锈上有少量朱砂与灰烬。铜牌饰长 14 厘米、上宽 5.3 厘米、下宽 4.9 厘米、厚 0.2 厘米。仓包包 87GSZJ：17 铜牌饰[13]78-90,图三.3，体薄，背面平整，正面中部凸出一竖向短脊，脊长 4.5 厘米、宽 0.8 厘米，脊两端分别连接一凸出器表、直径 2.5 厘米的圆饼状。铜牌饰长 13.8 厘米、上宽 5.8 厘米、下宽 5.2 厘米。

这 3 件铜牌饰的形制不同，显示它们之间存在早晚关系。其中仓包包 87GSZJ：36 镶嵌绿松石铜牌饰的形制与制作工艺和二里头四期的 87VIM57：4 镶嵌绿松石铜牌饰接近[6]图二.1,图版壹，还保留了象征兽面眼纹的图案，其使用方式可能也相同，可能是捆绑在手腕部的一种兼具装饰的工具或防护用具①，年代相对较早。而仓包包 87GSZJ：17 铜牌饰，器体较平整，没有镶嵌绿松石块，也没有镂空，四角没有半环状小钮，整个风格不仅与二里头文化四期的镶嵌绿松石铜牌饰迥异，而且其使用方式与仓包包 87GSZJ：36 镶嵌绿松石铜牌饰的使用方式明显不同，显示其年代较晚。仓包包 87GSZJ：16 镂空铜牌饰的形制则介于仓包包 87GSZJ：36 镶嵌绿松石铜牌饰与仓包包 87GSZJ：17 铜牌饰之间，年代应居于两者之间。这 3 件铜牌饰的相对年代从早到晚依次为：仓包包 87GSZJ：36 镶嵌绿松石铜牌饰、仓包包 87GSZJ：16 镂空铜牌饰、仓包包 87GSZJ：17 铜牌饰。

二里头文化四期的二里头 87VIM57：4 镶嵌绿松石铜牌饰是由二里头文化二期的绿松石龙形器演变而来[14]，在镂空铜牌饰上镶嵌绿松石以表现兽面。仓包包 87GSZJ：36 镶嵌绿松石铜牌饰与二里头文化四期的二里头 87VIM57：4 镶嵌绿松石铜牌饰接近，而器形演变为瘦长、兽面纹消失，但还保留了象征兽面的眼纹，制作年代应略晚于二里头文化四期的二里头 87VIM57：4 镶嵌绿松石铜牌饰，故推测仓包包 87GSZJ：36 镶嵌绿松石铜牌饰可能是二里头文化四期末段的作品。依次类推，仓包包 87GSZJ：16 镂空铜牌饰应是二里头文化四期之后的作品，仓包包 87GSZJ：17 铜牌饰应是更晚的作品。仓包包 87GSZJ：17 铜牌饰的风格与二里头文化四期镶嵌绿松石铜牌饰的风格迥异，使用方式也不同，应是二里头文化铜牌饰的孑遗。其可能是在成都平原地区制作的，推测其制作年代在三星堆遗址三期或三期之后。

第二类，具有齐家文化因素的遗存。主要是 11 件石璧、10 件由石璧芯制作的石纺轮形器。

11 件石璧依次垒叠，器形由大而小依次递减，相近两件之间大小差 1 厘米左右，被称为"列璧"。大都不呈正圆，中部厚，边缘薄，周缘不规整，单面穿孔，有的穿孔偏于中心一侧。最大的一件是 87GSZJ：13 石璧，一面经火烧烤，直径 20.3 厘米、孔径 8.6 ~ 9 厘米、厚 1.1 ~ 1.3 厘米，并且可与最大的一件石纺轮形器套合（见图 11）[13]78-90,图七.4。最小的一件是 87GSZJ：22 石璧，穿孔偏于中心一侧，直径 7.1 厘米、孔径 2.5 ~ 2.9 厘米、厚 0.6 ~ 0.7 厘米[13]78-80,图八.5。

10 件由石璧芯制作的石纺轮形器，形体较小，也是由大到小排列，有的可与一起出土的石璧套合，证明是利用这些石璧的芯片进一步加工而成。由于其本身是从石璧上经单面穿孔取下的石璧芯，所以这些石纺轮形器的两面直径不相等，在外缘壁上有螺旋纹钻痕。其中，最大的一件 87GSZJ：21 石纺轮形器，是利用 87GSZJ：13 石璧芯制作，质地、色泽与 87GSZJ：13 石璧相同，也是一面经烧烤，并且两件可以套合，直径 7.7 ~ 8.4 厘米、孔径 0.9 ~ 1.3 厘米、厚 1.2 厘米（见图 11）[13]78-90页,图九.1。最小的一件 87GSZJ：9 石纺轮形器，直径 3.1 ~ 3.5 厘米、孔径 0.9 ~ 1.4 厘米、厚 0.8 厘米[13]78-90页,图九.10。

这种形制的石璧以及利用石璧芯制作的石纺轮形器，在齐家文化中发现较多，是齐家文化玉石器的一种主要特征[15]204-275。

经比对分析，可以明确仓包包这座坑类遗迹中出土的石璧、石纺轮形器的形制特征、制作工艺特征，都具有齐家文化的特征。但这些石璧与石纺轮形器有的可以套合，反映了它们的制作年代与埋藏年代相距不远，其不可能是在甘青地区的齐家文化制作后长距离辗转而来，而应是在三星堆遗址上制作的。这些石璧与石纺轮形器应是三星堆遗址上制作的具有齐家文化因素的"石列璧"与石纺轮形器，制作年代应在齐家文化之后，即在公元前 1500 年之后。

第三类，具有商代晚期因素的遗存。主要是 8 件玉环。8 件玉环大小相若，形制基本相同。直径在 8.8 ~ 10 厘米，孔径在 6.1 ~ 6.6 厘米，玉环面宽 1.3 ~ 1.8 厘米，厚 0.3 ~ 0.5 厘米。在环面上穿一小长方形孔，最大的长方形穿孔，长 0.8 厘米、宽 0.4 厘米；最小的长方形穿孔，长 0.6 厘米、宽 0.2 厘米。其中,4 件玉环,素面无纹;4 件玉环的两面施刻同心圆弦纹或较宽的同心圆凹弦纹。大多磨损严重。器体最大的一件,仓包包 87GSZJ:30 玉环(见图 12)[13]79-80,图五.2,经火烧成鸡骨白色,在玉环两面施刻 6 道同心圆弦纹,直径 10 厘米、孔径 6.4 厘米、环面宽 1.8 厘米、厚 0.5 厘米,长方形穿孔长 0.7 厘米、宽 0.3 厘米。前已述及这类施刻同心圆弦纹的玉璧(玉环)为典型的商代晚期的风格。但在环面上穿小长方形孔的玉环,在商代其他遗址中尚未见到,这种小长方形孔是在同心圆弦纹之后施刻的。依此对照分析,可将这 8 件玉环的年代推定在商代晚期后段或商末。

以上分析表明,月亮湾仓包包这座坑类遗迹中出土的文物,可分为具有二里头文化因素、齐家文化因素、商代晚期因素的三类。据此推测月亮湾仓包包这座坑类遗迹的埋藏年代在商代晚期后段或商末。

(五)三星堆遗址西侧仁胜村墓地

仁胜村墓地位于三星堆遗址西侧,1997 年 11 月发现墓葬,经 1998 年 1 月至 6 月的发掘,清理墓葬 29 座。其中,17 座为长方形竖穴土坑墓,多数有随葬品;4 座为狭长形土坑墓,仅 1 座见有人骨和一段象牙。这些墓葬填土中有属于三星堆遗址一期末的陶片。共出土随葬品 66 件,其中陶豆 1 件、豆形器 2 件、尊形器 1 件、器盖 1 件,共陶器 5 件;玉石蜗旋状器 6 件、玉石泡形器 4 件、石纺轮形器(璧形器)2 件、玉锥形器 3 件、玉凿 1 件、玉矛 2 件、石斧 2 件、石斧形器 2 件、黑曜石珠 37 颗、石弹丸 2 枚,共玉石器 61 件。对于仁胜村墓地发掘的这 29 座墓葬的文化面貌与年代,发掘主持者陈德安曾有过初步的分析,认为 6 件蜗旋状玉器与二里头文化第二期的斗笠状白陶器、成都南郊十街坊宝墩文化晚期遗址 M6 出土的圆形骨器近似,而 5 件陶器的陶质陶色与三星堆遗址第二期偏早的陶器风格一致,年代上限应相当于三星堆遗址一期后段,下限在三星堆遗址第二期前段,相当于二里头文化二期至四期的年代范围[16]。

笔者认为,如果依据这批墓葬填土中有属于三星堆遗址一期之末的陶片,而随葬陶器的陶质陶色与三星堆遗址第二期偏早的陶器风格一致,由此可以确定这批墓葬的年代要晚于三星堆遗址一期之末,属于三星堆遗址二期。另依据年代较早的 M21 号墓随葬有蜗旋状玉器 5 件[16]图一二.16、图版叁.1,[2]四川重庆卷8

蜗旋状象牙器 2 件、玉矛 1 件，判断其可能是二里头文化传播到成都平原三星堆一带的文化遗存或是受二里头文化影响而产生的文化遗存。那么三星堆遗址第二期的年代应在二里头文化二期之后。据此推测，二里头文化二、三期之交的公元前 1610 年前后，可能是仁胜村墓地年代的上限。

（六）三星堆城址城墙

自 1989 年发现三星堆城址城墙以来，至 2017 年对三星堆遗址城墙进行了系列考古勘探与发掘。通过这些勘探和发掘可知，三星堆遗址的最早建筑城墙是在三星堆遗址二期至三星堆遗址三期在三星堆城址内的东北部形成了仓包包小城，在三星堆遗址四期还对西城墙进行了修补[17]221,[18]380-382,[19]293,[20]377-378,[21]380-381。这些现象显示，三星堆城址的城墙从三星堆遗址二期沿用至三星堆遗址四期。

（七）青关山大型建筑遗存

青关山大型建筑遗存位于三星堆城址内西北角青关山高台上。土台呈二级台地状，最高一级高出周围地面 4~5 米，这里也是整个三星堆城址的最高处。2005 年勘探发现青关山高台系人工夯筑而成，并在第二级台地南部局部揭露出一座大型红烧土建筑基址。至 2017 年的考古勘探与发掘，已经揭露出三星堆遗址三期的 3 座大型建筑基址，如 F1、F3，以及略早的 F2。其中 F1 为长逾 65 米、宽近 16 米、建筑面积逾 1000 平方米的大型红烧土建筑基址，由多间"正室"以及相对应的"楼梯间"组成，"正室"分为两排，沿中间廊道对称分布，廊道宽 2.5 米左右[18]380-382。在 F1、F2、F3 三座建筑基址下叠压有属三星堆遗址一期的夯土台[20]377-378，其规模、结构有待探索。据此推测在三星堆遗址二期可能存在规模较大的建筑遗存。

二 三星堆文明形成的年代

通过以上对目前在三星堆遗址及附近遗迹中发现的高档次文化遗存的分析，就比较容易明确三星堆文明形成的年代问题。

（一）三星堆文明形成于三星堆遗址二期

目前在三星堆遗址及附近遗迹中发现的最早一批高档次文化遗存，主要有仁胜村墓地、三星堆大城城墙，以及可能存在的青关山高台上的早期建筑遗存，其年代属三星堆遗址二期。其余的如月亮湾燕家院子玉石器坑类遗迹、高骈坑类遗迹、三星堆两座大型"祭祀坑"、月亮湾仓包包坑类遗迹，埋藏年代都比较晚，相当于商代晚期后段或商末。

如果说三星堆大城城墙、可能存在的青关山高台上的早期建筑遗存、仁胜村墓地及其玉石器等高档次文化遗存，可以说明三星堆文明已经形成或正在形成，那么可以确定三星堆文明的最初形成是在三星堆遗址二期。

（二）三星堆文明形成的具体年代

三星堆文明是在三星堆遗址二期形成的，其具体的年代是何时呢？这涉及三星堆遗址二期的年代问题。分析三星堆遗址二期的年代，主要依据三星堆遗址二期的文化遗存及测定的年代数据[②]。此外还可以通过以下方式进行分析。

如果说前述分析的仁胜村墓地墓葬中出土的 5 件陶器，代表了三星堆遗址二期前段，那么可依据仁胜村墓地以及月亮湾燕家院子玉石器坑类遗迹、高骈坑类遗迹、三星堆两座大型"祭祀坑"、月亮湾仓包包坑类遗迹中出土的二里头文化遗存、齐家文化遗物来推定三星堆二期开始的年代。因为这些遗物的时代特征较为鲜明，年代明确，而二里头文化、齐家文化又有较多的测年数据和研究认识可供参照。

目前在三星堆遗址发现的年代最早的二里头文化遗存，大概是前已述及的仁胜村墓地出土的蜗旋状玉器、二号"祭祀坑"出土的被改制为玉璋的原件牙璋。蜗旋状玉器的年代可能早到二里头文化二期，年代在公元前1680 年至公元前 1610 年。被改制为玉璋的原件牙璋的制作年代可能属二里头文化一、二期之间的作品，年代在公元前 1680 年前后。

月亮湾燕家院子坑类遗迹出土的四川大学博物馆藏品（3.1）255 牙璋、四川大学博物馆藏品（3.1）260 牙璋、四川博物院藏品 A35 牙璋、四川博物院藏品 A313 牙璋，以及故宫博物院收藏的那件燕家院子的牙璋、仓包包 87GSZJ：36 镶嵌绿松石铜牌饰等，大都属于二里头文化四期的作品，具体年代可能在公元前 1560 年至公元前 1530 年。

由中原地区二里头文化制作使用的作品，被辗转带到成都平原地区的三星堆遗址，其被带到三星堆遗址的年代必定晚于在二里头遗址制作与使用的年代。所以，依据这些二里头文化的作品，可以推定它们在三星堆遗址出现的年代在公元前 1600 年至公元前 1500 年。

三星堆遗址出土的齐家文化遗存，主要是玉琮与玉璧。依据齐家文化的年代在公元前 2300 年至公元前 1500 年的史实推测，这些齐家文化遗存在三星堆遗址出现的年代可能在公元前 1500 年之前，也可能在公元前 1500 年之后。如果这些齐家文化遗存是与二里头文化遗存一起由陇西南通过岷江上游地区这一文化通道到达成都平原三星堆遗址一带的，那么它们在三星堆遗址出现的年代应与二里头文化遗存在三星堆遗址出现的年代基本相同，也在公元前 1600 年至公元前 1500 年。

这两个方面的分析表明，以仁胜村墓地为代表的三星堆遗址二期的年代在公元前 1600 年至公元前 1500 年。这可能是三星堆遗址二期开始的年代，也大致是三星堆文明形成的具体年代。

三 三星堆文明形成的机制

目前在三星堆遗址发现的这些高档次文化遗存中，出土的年代最早的文物主要分为六类：成都平原地区本土文化遗存、二里头文化遗存、具有二里头文化因素的遗存、齐家文化遗存、具有齐家文化因素的遗存、龙山文化时期的遗存。属成都平原地区本土文化的遗存，主要是建筑遗迹。属二里头文化遗存及具有二里头文化因素的遗存，主要有镶嵌绿松石铜牌饰以及牙璋、蜗旋状器等玉器。属齐家文化遗存及具有齐家文化因素的遗存，主要是玉琮、玉璧、石列璧、石纺轮形器等。属龙山文化时期的遗存主要是玉琮。这六种文化遗存在成都平原地区出现的背景与机制是不同的，分属以下四种现象。

第一，三星堆大城城墙、可能存在的青关山高台上的早期建筑遗存，是成都平原地区本土文化遗存，它们的前身应与宝墩文化的城址城墙、大型建筑基址有关。

第二，二里头文化遗存、齐家文化遗存，都是从成都平原地区以外区域进入成都平原地区的。

第三，具有二里头文化因素而年代晚于二里头文化的遗存，以及具有齐家文化因素而年代晚于齐家文化的遗存，可能是在三星堆遗址一带制作的。

第四，属龙山文化时期的玉琮可能是与二里头文化遗存、齐家文化遗存一起进入成都平原地区的，因为在三星堆遗址一期遗迹或宝墩文化遗迹中没有发现中原地区或海岱地区、太湖地区等龙山文化阶段的文化遗存。三星堆遗址中发现的龙山文化时期玉琮，年代上早于二里头文化遗存与齐家文化遗存，可能是作为遗玉由二里头文化与齐家文化进入成都平原地区时携带进入的。

这些现象显示，三星堆文明是在二里头文化及齐家文化对成都平原地区的影响下，并与成都平原地区本土文化相结合后进一步发展而形成的。这可能是三星堆文明形成的机制。

至于二里头文化及齐家文化对成都平原地区的影响是通过何种途径实现的，推测可能是通过岷江上游这一文化通道实现的。依据目前的考古发现，岷江上游地区在公元前3500年前后就形成了甘南文化南下川北的文化通道，在岷江上游地区发现了可能与齐家文化有关的遗存，陇西南地区分布有丰富的齐家文化遗存，在陇西地区发现了许多二里头文化高档次的文化遗存[22]。如甘肃天水发现的二里头文化镶嵌绿松石铜牌饰，甘肃积石山县新庄坪遗址出土的有领玉璧、已经被改制成玉钺的牙璋，甘肃庄浪县出土的利用二里头文化大玉刀改制的玉钺，还有青海民和县喇家遗址出土的陶盉、大石磬等文化遗存。这些器物都是二里头文化的重器，是二里头文化的高档次文化遗存。二里头文化重器出现在齐家文化中，不仅仅表现了二里头文化对齐家文化的影响，而且可能是二里头文化的一部分精华向齐家文化的转移。这些现象显示，二里头文化进入陇西地区之后融入齐家文化中，然后经陇西南地区二里头文化与齐家文化一道通过岷江上游这一文化通道进入成都平原。

结　语

三星堆文明形成于三星堆遗址二期，具体年代在公元前1600年至公元前 1500 年。目前发现的三星堆文明形成时期的代表性遗存，是三星堆遗址大城城墙、可能存在的青关山高台上的早期建筑遗存、仁胜村墓地，以及月亮湾燕家院子玉石器坑类遗迹、高骈坑类遗迹、三星堆两座大型"祭祀坑"、月亮湾仓包包坑类遗迹等考古学单位中出土的年代最早的一批镶嵌绿松石铜牌饰以及牙璋、玉琮、玉璧等玉石器所代表的高档次文化遗存。

三星堆文明是在三星堆遗址二期受到二里头文化、齐家文化的影响下产生的。所以，三星堆文明形成时期的主要文化内涵，包含了二里头文化、齐家文化，以及宝墩文化的继承者等三种文化因素。成都平原地区宝墩文化的继续发展，可能会产生文明，但不会产生具有三星堆文化特色与文明特质的三星堆文明，因为三星堆文明中不仅仅是宝墩文化后继者一种文化因素。据此推测，如果成都平原地区在三星堆遗址二期时没有受到来自中原地区二里头文化及陇西地区齐家文化的影响，可能就不会产生三星堆文明。

二里头文化是在中原地区形成的可能是夏文明的代表。这种夏文明遗存以及齐家文化遗存来到成都平原地区，不应仅仅是文化遗存本身的传播，而应是反映了一批文化遗存所代表的二里头文化与齐家文化的支系部族人群向成都平原地区的转移与迁徙。这两支系部族及其文化来到成都平原地区，促使当地的本土文化发生巨变，导致三星堆文明的形成。

由于三星堆文明形成过程中继承了一些二里头文化所代表的夏文明因素以及齐家文化因素，所以在三星堆文明的发展过程中，尽管受到中原商文明的影响，但其所呈现出的最主要的文化特征，那些表明三星堆文明特质的文明因素，却迥异于商文明。

注释

①二里头文化镶嵌绿松石铜牌饰的使用方式可能是捆绑在手腕处的认识，是由黄翠梅于 2014 年 10 月 26 日在北京召开的"纪念二里头遗址发掘 55 周年学术研讨会"上明确的。见黄翠梅《功能与源流：二里头文化镶嵌绿松石铜牌饰研究》，《故宫学术季刊》第 33 卷第 1 期，2015 年。

②目前测定的三星堆遗址二期的年代数据，早晚年代悬殊。参见中国社会科学院考古研究所实验室《放射性碳素测定年代报告（一〇）》，《考古》1983 年第 7 期；北京大学考古系碳十四实验室《碳十四年代测定报告（六）》，《文物》1984 年第 4 期；中

国社会科学院考古研究所实验室《放射性碳素测定年代报告（一一）》,《考古》1984年第 7 期；中国社会科学院考古研究所实验室《放射性碳素测定年代报告（一四）》,《考古》1987 年第 7 期。

参考文献

［1］ 成都金沙遗址博物馆，中国社会科学院考古研究所．玉汇金沙：夏商时期玉文化特展［M］．成都：四川人民出版社，2017.

［2］ 古方．中国出土玉器全集［M］．北京：科学出版社，2005.

［3］ 山东博物馆，良渚博物院．玉润东方：大汶口－龙山·良渚玉器文化展［M］．北京：文物出版社，2014.

［4］ 朱乃诚．蛰伏升华推陈出新：殷墟妇好墓玉器概论［M］//中国社会科学院考古研究所，广东省博物馆．妇好墓玉器．广州：岭南美术出版社，2016.

［5］ 敖天照，王友鹏．四川广汉出土商代玉器［J］．文物，1980（9）：76.

［6］ 中国社会科学院考古研究所二里头工作队．1987 年偃师二里头遗址墓葬发掘简报［J］．考古，1992（4）：294 - 303，385 - 386.

［7］ 熊卜发．湖北孝感地区商周古文化调查［J］．考古，1988（4）：300 - 306，313.

［8］ 李学勤．论香港大湾新出牙璋及有关问题［J］．南方文物，1992（1）：25 - 29，18.

［9］ 四川省文物考古研究所．三星堆祭祀坑［M］．北京：文物出版社，1999.

［10］ 朱乃诚．三星堆祭祀坑出土"祭祀图"牙璋考［J］．四川文物，2017（6）：51 - 59.

［11］ 四川省文物考古研究院，成都文物考古研究所．成都十二桥［M］．北京：文物出版社，2009.

［12］ 四川大学博物馆，等．成都指挥街周代遗址发掘报告［M］//四川大学博物馆，中国古代铜鼓研究学会．南方民族考古：第一辑．成都：四川大学出版社，1987.

［13］ 四川省文物考古研究所三星堆工作站，广汉市文物管理所．三星堆遗址真武仓包包祭祀坑调查简报［M］//四川省文物考古研究所．四川考古报告集．北京：文物出版社，1998.

［14］ 朱乃诚．二里头文化"龙"遗存研究［J］．中原文物，2006（4）：15 - 21，38.

［15］ 朱乃诚．素雅精致陇西生辉：齐家文化玉器概论［M］//北京艺术博物馆，甘肃省博物馆，青海省博物馆．玉泽陇西：齐家文化玉器．北京：美术摄影出版社，2015.

［16］ 四川省文物考古研究所三星堆遗址工作站．四川广汉市三星堆遗址仁胜村土坑墓

[J]．考古，2004（10）：14 – 22，97，100 – 101，2．

[17] 袁金泉．广汉三星堆遗址 [M] //中国考古学会．中国考古学年鉴：1997．北京：文物出版社，1999．

[18] 雷雨．成都市三星堆商代遗址 [M] //中国考古学会．中国考古学年鉴：2014．北京：文物出版社，2015．

[19] 雷雨．广汉三星堆商代遗址 [M] //中国考古学会．中国考古学年鉴：2015．北京：中国社会科学出版社，2016．

[20] 雷雨．成都市三星堆商代遗址 [M] //中国考古学会．中国考古学年鉴：2016．北京：中国社会科学出版社，2017．

[21] 雷雨，冉宏林．广汉市三星堆遗址 [M] //中国考古学会．中国考古学年鉴：2018．北京：中国社会科学出版社，2019．

[22] 朱乃诚．茂县及岷江上游地区在古蜀文明形成中的重要作用与地位 [J]．四川文物，2020（1）：68 – 76．

作者简介：朱乃诚，男，中国社会科学院考古研究所研究员

原文刊于：《中原文化研究》（郑州），2021.4：13 – 21

图1　四川大学博物馆（3.1）226 玉琮

图 2　四川大学博物馆（3.1）260 牙璋　　　图 3　四川博物院 A313 牙璋

图 4　四川博物院 A110485 玉琮

图 5　四川大学博物馆（3.1）439 玉璧

图 6　四川博物院 A12 有领玉璧

图 7　四川博物院 A140328 玉戚

图 8　四川博物院 **A140329** 玉铲

图 9　仓包包 **87GSZJ：36** 镶嵌绿松石铜牌饰

图 10　仓包包 87GSZJ：16 镂空铜牌饰

图 11　仓包包套合的 87GSZJ：13 石璧
与 87GSZJ：21 石纺轮形器

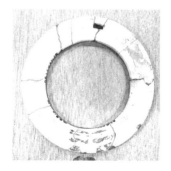

图 12　仓包包 87GSZJ：30 玉环

良渚文化与华夏文明

易 华

摘 要：第 15 次玉帛之路（环太湖）文化考察活动对良渚文化的来龙去脉有了更加直观的认识，为探索华夏文明提供了新视角。长江中下游是照叶树林文化带核心地区，良渚时代定居农业生活方式已然成熟，稻作农业生产水平，漆器、黑陶和玉器制作工艺已达到高峰。玉文化来自北方，到了良渚时代得到较大发展，璧琮戉璜是良渚文化代表性玉器。良渚文化衰落后长三角地区有钱山漾、广富林、马桥、湖熟等文化形态，其既少玉也缺铜，都不太可能是夏代的主流文化。良渚遗址是名符其实的"玉帛古国"遗址，良渚文化不止一个古国，而是先后或同时并存多个古国，良渚文化应是夏代文化或华夏文明形成的重要基础。

关键词：良渚文化；定居农业；玉文化；华夏文明

2012 年冬天，笔者首次踏上玉帛之路与青铜文化探索之路[①]。最近几年陆续参与了 15 次玉帛之路考察活动，获益匪浅。第 15 次玉帛之路（环太湖）文化考察活动以良渚文化遗址与文物为中心，一如既往探讨华夏文明形成之道。2019 年 4 月 8 日，笔者从上海交通大学启程，依次参观考察了上海青浦区崧泽遗址和福泉山遗址、江苏苏州太仓博物馆、绰墩遗址、草鞋山遗址、赵陵山遗址、苏州博物馆、东吴博物馆、木渎遗址、黄泗港遗址、张家港博物馆、东山村遗址、常州博物馆、南京市博物馆、南京博物院、江南考古工作站、浙江湖州博物馆、德清博物馆、防风氏祠、良渚博物院、瑶山祭台与墓地、良渚遗址管理委员会、桐乡博物馆、嘉兴博物馆等，顺利完成了考察任务，对马家浜、崧泽与良渚文化有了感性认识，对良渚文化衰落之后钱山漾、广富林、马桥、湖熟等文化也有了初步了解。东南地区新石器时代稻作农业文化兴旺发达，良渚古国发展达到了顶峰；但良渚文化在四千余年前夏代开始之际已经分崩离析，而大西北齐家文化正方兴未艾。

上海崧泽遗址博物馆展示的东南崧泽文化相当于西北庙底沟文化。而福泉山遗址中马家浜、崧泽、良渚文化齐备，实属史前上海文化高地。昆山赵陵山遗址尚未充分发掘，但已经确认是良渚文化早期重要墓地，此处已有集体殉葬现象，多达 19 人。赵陵山是一座人工堆筑台状土山，有古河道环绕，是太湖地区典型的土台型遗址，三次考古发掘 2000 平方米，上层为春秋时代遗存，中层为良渚文化，下层为崧泽文化。1992 年该遗址被评为全国十大考古新发现之一，2013 年被定为第七批全国重点文物保护单位。

苏州博物馆的馆藏几乎没有夏商文化遗物，验证了张照根关于马家浜、崧泽、良渚文化连续发展的观点。苏州古城木渎遗址，中国社会科学院考古研究所与苏州考古研究所联合考古队在此发掘了一批良渚文化玉器。荣获"2018 年度全国十大考古新发现"称号的黄四浦遗址，在唐代曾是瓷器转运中心。张家港的东山村遗址的发现曾经轰动全国，东山村遗址中崧泽文化邦主拥有五把石戉或玉戉，严文明先生称之为崧泽王；而同一遗址中马家浜文化大墓墓主胸戴五件玉璜，与之形成鲜明对照。

常州博物馆所藏出土良渚文化玉器，与齐家文化玉器有不少相似的线索，西北与江南似乎并不遥远。南京博物院的展品展现出江苏新石器时代文化相当繁荣，并在良渚时代达到了顶峰，其中花厅遗址同时存在南北两种不同文化类型，被称为"文化两合现象"，为认识不同文化交流模式提供了例证。常州武进寺墩遗址 M3 尤其令人震撼：百余件玉琮、玉璧、玉戉集于一墓，创造了良渚文化墓葬出土玉器数量之最。湖州博物馆的长兴赋主题展形象生动地展示了马家浜、崧泽、良渚、钱山漾、马桥五种新石器时代的考古学文化，但距今 4200—3800 年的夏代初期仍是空白。钱山漾遗址出土的丝绸、德清发现的原始青瓷窑址和陆羽在此写作《茶经》，说明湖州可能是中国三大特色文化丝、瓷、茶的起源地。

第 15 次玉帛之路（环太湖）文化考察活动，使笔者对良渚文化来龙去脉有了感性认识，为探索华夏文明提供了新视角。现在可以初步认定定居农业文化源自东南，玉文化来自北方，在良渚时代发展到一个高峰。良渚文化衰落后的长三角地区有钱山漾文化、广富林文化或马桥文化、湖熟文化，其既少玉也缺铜，都不太可能是夏代主流文化，但良渚文化是夏代文化或华夏文明形成的重要基础。

一 定居农业文化源自东南

长江中下游是照叶树林文化带核心地区，良渚时代定居农业生活方式已成熟，稻作农业生产水平以及漆器、黑陶和玉器制作工艺均已达到高峰。良渚遗址群出土的数以吨计的碳化稻谷，加上石犁、镶玉漆木器、黑陶和微雕玉琮等，都是重大的发现。

水稻一般分成两个亚种——日本稻（Oryza Sativa Japonica）和印度稻（Oryza Sativa Indica），中国分别称之为粳稻和籼稻。粳稻源于多年生野生稻（Oryza Rufipogon），籼稻源于一年生野生稻（Oryza Nivara）[1]。多年生野生稻广泛分布于长江流域。早于河姆渡文化的稻作遗存不断被发现，表明长江流域先民大约在一万年前就开始驯化稻。江西万年县的吊桶环遗址、仙人洞遗址和湖南道县的玉蟾岩遗址出土稻谷年代均超过一万年[2]。目前公认的栽培水稻见于约八千年前的贾湖遗址，人骨同位素分析表明稻谷已成为贾湖人饮食的重要组成部分[3]。河姆渡、马家浜、崧泽文化时期稻作已初具规模，形成了水田稻作的基本模式。良渚时代稻作农业生产规模大、水稻产量高，稻米成为唯一主食。这种湿地稻作农业有别于黄河流域黍粟旱作农业，也异于西方麦作农业，是良渚文明区别于其他文明的重要特征之一。

从良渚文化时期流行的石犁或破土器，一直到唐代流行的江东犁，中间有三千年考古文物空白。茅山遗址居住区发现组合石犁长58厘米，宽38厘米；庄桥坟遗址所出者还保留木犁座，总长达106厘米。良渚石犁的出现昙花一现，其功能和用法还没有确解。徐中舒认为中国牛耕不早于战国，系统考述了耒耜形制、古代耕作状况和汉代牛耕推广[4]。耒耜是人力工具，犁是复合农具或农业机械。东亚最早的整地工具耒或耜是中国历史上的标志性农具，先是木耒，后有木耜，稍后又发明了石耜和骨耜[5]。目前发现早期骨耜最多的地方是距今7000年前后的浙江余姚河姆渡遗址和罗家角遗址[6]。《韩非子·五蠹篇》曰："禹之王天下也，身执耒臿，以为民先。"耒耜是夏商周三代的主要农具，一直到春秋战国时代末耜仍是东亚农民的必备生产工具。《管子·海王》记载："耕者必有一耒、一耜、一铫。"

在良渚时代猪是主要家畜，还没有黄牛、羊、马。养猪是东亚定居农业生活传统，无"豕"不成"家"。在东亚新石器时代主要文化遗址中几乎均有猪骨出土。猪是东亚新石器时代六畜之首，猪骨和玉器一样是东亚新石器时代最宝贵的陪葬物品。通过来自中国、印度和东南亚地区的567只家猪和155只野猪的 mtDNA 研究表明，东亚家猪和野猪可追溯到同一世系 D；根据系统发育地理图可推断湄公河流域是驯化中心，然后分别向西北和东北方向扩散[7]。跨湖桥遗址出土的动物骨骼部分被确认为家猪，也是中国最早家猪实例之一[8]。良渚时代养猪成风，猪亦是良渚先民的主要肉食来源。卞家山遗址共出土动物骨骼2058件，可辨识动物骨骼中猪数量最多，共1526件，占总数的74%。良渚文化时期家猪已成为人们主要的肉食来源，但也狩猎鹿和野猪[9]。

良渚遗址是一座水城，舟船是常用交通工具和捕鱼采集装备。独木舟和独木棺的出土表明良渚人与舟生死相依。余杭茅山遗址良渚文化层出土的长7.35米、宽0.45米的独木舟是国内考古发现最长的完整史前独木舟。上万块一吨左右的城墙垫脚石来自城北大遮山南坡和城南大雄山北坡，考古队用20根竹子拼成双筏，可以撑得起一吨重石头。东亚紧临太平洋，以筏、舟为象征的海洋文化是东亚基层文化[10]。目前东亚最早的独木舟见于约8000年前浙江萧山跨湖桥遗址，显然不是原始独木舟。"岛夷""百越"善于用舟。《淮南子·主术训》曰："汤武圣主也，而不能与越人乘舲舟而浮于江湖。"

漆树是照叶树林文化带的标志性植物，应用大漆是东亚文明的特色之一。新石器时代考古发现的漆器主要集中在长江下游地区，黄河流域仅在山西襄汾陶寺遗址有发现。浙江杭州萧山区跨湖桥遗址出土木胎漆弓距今约8000年，河姆渡遗址出土的漆木碗和田螺山遗址出土的漆绘木蝶形器距今约7000年。浙江余杭反山、瑶山出土漆器上嵌玉，配朱漆彩绘，是我国漆器和玉器工艺相结合的早期例证。夏代漆器应该是继承良渚文化为代表的长江流域漆文化的结果，其考古发现主要见于河南偃师二里头遗址和内蒙古敖汉旗大甸子墓葬，以生活用具为主，器形有觚、匣、豆、盒、钵、匕、勺、瓢状器等，还有漆鼓和漆棺等。漆器上髹红、黑、褐、白四色漆，出现了镶嵌绿松石、蚌片、螺片的漆器[11]。

1958 年浙江吴兴钱山漾遗址发现的良渚文化丝织品说明东亚约 4000 年前就有了养蚕和丝绸生产[12]。最近钱山漾遗址又有丝绸出土，提供了新证据[13]。1978 年浙江余姚河姆渡遗址出土带有编织纹和蚕纹图案的牙雕盅形器以及麻线、纺轮和原始织机零件，均可以作为丝绸生产的佐证[14]。新石器时代长江流域丝绸遗迹遗物集中于长江下游三角洲地带，后来扩大到中游以两湖为中心，最后才到上游四川一带[15]。山西夏县西阴村 1926 年出土的半个蚕茧可能属于仰韶文化遗存②。中国丝织与养蚕技术是相继出现的，丝织大概起源于河姆渡文化，养蚕成熟于仰韶文化、良渚文化[16]。有人主张家蚕起源于黄河流域，泰山周围的"夷人"可能是最早利用蚕丝和驯养家蚕的[17]。黄河中下游流域和长江中下游流域可能都是蚕丝生产的起源地。家蚕（Bombyx mori L.）由野桑蚕（Bombyx mandarina）驯化而来[18]，用分子生物学手段对 11 个地区的野桑蚕和 25 个家蚕品种进行研究进一步证实了家蚕起源于中国野桑蚕[19]。蚕、桑、丝绸是中国古代伟大的系列发明[20]。种桑、养蚕、缫丝、纺织、刺绣是十分复杂的技术活动。新石器时代的丝绸和玉是经常被并论的礼仪用品。安阳殷墟出土过形态逼真的玉蚕，武官村发现的戈援上残留着绢或帛，而甲骨文中已有蚕、桑、丝、帛等文字[21]。

从上山文化到良渚有五千余年，江南定居农业生活方式已经成熟。崧泽文化出现了大型石犁和石镰等，代表性陶器则是"鼎、豆、壶"组合。种植水稻、开凿水井、驯养家畜、制造陶器、建造房屋的定居农业文化生活方式还可以经过马家浜、河姆渡、跨湖桥文化追溯到一万年前的上山文化。上山遗址是长江下游及东南沿海地区迄今发现的年代最早的新石器时代遗址，距今 11000—9000 年。上山遗址发现了不同形式的灰坑、灰沟、建筑遗迹，陶胎中普遍发现了稻壳、稻叶及稻茎，说明已经进入定居农业生活阶段。长三角地区最著名的考古遗址，如良渚遗址、崧泽遗址、马家浜遗址、河姆渡遗址、跨湖桥遗址、上山遗址，构成了完整的考古学文化序列。定居农业生活方式日益成熟，良渚时代达到了史前定居稻作文化的高峰。

二 良渚玉文化来自北方

玉被认为是东亚文明的第一块基石。杨伯达将中国玉文化分为东夷玉文化、淮夷玉文化和东越玉文化三大板块,揭示了玉与夷越的特殊关系[22]。邓聪在系统地考察全球玉器之后指出,人类历史上欧洲、北非、西亚和南亚奉黄金为尊,东亚蒙古人种以玉为极品,玉、金两者分别为东、西方人类物质文化的最高代表[23]。玉玦分布最广,可能起源于东亚北部,向南扩散到越南,向东流传到日本;北纬60°到南纬10°、东经80°至150°的范围内均有玉玦分布[24]。河姆渡文化、马家浜文化中出现了玉玦,标志着东北的玉文化传播到了东南地区。玉文化深深扎根于东亚大地,但东北亚才是玉文化的起源地[25]。俄罗斯远东地区特别是贝加尔湖附近发现了大量新石器时代的玉器,个别甚至可以追溯到约20000年前的旧石器时代晚期[26]。东亚大约5000年前就已进入新石器时代的鼎盛时期,红山文化的玉猪龙和良渚文化的玉琮可以作为东亚新石器时代的文化象征。先有玦璧环源自东北,后有璜戉琮兴起于东南,璧琮戉璜是良渚文化代表性玉器,在中国玉文化发展史上承前启后。从玉器的加工技术角度亦可看出其从东北到东南传播的大趋势:线切割和片切割技术均来自东北亚,仅微刻工艺是良渚的独创[27],例如凌家滩玉人双腿之间的空隙以线搜而成,良渚文化出现复杂纹样的线搜玉器不是偶然。

玉玦、玉璧、玉璜或玉环、玉镯均可象征升天或通灵;琮的出现更晚也更复杂,具有更丰富的内涵。河姆渡遗址出土的"双鸟朝阳蝶形器"与半圆形玉璜接近,崧泽文化至良渚文化的璜在墓葬中彰显着性别和身份地位[28]。潜山薛家岗出土的3件璜形玉器,扁平半圆近似蝶状,均以尖状弧突为中心,这类"人"字形玉器也见于凌家滩遗址,与瑶山璜有联系[29]。璜源起长江流域,在马家浜文化至崧泽文化、凌家滩文化、北阴阳营文化和良渚文化中流行。进入良渚时代,体现男性威权的戉地位彰显,琮成核心玉器,璜退居次要地位。

斧、戉是新石器时代的主要生产工具,穿孔石戉在东亚新石器时代晚期的文化中很流行,在薛家岗文化、凌家滩文化、崧泽文化和良渚文化中尤其盛行。良渚文化的墓葬中大都有石戉出土,余杭横山M2墓内随葬玉石戈 133 件。戈、钺功能有所不同，三代铜钺是实战兵器或军权象征，新石器时代的石戈和玉戈更可能是工具或礼器，商纣王封周文王为西伯，赐他"弓矢斧钺，使得征伐"，周武王指挥牧野之战"左杖黄钺，右秉白旄以麾"，西周重器"虢季子白"青铜盘内壁铭文："赐用钺，用征蛮方。"

玉璧是一种圆形有孔玉器，《说文》释璧"瑞玉，圆也"。玉璧出现于红山文化时期，成熟于凌家滩文化和良渚文化，战国两汉时代发展到一个高峰，一直流传至今，玉璧可以追根溯源到贝加尔湖畔马尔他文化（Mal'ta-Buret' Culture）的三角璧形器[30]。红山文化的玉璧有圆有方，凌家滩文化和良渚文化的玉璧有精粗之别，已进入成熟阶段。反山遗址 M20 出土玉璧 42 件，M23 则出土 54 件。玉璧源自上古先民的太阳崇拜，亦有人认为源自纺轮或环形石斧，其功能和作用因时而异。玉璧可祭天、祭神、祭山川河海，是身份标志，亦可作为财富象征。新石器时代的玉璧以素璧为主，尺寸较大，厚薄不匀，不够规整。二里头文化中并未发现玉璧，商代流行的有领璧多饰弦纹，春秋战国至汉代玉璧为云纹、谷纹、蒲纹，间或有螭纹。1983 年广州南越王汉墓出土了一件玉璧，直径达 54 厘米。《荀子·大略》载："问士以璧，召人以瑗，绝人以玦，反绝以环。"

琮是良渚文化复杂礼仪系统中最重要的器物。良渚文化时期出土的玉琮见诸报道的有 148 件，其中江苏的 80 件分别出土于 9 个遗址，浙江的 57 件分属 10 个遗址，上海的 11 件均出土于福泉山遗址。江浙两省所属县博物馆所藏的出土玉琮总数应在 200 件以内[31]。张陵山遗址 M4 和赵陵山遗址 M77 出土的琮被认为是初始阶段的玉琮。张陵山琮高 3.4 厘米、射径 10 厘米、孔径 8.2 厘米，玉质晶莹呈黄绿色，四面各饰一组兽面纹，称为镯式琮。赵陵山琮外方内圆素面，高 3.44 厘米、长 8.3 厘米、宽 8.5 厘米、孔径 6.9 厘米，黄斑绿玉。镯式琮在良渚文化中并非主流，但张陵山玉琮上的兽面到瑶山 M7：55 的兽面，再到殷墟玉器的兽面，一脉相承。赵陵山方体琮放置在右手边上，原位可能是墓主裆下，墓主又是最高男性首领，王仁湘推断原始玉琮是"宗函"。张陵山遗址 M4 和瑶山遗址 M9 均是良渚文化早期的显贵大墓。方向明把瑶山 M9 琮共存小琮（琮式管）认作最早琮，认为其具备了大琮发展的基本形制：四方柱体，外壁弧凸，小射孔，复式节面，节面雕琢简约神像。因此，从良渚文化一开始琮就设计好了[32]。反山遗址 M12 处于南列男性墓中心位置：有琮 6 件及璧、钺、半圆形冠饰一组 4 件，三叉形器及玉管，锥形饰一组 9 件，玉梳背 1 件，4 件器物上装饰了 20 个神徽。反山墓地所出 4 组半圆形饰中只有 M12 使用了神徽图案。反山北列墓 M22 不出琮，被认为是女性墓，出土了除 M12 以外唯一饰有神徽的器物。两位墓主应该是最高等级夫妇。

玉琮是良渚文化的标志性器物，有可能源自薛家岗文化。安徽潜山薛家岗遗址发现小型玉琮 2 件，高 2.1 厘米，两角射径 1.6 厘米，内圆外方，四面各有一垂直凹槽，分为上下两节，两端各有一切去四方角而成圆环形口，鸡骨白色，其特征与良渚文化玉琮类似。太湖西北角常州寺墩遗址 M3 墓主是 20 岁左右青年男子，随葬 33 件多节玉琮，该墓是良渚文化晚期的典型墓葬。中国国家博物馆十九节良渚文化琮高 49.7 厘米；大英博物馆十九节良渚文化琮高 49.5 厘米；台北故宫博物院十七节良渚文化琮高 47.2 厘米，重 5.85 公斤。这意味着良渚古国崩溃之后，良渚文化仍延续或发展了一段时间。三代最精美的玉琮是西北齐家文化静宁七宝之一青玉琮和西南金沙遗址的黄玉琮。

夏代最著名的玉器不是戈，也不是琮璧，而是"夏后氏之璜"或"禹锡玄圭"。《山海经·海外西经》曰："大乐之野，夏后启，于此儛《九代》，乘两龙，云盖三层。左手操翳，右手操环，佩玉璜，在大运山北。"《淮南子》四次提到夏后氏之璜："夫有夏后氏之璜者，匣匮而藏之，宝之至也。"《尚书·禹贡》曰："九州攸同，四隩既宅，九山刊旅，九川涤源，九泽既陂，四海会同……东渐于海，西被于流沙，朔南暨声教讫于四海。禹锡玄圭，告厥成功。"考古发现夏代中国最重要的玉器是牙璋[33]。

三　玉帛古国还是干戈王国

良渚文化时代贫富分化明显，似乎已有战争迹象，但男女依然相对平等。战争踪迹见于花厅遗址、蒋庄遗址，良渚古城亦有迹象，但没有发现武士墓和实战兵器。花厅、赵陵山、福泉山等遗址已有殉葬现象，但反山、瑶山、汇观山等遗址的王室贵族墓地反而没有，说明殉葬是良渚时代的偶然现象，还没有形成制度。

花厅遗址位于江苏徐州新沂马陵山丘陵地带，是大汶口文化中晚期的大型遗址，北区 10 座南北向排列的大墓随葬品丰富，其中 8 座大墓发现了中国早期人殉实证。人殉人祭是原始祭祀文化的极端形式，并不等于有战争。花厅遗址出土的陶器和玉器具有两种不同的文化风格，反映出海岱和太湖两大文化区间有人员与物质文化的交流和共同的原始宗教信仰。蒋庄墓地是长江以北首次发现随葬琮、璧高等级玉器的良渚文化墓地：共清理墓葬280座，涵盖良渚文化早、中、晚期，葬式葬俗丰富多样，是良渚文化迄今为止发现骨骸最丰富的墓地。发掘者认为，江淮之间自东向西依次有海安青墩遗址、蒋庄遗址、阜宁陆庄遗址、涟水三里墩遗址、淮安金湖夹沟遗址、安徽定远山根许遗址，均出土有琮璧以及其他良渚文化的玉器、陶器，显示出良渚文化在长江以北的江淮地区存在一条宽阔的战略缓冲地带。墓地中出现的无首、独臂、无掌或首身分离以及随葬头颅的现象与战争或戍边相关，可能是捍卫良渚王国的英雄。墓中尸骨完整保存实为罕见现象，缺臂、少腿、无头乃是常事。江南地区尸骨保存尤其不易，骨骸缺失不是战争存在的证据，世界上还没有一个大型墓地骨骸能保持完好无损。斧、戈是生产工具或礼器，并非兵器。崧泽遗址和绰墩遗址发掘显示崧泽文化时期有墓中女性陪葬纺轮、男性陪葬石戈的现象，表明男耕女织的生活方式已成定式。石斧、石戈是开荒辟地的生产工具，亦是木器加工工具或制造工具的工具。旧石器时代流传手斧，新石器时代才发明穿孔装柄的斧，从而大大提高了生产效率。农耕生产工具和独木舟、家具、棺材等器物的加工离不开斧、戈。良渚文化遗址中还未发现真正的兵器干戈，也不太可能发现武士墓。

良渚文化时代还是以祭祀为中心的社会，即使有暴力或战斗也是小规模偶发事件。全民尚神崇鬼，还没有出现全民皆兵的状况。祭祀是新石器时代社会生活的主要内容，祖先崇拜则是东亚文化的传统[34]。玉器可以作为工具或装饰品，但在新石器时代其主要功能是作为祭祀礼器。原始宗教与祭祀在王权与国家形成过程中均发挥着重要作用[35]。红山文化中庞大的宗教祭祀遗迹、良渚文化的玉器以及祭祀遗迹、陶寺遗址出土的龙盘以及商代神权政治，都可以说明宗教祭祀的神圣作用。

"玉帛古国"时代"有祀无戎"[36]。红山文化、良渚文化有专业祭祀队伍，率民以祀神，唯祀为大。史前先民与其说是政治动物，还不如说是宗教动物③。他们祭祀是出于对天、地或宇宙、自然的敬畏，或为了生殖、丰收和安康。玉帛古国"有祀无戎"是可能的。《庄子·盗跖》云："神农之世……无有相害之心，以至德之隆也。然而黄帝不能致德，与蚩尤战于涿鹿之野，流血百里。"《商君书·画策》的叙述更为具体："神农既没，以强胜弱，以众暴寡。故黄帝作为君臣上下之仪，父子兄弟之礼，夫妇妃匹之合，内行刀锯，外用甲兵，故时变也。"他们仍然生活在男女相对平等、人神和平共处的时代。只有进入所谓"文明"社会之后，自我中心主义日益严重，人类才能发动有规模的战争。

距今 5000 年左右中国南北交汇产生的坛、庙、冢和东西交汇产生的鼎、豆、壶等固定组合，都与礼制有关。从仰韶文化的彩陶到红山文化、良渚文化的玉器都可能是通神工具。良渚文化大墓也基本上唯玉为葬，规模并没有明显超过红山文化、凌家滩文化大墓，也没有超越大汶口文化、龙山文化大墓。大汶口遗址 M10 长 4.2 米、宽 3.2 米、深 0.36 米，墓主为 50～55 岁的女性，随葬品摆放极为规律，墓穴内除了墓主身上佩戴及手执的器物，以及棺椁间各一对象牙雕筒和漆器，所见随葬品主要有两类，一类是食器和猪骨，另一类就是饮器。瑶山既是祭坛也是贵族墓葬：南排居中 7 号墓和北排 11 号墓出土遗物最多，分别被推定为良渚国王和王后墓，王后墓规模还略大于国王墓。大汶口—良渚文化时代男女仍然相对平等，尚未进入干戈王国的父系男权社会。

刘斌等将良渚称为神王之国，良渚文化核心分布区长江下游环太湖流域与古埃及、苏美尔、哈拉帕等文明发源地均大致处于北纬 30°附近。经过马家浜文化和崧泽文化再到良渚文化，中国早期文明迎来了第一个发展高潮。良渚文明是中国距今 5000 年最为耀眼和突出的区域文明，是土筑文明，又是水利文明，高度发达的玉器系统在同时期的世界可谓独树一帜，水稻作为唯一主食又揭示出良渚文明的稻作文明属性[37]。莫角山遗址是人工堆筑土台，东西长 670 米、南北宽约 450 米、高达 10 米，其上又加筑 3 座较小土台，体积约 300 万立方米，是已知东亚新石器时代最大的土木工程。反山遗址 12 号墓出土的"玉琮王"高 8.8 厘米、射径 17.1～17.6 厘米、孔径 4.9 厘米，重约 6500 克，内圆外方，雕刻了 8 个神人兽面纹，体现了东亚非金属时代最高工艺水平，据推测制作过程中使用了更硬的宝石或钻石[38]。良渚遗址群包括宫殿、祭坛、墓地、城址、村落、水坝等各类文化遗存，以琮、戈、璧为主的玉器组合规整，社会分层明显，说明已进入复杂社会[39]。良渚文化分布区内的祭坛形制一致，表明礼已经趋于制度化。瑶山遗址祭坛呈方形，从里向外为红土台、灰土围沟和砾石台，外围边长约 20 米，祭坛上有大墓，可能是祭祀先祖、土地神的场所。红山文化的玉人（神人像）和良渚文化的神徽（神人兽面纹）很可能是祖先崇拜的体现。1958 年钱山漾良渚文化遗址出土了东亚最早的丝织物。良渚遗址是名副其实的"玉帛古国"遗址。禹会诸侯于涂山，执玉帛者万国，其中最有可能的古国是"良渚"。良渚文化不止一个古国，而是先后或同时并存多个古国。琮是良渚文化聚落等级和规模标识，也是划分聚落集群的重要依据。中村慎一曾根据"当时被视作至高重器的玉琮的出土地点"将良渚文化遗址划分为 8 个集群：良渚遗址群、桐乡—海宁遗址群、临平遗址群、德清遗址群、海盐—平湖遗址群、吴县—昆山遗址群、青浦遗址群和常州遗址群[40]。常州遗址群寺墩遗址位于江苏武进县（今武进区），面积约 90 万平方米，是良渚文化晚期的大型中心遗址。遗址中心是圆形祭坛，周围是墓地，外围是住地，四周有围沟。墓地东南部发现了 4 座大墓，其中第三号墓随葬 100 多件器物，包括 24 件玉璧和 33 件玉琮，是良渚文化随葬玉琮最多的一座墓葬。这些玉器在材质、制作工艺上与良渚遗址玉器有所不同，可能是本地制造。寺墩遗址作为太湖以北的良渚文化中心，是另一个"玉帛古国"遗存。

礼制是中国早期社会秩序的主要支柱，是人本传统、祖先崇拜的综合体现，是中国古代文明的一大特征[41]，因此中华文明被称作礼乐文明。古代中国的礼是一个完备的文化体系，构成了夏、商、周三代以来礼乐文明之主体，在红山文化、良渚文化中已经生根发芽。

四　良渚文化与华夏文明

司马迁读千卷书行万里路，究天人之际，通古今之变，成一家之言。《史记》六国年表总结秦与魏、韩、赵、楚、燕、齐兴亡云："夫作事者必于东南，收功实者常于西北。故禹兴于西羌，汤起于亳，周之王也以丰镐伐殷。秦之帝用雍州兴，汉之兴自蜀汉。"司马迁注意到作事者必于东南，收功实者常于西北的现象，这既是夏、商、周、秦、汉五代兴亡的历史总结，也是逻辑归纳的结果。他认为这是历史大势所趋，"天所助矣"。实际上东亚进入青铜时代时，也是玉帛古国进入干戈王国的时代，传统礼乐文化与青铜游牧文化结合形成了复合文明。"枪杆子里面出政权"，金戈铁马是战略武器，自三代至秦汉，西北的青铜游牧文化是中国历史发展的根本动力。炎黄蚩尤与尧舜禹神话传说被司马迁糅合成一个体系，创作了五帝本纪。夏、商、周、秦、汉重演"国之大事在祀与戎"，经济文化基础厚实的东南是玉帛古国礼仪之邦，西北号称虎狼之国则以政治军事取胜建立了干戈王国。

启是西羌大禹与东夷涂山氏之子，以干戈立国，《夏书·甘誓》是启讨伐有扈氏时发布的战争动员令，甘之战巩固了夏代统治，确立了父子继承制，也标志着东亚进入父系男权时代。《史记集解》马融曰："甘，有扈氏南郊地名。"《史记索隐》又云："夏启所伐，鄠南有甘亭。"《续汉书·郡国志》云："鄠县属右扶风，有甘亭。"《简明中国历史地图集》"夏时期全图"将有扈氏标注于西安附近[42]5-6。"大战于甘"已被公认发生在今西安鄠邑区西南甘峪和甘亭一带，这正是齐家文化或客省庄二期文化分布区。其实《世本》有"有扈姒姓"，与夏启同姓。《国语·周语下》曰："皇天嘉之，祚以天下，赐姓曰'姒'，氏曰'有夏'。"《史记·夏本纪》载禹为姒姓，其后分封，用国为姓，故有夏后氏、有扈氏等。《说文解字·女部》曰："姓，人所生也，从女、生，生亦声。"这说明姓来自母系而不是父系[43]26-28。由此可见夏代之前从母，夏代开始从父，父系父权正是由夏代开始巩固成制度。

良渚文化在年代上早于夏商周，相当于虞朝。《礼记》云："虞夏之道，寡怨于民，殷周之道，不胜其敝。"《左传》《国语》有虞、夏、商、周四代连称，《韩非子》有"虞夏两千余岁"。《清华大学藏战国竹简》第8辑收录8篇战国佚籍，其中《虞夏殷周之治》论述虞、夏、商、周四代礼乐特点，阐发崇俭戒奢治国思想。大型水利工程遗迹是良渚遗址群的重要组成部分。虞属尧舜时代，大型水坝还是以堵为主，这可能是大禹父辈鲧所作所为。良渚文化早于夏代，是先夏文化。防风氏与大禹神话传说有历史影子。禹兴于西羌，会盟涂山，崩于会稽。环太湖地区夏代文化遗址稀缺。钱山漾、广富林、马桥、湖熟文化欠发达，到商、周时才开始重新繁荣。良渚文化在4300—4000年前消亡，后续文化缺玉少铜，不可能是夏代主流文化。长江流域的稻作文化在良渚、龙山、齐家文化时代传播到黄河流域，甘肃的庆阳和天水地区发现了4000年前的稻作遗存。良渚玉文化顺着长江流域西传到四川盆地，亦可经淮河流域进入黄河流域。长三角的琮、璧、戉、璜组合进入中原，加上龙山文化的圭、璋，演变成齐家文化或石峁的玉礼器体系：《周礼》"六器"中的五器琮、璧、圭、璋、璜齐备。良渚文化玉器对龙山时代诸文化产生了极大影响，分布范围达大半个中国。齐家文化不仅继承了璧、琮、璜，样式亦更丰富，出现了金（铜）玉（绿松石）镶嵌璜。齐家文化全面继承了良渚玉文化，而玉文化传统正是华夏文明特色。

伦福儒和刘斌认为有三个因素可促使人们去重新评估良渚作为早期国家社会代表的历史地位：首先是良渚古城规模，包括内城和外城；其次是根据墓葬材料所得出的社会等级划分，精美玉器基本都出土于贵族墓葬中；最后是公共工程规模，包括莫角山土台，以及用来控制季风性山洪的高坝和低坝系统。良渚古城在规模和复杂性上超过酋邦社会，符合戈登·柴尔德提出的城市革命标准。相比于同时期英国巨石阵以及出土了年代更早的精美饰物的瓦尔纳墓地，良渚社会组织更为复杂[44]。我们也可以从四个方面来论证良渚文化与社会还没有复杂到进入王国时代。首先，良渚遗址中没有发现文字与青铜器，尽管陶器或其他人工制品上发现了刻画符号，但还没有成组符号可以被确认为书写系统。其次，没有发现小麦和马、羊、黄牛，水稻与猪为主的经济体系还是比较单纯。五谷丰登、旱涝保收、六畜兴旺、猪肥马壮才是复合经济体系。再次，虽有贫富分化、贵贱之分，但男女依然相对平等，没有进入父系男权社会，也没有进入多民族社会。最后，祭祀明显重于战争，证明良渚是玉帛古国（神权王国），还不是戎与祀并重的干戈王国。因此良渚文化证明东亚进入了玉帛古国时代，以石峁遗址为代表的齐家文化才进入干戈王国时代，也就是进入夏商周三代和青铜时代的世界体系[45]。良渚文化是华夏文明的基础或源头之一，是静脉或母亲；华夏文明之父或动脉来自西北的青铜游牧文化，齐家文化才符合夏代的时空、社会状况与文化性质。

注释

①第1、2次玉帛之路考察活动形成的研究成果参见叶舒宪、古方主编《玉成中国：玉石之路与玉兵文化探源》，中华书局2015年版；朱乃诚等主编《2015中国·广河齐

家文化与华夏文明国际研讨会论文集》，文物出版社 2016 年版；易华《齐家华夏说》，甘肃人民出版社 2015 年版。

②李济：《西阴村史前的遗存》，清华学校研究院丛书第三种，1927 年版。夏鼐认为蚕茧大概是后世混入的东西。日本学者布目顺郎对蚕茧作了复原研究，推断是桑蟥茧；但池田宪司认为是家蚕茧。

③Robin Clarke and Geoffrey Hindley, *The Challenge of the Primitives*（New York：McGraw-Hill Companies, 1975）第四章中将亚里士多德"人为政治动物"修正为"人是宗教动物"，他们发现仪式与宗教行为在原始人生活中是必要的，它们具有调节人与自然、整合人与社会的作用。

参考文献

［1］SATO Y. Origin of rice and rice cultivation based on DNA analysis［M］. Tokyo：NHK Books, 1997.

［2］ZHAO Z J. The middle Yangtze region in China is one place where rice was domesticated：phytolith evidence from the Diaotonghuan Cave, Northern Jiangxi［J］. Antiquity, 1998（72）.

［3］HU Y W, et al. Stable isotopic analysis of human bones from Jiahu site, Henan, China：implications for the transition to agriculture, 1319 – 1330［J］. Journal of Archaeological Science, 2006, 33（9）.

［4］徐中舒. 耒耜考［M］//中央研究院历史语言研究所集刊：二本一分. 1930.

［5］陈文华. 中国农业考古图录［M］. 南昌：江西科学技术出版社, 1994.

［6］浙江省文物管理委员会, 等. 河姆渡遗址第一期发掘报告［J］. 考古学报, 1978（1）：39 – 94.

［7］WU G S, et al. Population phylogenomic analysis of mitochondrial DNA in wild boars and domestic pigs revealed multiple domestication events in East Asia［J］. Genome Biology, 2007, 8：R245.

［8］袁靖. 动物研究［M］//浙江省文物考古研究所, 萧山博物馆. 跨湖桥. 北京：文物出版社, 2004.

［9］兰廷成, 赵大川. 钱塘江流域新石器时代驯猪研究：马家浜文化、崧泽文化及良渚文化篇［J］. 猪业科学, 2019（5）：126 – 128.

［10］凌纯声. 太平洋上的中国远古文化［M］//凌纯声. 中国边疆民族与环太平洋文化. 台北：联经出版事业公司, 1979.

［11］洪石. 山西省考古研究所 2019 年度系列学术讲座第一讲：中国古代漆器. 2019 –

03 – 13.

[12] a 周匡明.钱山漾残绢片出土的启示 [J].文物,1980(1):74 – 77；b 徐辉,等.对钱山漾出土丝织品的验证 [J].丝绸,1981(2):43 – 45.

[13] 周颖.丝之源:湖州钱山漾 [J].丝绸,2006(6):49 – 50.

[14] 周匡明.养蚕起源问题的研究 [J].农业考古,1982(1):133 – 138.

[15] 刘兴林,范金民.长江丝绸文化 [M].武汉:湖北教育出版社,2003.

[16] 卫斯.中国丝织技术起始时代初探:兼论中国养蚕起始时代问题 [J].浙江理工大学学报(自然科学版),1993(3):26 – 32.

[17] 华德公.从史籍看东夷人最早利用蚕丝和驯养家蚕 [J].浙江丝绸工学院学报,1993(3):59 – 63.

[18] 蒋猷龙.家蚕的起源和分化 [M].南京:江苏科技出版社,1982.

[19] 鲁成,等.中国野桑蚕和家蚕的分子系统学研究 [J].中国农业科学,2002(2):94 – 101.

[20] 夏鼐.我国古代蚕、桑、丝、绸的历史 [J].考古,1972(2):12 – 27.

[21] 胡厚宣.殷代的蚕桑和丝织 [J].文物,1972(11):2 – 7.

[22] 杨伯达.历史悠久而又永葆生机的中国玉文化 [M] //杨柏达.巫玉之光.上海:上海古籍出版社,2005.

[23] 邓聪.蒙古人种及玉器文化 [M] //邓聪.东亚玉器.香港:香港中文大学中国考古艺术研究中心,1998.

[24] 邓聪.东亚玦饰四题 [J].文物,2000(2):35 – 45.

[25] 中国社会科学院考古研究所,等.玉器起源探索 [M].香港:香港中文大学中国考古艺术研究中心,2008.

[26] SERGEI A K. The ancient jades of Asia in the light of investigation by the Russian Archaeologists [M] //邓聪.东亚玉器.香港:香港中文大学中国考古艺术研究中心,1998.

[27] 邓聪,曹锦炎.良渚玉工 [M].香港:香港中文大学中国考古艺术研究中心,2015.

[28] a 陈淳,孔德贞.玉璜与性别考古学的关系 [N].中国文物报,2004 – 07 – 09(7);b 陈淳,孔德贞.性别考古与玉璜的社会学观察 [J].考古与文物,2006(4):31 – 37.

[29] 朔知.初识薛家岗与良渚的文化交流:兼论皖江通道与太湖南道问题 [M] //浙江省文物考古研究所.浙江省文物考古研究所学刊:第八辑.北京:科学出版社,2006.

［30］邓聪．上海交通大学讲演"最早玉石之路"．2019 - 04 - 07．

［31］赵晔．良渚玉琮再探［C］∥杨晶，蒋卫东．玉魂国魄：中国古代玉器与传统文化学术讨论会文集：五．杭州：浙江古籍出版社，2012．

［32］方向明．良渚文化琮：神权中的天地宇宙观［Z］．"浙江考古"公众号，2018 - 09 - 23．

［33］邓聪．牙璋与国家起源［M］．北京：中华书局，2018．

［34］LIU L. Ancestor worship：An archaeological investigation of ritual activities in Neolithic North China［J］. Journal of East Asian Archaeology，2000，2（1）：129 - 164．

［35］a 王震中．祭祀、战争与国家［J］．中国史研究，1993（3）：57 - 69；b 王巍．论原始宗教与祭祀在王权与国家形成过程中的作用［J］∥中国社会科学院古代文明研究通讯，2001（2）：4 - 6．

［36］易华．红山文化定居农业生活方式［C］∥席永杰，刘国祥．红山文化研究：2004年红山文化国际学术研讨会论文集．北京：文物出版社，2006．

［37］a 刘斌，王宁远，陈明辉，等．良渚：神王之国［J］．中国文化遗产，2017（3）：4 - 21；b 朱雪菲．神王之国：良渚古城遗址［M］．杭州：浙江大学出版社，2019．

［38］LU P J，et al. The earliest use of corundum and diamond in prehistoric China［J］. Archaeometry，2005，47：1 - 12．

［39］李绍连．从反山墓地和瑶山祭坛论良渚文化的社会性质［J］．中原文物，1992（3）：78 - 82．

［40］中村慎一，等．良渚文化的遗址群［M］∥北京大学中国考古学研究中心，北京大学震旦古代文明研究中心．古代文明：第2卷．北京：文物出版社，2003．

［41］邵望平．礼制：中国古代文明的一大特征［J］．文史哲，2004（1）：13 - 14．

［42］谭其骧．简明中国历史地图集［M］．北京：中国地图出版社，1991．

［43］杨希枚．杨希枚集［M］．北京：中国社会科学出版社，2006．

［44］科林·伦福儒，刘斌．中国复杂社会的出现：以良渚为例［Z］．陈明辉，朱叶菲，宋姝，姬翔，连蕙茹，译．"浙江考古"公众号，2018 - 09 - 11．

［45］易华．从玉帛古国到干戈王"國"［J］．甘肃社会科学，2017（6）：62 - 68．

作者简介：易华，男，中国社会科学院民族学与人类学研究所研究员

原文刊于：《中原文化研究》（郑州），2019.5：5 - 13

关于齐家文化的起源

——十次玉石之路考察的新认识

叶舒宪

摘　要： 中国文明起源期特有的文化现象——西玉东输，是金属资源使用前唯一的神圣性资源依赖。其核心动力为逐步传播开来的玉石神话信仰。文学人类学研究会自 2014 年起，在中国西部七省区组织了十余次玉帛之路田野考察，关注新发现的古代玉矿资源分布，在划定的 200 万平方公里以上的中国西部玉矿资源区中采集各种玉料标本，以玉石资源依赖和西玉东输现象为基础，聚焦史前期中原与西部玉文化的源流关系，得出对齐家文化起源的若干新认识。在七种先于齐家文化而存在的史前文化中，常山下层文化与齐家文化的源流关系最直接，而其源头则是仰韶文化庙底沟类型。两者的用玉皆以深色调的蛇纹石玉为主，已知蛇纹石玉料的主产地是渭河上游武山地区。它从仰韶文化时期就得到开发利用，以大地湾二期和四期出土的玉凿玉锛、天水师赵村第五期的蛇纹石玉锛、宝鸡福临堡遗址玉器和灵宝西坡墓地出土的 14 件玉礼器，以及镇原县出土的常山下层文化玉礼器为代表。将这些先于齐家文化而出土蛇纹石玉器的地点串联起来，玉石之路渭河道就清楚地呈现出来。随后齐家文化登场，将西部玉矿资源区逐渐向西拓展扩大，形成史前西部玉文化发展的高峰，将马衔山玉、祁连山玉、马鬃山玉乃至新疆和田玉等渐次发现，并生成玉石之路的路网，奠定商周秦汉用玉资源基础。

关键词： 齐家文化；常山下层文化；西玉东输；蛇纹石；武

山鸳鸯玉

2005—2009 年，笔者曾数次到广河、临洮、临夏、天水、秦安等地考察史前文化，开始关注齐家文化及其玉器，并于 2008 年出版小书《河西走廊——西部神话与华夏源流》，强调指出史前西部玉文化与中原地区的陶寺文化和二里头文化间的源流关系，提示从玉文化总体看待齐家文化的玉器特点及其与夏商周玉文化的紧密关联。在 2012 年完成的中国社会科学院重大项目 A 类"中华文明探源的神话学研究"中，笔者提示中国文明起源期特有的西玉东输文化现象，视之为金属资源开发利用以前唯一的神圣性资源依赖，其核心动力为逐步传播开来的玉石神话信仰。同年 11 月又提出史前玉石之路黄河道假说。紧接着，陕西神木石峁遗址有了考古新发现，文学人类学研究会于 2013 年组织考古学专家在陕西榆林举办"中国玉石之路与玉兵文化研讨会"。2014—2016 年，学会又在中国西部七省区组织了十次玉帛之路田野考察，特别关注新发现的古代玉矿资源的分布情况，在划定的 200 万平方公里以上的中国西部玉矿资源区中采集各种玉料标本，以玉石资源依赖和西玉东输现象为新的研究基础，聚焦史前期中原与西部玉文化的源流关系，由此得出对齐家文化起源的若干新认识。

一　齐家文化玉器与中原史前文化的关系

齐家文化的分布地域与在它之前马家窑文化的分布大部分重合在一起，但两者在文化面貌方面明显不同，最突出的一个不同点就是玉礼器的规模性生产和使用情况。这就使学者们从外来影响因素的视角去考虑齐家文化的起源。由此带来两种对立观点：甘肃本地起源说和甘肃以东地区即中原起源说。后者的主要代表是梁星彭，他认为被泛称为齐家文化的遗址大致有四类。第一类以永靖秦魏家和大河庄为代表。第二类以武威皇娘娘台为代表。第三类以固原海家湾、隆德上齐家墓葬为代表。同类遗存还有镇原常山、西吉兴隆及内蒙古白音浩特等。此类遗存主要分布于宁夏南部及甘肃平凉地区。第四类以灵台桥村为代表。同类遗址还有天水西山坪、瓦渣坪和兰州青岗岔等。此类遗存主要分布在甘肃东部地区[①]。

在被泛称为齐家文化的古代遗存中，以灵台桥村为代表的第四类遗存与客省庄二期的文化面貌相当接近。我们认为秦魏家下层遗存为典型齐家文化早期遗存，它应是探讨典型齐家文化起源的基础。梁星彭的结论是："同其他文化比较，我们认为，秦魏家下层遗存与客省庄二期文化最为接近。"[②]他还依测量数据论说：从^{14}C年代看，客省庄二期文化年代为公元前2300年至公元前2000年。典型的齐家文化只有两个数据：永靖大河庄F7木柱为公元前2050年±115年；同上单位柱洞木炭为公元前2010年±115年。典型齐家文化的早期阶段是与客省庄二期文化之晚期阶段平行的。由于两者在文化面貌上有许多近似之处，我们估计典型齐家文化之前身文化应与客省庄二期文化早期阶段时代相当，而且在文化面貌上必与客省庄二期文化早期遗存具有众多共同之处。

梁氏着眼于陶器的类型方面。我们还可以从玉文化因素视角考察。根据中国玉文化发展的大体脉络，玉礼器生产率先起源于东北，随后顺着东部沿海地区向南方拓展，直到较晚的时候才规模性地进入中原，并最后拓展到陇山以西的甘青地区和河西走廊。有理由认为，构成齐家文化鲜明文化特征的玉文化要素，不可能是在西部地区继承更早的马家窑文化和半山、马厂文化的结果，只能是受到东部地区玉文化传播影响的结果。这样的认识与齐家文化源自甘肃以东地区的考古学观点大体是吻合的，不过更倾向于关注早于客省庄二期文化数百年的常山下层文化（又称"菜园文化"）。

如果聚焦玉文化的源流，目前的考古资料已经可以确认，在齐家文化崛起距今4000年之际，至少有如下一些中原的或靠近中原的史前文化，已经率先发展出一定规模的玉礼器生产，并初步形成了玉礼文化的传统。它们是：

1. 仰韶文化庙底沟类型（以灵宝西坡墓地出土的14件玉礼器为代表）；2. 庙底沟二期文化（以山西芮城清凉寺墓地出土玉器为代表）；3. 常山下层文化（以甘肃镇原县三岔镇大塬遗址出土玉礼器为代表）；4. 陶寺文化（以陶寺遗址墓葬出土玉礼器为代表）；5. 陕西龙山文化（以神木新华遗址和石峁遗址出土玉器为代表）；6. 客省庄二期文化（以陕西西安长安区客省庄遗址出土玉器为代表）；7. 商洛东龙山文化（以陕西商州东龙山遗址出土玉石器为代表）。

在以上七个先于齐家文化而存在的史前文化中，与齐家文化关系最密切的是常山下层文化，学界的一种主流观点认为齐家文化就源于常山下层文化。这并非空穴来风，有多个橙色或红色陶器类型的渊源承袭为线索。如果集中关注常山下层文化出土的少量玉礼器之玉石原料情况，则会发现其以墨色或墨绿色的蛇纹石玉为主（见图 1），更加晶莹剔透的透闪石玉料在那个年代的西部地区基本上还没有登场。这种情况与距今 5000 年以上的北方红山文化和南方良渚文化玉器用料形成很大的反差。同时也意味着史前期中原玉文化与西部玉文化的序幕，都是由深色调的蛇纹石玉料开启的。这是距今 4300 年以上西北地区所能见到的主要玉料。

溯源求本，在以上七个中原史前玉文化中，唯有仰韶文化庙底沟类型的出土玉礼器，明显比常山下层文化的年代更早数百年。检视其代表性的遗址——河南灵宝西坡墓地出土的 14 件玉礼器，原来也是以墨色或墨绿色蛇纹石玉为其主要玉料（见图 2③、图 3④、图 4⑤）。顺着渭河与黄河汇流的方向东看，是河南省灵宝市。从 2010 年出版的考古报告《灵宝西坡墓地》看，其文化类型属于仰韶文化庙底沟类型，该报告所著录的西坡墓地出土玉石钺共 16 件，玉环 1 件，若除去其中 3 件石钺，还共有玉器 14 件，即 13 件玉钺和 1 件玉环。从玉质看，14 件玉器中 13 件为蛇纹石，1 件为方解岩。从表面颜色看，14 件玉器中 10 件为墨绿色或深绿色⑥。这样的数据表明，中原仰韶文化庙底沟类型时期的用玉，其大部分原料取自同一类型和色泽的蛇纹石玉，很可能是大体上产自同一地点的玉矿资源⑦。

这样的墨色或墨绿色蛇纹石玉料，在齐家文化玉礼器生产中仍被使用。第十次玉帛之路考察团在甘肃武山县博物馆看到的一件半成品玉琮，就是由同类的蛇纹石玉料加工而成的（图 5）。武山县石岭下彩陶博物馆展出的一件权杖头，也是由当地墨绿色蛇纹石玉制成的。这样看来，共同的蛇纹石玉料资源，给中原玉文化与西部玉文化的关系问题带来如下启迪：迄今明确知道的最重要的蛇纹石玉矿，是现今依然在继续开采和供应的武山县鸳鸯山的鸳鸯玉。武山县出土的齐家文化蛇纹石玉琮表明，此地的玉矿资源是史前时期就被当地先民发现和采用的。渭河上游地区特产和盛产的深色调蛇纹石玉料，是在青铜文化崛起之前，能够拉动史前期跨地区的远距离贸易和运输最基本的物质纽带之一。另一个重要的物质纽带属于生活必需品，也同样具有战略意义，那就是食盐。

1993 年甘肃礼县县城以东的永坪乡大堡子山秦公墓地遭到大面积盗掘，大量文物流失海外，举世震惊。为此，甘肃省文物考古研究所于 1994 年 3—11 月对墓地进行了抢救性发掘。2004 年 3 月 28 日—4 月 20 日，再组织联合考古队对西汉水上游干流及其支流漾水河、红河、燕子河、永坪河流域，东起天水市天水乡，西至礼县江口乡的范围进行了踏查，遍及干流两岸的每处台地。共调查遗址 98 处，其中仰韶时代文化遗址 61 处，龙山时代文化遗址 51 处，周代遗址 47 处（包含周秦文化的遗址 37 处，包含寺洼文化的遗址 25 处）。在此调查基础上，将天水地区史前考古学文化的发展序列问题的研究推进了一步，不再像以往那样简单地套用仰韶文化—齐家文化的 "大一统" 模式，而是能够具体排列为叠压关系的多种文化层：

仰韶文化；常山下层文化、案板三期文化（庙底沟二期文化）（龙山文化早期）；齐家文化（龙山文化晚期）；商周文化（寺洼文化等）；秦文化。[⑧]

考古调查发现，相当于龙山文化早期的文化遗存主要有两类：一类是常山下层文化因素；另一类是案板三期文化（或者说庙底沟二期文化）因素。目前发现的常山下层文化遗址不多，有盐官镇新山、东庄、玄庙嘴、马坪山、高城西山，祁山乡祁山堡，长道镇左家磨东、盘龙山，永兴乡赵坪，城关镇雷神庙等遗址。其陶系主要为泥质橙红色、砖红色或橙黄色彩陶，还有一些泥质灰陶。其带耳器尤为发达，还有双耳罐和三耳罐，耳与口沿齐平，有的与齐家文化双大耳罐的形态非常接近[⑨]。这就给齐家文化起源于常山下层文化的观点带来了新的器物实证。不过，有研究者认为，常山下层文化和案板三期文化竞相角逐于西汉水上游地区，这一现象发人深思[⑩]。

从礼县盐官镇生产食盐的历史看，盐是中原人西进甘肃的主要诱因吗？其推测是："关中不产盐，这里便成为陇山以西重要的食盐供应地。各种史前文化会聚于斯，商周时期各种势力进入这里，以及后来的秦文化的兴起，可能都与食盐资源有莫大的关系。关中西部的案板三期文化进入到西汉水上游，其原因可能亦在于此。"[⑪]根据上述论述，难道是从东部来到西汉水地区谋求盐业资源的外来文化的主体，包括常山下层文化和案板三期文化的居民，给后来的齐家文化带来玉文化的因素吗？目前在案板三期文化中还没有发现规模性的玉礼器传统[12]，只有来自陇山两侧的常山下层文化具有少量的玉礼器生产。这显然是该文化给齐家文化的玉文化开先河的。稍晚些时候可能还有位于关中的客省庄二期文化，也多少发挥了向西部地区传播玉文化的作用。

如果我们权衡一下这两种资源，西汉水礼县地区的食盐和渭河上游武山县的蛇纹石玉料及其玉器，究竟哪个更具有明确可考的实证价值呢？能够经历千百年地下埋藏而不消失也不变质的显然是玉器。目前需要探明的是，武山特产的深色调蛇纹石玉矿资源，究竟是在何时得到开采使用的。在武山当地发现的一个史前文化类型，即石岭下文化，可以提供解答问题的线索。石岭下文化，一般认为是中原地区庙底沟二期文化西进甘肃的派生物，并且开启了马家窑彩陶文化之先河。要追问距今 5000 多年前的中原居民为何要成规模地沿着渭河谷地西进，来到渭河上游地区，那么和西汉水的盐类资源同样具有吸引力的物资就是武山玉。把各地有明确出土报告的蛇纹石类玉器联系起来，一条以渭河为依托的运玉路线就清晰地呈现出来。第十次玉帛之路考察团成员张天恩研究员回忆说，1984 年带队发掘宝鸡福临堡仰韶文化晚期遗址时，就发掘出两件墨绿色蛇纹石玉饰，一个圆形，一个梯形（见图 6），现在看来这两件玉饰很可能就是以沿着渭河而来的武山鸳鸯玉为原料的。福临堡遗址位于宝鸡西郊，渭河北岸，距今约 5000 年，其特殊的地理位置足以充当甘陕史前文化交会和互动的中转站。

又据中国社会科学院考古研究所编著的天水地区考古报告《师赵村与西山坪》，在师赵村第七期文化即齐家文化层的下面，有第五期遗存属于马家窑文化马家窑类型，发现有一件蛇纹石玉锛[13]。报告还认为师赵村第五期文化的年代为公元前 3492—公元前 2782 年[14]。这样就又一次把蛇纹石玉矿资源同渭河道的水路东输作用大体上和盘托出了。此外，第十次玉帛之路考察在秦安大地湾博物馆观察到的大地湾文化第四期的一件 C 型石锛（T2081：8），根据表面观察，似为蛇纹石玉锛，因为器表仍能看出类似蛇皮的花斑色[15]。在大地湾二期出土的玉石器中，该博物馆展出有玉凿 3 件，玉锛 4 件（见图 7），从颜色和质地观察也应是由墨色的蛇纹石玉料制成的。大地湾二期文化相当于仰韶文化的早中期，其年代距今 6500—5900

年，这要比灵宝西坡的仰韶文化庙底沟类型还早近千年。正是在这一千年的发展中，大地湾遗址蛇纹石玉质的工具（玉凿、玉锛）终于演变为中原仰韶晚期的礼器（玉钺），又反过来影响到常山下层文化的玉礼器，从而间接地催生出齐家文化的玉礼器传统。

对常山下层文化的渊源问题，目前的研究不够系统，代表性的观点主要有两种。上文引述的《西汉水上游考古调查报告》曾作出这样的评判："一种认为它主要来源于大地湾仰韶文化晚期遗存[16]；另一种认为它来源于泾河上游的阳坬类文化，其年代亦相当于仰韶晚期[17]。持后说的学者也认为常山下层文化的起源地纬度高、海拔高、降水少，进入龙山降温期后该文化有南移趋势。比如在陕西长武南峪村、千阳鲁台山、宝鸡老虎沟等地，都发现了具有这种文化特征的遗存。常山下层文化的陶系、纹饰和器形与大地湾仰韶文化晚期遗存差别较大，而且该文化有一定的地域特点，所以后说似乎更为合理。"[18]第九次玉帛之路考察团在甘肃镇原县对常山下层文化遗址做了现场调研，结合该县大塬遗址出土的巨人墓葬中随葬玉环、玉斧的情况，认为泾河流域的陇东地区，恰好充当着关中—中原玉文化与西部玉文化的关联中介角色。不过对其深绿色玉环与墨色玉斧的材料来源，还不能贸然下定结论，但也不排除泾河渭河交汇的水路纽带作用，将武山特产的蛇纹石玉输送到常山下层文化最密集分布的陇东一带。

二 齐家文化与西玉东输的多米诺现象

从距今约4900年的常山下层文化之发端，到距今4100年左右齐家文化崛起时期，西部玉文化经历着萌芽、生长和繁荣的过程。其间最大的变化，即就地取材的玉料从较为单一的深色调蛇纹石玉，到多种色调的优质透闪石玉。目前所知，齐家文化用玉的主要来源是临洮与榆中交界处的马衔山玉[19]，这是优质的透闪石玉；还有青海与甘肃之间的祁连山玉，其质地介于蛇纹石和大理石之间。再往西看，有新发现的肃北马鬃山古代玉矿。第四次和第五次玉帛之路考察分别到马衔山和马鬃山采集玉石样本，经过比对发现这两处透闪石玉料与齐家文化玉器的用料非常接近，有待做进一步的仪器检测和比对工作。笔者还尝试建构出齐家文化玉器的色谱系统，写有《齐家文化玉器色谱浅说》小文，把齐家文化用玉的色谱划分为三系列，分别称为：第一，墨—绿色系；第二，青—白色系；第三，黄—褐色系㉓。相比其他史前玉文化，齐家文化因为比邻西部储量丰富的玉矿资源，在玉色表现方面达到最为辉煌的境地。

在河西走廊西端，玉门关以外的若羌、且末一带的新疆玉、和田玉，可能在齐家文化时代已经被发现和采用。晚于齐家文化的商周时期高等级墓葬出土玉器中，多有以温润而剔透的新疆和田玉为原料者，目前这已经是学界多数人的共识。在周穆王西游或张骞通西域之后，比于阗更遥远的地方，乃至叶城至塔什库尔干县一带的叶尔羌河流域的优质透闪石玉，也可能相继被中原文明发现和利用。一条从帕米尔高原绵延数千公里的玉石之路的路网，就这样伸展向东方的中原国家。

过去的常识告诉我们，西玉东输的过程就是单一的新疆和田玉进入中原的过程。玉帛之路系列踏查后的新认识有所不同：西部玉矿资源区东起甘肃武山县的蛇纹石玉，西至新疆昆仑山和葱岭（帕米尔高原），其总面积达200万平方公里以上。最先踏上玉石之路的，就是渭河道上输送的武山蛇纹石玉。马衔山透闪石玉矿的位置恰好在渭河源以西的地方。这就说明了为什么《山海经·西山经》记述渭河源于鸟鼠山，而当地也因出产白玉而著称。很可能是中原方面的爱玉崇玉人士，错将马衔山玉矿嫁接到渭水源头的鸟鼠山了！

> 又西二百二十里，曰鸟鼠同穴之山，其上多白虎、白玉。渭水出焉，而东流注于河，其中多鳋鱼，其状如鳣鱼，动则其邑有大兵。

据《山海经》的描述，紧临着鸟鼠同穴山，还有一条河在西边，叫滥水，西流注于汉水，其中出产一种鱼，"其状如覆铫，鸟首而鱼翼鱼尾，音如磐石之声，是生珠玉"。可见，古人心目中的鸟鼠山除了是渭河源头，还出产两种奇物：白虎和白玉。鸟鼠山西面的滥水中，出产奇特的鱼，它不仅形状特殊——鸟头鱼身，而且声音特殊——如磐石之声，还能生出珠和玉。这两种物质都是先秦时代的至宝，以"隋侯之珠"和"和氏之璧"为顶级代表。按照《山海经》的描述，渭水发源地鸟鼠山简直就是一座宝山。这和《山海经》认为黄河的源头在昆仑山，昆仑山出产著名的和田玉一样，大大增加了河流的神圣性和神秘性，引发后人对西部美玉和仙界的无限遐想。

白玉是各种颜色玉料中最为贵重的。《山海经》记述的 140 座产玉之山中，仅有十分之一多点是产白玉，即 16 座山产白玉，其他的都非白玉。其作者或记录者的这种选择性写法，体现的正是周代以来玉石信仰的一次根本性变革，从广泛地崇拜各种颜色的玉石，到集中崇拜和田玉中的白玉。笔者把这种现象称为玉石宗教的一场新教革命[21]。随后就有《礼记·玉藻》中"天子佩白玉"的等级制规定。2016 年 6 月第十次玉帛之路考察团来到鸟鼠山下的渭源县举行启动仪式，当地学者在座谈会上提供的回应是，渭河北岸多有出土玉器的地点，还有一处叫王贡坪的地方，多年前还是以出玉而闻名。

从表面偏黑色而实际略透绿色的蛇纹石玉所制作的史前玉器情况看，是出产量非常丰富的甘肃武山鸳鸯玉矿给仰韶文化和龙山文化的玉礼器生产供应着原料。墨色的蛇纹石玉器生产，是中国西部玉文化最深厚的大传统，数千年的传承历史，足以给后世文献记载的远古史事与神话传说留下强烈的影响，那就是《尚书·禹贡》中的"禹锡玄圭"说与《穆天子传》中的"白圭玄璧"说。黑色玉礼器的威严，依然深刻地反映在夏商周三代的文化记忆中。

在齐家文化起源的过程中，有东来的和西来的文化要素相互碰撞、融合，最后形成新的文化面貌。史前期的这种不同地域文化相互融合的情况，或许可以求助于同姓不婚的远古社会组织之现实构成情况。这在夏商周三个族群的构成中亦可看出一些端倪。周人王族为姬姓，与其联姻的母系则为姜姓。如《诗经·大雅·生民》所述周人始祖母名姜嫄。周文王姓姬名昌，周武王姓姬名发。我们知道周族人的血缘主体为姬、姜通婚的后代。而姬与姜又是早于夏代的先祖黄帝和炎帝的姓，所谓炎黄子孙这样的血统认同之说法，最适合周人族外婚之族群文化认同。姜与羌音义互通，指的是来自西方的牧羊人（《说文解字》释羌字）。

商人王族为子姓，母系方面为简狄，又写作简易（《汉书·古今人表》），"狄""易"音义兼通。易即《周易》的大壮和旅两个爻辞与《山海经·大荒东经》所说的易或有易，是指北方易水流域的古国族之名[22]。有易族也和羌族一样属于游牧文化的族群生活方式：

六五。丧羊于易，无悔。(《周易·大壮》)

上九。鸟焚其巢，旅人先笑后号咷，丧牛于易。凶。(《周易·旅》)

有困民国，句姓，而食。有人曰王亥，两手操鸟，方食其头。王亥托于有易河伯，仆牛。有易杀王亥，取仆牛。(《山海经·大荒东经》)

殷王子亥，宾于有易而淫焉。有易之君曰绵臣，杀而放之。是故上甲微假师于河伯以伐有易。克之，遂杀其君绵臣也。(郭璞《山海经注》引用《竹书纪年》之文)

从史前期的地域文化运动与融合情况看，东来的文化要素，自中原向西运动的文化扩张，发源于晋南的仰韶文化支系，其中以翼城枣园为代表的东庄类型，随后催生出庙底沟文化，或称仰韶文化庙底沟类型。其从距今 6000 年之际开始，分批次地向关中地区渭河流域进发，与当地的半坡类型文化发生长期的冲突、碰撞和融合。此后，庙底沟文化西进到宝鸡地区乃至甘肃天水地区。在这个长达近千年的中原文化西进潮流中，分别在陕西关中地区孕育出客省庄二期文化、案板三期文化，在甘肃东部地区孕育出常山下层文化和齐家文化，并使它们的文化面貌与此前在陕西土生土长的半坡文化、在甘青地区土生土长的马家窑文化都明显不一样。玉礼器这样一种来自东部的文化传统，便是伴随着庙底沟文化和庙底沟二期文化的西传，抵达关中地区，见于商洛的东龙山和长安地区的客省庄二期文化，稍早还先溯源泾河而上，抵达陇东地区，即镇原的常山下层文化。最后通过常山下层文化和客省庄文化的影响，同时催生出陕北地区龙山文化和甘青地区齐家文化的玉礼器体系。其后的具体传播路径和细节尚不明确，还有待进一步的材料发现与深入探究。

由此看来，殷商人与周人都与位于其西部和北部的游牧族群联姻通婚，以避免近亲繁殖所带来的不利的人种学后果，努力争取优生优育的遗传良性趋势。这样必然促进不同地域文化彼此间的融合互动趋势，尤其是地理位置相互毗邻的地域性族群之间。齐家文化的地理构成和族群构成也不例外。其族源中的父系和母系分别有农耕族群与游牧族群，也就不足为奇了。就其地理构成而言，齐家文化空间分布的最东缘，在南部直逼陇山以东的关中地区，在北部则直指宁夏、陕北和内蒙古河套地区，这都是以往的仰韶文化繁育地区。齐家文化空间分布的西缘，则深入祁连山以北河西走廊腹地、青海祁连山以南的河湟谷地及草原地带。齐家文化的中心区域则位于陇山以西的广大地区。这里以前正是马家窑文化繁育的核心地带。由此,后来居上的齐家文化正是在兼收并蓄当时东部、西部文化精髓的基础上发展形成的。

三 总结与展望

探求齐家文化的东方源头相当于探求陕西地方某些史前人群向西迁徙的原因。目前可以明确的是,陇山两侧的自然资源情况,如天水地区礼县盐官镇一带的盐业资源,以及华亭县的盐卤生产为关中地区人群所需要和追逐,而渭河上游地区的玉石资源(包括临洮县马衔山的透闪石玉矿和武山县渭河边的鸳鸯山蛇纹石玉矿资源),更是早自仰韶文化时期就拉动部分人口和文化西迁运动之重要因素。

对齐家文化的构成要素而言,西来的文化要素是金属、乳状袋足鬲与洞室墓等;而东来的文化要素则以玉礼器及其神话信仰系统为主。《尚书》所说尧舜时代起到"班瑞"作用的三璜连璧或四璜连璧,在史前玉文化集中分布的广大地域里,如北方的红山文化、南方的良渚文化和凌家滩文化、江汉平原的石家河文化,以及广东的石峡文化中都不曾一见,唯有在晋南的陶寺文化、陕北的龙山文化和西北的齐家文化中出现,两者之间的传播中介,如今已经浮出水面,那就是紧密联通着西北与中原的天然纽带——黄河。近期在靠近黄河边的陕北神木市发掘出龙山文化时期的古城——石峁遗址,与之相对的黄河东岸山西兴县也密集分布着龙山文化遗址,这就沿着黄河,明显呈现为陶寺文化与齐家文化之间的地域文化中介。可由此得出推论,中原晋南的陶寺文化与西北甘青地区的齐家文化,是由渭河与黄河勾连起来的。黄河及其支流在联结其上游地区的古文化与中游地区的古文化方面,发挥着非常关键的水陆联系的纽带作用。这是目前中国史前交通史研究的空白点,预示着今后研究与思考的一个方向[20]。

注释

①梁星彭:《黄河中上游史前、商周考古论文集》,社会科学文献出版社 2015 年版,第

108—120 页。

②梁星彭：《黄河中上游史前、商周考古论文集》，社会科学文献出版社 2015 年版，第
118 页。

③中国社会科学院考古研究所等编著《灵宝西坡墓地》，文物出版社 2010 年版，图版
二二。

④中国社会科学院考古研究所等编著《灵宝西坡墓地》，文物出版社 2010 年版，图版
九四。

⑤中国社会科学院考古研究所等编著《灵宝西坡墓地》，文物出版社 2010 年版，图版
八九。

⑥中国社会科学院考古研究所等编著《灵宝西坡墓地》，文物出版社 2010 年版，第
32—113 页。

⑦叶舒宪：《武山鸳鸯玉的前世今生——第十次玉帛之路渭河道考察札记》，《百色学院
学报》2016 年第 5 期。

⑧甘肃省考古研究所等编著《西汉水上游考古调查报告》，文物出版社 2008 年版，第
269 页。

⑨甘肃省考古研究所等编著《西汉水上游考古调查报告》，文物出版社 2008 年版，第
270 页。

⑩甘肃省考古研究所等编著《西汉水上游考古调查报告》，文物出版社 2008 年版，第
272 页。

⑪甘肃省考古研究所等编著《西汉水上游考古调查报告》，文物出版社 2008 年版，第
273 页。

⑫西北大学文博学院考古专业编著《扶风案板遗址发掘报告》，科学出版社 2000 年版。

⑬中国社会科学院考古研究所编著《师赵村与西山坪》，中国大百科全书出版社 1999 年
版，第 253 页。

⑭中国社会科学院考古研究所编著《师赵村与西山坪》，中国大百科全书出版社 1999 年
版，第 306 页。

⑮甘肃省文物考古研究所编著《秦安大地湾——新石器时代遗址发掘报告》，文物出版
社 2006 年版，彩版四〇。

⑯郎树德、许永杰、水涛：《试论大地湾仰韶晚期遗存》，《文物》1983 年第 11 期。

⑰西北大学文博学院考古专业编著《扶风案板遗址发掘报告》，科学出版社 2000 年版，
第 269 页。

⑱甘肃省考古研究所等编著《西汉水上游考古调查报告》，文物出版社 2008 年版，第
273 页。

⑲ 古方:《甘肃临洮马衔山玉矿调查》,参见叶舒宪、古方主编《玉成中国:玉石之路与玉兵海外探源》,中华书局 2015 年版,第 72—79 页。

⑳《丝绸之路》2013 年第 11 期,收入拙著《玉石之路踏查记》,甘肃人民出版社 2015 年版,第 26—35 页。

㉑ 叶舒宪:《〈山海经〉与白玉崇拜的起源》,《民族艺术》2014 年第 6 期;叶舒宪:《从玉教说到玉教新教革命说:华夏文明起源的神话动力学解释理论》,《民族艺术》2016 年第 1 期。

㉒ 王玉哲:《中华民族早期源流》,天津古籍出版社 2010 年版,第 165 页。

㉓ 叶舒宪:《玉石之路黄河道再探——山西兴县碧村小玉梁史前玉器调查》,《民族艺术》2014 年第 5 期。

作者简介:叶舒宪,男,上海交通大学资深教授
原文刊于:《中原文化研究》(郑州),2019.4:5 – 11

图 1　甘肃镇原县三岔镇大塬遗址出土常山
下层文化玉斧（2016 年 1 月第九次
玉帛之路考察摄于镇原县博物馆）

图 2　灵宝西坡仰韶文化墓地 M9 出土蛇纹
石玉钺（M9:2）（正反两面）

图 3　灵宝西坡仰韶文化墓地 M34 出土玉钺 （M37：7）

图 4　灵宝西坡仰韶文化墓地 M31 出土玉钺 （M31：19）

图 5　武山县博物馆藏距今 4000 年的用武山鸳鸯玉制成的齐家
文化玉琮 （2016 年 6 月第十次玉帛之路考察摄）

图 6　宝鸡福临堡仰韶文化遗址出土蛇纹石玉器两件

图 7　大地湾二期文化的玉凿和玉锛（2016 年 6 月第十次
玉帛之路考察摄于秦安大地湾博物馆）

关于齐家文化的几点思考

韩高年

摘　要：齐家文化年代与中原夏代纪年时间大致相当，其年代上限或略早于夏代，其空间范围主要分布在长江上游支流西汉水流域和黄河上游的渭水、洮河、大夏河、湟水中下游地区，地跨甘肃、宁夏、青海、内蒙古四省（区），东西跨度800多公里。从已经发掘的数千处齐家文化遗址（墓葬、聚落等）及遗物（陶器、铜器、玉器、骨器等）来看，其文化形态由于其所处空间位置的"枢纽"地位而带有明显的过渡性特征，既有黄河中下游地区文化的因素，又吸收了欧亚草原的文化因素。而创造了这一文化的齐家人，其主要成员应是以考古学中的马家窑人或文献记载的以西羌为主体并吸纳了周边不同族群的人。从河湟地区广为流传的夏禹传说及以"夏"命名的地理和民俗意象来看，齐家文化也曾与中原夏文化一样，经历了上古中国文化"满天星斗""群星璀璨"的辉煌期，但是终因气候和其他因素，在"月明星稀"的大背景下融汇到"多元一体"的华夏文明大格局之中。

关键词：齐家文化；夏文化；二里头文化；文化心理共同体；畜牧型农业社会

　　齐家文化是黄河上游甘肃、青海地区一个重要的上古文化区系，因其在文化类型和地理空间上的特殊地位，而在华夏文明"多元一体"格局的形成、中原文化与草原文化的交流，以及"彩陶之路""玉石之路""丝绸之路"的形成过程中，发挥了重要的枢纽作用。自1924年瑞典人安特生发现甘肃临夏广河齐家坪遗址以来，齐家文化一直是考古学者、历史学者、美术史学者的讨论热点。学者们从不同角度出发，对齐家文化的研究取得了丰硕的成果。从 20 世纪 50 年代至今，考古人员仅在甘肃就发现齐家文化遗址 2700 多处[1]。

通过考古发掘和归纳研究，基本确定了其年代范围，初步探明了其空间分布范围。然而对于齐家文化的族属、齐家文化的来源、齐家文化与周边文化的关系及发展去向等，还有进一步探讨的余地。中国的考古学，受传统金石学的影响很深，最初只重视器物文字。近代以来，更是完全接受西方考古学的学术规范，重视遗址发掘和器物类型学，较少关注文献记载。进入 21 世纪，西方考古学也出现了理论转向，随着环境考古学、公共考古学的兴起，中国的考古学也面临着理论范式的创新，学科交叉融合成为大的趋势。对齐家文化等上古文化的研究也理应如此。基于此，笔者不揣浅陋，就齐家文化研究的有关问题，提出自己的管见，向方家求教。

一 齐家文化的时地范围及特征

齐家文化分布在西汉水和黄河上游的渭水、洮河、大夏河、湟水中下游地区，以今天的行政区划看，东起甘肃庆阳市宁县，西至青海湖北岸，南抵甘肃陇南市文县，北至内蒙古阿拉善右旗。地跨甘肃、宁夏、青海、内蒙古四省（区），东西跨度 800 多公里。据晚近以来的考古及研究，"夏商时期周边地区考古学文化的发现，以黄河上游的齐家文化和下游的岳石文化为最早，可以追溯到 20 世纪 20 年代至 30 年代初。但关于齐家文化相对年代和绝对年代的推定，经过一段相当长的过程"[2]6-7。"齐家文化是黄河上游地区晚于马家窑文化的史前文化遗存。其年代与中原地区夏代纪年相当。因最早在甘肃省广河县（旧称宁定县）齐家坪发现而得名。""齐家文化的绝对年代经碳十四年代测定已大体明确。经测定的木炭等标本共 6 个……测定结果（指高精度校正数据）为：公元前 2183 年（上限）……至（公元）前 1630 年（下限）……同中原夏代纪年范围大致相当，其年代上限或略早于夏代。"[2]535-539齐家文化晚于马家窑文化，而早于辛店文化和卡约文化。

齐家文化在特定的时间空间内经历了较长的历史发展，形成了其独有的特征。就整体而言，从已发掘的灵台桥村、天水西山坪、永靖大何庄、乐都柳湾、武威皇娘娘台等处的考古学遗存来看，其核心特征如下。第一，聚落遗址有以白灰面为主的建筑群，其中有窑穴和石块堆成的圆圈祭坛。第二，陶器、玉器、铜器、骨器并存，陶器器形组合以双耳大罐、高领双耳罐、侈口罐、盆或豆等为主，器表图案有绳纹、篮纹等，彩陶以红彩和紫红彩为主；玉器有琮、璧等礼器与环、珠、绿松石、笄等装饰品。第三，铜器以红铜为主，有锥、刀、环、斧等。第四，石器有磨制的石斧、铲、锛、刀、磨棒、磨盘等石器群[2]5398。上述几个特征是学者们公认的。

因为齐家文化时间上延续 500 多年，空间上东西相距 800 多公里，所以又可以大致区分为东部、中部、西部三个类型。东区主要在泾水、渭河和西汉水上游流域，最具代表性的是天水师赵村和七里墩遗址。东区以素陶为主，不见彩陶。有玉礼器璜、璧、琮等。中区即黄河上游、洮河、大夏河流域，最典型者为甘肃永靖莲花乡秦魏家遗址。陶器以红色和红褐色为主，素面和有绳纹、篮纹等纹饰者共存。西区即黄河上游青海境及湟水、隆务河流域，以及河西走廊，最为典型者是青海乐都柳湾和甘肃武威皇娘娘台遗址。西区的最显著特征是红铜器和彩陶种类多样。彩陶器多为黑色或紫红色，纹样有三角纹等几何纹、蕉叶纹、变形蛙纹等，器形除双耳罐、豆、盘、盆、杯、鬲、尊、甗外，还出现高圈足陶杯、双大耳罐、陶盉、鸮面罐、带嘴罐，以及陶塑人像、动物、铃、鼓等罕见器形。

以上所述齐家文化东、中、西三区的不同特征，表明其并非封闭的文化区系。在空间上，齐家文化在与其他文化接触中有相互吸收、相互影响的现象，同时也有向东和向西扩散传播的迹象。在时间上，则经历了细石器和陶器时代向铜石并用时代的发展，陶器器形和纹饰也经历了较为显著的发展和变化[3]。韩建业教授指出，齐家文化的早期在东部，以天水师赵村七期遗存为代表。主要应当是客省庄二期文化西进陇东南并与菜园文化相融合的结果。之后，又向甘肃中部和青海及河西走廊扩展。齐家文化之晚期，在齐家坪、磨沟、皇娘娘台等墓地出现的圜底彩陶罐和绳纹彩陶罐，以及多重波折纹、梯格纹、胡须纹等，很可能是从阿尔泰南部和天山东中段的切木尔切克文化传入的[4]。其中齐家文化砾石堆成的圆圈形祭坛，与内蒙古赤峰夏家店下层文化建于高山顶上的石圆圈、新疆昌吉州木垒县照壁山乡平顶村青铜时代中晚期石圆圈，以及新疆巴音郭楞蒙古自治州和静县那热德沟遗址石围圈等，十分相似①。西部的晚期齐家文化同时还有受到晋南陶寺文化和庙底沟二期文化末期影响（琮、璧、璜等玉礼器）的迹象。

从考古资料的综合分析来看，齐家文化对应的是父权氏族社会形态，生业方式以农耕为主，兼营畜牧；到后期，农业衰落，畜牧业逐渐发达。在精神文化方面，当时已经有了专门从事宗教祭祀活动的巫师，有了制度化的祭祀礼仪（圆圈祭坛、琮、璧、璜等玉礼器）和占卜仪式（齐家坪遗址墓葬及皇娘娘台 M8 墓主人使用羊卜骨随葬）。这种社会文化形态，带有明显的农耕、游牧融合的特点。

二　齐家文化的创造者

齐家文化的起始年代早于夏代，而其中晚期则已进入夏代。并且，其考古文化特征与二里头文化有相似之处。因此，学者们认为齐家文化与夏文化有密切的关系；有的学者还认为，齐家文化对中原夏文化的某些因素，如铜器和陶器，有着直接的影响[5]。其实，大量的考古发现表明，这些影响更多的来自外部，即北亚游牧文化。齐家文化在这一远距离的文化交流和传播中，只是扮演了一个中间角色[6]3-54。那么，齐家文化的创造者是谁？他们和夏文化的创造者之间又是什么关系呢？

《史记·六国年表》言："禹兴于西羌。"而今甘青地区，包括黄河上游洮河、大夏河流域的甘肃临夏一带为古羌人所居之地。因此，从夏鼐先生始，到俞伟超先生等考古学家，以及最近一些民族学和历史学者认为，产生于黄河上游洮河、湟水流域甘青一带的齐家文化的创造者是古羌人。夏鼐先生在《临洮寺洼山发掘记》中指出，洮河流域在夏代正处在氐羌之活动区域，氐羌曾实行火葬制度，寺洼山遗址墓葬表现出的火葬制度恰与羌人葬俗吻合[7]269-310。俞伟超先生认为："把安国式遗存、寺洼文化、卡约文化综合起来观察，它们相互之间的关联和各自具备的特有的表征，说明它们都是羌人文化……由此看来，把齐家、马厂，乃至上溯到半山、马家窑、石岭下文化，看作是羌人文明的前驱，是有道理的。"[8]185-186

概括而言主要的观点有几种：一是甘青地区青铜时代文化均为羌文化

的不同支系；二是马家窑文化、齐家文化都是羌文化；三是宗日文化发展到卡约文化是羌文化；四是卡约文化是羌文化的源头[9]。持上述观点的学者的主要依据是文献所载"禹出西羌"，以及齐家文化及各支系文化与古羌人所居之地的重合。

另一些学者则认为齐家文化的创造者另有其人群，是由晋南夏墟北上东进的吐火罗人。如余太山先生认为，"河西及临夏的大夏即吐火罗人迁自晋南"，"晋南的大夏似可溯源于陶唐氏"[10]176-196。以上古时期中华文化在各区域内独立发展，最终形成"多元一体"的"满天星斗"状态而言，跨越山河的长距离传播，主要是为了稀有资源和器物的交换，大规模人群的迁徙，恐怕不是上古文化的常态。

英国学者希安·琼斯指出："文化-历史考古学对中国考古学有着久远的影响，中国考古学也有一种浓厚的编年史学传统和将考古学文化与史籍中提及的族群联系起来的倾向。"[11]2其实中国考古学者显然已经认识到理论创新和跨学科对话，以及汲取公共考古学经验的重要性。这体现在夏文化与族群研究方面。诚如林沄先生所述，过去在我国考古界，有一种把一定的考古学文化和一定族团等同的倾向。相关研究进一步表明，已划定的考古学文化往往是可以再分析的。被不少研究者认为是夏人文化遗存的二里头文化，今天已可分析出源于河南王湾三期文化的因素和源于山东龙山文化的因素。二里头文化混合了多种先期文化的因素，不应单从同一起源的人群对四周人群文化成分的吸收来解释，而应该看成有不同起源的人群在同一地域中错杂居住而造成文化上的交融。如果二里头文化确实是"夏人"的遗存，那么"夏人"在血统上也是多源的[12]85-89。

齐家文化的创造者齐家人应当是生活在甘青地区的齐家人，他们创造的文化虽与中原夏文化在时代上有重合，但在空间上则是各自独立的，尽管他们彼此之间通过黄河与渭河的通道有相互交流的迹象，但从考古资料来看，彼此之间的影响还不足以从整体上相互改变。渭河、黄河上游的齐家文化与晋南的夏代文化关系密切，以至于有的学者认为齐家文化是由晋南传来的夏代文化与当地的马家窑文化相结合的产物。《世本·帝系》载："禹娶涂山氏子，谓之女娲，是生启。"女娲神话的发源地在西北高原，而涂山氏则在南方。《世本》之所以出现这类"错位"的记载，并非错简所致，而是因为夏文化具有强烈的吸引力，被广泛认同，以及各种关于夏代文化的传说相混杂的结果。

三 齐家文化与夏文化的关系

齐家文化遗址分布范围内有"大夏河""夏言""大夏城"等以"夏"命名的地方和其他事物,这些称谓可以与先秦秦汉文献中的记载相互印证,但早期文献所载的"大夏"均不在西北,而在山西南部;但秦汉文献所载大夏,则与齐家文化所在区域相对应。这是什么原因呢?这应当是由于夏文化发源于晋南,之后在豫西地区发展壮大,成为主流文化。商周时代基于主流文化视角,对包括西北地区齐家文化在内的其他区域文化,一律视为夏文化。夏鼐先生指出:"'夏文化'应该是指夏王朝时期夏民族的文化。……夏王朝时代的其他民族的文化,也不能称为'夏文化'。不仅内蒙古、新疆等边区的夏王朝时代的少数民族的文化不能称为'夏文化',如果商、周民族在夏王朝时代与夏民族不是一个民族,那只能称为'先商文化''先周文化',而不能称为夏文化。"[13]这为我们确定"齐家文化"与"夏文化"的关系提供了一个很好的标准。

早期文献中的"大夏"所指,均在山西南部。《左传·昭公元年》载子产曰:"昔高辛氏有二子,伯曰阏伯,季曰实沈,居于旷林,不相能也。日寻干戈,以相征讨。后帝不臧,迁阏伯于商丘,主辰。商人是因,故辰为商星。迁实沈于大夏,主参,唐人是因,以服事夏商。其季世曰唐叔虞。当武王邑姜,方震大叔,梦帝谓己:'余命尔子曰虞,将与之唐,属诸参,而蕃育其子孙。'及生,有文在其手曰'虞',遂以命之。及成王灭唐而封大叔焉,故参为晋星。"杜预注:"大夏,今晋阳县。"杨伯峻《春秋左传注》以为即今太原市[14]1218。又《史记·郑世家》述子产语,裴骃《集解》引服虔曰:"大夏在汾浍之间,主祀参星。"[15]1978此大夏在唐,即今晋南翼城。又《左传·定公四年》载:"昔武王克商,成王定之,选建明德,以蕃屏周。……分唐叔以大路、密须之鼓、阙巩、沽洗,怀姓九宗,职官五正。命以《唐诰》而封于夏虚,启以夏政,疆以戎索。""夏虚"即"夏墟",指夏人故地,杜预注以为"夏墟"在太原[14]1536-1539。顾炎武《日知录》驳之曰:"唐在河、汾之东,方百里。翼城正在二水之东,而晋阳在汾水之西,又不相合。窃疑唐叔之封以至侯缗之灭,并在于翼。"[16]1112杜注非是，顾说是。如此，则从最早记载来看，夏文化应起源于晋西南。

以往有些学者因甲骨文中未见"夏"，故而怀疑早期文献中关于夏或大夏的记载为晚出。近来詹鄞鑫先生通过重新排比有关卜辞材料，考证甲骨卜辞中此前被释读为"爨"的字，认为其字的形体像人而突出其手舞足蹈的形象，其造字的本义正是乐舞的意思，实应当为"夏"。"夏"字在卜辞中用作神名，经常与"河""华"等并举并卜。如《甲骨文合集》10076："戊午卜，宾贞，酒求年于华、河、夏。"卜辞中"河""华""夏"等神的祭祀多见一辞，祭祀礼仪相同。卜辞屡言"往于夏"（《甲骨文合集》14375）、"作夏"（《甲骨文合集》5476）等。据此可知，"夏"原本可能是城邑之名，"作夏"就是建造夏城。而祭祀"夏"的卜辞中的"夏"就是以某处城邑或地方而命名的地。詹先生举出大量"夏"与"华""河"并举的卜辞，证明"夏"就是夏人发祥地或夏邑。又据"夏"与"华""河"等方位关系判断，其地应当在"晋西南平原地区"[17]。这就从文字学的角度打消了有的学者对早期文献中关于"夏""大夏"真实性的质疑。金景芳先生早年即指出："大夏、夏虚、唐、虞、西吴、西虞和唐叔所封，虽然范围有广狭之分，但总的说来，都是同一地域。""则大夏故地，实在今山西省的西南角。"[18]30-31可谓卓见。

《世本》说："夏禹都阳城，避商均也。又都平阳，或在安邑，或在晋阳。"[19]345又据《今本竹书纪年》记载，"太康居斟寻""后相即位，居帝丘"，"帝杼居原，自原迁于老丘"[20]212-218。夏的都城曾经数次变更，后来所迁之地均在今河南沿黄河两岸的地区。刘起釪先生也认为晋西南是夏人之原居地[21]132-133。结合近数十年来夏代考古发掘及研究来看，夏文化考古遗存最为集中的有两个区域，一个是晋西南，代表是襄汾陶寺遗址；另一个在豫中，代表是二里头遗址②。这也与文献记载相符合。

郭静云教授在最近的一项研究成果中指出："西北地区，黄河上、中游文化的国家化程度最低，虽然有本地的青铜文化，但因族群的流动率很高或其他因素，直至殷商末期和西周时，其影响力才成为主流。"[22]2又指出"夏为西北古国说的矛盾"，认为：

渭河、汾河注入黄河，其流域共同构成条件相近的河谷平原。同时渭河流域位于黄河上游兰州与郑洛之间。兰州马家窑彩陶文化在新石器时代已传播到渭河流域。渭河流域黍作农产与河南关系密切。虽然不宜高估渭汾先民通过三门峡与郑洛先民的沟通，但生活条件相近，易使农耕技术同化。然因渭河东游、咸阳原水源不足，农耕条件不良，自新石器时代以来，农耕聚落集中在渭河西游，半坡、马家窑彩陶文化对汾河流域和三门峡以东的居民影响还是较弱。青铜初期以兰州为中心的齐家文化传播到渭河流域，经过黄河和渭河两个通道，齐家类型遗址范围，向东可达渭河、黄河的汇流区。不过，前文中已叙明，中原似乎并未吸收齐家的青铜技术，反而吸收了长江流域的青铜技术。但渭、汾注入黄河的汇流处，位于齐家和中原之间，当地也出土了齐家与中原类型的文物，且早期金属器以齐家类型为主。因此不能排除中原北部也曾受齐家文化影响的可能性，但从考古资料来看，中原文化中的齐家成分却相当低。……青铜初期，夏是众多古国之一，但文献均从"夏"的角度载录古事，夏先民的传说乃扩展至全中国。其原因可能有二：其一，是因为编录文献的周人未能掌握其他地区先民的传说，也不希望张扬别族先民的成功，故仅保留本土古国的传说；其二，是因为其源自当时最发达的文明，而后成为天下历史概念的重要环节。[22]123－124

看来齐家文化与中原夏文化、汾河流域夏文化均有过接触，但在早期大体独立发展，到了中后期，则情形有所改变。周人发祥于西北，欲东进与殷商相抗衡，在文化上则以夏的继承者自居。因此周人所编辑的文献中始有"禹出西羌"之说。周人世与姜姓通婚，以此结成政治联盟。故周代以后，羌人就进入华夏族群的族系，成为姜姓。《后汉书·西羌传》载："西羌本姜姓之别，《春秋》所谓姜戎，亦其类也。"章太炎则认为："其实姜姓出自西羌，非西羌出于姜姓。神农姜姓，由姜水也，其原本西羌。而黄帝与之同出少典，则亦西羌种也。"[23]388顾颉刚在此基础上进一步指出："羌和姜本是一字，羌从人，作种族之名；姜从女，作为羌族女子的姓。"[24]这都是周人以夏文化的承续者自居而导致的。

种种迹象表明，后期齐家文化曾受到夏文化的强烈影响，和夏文化有着密切的关系。公元前3000年至公元前2000年前后，以二里头为代表的中原文化异军突起，红山文化、大汶口文化、良渚文化、石家河文化等几乎同时走向衰落[25]35。于是当时的文明格局，遂由苏秉琦先生所说的"满天星斗"，变为当时华夏大地文化整体呈现"月明星稀"[26]160-163的态势。各区域文化的起落与消长，必然会导致人群的高频度和成规模的流动，最终导致考古学器物文化的器形和纹饰等方面的交融，以及以神话传说和历史记载相融合的文化心理共同体的形成。

四　齐家文化衰亡的原因

虽然说二里头文化的兴盛发达使上古其他地区文化的光辉稍显暗淡，但对齐家文化这样的区域性文化而言，其衰落也有自身的原因。齐家文化盛极一时，为何最终走向衰亡而融入中原商周文化之中？这首先要从其生业方式的特殊性来探讨。齐家文化最初是以农耕为主要生业方式，这在典籍中有明确记载。《帝王世纪》载："炎帝神农，母曰任姒，有氏女，有女登，少典妃。游华阳，有龙首感之，生神农于裳羊山。""人身牛首，长于姜水，因以氏焉。""作耒耜，始教民耕农。尝别草木，令人食谷以代牺牲之命，故号神农。"[27]3齐家文化为何走向衰亡？其原因是多方面的，其中当时气候的变化是一个相当重要的因素。日本学者宫本一夫根据中国考古学者所撰黄河中上游地区考古发掘报告中有关动物遗骸的资料归纳指出：

> 伴随着以公元前3000年为始的气候寒冷干燥化现象，此前人们所进行的野生动物狩猎，尤其是鹿的猎获逐渐减少，取而代之的是猪或是作为畜牧动物的绵羊、牛等家畜动物。家畜动物增加的现象明显见于黄河上游地区及内蒙古中南部地区。其中尤以新石器时代后期后半段的齐家文化及新石器时代终结末期的朱开沟遗址最为显著。……然而比猪的家畜化进展更值得重视的是，绵羊、牛等畜牧动物的明显增多。这是与森林地带的草原化导致鹿的生存领域减少成反比例的现象。……而在黄河上游地区和内蒙古中南部，即使是在畜牧发达的阶段，农耕石器依然存在，仍可见一如从前的农业要素。说明这些地区依然进行着一定程度的农业生产。我把这种依存于畜牧的农业社会称之为畜牧型农业社会，以区别于黄河中游及下游同属黍、粟农业社会

的区域。[28]228 - 230

　　齐家文化时期遭遇了寒冷干燥的气候，以及水灾等自然灾害，农业遭
到破坏。瑞士学者许靖华根据历史上全世界范围内存在的因气温降低导致
的人类社会动荡和族群流动的普遍规律，也指出：

　　　　新石器时代晚期，有人耕种的田地范围不只包括中国中部的黄河
　　及长江流域，还包括青藏高原北边周围、内蒙古，以及满洲西部。这
　　些民族大多是定居农民，同时也畜养猪、狗、牛、羊和鸡等家畜，以
　　补充食物来源。耕种的面积越来越大，农村也越来越繁荣。后来气候
　　突然变冷，接近公元前 2000 年时，中国西北部变得异常寒冷。在年代
　　较近的文化层中，出现的动物骨骼增多，而农耕器具变少，显示由农
　　耕退化为畜牧文化。猪的数量变少，取而代之的是大量的羊。农民变
　　成了牧羊人，或者更有可能的状况是，他们被来自北方的游牧民族征
　　服或取代了？
　　　　（公元前）第三个千年末来到中国的游牧民族入侵者是北方的
　　羌人。[29]129 - 130

　　气候变得寒冷干旱，游牧人群被迫内迁，因此造就了这里"畜牧型农
业社会"的形态。未能形成强有力的制度，这是齐家文化走向衰亡的重要
原因之一。

　　齐家文化衰落的另一个重要原因，可能是受到西来文化的影响而走向
分化，未能形成一个整体。凯文·林奇研究指出："人类是有领域感的动
物，他们会利用空间来控制人与人之间的交易，会维护领域的所有权以保
证拥有其资源。"[30]145 考古学家普遍认为，作为特殊空间的都邑和聚落是王
权政治的物化形式。何驽教授从凯文·林奇的城市形态学空间控制理论出
发，结合陶寺与二里头城址文化，提出了中国早期城市或都城的九项指
标："①规整的城市形态；②排他的宫庙区的存在；③排他的王族墓地；
④排他的祭祀区；⑤官营手工业作坊区；⑥政治宗教寡头垄断的大型仓储
区；⑦初具规模的规范的道路系统和城门系统；⑧明确的城市布局规划理
念；⑨多样性的都市文化面貌。……准此，我们认为，陶寺是中国最初的

城市和都城，二里头遗址则是第一个成熟的城市和都城。"[31]3-58 以此为准来看，齐家文化遗址中虽出现了来自西亚的象征权力的权杖，聚落中有祭坛等专门宗教性建筑，也有公共墓地，却未发现大型的宫殿，这表明其尚未形成高度集中的王权制度。韩建业教授在其研究成果中指出：

> 齐家文化之末，在齐家坪、磨沟、皇娘娘台等墓地以及兰州崖头、临夏瓦窑头等遗址，出现一些圜底的彩陶罐或绳纹罐，显得很是突兀，其来源应当是阿尔泰南部和天山东中段的切木尔切克文化，尤其是多重波折纹、梯格纹等彩陶纹饰，很可能就是切木尔切克文化陶罐上类似刻划纹的移植变体。另外，属于齐家文化和寺洼文化过渡期的大族坪北区遗存双耳罐上的胡须纹，还广泛见于中亚北部甚至伊朗地区大体同时或略早的遗存；磨沟发现的中国最早的人工铁器，比西亚、东欧等地人工铁器的产生至少晚约千年。这说明公元前 15 世纪以后仍然有较多西方文化因素渗透进甘青地区，这或许是促使齐家文化分化转变的原因之一。最终的结果是，秦魏家类型变为辛店文化和卡约文化，磨沟类型变为寺洼文化，而老牛坡类型则融于二里头文化当中。[4]

其实，齐家文化在发展的早期，即已受到外来文化的影响。这从甘肃、青海境内齐家文化遗址发现的众多早于中原地区的青铜器即可得到印证。然而到了齐家文化后期，其向东传播的趋势明显减弱，主要原因是长江流域的良渚文化与黄河中下游的夏、商文化辐射力的加强。一个明显的证据是齐家文化祭祀观念对上述文化的趋同。

齐家文化遗址发现多处石圆圈祭坛，其来源就是良渚文化，表明齐家文化受到东方文化的强有力影响。如甘肃永靖县大何庄村俗称"大台子"或"灰台子"的齐家文化早期遗址中，就发现了 5 处石圆圈遗迹，用扁平的砾石排列而成，石圆圈周围伴随有卜骨或作为牺牲的牛羊骨骸出土。除此之外，在永靖县秦魏家遗址、天水师赵村遗址、青海民和县喇家遗址等处，也发现了同样的石圆圈及牛羊骨骸，表明这种石圆圈是齐家人的祭祀之地[32]。有学者指出，这类石圆圈多见于良渚文化等遗址，且时代均早于甘青地区齐家文化[33]105-120。这表明齐家文化祭祀观念受到来自东面中原文化的强烈影响。

　　此外，在青海乐都柳湾齐家文化遗址、甘肃兰州土谷台马厂类型墓葬、武威皇娘娘台齐家文化墓葬、河西走廊民乐县东灰山遗址和玉门火烧沟四坝文化墓葬中，均发现了来自滨海地区的海贝饰品[34]76-85，这表明齐家文化与其他地区已经有远距离的交流和互动。

　　由上述来看，齐家文化在其发展期内，虽然在空间分布和时间延续上都形成了一定的发展规模和影响力，同时在物质文化和精神文化层面也都达到了相当的发展水平，但在其发展的后期，因为气候恶化，形成了流动性很强的"畜牧型农业社会"的特殊社会形态。这种社会形态的组织结构相对比较松散，不具备形成早期国家的基本条件。因此，由草原文明传来的青铜技术，也未能在此转化为先进的生产力。另外，由于中原夏王朝和商王朝的崛起，其意识形态如宗教祭祀、葬俗等，又受到中原文化的强烈影响。在以上因素的共同作用下，齐家文化最终走向分化，其主体和大部逐渐融入中原商周文化中，其局部则同时保留有草原游牧文化的一些特征。

注释

① 有的学者认为，齐家文化石圆圈由东南的良渚文化传入，又继续向西北方向草原地带传播，影响所及，至于新疆和内蒙古一带。参见杜维、杨江南《齐家文化石圆圈源流》，收入陈星灿、唐士乾主编《2016 中国·广河齐家文化与华夏文明国际论坛论文集》，甘肃文化出版社 2017 年版，第 105—120 页。也有的学者认为石圆圈类似于中亚草原游牧民族固定帐篷边留下的石镇。参见〔美〕胡博《齐家与二里头：远距离文化互动的讨论》中关于齐家墓地所见属于印欧民族习俗的殉妻葬部分的注释，李永迪译，收入夏含夷主编《远方的时习：〈古代中国〉精选集》，上海古籍出版社 2008 年版，第 24 页。但从发现石圆圈的大何庄等齐家文化遗址来看，这些石圆圈中或附近都发现有动物的遗骸，更有可能指向这是祭祀的场所。
② 徐旭生先生从《国语》《左传》《竹书纪年》等早期文献记载中，归纳出夏人的活动"有两个区域应该特别注意：第一是河南中部的洛阳平原及其附近，尤其是颍水谷的上游登封、禹县地带；第二是山西西南部汾水下游（大约自霍山以南）一带"。见徐旭生《1959 年夏豫西调查"夏墟"的初步报告》，《考古》1959 年第 11 期。

参考文献

[1] 洪玲玉，吴浩森，等. 齐家坪：齐家文化典型遗址研究的新进展 [J]. 考古与文

物，2019（3）：63 – 74.

［2］中国社会科学院考古研究所．中国考古学：夏商卷［M］．北京：中国社会科学出版社，2003.

［3］张忠培．齐家文化研究［J］．考古学报，1987（2）：153 – 175.

［4］韩建业．齐家文化的发展演变：文化互动与欧亚背景［J］．文物，2019（7）：60 – 65.

［5］陈亚军．齐家文化所见塞伊玛－图尔宾诺铜器与早期文化交流［J］．西北师大学报（社会科学版），2018（4）：76 – 81.

［6］胡博，著．李永迪，译．齐家与二里头：远距离文化互动的讨论［M］∥夏含夷．远方的时习：《古代中国》精选集．上海：上海古籍出版社，2008.

［7］夏鼐．临洮寺洼山发掘记［M］∥夏鼐．夏鼐文集：上．北京：社会科学文献出版社，2000.

［8］俞伟超．古代"西戎"和"羌"、"胡"考古学文化归属问题的探讨［M］∥俞伟超．先秦两汉考古学论集．北京：文物出版社，1985.

［9］叶茂林．甘青地区史前考古与早期羌文化探索［J］．四川文物，2016（6）：40 – 46.

［10］余太山．说大夏的迁徙：兼考允姓之戎［C］∥中国先秦史学会，洛阳市第二文物工作队．夏文化研究论集．北京：中华书局，1996.

［11］希安·琼斯．族属的考古：构建古今的身份［M］．陈淳，沈辛成，译．上海：上海古籍出版社，2017.

［12］林沄．关于中国早期国家形式的几个问题［G］∥林沄．林沄学术文集．北京：中国大百科全书出版社，1998.

［13］夏鼐．谈谈探讨夏文化的几个问题［J］．中原文物，1978（1）：32 – 33.

［14］杨伯峻．春秋左传注：修订本［M］．北京：中华书局，2009.

［15］司马迁．史记［M］．北京：中华书局，2013.

［16］顾炎武著，黄汝成集释．日知录集释［M］．秦克诚点校．长沙：岳麓书社，1994.

［17］詹鄞鑫．华夏考［J］．华东师范大学学报（哲学社会科学版），2001（5）：3 – 28.

［18］金景芳．中国奴隶社会史［M］．上海：上海人民出版社，1983.

［19］宋衷注，秦嘉谟等辑．世本八种［M］．北京：中华书局，2008.

［20］方诗铭，王修龄．今本竹书纪年疏证：修订本［M］．上海：上海古籍出版社，2005.

［21］刘起釪．由夏族原居地纵论夏文化始于晋南［M］∥刘起釪．古史续辨．北京：

中国社会科学出版社，1991.

［22］郭静云．夏商周：从神话到史实［M］．上海：上海古籍出版社，2013.

［23］章太炎．太炎文录续编·西南属夷小记［M］．上海：上海人民出版社，2014.

［24］顾颉刚．从古籍中探索我国的西部民族：羌族［J］．社会科学战线，1980（1）：
117－152.

［25］许倬云．说中国：一个不断变化的复杂共同体［M］．桂林：广西师范大学出版
社，2015.

［26］许宏．何以中国：公元前2000年的中原图景［M］．北京：生活·读书·新知三
联书店，2016.

［27］皇甫谧．帝王世纪［M］．宋翔凤，钱宝塘辑，刘晓东校点．沈阳：辽宁教育出版
社，1997.

［28］宫本一夫．从神话到历史：神话时代夏王朝［M］．吴菲，译．桂林：广西师范大
学出版社，2014.

［29］许靖华．气候创造历史［M］．甘锡安，译．北京：生活·读书·新知三联书
店，2014.

［30］凯文·林奇．城市形态［M］．林庆怡，等，译．北京：华夏出版社，2001.

［31］何驽．都城考古的理论与实践探索：从陶寺城址和二里头遗址都城考古分析看中
国早期城市化进程［M］∥中国社会科学院考古研究所，夏商周考古研究室．三
代考古：第三辑．北京：科学出版社，2009.

［32］中国社会科学院考古研究所甘肃工作队．甘肃永靖大何庄遗址发掘报告［J］．考
古学报，1974（2）：29－62，144－161.

［33］杜维，杨江南．齐家文化石圆圈源流［C］∥陈星灿，唐士乾．2016中国·广河齐
家文化与华夏文明国际论坛论文集．兰州：甘肃文化出版社，2017.

［34］张朋川．史前装饰艺术的作用与意义［M］∥张朋川．黄土上下：张朋川美术考
古文萃．济南：山东画报出版社，2006.

作者简介：韩高年，男，西北师范大学丝绸之路与华夏文明
协同创新中心教授、博士生导师

原文刊于：《中原文化研究》（郑州），2021.4：29－36

先秦古蜀与华夏的交流互动与融汇初探

——中华文明多元一体格局早期历程的重要个案

彭邦本

摘　要：先秦古蜀与华夏之间的交流互动源远流长，大致可分为三个阶段。最早阶段长江上游的古蜀与黄河流域的华夏之间的族群发生互动、迁徙以至融合、重组，可追溯至五帝、三代时期，期间可能出现过间歇，但总体上始终存在。第二个阶段为殷商时期，蜀和商是并存的区域性共主，蜀对商王室有战有和，中原的地理政治优势地位使得很多时候蜀选择了臣服于商。两者的互动不仅在殷墟卜辞中有记载，而且得到蜀地三星堆出土文物的印证。第三个阶段为两周时期，古蜀与华夏中原互动深化，并进一步融为一体，不仅在物质文化方面互通有无，而且制度、礼俗趋同。秦并巴蜀，巴蜀在政治上与华夏整合为一，但蜀地文化融入华夏还有一段历程，而且在融入华夏以后仍然长期保持了鲜明的地方特色，这正好揭示了中华文明多元一体、和而不同的巨大包容性特征。

关键词：古蜀；华夏；互动交流

中国很早就是多族群和多区域的共同体，古蜀就是其中最具历史文化特色的单元之一①，因此，蜀地如何从先秦开始一步步汇入中华文明多元一体格局，无疑是很有学术意义的研究课题。根据文献记载的古史传说，从黄帝到唐虞的五帝时代，长江上游的古蜀就与黄河流域的华夏发生了族群互动、迁徙以至融合、重组。距今约4000年前，启承禹，在中原确立君主世袭制，由此建立了华夏第一个"统一"王朝，开启了史称三代或曰先秦的中华早期文明时期。大致与之同时，蜀地亦开始步入文明社会，与黄河流域的夏商周三代并存、互动于东亚大陆。五帝、三代时期，蜀地与中原的交往互动可谓源远流长，有高潮，也有低谷，亦可能出现过长短不同的间歇，但总体上始终存在，应无可疑。唯因年代久远，传世文献多有失载，或有幸偶尔见载者也颇零星，每每语焉不详。然蛛丝马迹也弥足珍贵，往往可供我们探赜索隐，管窥知豹。蜀与华夏中原间互动的方式亦可谓多种多样：或政治的，或经济文化的；或和平的，或武力的；等等。除了传说中的族群迁徙，史籍可考者大致不出古人所谓朝、聘、会、盟、贡、献、征、伐等，总体而言，互动多是官方的，而更多更基本的民间交往互动则几乎完全湮没于历史的重重迷雾中了。值得庆幸的是，近世以来考古新发现层出不穷，商周卜辞中亦有蜀的明确记载，使我们得以通过与传世文献彼此印证，上下求索而见微知著，多方努力，欣获前人未知的诸多历史信息。本文即拟循此二重乃至多重证据互证的途径，对上古蜀地与华夏的互动融汇进行初步的梳理，以期指正。

一 五帝、禹夏时期：交流互动的 早期发展

根据若干传世文献记载的传说，蜀与五帝以至禹夏可谓同源异流，且因分流不久，源头尚近，彼此之间的互动似乎颇为密切。

《史记·五帝本纪》记载：

> 黄帝居轩辕之丘，而娶于西陵之女，是为嫘祖。嫘祖为黄帝正妃，生二子，其后皆有天下：其一曰玄嚣，是为青阳，青阳降居江水；其二曰昌意，降居若水。昌意娶蜀山氏女，曰昌仆，生高阳，高阳有圣德焉。黄帝崩，葬桥山。其孙昌意之子高阳立，是为帝颛顼也……自黄帝至舜、禹，皆同姓而异其国号，以章明德。[1]

从内容上讲，这是历史上关于黄帝族群与蜀地世居先民互动的最古老传说。不过，倘从文献稽考而言，太史公关于黄帝二子"青阳降居江水，

昌意降居若水"之说，实源出先秦典籍《世本》和《大戴礼记》②，其文字甚至基本同于今存《大戴礼记》的《五帝德》及《帝系姓》。由《五帝本纪》此条下《索隐》所引《水经注》之文可知，"若水"即今雅砻江，在今四川省攀枝花市境内，汇入金沙江。而玄嚣亦即青阳所降居之"江水"，则直指今岷江上游。在晚明徐霞客赴西南地区实地考察之前，传世文献中"江"或"江水"作为江河之名时，一般指长江，或曰"大江"；而长江上游的正流或曰干流，古人亦均认定为岷江。正因如此，唐代司马贞的《索隐》才径谓"蜀有此二水也"。这就说明传说中的黄帝二子青阳、昌意所"降居"之地，就在今四川西部。从民族学、人类学和历史学角度审视上述传说，其所蕴含的史实素地，应是黄帝族群的两个近亲支系，从西北黄土高原向东南辗转迁徙到了川西高原。众所周知，中国的地势特点是西北高、东南低，所以国人历来称自北而南之行为"南下"，反之则曰"北上"。"降居"云云正是黄帝族群两支系由北而南、自高徙低之谓。值得注意的是，上述历史传说还反映，青阳、昌意两族系自北而南迁徙，所到的并非一片杳无人烟的洪荒之地，而是早已有世居族群西陵氏和蜀山氏世代生息繁衍其间。这两支世居族群的名称显然得自其居息地。作为地名，西陵或曰蚕陵就在今岷江上游茂县境，蜀山则不出川西龙门山和岷山一带，自然都在蜀地③。这亦佐证了青阳、昌意降居的江、若二水就在川西。

上述文献记载的传说，得到近年来岷江上游或曰江源地区考古资料的有力印证。考古工作者在岷江上游地区发现或发掘了80余处新石器时代遗址，其中最大者为营盘山遗址。该遗址位于茂县县城凤仪镇附近岷江东南岸二级台地上，其年代距今5500—5000年，平面约呈长方形，东西宽150～200米，南北长约1000米，总面积逾10万平方米，是岷江上游地区广大范围内已经发现的新石器时代文化遗址群的中心[2]。上述诸遗址的生计方式以粟为主，反映出史前川西高原显然长期受到黄河流域尤其上游炎黄族群故地甘青地区粟作农业文化的影响[3]。此种情形在文化更为繁荣的营盘山、波西[4]、沙乌都[5]等遗址中尤其典型。在这些遗址的出土资料中，既有本地文化的特征，又引人注目地存在黄河流域文化的因素。如时代最早、距今5500—5000年的营盘山遗址文化以具有自身特色的本土因素为主，但同时吸收了来自西北地区甘肃东南部马家窑文化的彩陶等文化因素，亦受到了四川盆地北部和东部边缘地区同时期文化的影响[2]。波西遗址出土器物的文化内涵既与隔江相望的营盘山遗址有联系，又带有仰韶文化庙底沟类型晚期的特征，如出土的细泥红陶弧边三角纹彩陶敛口曲腹钵，与河南陕县（今三门峡市陕州区）庙底沟遗址仰韶文化的 A3 碗（H10：128）、A10g 盆（H47：42）等的风格相似。且共存的双唇式小口瓶、尖唇敛口钵等其他陶器，以及细泥红陶及其纹饰特征，均证明该文化遗址属于仰韶文化庙底沟类型晚期[4]。上述情形，颇为清晰地揭示了岷江上游地区新石器时代文化来源的多元性。而以彩陶为突出特征的马家窑文化尤其仰韶文化庙底沟类型，学者多以之与黄帝族群相联系。以此对照上引古代文献传说，显然，史称江源的岷江上游地区颇为繁荣的新石器时代晚期遗址群，正是距今 5000 年左右从黄土高原南下的黄帝族系，历青阳、昌意、颛顼以至鲧、禹时代，与蜀地岷江上游的西陵氏、蜀山氏族群长期互动联姻，结成联盟，组成新的族群，进而融汇创造的灿烂文化在数千年之后的历史明证。此外，族群互动通常是双向的，黄帝族群青阳、昌意支系来到岷江流域和川西高原以后，与西陵氏、蜀山氏等世居族群融合，形成新的族群，其中昌意—颛顼—鲧—禹一系在鲧禹之时，又发生了东渐黄河流域之历史性迁徙，对华夏历史发展影响深远。对此段历史，我们也曾撰文梳理探索[6]，兹不再赘。

黄帝二子青阳、昌意降居江水、若水的传说，反映其族群迁徙的路线恰好正是依循着这两条江河的走向。尤其是"江水"亦即岷江上游一线，更是上古蜀地甚至中国西南联系黄河流域的一条重要通道，这不仅在文献中有迹可循，而且得到了上文所提到的考古学资料的佐证。这条蜀地与华夏互动之路，在我国最早的传世文献《尚书》中就已有反映。

按照《尚书》中《虞夏书》的传说，虞夏时代的四川地区，属于大禹治水后划定的梁州之域。如此则蜀地与中原乃是地方与中央的关系，必然存在联系互动。如《尚书·禹贡》就云：

> 华阳、黑水惟梁州。岷、嶓既艺，沱、潜既道，蔡、蒙旅平，和夷底绩。厥土青黎，厥田惟下上，厥赋下中三错。厥贡璆、铁、银、镂、砮、磬，熊、罴、狐、狸织皮。西倾因桓是来，浮于潜，逾于沔，入于渭，乱于河。

《禹贡》之"贡",即讲九州地方对夏朝王室的贡赋,既然以蜀地为核心的梁州要按时向远在北方的夏王室贡献这么多特产方物,双方的来往自然就少不了。《禹贡》传为大禹治水、划定九州后的记录,历来为古代人所信从。但近世疑古思潮兴起后,其成书年代成了大问题,有学者认为是晚周伪作。如顾颉刚先生的《禹贡注释》序言即称:"我们可以猜测,《禹贡》是公元前第三世纪前期的作品,较秦始皇统一的时代约早六十年。"理由是"九州制是由战国时开始酝酿的,到汉末而实现","可是古代并不曾有这个制度"[7]。王国维先生则以平实的口吻指出,"《尚书·虞夏书》中如《尧典》、《皋陶谟》、《禹贡》、《甘誓》,《商书》中如《汤誓》,文字稍平易简洁,或系后世重编,然至少亦必为周初人所作"[8]3。现在看来,此说当更近于实际。考辨史籍,应当将典籍成书的年代与其资料的来源亦即资料的年代区分开来。故某书成书的年代可以较晚,但其资料的年代可能甚早。《禹贡》文字风格近于两周之际,确实不像是出自传为4000多年前的大禹之手,也未必直接由禹时史官所写成。但中国人历来重视历史,当时至少已用某种文档方式将篇中史料传述下来,必是事实;然后由周室史官整理写成,这虽然不免会在一定程度上融入周代的因素,但对于我们认识虞夏之际的历史,仍应有不可低估的史料价值。

就上引《禹贡》"梁州"一段为例,蒙文通先生早年就曾指出:

> 《禹贡》言:"华阳、黑水惟梁州,岷、嶓既艺,沱潜既道,蔡、蒙旅平,和夷底绩。"郑康成注言:岷山在蜀郡湔氏道,嶓冢在汉阳西,沱在郫县,潜出嶓冢,蔡、蒙在汉嘉,和读曰桓,桓水出蜀郡蜀山西南。是《禹贡》于梁州所详,偏在西北。《山海经》于岷江上游又著岷山、崌山、崃山、女几之山、高山、曼山,又著岷三江、南江、北江,《山海经》所载至广,而独于此岷江上游蕞尔之地载之至详。《史记·五帝本纪》又载黄帝之子"青阳降居江水,昌意降居若水",其后皆有天下。是此岷嶓之间古代本有梁州通中原之一道,故记之乃详也。《史记·大宛列传》载:张骞自大夏归来,请通大夏,谓"今使大夏,从羌中险,羌人恶之,少北则为匈奴所得。从蜀宜径,又无寇。天子欣然以骞言为然。乃令骞因蜀、犍为发四道并出:

出駹、出冄、出徙、出邛僰（《汉书·张骞传》作"出駹、出筰、出徙邛、出僰。"），皆各行一二千里，其北方闭氐筰，南方闭巂昆明，终莫得通"。自张骞所言及遣使路线观之，显然当有自蜀郡经冄駹北出一道，虽为氐筰所闭未能得通，然此道之实存当无问题。秦代之所以通冄駹、设郡县（《司马相如列传》及《水经·江水注》），意或亦在通此道耶！[9]187-188

蒙先生此说甚是，其中有两点尤其值得注意：一是《禹贡》所记大禹治水地域"于梁州所详，偏在西北"，二是"岷嶓之间古代本有梁州通中原之一道"。《禹贡》中大禹在梁州治水的地域不仅合于我们结合考古资料的研究结果，而且其文字确实详于四川盆地西部，略于东部，其所列地名如"江""黑水""岷嶓""蔡""蒙""西倾""和夷"等，都在今四川西部或西北部；"沱、潜"二水中"潜"虽属于嘉陵江流域，但具体位置也偏北，且出自西部的嶓冢，沱则是川西成都平原岷江之外的又一母亲河。蒙先生不仅指出"岷嶓之间古代本有梁州通中原之一道"，而且揭示了此即"自蜀郡经冄駹北出"之道，并引《史记·五帝本纪》，明确提示此道由上古黄帝族南下时最早开通；其说在岷江流域考古尚未大量开展以前即提出，可谓独具只眼，高瞻远瞩。

这样看来，《禹贡》关于蜀地在虞夏时期的记载，可谓渊源有自。而其所载大禹治水"于梁州所详，偏在西北"，亦即详于四川西部而略于东部，说明正是由于黄帝以来岷江上游沟通黄河流域的古道，不仅长期支撑了蜀地与中原族群的互动，促进了川西地区文化的发展繁荣，而且使《禹贡》作者得以方便地了解到上述史实，将之写入我国最早的这篇历史地理文献。这些情况也非常符合考古揭示的实际，因为从史前的营盘山遗址、宝墩文化直到三星堆文化、十二桥—金沙文化，确实是川西地区文化发达，而同期考古资料揭示盆地东部则相对明显落后，故《禹贡》对之疏于记载，亦可谓合乎史实。又如《禹贡》称梁州"厥土青黎"，也合于成都平原实际，而与东边丘陵红壤相异。这样看来，《禹贡》所载梁州诸贡物，虽然也可能是在广阔的地域征收而来，但恐怕其中像织皮一类毛织品、裘皮等，应主要产于西部的畜牧业区。至于"浮于潜，逾于沔，入于渭，乱于河"云云，是说当时借助川北嘉陵水系河谷北向水陆相连之贡道，实亦为当时沟通南北，人、物和信息流动之通道，本文这里只是指明其夏商以来对蜀地与中原互动的重要交通作用，详细情况笔者已在探讨蜀道的拙文中论述④，兹亦不再赘。

蜀、夏同源并长期有密切互动，这在考古学方面还有若干印证。广汉三星堆遗址和河南偃师二里头遗址（学界长期以来寻踪夏文化的重点考古遗址）出土的资料中，都有玉质礼器牙璋，在陶器方面都有封口盉、敞口瓿、高柄豆；尤其是镶嵌绿松石的铜牌饰，只见于三星堆和二里头遗址，显示了两地文化之间非同一般的关系[10]87-89。两者器物所属年代容或有早晚，但属于双向互动则是无疑的。而作为文化因素的器物及其形制、纹饰等，一定是通过人的流动，亦即人群之间的互动，才能实现传播。

大禹及其族群出自上古川西北高原的羌族，屡见于文献所载先秦以来的传说和汉晋史籍⑤，《蜀王本纪》等文献还明确记载禹生石纽，地在西汉时汶山郡广柔县境，大体包括今四川汶川、北川、茂县境及都江堰市和什邡市境的一部分。2004年吉林省文物考古研究所三峡考古队在云阳县旧县坪发掘出东汉巴郡朐忍令景云碑，碑文记景云为大禹后裔，其"先人伯沇，匪志慷慨，术禹石纽、汶川之会"。据考证，伯沇即伯杼，这反映了夏王朝建立后，禹曾回到祖先故里隆重举行"石纽、汶川之会"的史实⑥。这一珍贵的出土文献资料无疑是上引传世文献之说的重要新证据，可知"禹兴于西羌"为东周以降广泛流传之说，应有相当的史实素地蕴含其中。

至夏代末年，史载桀为暴君，蜀、夏关系大约已经疏远甚至恶化，故《古本竹书纪年》记载：

> 后桀伐岷山，岷山女于桀二人，曰琬、曰琰。桀受二女，无子，刻其名于苕华之玉，苕是琬，华是琰。而弃其元妃于洛，曰末喜氏。末喜以与伊尹交，遂以间夏。[11]53

岷山乃蜀地，即传说的禹羌故地。这一传说⑦，不仅与景云碑反映夏人与川西北故里长期有联系互动的史实形成互证，而且反映桀此次讨伐其老家岷山，已经影响到其朝廷命运的安危。

二 殷商时期：甲骨文、三星堆出土器物反映的互动

到了商周时期，古蜀地区与华夏中原的交流互动进一步发展，这不仅在传世文献中有案可稽，而且在日益丰富的考古资料尤其是作为同期第一手资料的甲骨文中有了明确记载。

值得注意的是，殷墟甲骨卜辞中有关"蜀"的内容已较为丰富，唯其地望所在，学界向有争议。据林向先生等总结，其代表性观点：或云在鲁，"自今之（山东）泰安南至汶上皆蜀疆土"[12]；或云在晋西南，"故城在今（山西）新绛西"[13]294-296；或云"在河曲西南"[14]374-375；或云"当在今陕南或四川境"[15]；或云"初居川西高原，后入成都平原"[16]1-113；或云"在汉水上游，只是在西周时期，才转移到成都平原"[17]；或云即成都平原之蜀[18]56-60；或云蜀非自称，也非一族，只是商周王室及其卜人集团对这一大片"华阳之地"的称呼[19]。

随着考古工作成果的日益丰富和学术研究的进展，学界多已认同先秦之蜀就在以成都平原为核心的长江上游地区。在夏商周三代，蜀确实已经成为"华阳之地"或曰《禹贡》"梁州"广大区域的共主，并创造了极为辉煌的文明。正如饶宗颐先生所说：

> 卜辞屡见至蜀、伐蜀之记载，诸说多歧……自近年广汉文物大量出土，说者乃谓其地非四川之蜀莫属。按史称颛顼母为蜀山氏，蜀之有史，由来已久。
>
> 卜辞言至蜀之辞，见于《类纂》21723-21727又2910、2911皆是，又言收人于蜀（59、68、56、6858、6859、6866）。又言蜀受年（丙167）。蜀在今成都，武王伐纣，蜀从征，为八国之一。蜀亦为一农业区，故有受年之占。[20]

今按，卜辞中确有不少与蜀直接相关的记载，集中反映了殷商王朝与蜀的互动和对蜀的关注。兹略举数例：

贞，蜀受年。　　（合9774 正）

贞，蜀不其受年。　　（合9774 正）

贞，蜀不其受年。二月。　　（合9775 正）

这是商王卜问蜀地农业收成的记录。卜辞又记：

〔癸〕巳卜，贞，旬在蜀。　　（合33141）

癸巳……在蜀。　　（合20584）

……无祸，在蜀。　　（合20584）

甲寅卜，臣子来蜀。　　（合22374）

这是蜀与商王朝往来的记录，而且商蜀关系的格局，大概以商王为共主。
因而童恩正先生认为：

在相当长的时期之内，蜀族似乎是臣服于商的，所以他们有向商
王朝提供各种劳役的义务，如抽调射手：

……蜀射三百（龟二·三·八）

或充当御手

□蜀御□（龟一·三〇·六）[18]60

不过，卜辞反映商与蜀的关系并不稳定，因而卜辞又每见以下记载：

癸酉卜，我贞，至蜀亡祸？　　（合21723）

癸卯卜，至蜀亡祸？　　（合21724）

癸卯卜，贞，至蜀亡祸？　　（合21729）

这是反复卜问其到蜀地去有无灾祸。至于以下记录，则反映了双方之间的
战争冲突：

……伐……蜀……　　（合33083）

□寅卜，壳〔贞〕，王登人〔征〕蜀。　　（合6859）

  ……于蜀。 （合 6866）

看来商蜀之间曾多次发生战事。卜辞又多次记载：

  丁卯卜，壳贞，敦缶于蜀。 （合 6860、6861、6862 等）

敦，讨伐。此辞记载殷商王室讨伐缶与蜀，则缶、蜀必相邻或相近。陈梦家先生认为缶即陶城，在今山西永济一带[13]294-296。张亚初先生释"缶"为"保"，在春秋晋地[21]。饶宗颐先生引《风俗通》所记"蜀之开明帝，九世同名，其一曰保子帝"和《华阳国志·蜀志》"卢帝生保子帝，攻青衣，雄张僚僰"之谓，疑青衣亦即今雅安就是"保"地，殷时称为缶，是当为蜀地之"保"，故卜辞中有敦缶（保）于蜀之记载[20]。童恩正先生明确指出，缶是陕西南部的一个方国，与四川邻近，卜辞整个意思是说商王准备征伐缶和蜀两族[18]61。此说是。

  由上可知，蜀对商王室有战有和，反映了其对商叛服无常，这是符合当时的历史条件尤其地理政治形势的。就整个东亚大陆的族群格局而言，蜀和商都是并存的区域性共主，但中原的地理政治优势地位，使商王朝明显居于强势状态，因而在很多时候蜀选择了臣服于商。此种形势下，加上由于今汉中、安康等陕南地区长期处于蜀的疆域或曰其共主秩序范围内，其地可能已经部分与殷商疆土接壤，故卜辞常有"至蜀""于蜀""在蜀"，并且为蜀卜祈"受年"，这反映了此时蜀躬奉商王为共主的史实。然而，共主政治秩序固然一方面屡曾使蜀与商结合为跨区域的大型政治共同体，但另一方面，其联结纽带终究是粗疏而不巩固的，因而也常常使蜀游离于殷商的共主政治秩序甚至时有叛变，这就不免引致殷商王朝的敦伐，这就是"卜辞屡见至蜀、伐蜀之记载"的原因。不过，综观殷墟卜辞，蜀始终不曾是殷商王朝的主要交战国，则仍由蜀的势力中心距离殷王畿比较遥远使然[22]。然而不管怎样，卜辞反映商代后期，蜀地与华夏的互动仍是颇为频繁的，而蜀地北上的交通也必然久已开通。因此，当周人兴起于西方，并且趁殷人主力部队远伐东夷无法西顾之际，联合西土邦国伐纣时，早已成为周人盟邦的蜀遂轻车熟路，很快就北上加入到讨伐大军中。这无疑是先秦时期蜀与华夏互动过程中最为突出的历史事件，因而被正式载入了周王室最重要的文献《尚书》⑧。

商朝时期，古蜀文明与殷商文明间的互动不仅在殷墟卜辞中有许多反映，而且得到蜀地其他出土资料的印证。如三星堆器物坑中出土的大青铜立人像，其繁缛华丽的冕服纹饰，就有来自中原的因素。至于铜器中的尊、罍、盘等重要礼器，则从形制到纹饰，均可确切地说就是来自商文明。出土资料证明，这些器物主要是在蜀地铸造的[23]，这就说明商代青铜铸造技艺也传到了蜀中。这是一种深度的文化交流和融汇，它无疑将大大促进蜀地经济社会从基础到上层建筑、意识形态的发展，反映了在曲折发展的双向交流互动中，中原殷商文明对蜀地文明的影响辐射总体上带有主导的性质。这就在较早的历史阶段，已经初步揭示了蜀与中原两大地域之间互动的历史必然趋势——古蜀文明融入华夏，成为多元一体的中华文明的重要有机组成部分。

三 两周时期：互动深化、融为一体

中原王朝在与古蜀的互动中总体居于主导地位，在这一点上，商周具有相当的一致性。

那么，蜀与周王朝的关系具体如何呢？

根据《史记·周本纪》等传世文献，周人至少其王族出于黄帝血缘系统。不过综合考察各类史料，周人与蜀的接触互动，最早的可靠记载见于近年来出土的周原甲骨文。20世纪70年代末，陕西省岐山县凤雏村西周遗址共发掘清理出卜用甲骨17000余块，其中有字甲骨292块，共计有单字903个，合文12个[24]。学界根据卜辞内容等分析，认为这批甲骨的年代在周文王至昭王时期[25]。其中有2片甲骨的卜辞含"蜀"字：

第一片（H11：68）

伐蜀

兹

第二片（H11：97）

克蜀

这两片卜甲因为过残，一般未单独断代。李学勤先生认为"伐蜀""克蜀"即《逸周书·世俘》所记"新荒伐蜀"之事[26]，则时在武王刚克商之际。徐锡台先生则根据《尚书·牧誓》中蜀等八国参加武王伐纣的记载，认为周不可能克商后即伐蜀，将其定在周文王经营江汉之时⑨。两说分别属于先周或周初，实际时间间隔并不长。看来其时蜀、周关系与早先蜀、商的关系较为相似，均有战有和。不过，相对而言，西周政治中心离蜀地毕竟更近，至少西周王室较为强大时，蜀人尊奉它的时候会更多些，但仍非严格意义的周室诸侯，而是较为不稳定的联盟成员。2014 年 7—8 月，四川省文物考古研究院联合广元市博物馆、广元市昭化区文物管理所，对昭化区土基坝和摆宴坝进行考古调查勘探，共发现各类遗迹现象 43 处，其中古城遗址和古关隘各 1 处，建筑基址 7 处，墓葬 27 处。古城址位于昭化区摆宴村 2 组，处于嘉陵江右岸一级阶地上，遗址总面积 40 万平方米，城址面积约 5 万平方米，平面呈长方形。从地层打破关系和出土器物推测城址年代不晚于十二桥晚期，属于西周时期。"该城址的发现是四川地区首次发现的西周城址，亦是将以宝鸡为核心的周文化和以三星堆为核心的蜀文化联系起来，这对于全面认识周、蜀、巴之间的关系提供了重要资料。"[27]该城址很可能是先周和周初周蜀联盟存续期间，双方联系互动的一个重要节点。

先周时期，周文王自周原出发经营江汉，南向扩展势力，必然要遇到早已经据有陕南的古蜀，冲突难以避免，因而有周原卜辞所谓"伐蜀"之举。但看来双方很快就结成了同盟，所以在接下来不久的武王伐纣中，蜀国遂成为其最重要的盟邦之一而被载入《尚书·牧誓》。《华阳国志·巴志》亦云："周武王伐纣，实得巴、蜀之师，著乎《尚书》。"在灭商后，蜀当同与盟诸邦一样，因功受到周王室嘉奖。故《史记·周本纪》记克商之后，周人"乃罢兵西归。行狩，记政事，作《武成》。封诸侯，班赐宗彝，作《分殷之器物》"。刘宋裴骃《集解》引郑玄云："宗彝，宗庙樽也。作《分器》，著王之命及受物。"彭州竹瓦街两次出土西周窖藏青铜器[28]，其中的两件商代青铜觯，分别铭有"覃父癸""牧正父己"，徐中舒先生研究指出，这是商朝晚期两个家族之器，应是蜀人参与武王伐商之役的战利品或周王赐品[29]。所论甚是。看来《逸周书·世俘》所记"新荒伐蜀"之事，当属克商之际的一次摩擦，很快就敉平，故周初之后，蜀、周关系应稳定了一段时间。《逸周书·王会》记周成王大会诸侯于成周时，天下诸侯朝贡献礼，其中有"蜀人文翰"，即蜀人所贡为色彩美丽的鸟。这大概与其时的蜀地共主杜宇王朝崇拜鸟的信仰传统相关，故以之为蜀王最珍贵的礼物，敬献周王室。

蜀、周之间在周初前后关系的密切，在考古学上也有佐证。前些年在陕西省宝鸡市境内发掘的㣺国墓地，出土了明显属于典型蜀文化风格的器物，如陶尖底器、柳叶形青铜剑、青铜罍等，时代跨周文王、武王至昭王、穆王时期[30]。据研究，蜀地鱼凫氏王朝的疆域曾东达川东、鄂西，西至成都平原边缘的雅安、汉源，南到宜宾、乐山一带，北达汉中、宝鸡。㣺国应为蜀地鱼凫氏族群的一支族系，在商周之际鱼凫氏王朝被杜宇氏取代后，沿着嘉陵江、汉水北迁到秦岭以北的宝鸡建立的国家[31]。其铜器铭文显示，㣺国与周人的关系颇为密切，已经融入周王畿内的政治秩序。

《古本竹书纪年》记载：

夷王二年，蜀人、吕人来献琼玉，宾于河，用介珪。[11]53

直至西周中期，蜀、周间仍保持着朝聘关系，但一直未见周人至蜀的记载，这也许与西周王朝在晚期以前虽然保持了较为强势的地位，但惯于乘车的周王不能沿无法行车的蜀道至秦岭、大巴山以南的蜀地有关。

东周以后，周王室已经东迁，远离蜀地，而秦人的崛起也有一过程，故古蜀北向的交流互动似乎不多，但实际上其北上发展的空间更加宽松，因而巩固了对秦岭以南地区的占据。这一时期的蜀王朝已经是开明氏，其起初利用杜宇王朝晚期治水之后生产力显著恢复发展，王位禅让又避免了战乱破坏的有利条件，建立了强大的国家。史载开明二世的"卢帝攻秦至雍"[32]蜀志，雍即今陕西凤翔，乃秦国都城。其时秦国正值号称春秋诸霸之一的秦穆公在位，史载也"并国三十，开地千里，遂霸西戎"[1]李斯列传。足见开明王朝早期确实颇为强盛，在北向互动中占据着相当的优势。

到战国时期，史籍中蜀与秦在陕南的争夺互动明显增多。《史记·六国年表》载秦厉公二十六年（公元前451年）"左庶长城南郑"，可知秦人南下占据了汉中盆地；躁公二年（公元前441年）又记"南郑反"，是蜀人夺回了南郑和陕南。但据《史记·秦本纪》，其后秦惠公十三年（公元前387年）再次"伐蜀，取南郑"。同书《六国年表》却谓"蜀取我南郑"。蒙默先生指出，当是秦取南郑之后，蜀再取南郑[33]34。其说甚是，于此亦可见双方拉锯争夺之激烈。但此后南郑当长期为蜀所占据，故《华阳国志·蜀志》云："周显王之世（公元前 368—公元前 321 年），蜀王有褒、汉之地。"

这一时期蜀与华夏的互动，还包括东向与楚的征伐交往。楚肃王四年（公元前 377 年），"蜀伐楚，取兹方。于是楚为扞关以距之"[1]楚世家。但从长时段总体上看来，楚的西进更为强势。春秋以后的楚，虽然仍具有自身鲜明的文化特色，但已经充分融入华夏，故其西进，尤其是进入川东地区和云贵地区，具有将相对先进的华夏文化带入的性质，与蜀地为中心的大西南地区之间，无疑是一种富有深远历史意义的文化互动。

值得注意的是，史载开明九世即位后，有礼仪改革和迁都之举：

> 九世有开明帝，始立宗庙，以酒曰醴，乐曰荆，人尚赤，帝称王。[32]

蜀地由此开始建立宗庙，并且将帝号改为王，这些都是开明九世所在的战国时期华夏地区的主流制度，此举的模仿性质显而易见。至于"酒曰醴，乐曰荆"，则带有向荆楚学习的明显意味。这场改革，无疑是秦、楚从北、东两个方向与古蜀长期互动影响的结果。

蜀与华夏长期互动，不仅物质文化方面互通有无，而且制度、礼俗趋同，统一遂成为必然趋势。传为西汉扬雄所撰之《蜀王本纪》记载：

> 秦惠王欲伐蜀，乃刻五石牛，置金其后。蜀人见之，以为牛能大便金，下有养卒以为此天牛也，能便金。蜀王以为然，即发卒千人，使武丁力士拖牛成道，致三枚于成都。秦道得通，石牛之力也，后遣丞相张仪等随石牛道伐蜀焉。[34]卷五十三《蜀王本纪》缉本

此即从战国中晚期天下大一统的前奏——秦举巴蜀之役生发出的一则著名传说。东汉末益州牧刘焉宾客来敏《本蜀论》也载此云：

> 秦惠王欲伐蜀而不知道，作五石牛，以金置尾下，言能屎金，蜀

> 王负力，令五丁引之成道。[35]881

秦并巴蜀，一举终结了巴蜀地区相对独立发展的历程，秦国大军所走的这条路线遂因石牛传说而闻名遐迩。但揆诸情理，秦人利用蜀王的贪婪以"金牛成道"的传说则显然讲不通。对此，东晋时期蜀地历史学家常璩的《华阳国志·序志》早已将之列为"虚妄""缪言"，大加贬低：

> 《蜀纪》言："三皇乘祗车出谷口。"秦宓曰："今之斜谷也。"及武王伐纣，蜀亦从行。（按：常璩认为蜀军经此道前去参加伐纣）《史记》：周贞王之十八年，秦厉公城南郑。此谷道之通久矣。而说者以为蜀王因石牛始通，不然也。[36]896

"三皇乘祗车出谷口"云云，自然今天也无法证实，但武王伐纣前夕蜀军经褒斜二谷之道前往加盟，则大有可能，故常氏之驳论确有所据。当然，倘真要说石牛成道传说蕴含有一定史实素地，则蜀人循路将笨重的石牛带回蜀中，也绝不可能像传说那样逾山岭涧流之阻隔直接拖之成道，只能循原来已有之路径运载以返。如此说来，这则传说恰好反映了这条通道并非完全新凿。或许因载运石牛之需，一路做了不少拓宽修整，然而此交通路线早已存在则毋庸置疑，但由于蜀地本无车乘传统，此路原本只能步行，无法通车。北魏郦道元认为，秦使张仪、司马错循此路灭蜀，"因曰石牛道，厥盖因而广之也"[35]881。是其认为金牛道成为秦人大军尤其车乘辎重得以畅通的大道，应是在蜀人原有之路的基础上，秦人进一步拓宽改造的结果。此说颇具卓识。史载战国晚期范雎为秦相（公元前 260 年前后），大力发展交通，"栈道千里，通于蜀汉"[1]范雎蔡泽列传，"栈道千里，无所不通"[1]货殖列传。正是这一史实的明证。

综上所述，先秦时期，至迟从五帝以来，长江上游的蜀地或曰古蜀王国，与黄河流域的中原或曰华夏经历了长达数千年的交流互动，终于在秦并巴蜀后画上了句号，在政治上与华夏整合为一。但是，蜀地文化进而融入华夏，还有一段历程。需要指出的是，蜀地文化不仅在先秦时期具有极其独特的区域风格，而且在融入华夏以后仍然长期保持了鲜明的地方特色，此正好揭示了中华文明多元一体、和而不同的巨大包容性。唯兹事体大，当另文讨论。同样需要强调的是，先秦蜀地文化虽然由于地理历史条件特殊，自始禀赋有极为鲜明的特质、特征，但亦自古就与华夏产生了很深的渊源联系。其后与华夏或曰中原之间的交流互动日益频繁，不仅使双方在政治、经济等方面相互影响，而且文化上的彼此渗透融合也逐渐加强、深化，从不同层次上多方促成了统一的历史大势，同样恰好证明包容古蜀的中华文明多元一体宏大格局的形成延续，乃是历史发展的注定归宿和规律。因此，商鞅变法后秦迅速强大，遂于公元前 316 年一举兼并巴蜀；尔后在政治上大一统的背景下，蜀地文化历秦至西汉中期而全方位融入华夏，就可谓事有必至，理有固然了。

注释

①就先秦考古学文化而言，蜀地约相当于夏商到商周之际的三星堆文化时期，流行夹砂褐陶系的小平底罐、高柄豆、圈足盘、鸟头柄勺为主的陶器组合，青铜器则以数量可观的人（神）头像群为突出特征，与中原和其他区域相较，文化面貌的整体风格极为鲜明独特，影响深远。参见四川省文物考古研究所编《三星堆祭祀坑》，文物出版社 1999 年版。

②参见《世本八种》，商务印书馆 1957 年版；（清）王聘珍《大戴礼记解诂》，中华书局 1983 年版。《世本》秦嘉谟辑补本卷一首列《帝系篇》，秦氏注谓："《尚书序·正义》曰：'《大戴礼·帝系》出于《世本》。'又云：'《世本·帝系》，及《大戴礼·五帝德》，并《家语·宰我问》《太史公·五帝本纪》，皆以黄帝为五帝。'上举书名，下详篇名，则《帝系》乃《世本》之篇可知，《大戴礼·帝系篇》亦采之于《世本》也。"见《世本八种》中的《世本》江都秦嘉谟辑补本卷一，第 11 页；《世本八种》，商务印书馆 1957 年版。

③西陵汉代曰蚕陵，《汉书·地理志》蜀郡有"蚕陵县，莽曰步昌"。《水经注》官本中"蚕陵"即作"西陵"，应为其地旧名，即后世茂县叠溪，为 1933 年大地震堰塞湖所淹没。西陵氏族群为何能与黄帝族群通婚？根据文献传说，黄帝居于轩辕之丘，就在陕甘交邻地区的黄土高原上，而西陵所在的茂县，与之相距不远，互动通婚便捷而合乎情理。详见彭邦本《昌意降居若水与川西地区的颛顼传说》，《西华大学地方文化集刊》，四川大学出版社 2014 年版；《从"禹兴西羌"说到广义的禹羌文化》，收入四川省大禹研究会编《全国第三届禹羌文化学术交流会论文选集》，四川科学技术出版社 2015 年版。

④参见彭邦本《川陕蜀道的起源和早期开发——历史文献与出土资料互证的探讨》，

2011 年 9 月广元全国政协文史委 "蜀道文化线路保护与申遗" 调研座谈会提交论文；广元市文化体育和新闻出版局，文物局主办《蜀道》2012 年第 2 期；《米仓道的起源与汉水上游古文化》，2012 年 "庆祝中国先秦史学会成立三十周年暨全国第二届石泉鬼谷子文化学术研讨会" 提交论文；《米仓道的路线与性质初探》，《四川文物》2013 年第 1 期；《故道起源新探——基于文献和出土资料的互证》，汉中市博物馆编《中国蜀道学术研讨会论文集》，陕西出版传媒集团三秦出版社 2014 年版。

⑤ 如相传春秋末孔子的学生子夏就对鲁哀公说过 "禹学乎西王国"（刘向《新序·杂事第五》），与《荀子·大略》"禹学于西王国" 之说同。《史记·六国年表序·集解》引皇甫谧曰："《孟子》称 '禹生石纽，西夷人也'。" 当为《孟子》佚文，不见于今本《孟子》。此外，《史记·六国年表序》曰："禹兴于西羌。"《新语·术事》、《盐铁论·国病》、焦氏《易林》卷十六、《蜀王本纪》、《吴越春秋·越王无余外传》、《三国志·秦宓传》及裴注所引皇甫谧《帝王世纪》和谯周《蜀本纪》等，皆有类似记载。

⑥ 碑藏重庆三峡博物馆，碑文及其考释参见魏启鹏《读三峡新出东汉景云碑》，《四川文物》2006 年第 1 期。

⑦《艺文类聚》卷八三《宝玉部》引此段作 "岷山庄王女于桀二女"，可见岷山庄王的历史也非常古老。有关岷山庄王的历史，参见徐中舒《试论岷山庄王与滇王庄蹻的关系》，收入徐中舒《论巴蜀文化》，四川人民出版社 1982 年版，第 166—184 页。

⑧《尚书·牧誓》所载伐纣联盟最显著的西土八国为庸、蜀、羌、髳、微、卢、彭、濮。

⑨ 徐锡台：《周原出土的甲骨文所见人名、官名、方国、地名浅释》，《古文字研究》第 1 辑，中华书局 1979 年版。陈全方先生亦云："本卜辞所征蜀国之事，当是周文王时期，向四方扩张势力之记载。"（陈全方：《陕西岐山凤雏村西周甲骨文概论》，《四川大学学报丛刊》第 10 辑，四川人民出版社 1982 年版）

参考文献

[1] 司马迁. 史记 [M]. 北京：中华书局，2013.

[2] 成都市文物考古研究所，等. 四川茂县营盘山遗址试掘简报 [M]∥成都市文物考古研究所. 成都考古发现：2000. 北京：科学出版社，2002.

[3] a 陈剑，陈学志. 大渡河上游史前文化寻踪 [J]. 中华文化论坛，2006（3）：5 - 10，161 - 162；b 陈剑，何锟宇. 大渡河上游史前文化、环境与生业初析 [J]. 四川文物，2007（5）：57 - 65，99.

[4] 成都市文物考古研究所，等. 四川茂县波西遗址 2002 年的试掘 [M]∥成都市文

物考古研究所. 成都考古发现：2004. 北京：科学出版社，2006.

［5］成都市文物考古研究所，等. 四川茂县沙乌都遗址调查简报［M］//成都市文物考古研究所. 成都考古发现：2004. 北京：科学出版社，2006.

［6］a 谭继和. 禹文化西兴东渐简论［M］//李绍明，等. 夏禹文化研究. 成都：巴蜀书社，2000；b 彭邦本. 禹族西兴东渐及其在黄河中下游的活动初探［J］. 社会科学研究，2003（1）：125－129；c 彭邦本. 从"禹兴西羌"说到广义的禹羌文化［C］//四川省大禹研究会. 全国第三届禹羌文化学术交流会论文选集. 成都：四川科学技术出版社，2015.

［7］顾颉刚. 禹贡注释［M］. 北京：科学出版社，1959.

［8］王国维. 古史新证［M］. 北京：清华大学出版社，1994.

［9］蒙文通. 蒙文通文集：第四卷［M］. 成都：巴蜀书社，1998.

［10］江章华，李明斌. 古国循踪：三星堆文化的兴起及其影响［M］. 成都：巴蜀书社，2002.

［11］方诗铭，王修龄. 古本竹书纪年辑证［M］. 上海：上海古籍出版社，1981.

［12］胡厚宣. 卜辞中所见之殷代农业［J］. 甲骨学商史论丛，1944（2）.

［13］陈梦家. 殷虚卜辞综述［M］. 北京：科学出版社，1956.

［14］岛邦男. 殷墟卜辞研究［M］. 台北：鼎文书局，1975 年译本.

［15］董作宾. 殷代的羌与蜀［J］. 说文月刊，1942（7）.

［16］蒙文通. 巴蜀古史论述［M］. 成都：四川人民出版社，1981.

［17］李伯谦. 城固铜器群与早期蜀文化［J］. 考古与文物，1983（2）.

［18］童恩正. 古代的巴蜀［M］. 成都：四川人民出版社，1979.

［19］林向. 周原卜辞中的蜀［G］//林向. 童心求真集：林向考古文物选集. 北京：科学出版社，2010.

［20］饶宗颐. 说卜辞之蜀［M］//罗世烈，等. 先秦史与巴蜀文化论集. 天津：历史教学社，1995.

［21］张亚初. 殷墟都城与山西方国考略［J］. 古文字研究，1983（10）.

［22］林向. 殷墟卜辞中的"蜀"：三星堆遗址与殷商的西土［G］//林向：童心求真集：林向考古文物选集. 北京：科学出版社，2010.

［23］四川省文物考古研究所. 三星堆祭祀坑［M］. 北京：文物出版社，1999.

［24］陈全方. 陕西岐山凤雏村西周甲骨文概论［J］. 四川大学学报丛刊，1982（10）.

［25］a 徐中舒. 周原甲骨初论［J］. 四川大学学报丛刊，1982（10）；b 李学勤. 西周甲骨的几点研究［J］. 文物，1981（9）：7－12.

［26］李学勤. 西周甲骨的几点研究［J］. 文物，1981（9）：7－12.

[27] 陈卫东. 四川广元昭化区土基坝和摆宴坝考古调查勘探取得重要成果 [N]. 中国文物报, 2014 - 09 - 19 (1).

[28] a 王家佑. 记四川彭县竹瓦街出土的铜器 [J]. 文物, 1961 (11)：28 - 31, 2 - 5；b 四川省博物馆, 等. 四川彭县西周窖藏铜器 [J]. 考古, 1981 (6)：496 - 499, 555, 581 - 582.

[29] 徐中舒. 记四川彭县蒙阳镇出土的殷代二觯 [J]. 文物, 1962 (6).

[30] 卢连成, 胡智生. 宝鸡强国墓地 [M]. 北京：文物出版社, 1988.

[31] a 高大伦. 三星堆器物坑饰 "鱼凫纹" 金杖与强国墓地 "鸭首形" 铜旄 [N]. 中国文物报, 1997 - 10 - 12；b 高大伦：古蜀国鱼凫世钩沉 [C] //徐中舒先生百年诞辰纪念文集. 成都：巴蜀书社, 1998.

[32] 常璩. 华阳国志 [M]. 济南：齐鲁书社, 2010.

[33] 蒙默, 等. 四川古代史稿 [M]. 成都：四川人民出版社, 1989.

[34] 严可均. 全汉文 [M]. 北京：中华书局, 1958.

[35] 王国维. 水经注校 [M]. 上海：上海人民出版社, 1984.

[36] 常璩著, 刘琳校注. 华阳国志校注 [M]. 成都：巴蜀书社, 1984.

作者简介：彭邦本, 男, 四川大学历史文化学院教授、博士生导师

原文刊于：《中原文化研究》（郑州）, 2016.1：10 - 19

"天圆地方"概念起源何时辩

何 努

摘 要：学界的主流观点认为，中国古代"天圆地方"的观念可以追溯到史前时期。但是徐凤先研究员对此观点提出了异议，认为"天圆地方"观念作为天地形状的概念仅存在于战国时期的民间，古代学者基本上是沿着天地之道、天地之数的思路进行解释的。于是"天圆地方"的观念究竟起自何时，便成为一个问题。通过对以往被认为证明"天圆地方"的史前考古资料的深入分析，初步认识到，"天圆地方"的观念更多是从"天道阳曰圆，地道阴曰方"的角度，形成于距今约4000年前的陶寺文化时期，在此之前各考古学文化均不存在"天圆地方"的观念，与陶寺文化同时期的肖家屋脊文化、齐家文化等是否存在"天圆地方"的观念，由于缺乏确凿的证据，暂时存疑。

关键词："天圆地方"；宇宙观模型；天地之道；天地形状

自古以来，中国人都认为天地的形状是"天圆地方"。《周髀算经》说："方属地，圆属天，天圆地方。"[1]17《淮南子·天文训》云："天道曰圆，地道曰方；方者主幽，圆者主明。"[2]65"天圆地方"观念在国人心目中可谓根深蒂固。《周礼·春官宗伯·大司乐》称："冬日至，于地上之圜丘奏之，若乐六变，则天神皆降，可得而礼矣。……夏日至，于泽中之方丘奏之，若乐八变，则地皆出，可得而礼矣。"[3]1705

徐凤先研究员认为：中国历史上某个时代——至少是战国到汉代，某些人——至少包括不深究宇宙问题的民众，确实相信"天圆地方"是指天地的形状。但古代天文学著作对"天圆地方"概念的记载却过于简略，很难明指为天地形状的描述，显然是因为"天圆地方"无疑会出现天地形状不符、"四角不掩"的困境，有意回避，像曾子和孔子这样的思想家并不认同"天圆地方"是对天地形状的描述[4]129-130。

自从良渚文化玉琮走入学人视野后，很多学者便"自然而然"地将"外方内圆"的玉琮与"天圆地方"的"传统观念"联系起来。《周礼·春官·大宗伯》曰："以玉作六器，以礼天地四方。以苍璧礼天，以黄琮礼地。"[3]1644张光直先生提出玉琮内圆象征天、外方象征地的观点，得到广泛认同，成为学界的主流认识[5]252-260。邓淑苹先生也用"天圆地方"的观念解读良渚文化和齐家文化玉璧与玉琮所表达的宇宙观——天地与阴阳[6]34-49。冯时先生认为红山文化牛河梁遗址的圆形祭坛和方形积石冢分别是公元前3000年前的圜丘天坛与方丘地坛和月坛[7]343-355。他还认为濮阳西水坡遗址M45墓圹形状也"符合第一次盖天说所主张的天圆地方的宇宙模式"[7]289。冯时先生的上述观点，在学界影响也比较广泛。如此看来，中国古代"天圆地方"的观念能够上溯到公元前4000年至公元前3000年。

然而，徐凤先研究员认真分析相关材料，对中国古代"天圆地方"为天地形状描述可早至新石器时代的观点提出系统质疑与辩驳。徐凤先的基本结论是："天圆地方"作为天地形状的描述，可以说是战国至汉代民间流传的观念，并不能据此说明"天圆地方"在更早时代就是作为天地形状的认识；这种民间认识，从未得到"智者""思想家"或"科学家"的高度重视，因而在"科学"的"大传统"中并没有位置；中国古代学者都没有将"天圆地方"解释成中国最早对于天地形状的认识，他们基本上是沿着天地之道、天地之数的思路进行解释的。近现代天文史学家才将"天圆地方"定论为上古盖天说宇宙模式——天地形状。徐凤先比较认同李约瑟对于"天圆地方"溯源的推测："天圆地方的概念是颇有中国特色的，它也可能是一方面从天球的圆圈，另一方面从地面的四方位点自然产生出来的一种想法。"[8]97她认为，地方的观念是"通过天文观测在大地上确立了东南西北的坐标系，而不是说大地在东、南、西、北四个方向上都有一条平直的边作为边界。中国后来的地理测量一直用方格法，方格测量法沿东一西、南一北方向做方格，并不是要模仿大地的方形，而是认可大地是有东一西、南一北方向的"[4]151。

如此看来,中国古代"天圆地方"观念究竟指什么、何时形成的,便成了一个问题。这个问题关系到中国古代宇宙观关键性的概念,不得不深究。而从文献到文献式的辩论,已很难继续深入,特别是"天圆地方"观念能否形成于中国史前时期,最有效的解题之道,还是从考古研究入手,对那些被认为支撑"天圆地方"观念的考古资料本身,进行深入分析,系统分析这些考古资料是否真正支撑"天圆地方"观念的立论。以下我们逐一对这些考古资料进行深入系统的分析,一探究竟。

一 红山文化牛河梁遗址与东山嘴
遗址相关遗迹分析

虽然在所谓支撑盖天说"天圆地方"宇宙模式的考古资料中,河南濮阳西水坡遗址 M45 墓葬资料年代最早,但由于 M45 墓圹形状信息过少,不易成为突破口,于是我们首先选择考古工作比较全面、资料信息相对丰富的红山文化牛河梁遗址与东山嘴遗址作为突破口。突破了红山文化宇宙模式之后,西水坡遗址 M45 墓圹仰韶文化宇宙模式便好理解了。

1. 牛河梁遗址相关遗存分析

冯时先生将牛河梁 N2Z3 三环圆坛与《周髀算经》三衡之内衡与外衡直径比例关系进行对比,认为二者均为外径(外衡)=内径(内衡)×2,于是牛河梁 N2Z3 三个同心圆便分别表示分至日太阳周日视运行轨迹,因而是圜丘。相应地,牛河梁 N2Z1 和 N2Z4 就是祭地的方丘。因而红山文化存在"天圆地方"的观念[7]343-355。

冯时先生得出的上述结论,是根据牛河梁遗址发掘简报进行的分析。近年来,牛河梁遗址发掘报告已出版[9],有关牛河梁遗址各种遗迹的考古研究重要成果也陆续发表,有必要对冯时先生的观点进行深入验证。

牛河梁遗址三环形圆坛或积石冢,除了 N2Z3 之外,还有三座,它们是 N2Z4B1、N2Z4B2、N5SCZ1。这三座三环形圆坛或积石冢,内环 D_1、中环 D_2、外环 D_3 的直径之间的比值关系,既不符合外环 $D_3 = 2D_1$,也不符合

$$D_1 : D_2 = D_2 : 2D_1$$

$$D_3 : D_2 = D_2 : D_1 = 1.414$$

两组关系[7]345。

例如，N2Z4B1 外径 D_3 为 19.2 米、中径 D_2 为 17.4 米、内径 D_1 为 15.6 米。$D_3 : D_1 \approx 1.2$。$D_1 : D_2 \approx 0.9$，$D_2 : 2D_1 \approx 0.56$。$D_3 : D_2 = D_2 : D_1 \approx 1.1$，但不等于 1.414。

N2Z4B2 的外径 D_3 为 15.3 米、中径 D_2 为 13.4 米、内径 D_1 为 12 米。$D_3 : D_1 \approx 1.28$。$D_1 : D_2 \approx 0.9$，$D_2 : 2D_1 \approx 0.56$。$D_3 : D_2 = D_2 : D_1 \approx 1.1$。

N5SCZ1 的外径 D_3 为 20 ~ 22 米、中径 D_2 为 18 ~ 20 米、内径 D_1 为 16.5 ~ 18.5 米，$D_3 : D_1 \approx 1.2$。$D_1 : D_2 \approx 0.9$，$D_2 : 2D_1 \approx 0.55$。$D_3 : D_2 = D_2 : D_1 \approx 1.09 \approx 1.1$。

足见，牛河梁同心圆三环坛或积石冢外径是内径的 1.2 倍为通例，只有 N2Z3 外径为内径的 2 倍为个例。$D_1 : D_2 \neq D_2 : 2D_1$，其三环直径关系通例为 $D_1 : D_2 \approx 0.9$，$D_2 : 2D_1 \approx 0.56$，$D_3 : D_2 = D_2 : D_1 \approx 1.1 \neq 1.414$。于是以牛河梁 N2Z3 作为典型实例，说明红山文化存在符合盖天说"三衡同心圆"说，就有些不稳了。

2009 年，"陶寺史前遗址的考古天文学研究"课题组，依冯时先生对牛河梁 N2Z3 三衡图解读的思路，实地勘察牛河梁遗址，以 N2Z3 为模拟观测点，观测东侧山脊线上可能的日出天文准线，结论是山脊线既无明确的地标以供判断二分二至日出天文准线，东侧山脊线距 N2Z3 祭坛距离也过近，无法用于地平历日出观测。课题组据此否定了牛河梁第二地点日出天文观测的假设[10]。由是，有关 N2Z3 三同心圆为分至日太阳视运动轨迹说，在没有其他证据链的支持下，既可聊备一说，也可另有解读。

中美洲玛雅宇宙观中，将垂直空间分为上、中、下三界。上界被称为"kan"或"chan"，指日月星辰划过天空所经过的区域，现代天文学称为"黄道"。下界被称为"西巴尔巴"（Xibalba），是一个孕育着生殖力量的潮湿之地，流淌着两条河流。在玛雅宇宙观里，平面被视为四方（板块）——东、西、南、北四方加中心，中心即为宇宙轴，被视为一棵巨大的木棉树，垂直贯通上、中、下三界，被称为"世界树"。三界所释放的超自然能量，沿着世界树上下流动；一般死者的灵魂沿着世界树进入下界，阵亡武士和分娩时死去的妇女灵魂沿着世界树可升入上界；上界的神灵可应中界人们的乞求，沿着世界树下降到中界。玛雅金字塔神庙被视为宇宙山，往往与自然岩洞或人工构建洞室相结合，岩洞和洞室则被视为下界。玛雅人还将大地比喻为原始海洋中游泳的海龟。玛雅的宇宙观里，还有一个非常重要的观念，就是认为宇宙王国的四角分别由四位帕瓦吞神来支撑[11]155-158。

《艺文类聚》卷一引《三五历纪》曰："天地混沌如鸡子，盘古生其中。万八千岁，天地开辟，阳清为天，阴浊为地。盘古在其中，一日九变，神于天，圣于地。天日高一丈，地日厚一丈，盘古日长一丈，如此万八千岁。"[12]6可知中国盘古创世说认为混沌的宇宙最初如卵，卵内生英雄盘古，盘古开天辟地，形成上、中、下三界。徐峰先生认为良渚玉琮的宇宙模型也分上、中、下三界模式[13]，笔者也赞同[14]。世界各地原始创世神话中的宇宙观里，大多采用上、中、下三界模型：上界为天界，中界为地界，下界为水界即原始瀛水。上、中、下三界形状并没有一定之规，或圆或方，或神化为龟形，但是三界的外形，不论采用哪种具体外形，基本上三界统一，大多数情况下不会出现"天圆地方，四角不掩"的尴尬局面。

基于这种世界范围内最早的宇宙模型通识，我们认为牛河梁遗址的三同心圆坛或冢的三环，其实就是上、中、下三界宇宙模型的扁平化表现。本来在三界宇宙模型中，上天、中地、下水三界的大小与形状是统一的，也就是说物化表现为圆形物后直径相等，但如果扁平化表现在祭坛或积石冢上，就仅有一个圆圈，其他两界的圆便被掩盖。因而，红山文化先民采取三层等比递减（$D_3:D_2=D_2:D_1\approx1.1$，N2Z3 $D_3:D_2=D_2:D_1\approx1.41$）方式，既完美地在视觉上表达了三层套叠的三界宇宙模型，同时又用等比递减暗喻此三层原本形状均为圆形、直径等同。

牛河梁遗址上述这四座规整的三环积石坛或积石冢，都呈扁平圆丘状，主要是观照中界即地界是从下界原始瀛水中诞生的陆地"传世之岛"，同时也观照了天如盖的观念表达。古埃及人认为，大地是浮在水（努恩）上的圆盘，埃及位于中央。阿图姆的儿子空气之神舒，将自己的女儿天空之神努特，与自己的儿子大地之神盖伯分开，他们原本互为夫妻，天地初开。在古埃及最著名的创世神话赫利奥波利斯的宇宙创世神话中，努恩是原始海洋，努恩的儿子叫阿图姆，意思是"完整合一"，相当于中国道家理论中的"太一"。阿图姆从原始海洋中诞生后，第一个行动就是创造了立足之地"创世之岛"[15]67-68。

　　N2Z4B2 位于外界墙与中界墙之间，圆圈摆放彩陶筒形器。N5SCZ1 北部与南部外圈石墙，也圆圈摆放有彩陶筒形器。关于牛河梁遗址红山文化彩陶筒形器的功能，学界有陶鼓说、祭器器座说、人神沟通祭祀物说、宗教典礼之物说等，不一而足。王惠德先生提出红山文化无底彩陶筒形器，表达天地沟通之意[16]143-147。如果放在牛河梁遗址三环形圆坛或冢的三界宇宙模型背景关系（contexts）中，筒形器作为宇宙上、中、下三界沟通的象征器物，便很好理解其特殊的象征功能了。王惠德先生的观点可从。

　　特别令人注意的是，N5SCZ1 三环丘顶的中央，还有一个圆形石堆，直径 3 米、高约 0.8 米。借鉴玛雅宇宙观当中宇宙中心的宇宙轴可以表现为宇宙山（金字塔），我们认为 N5SCZ1 丘顶中央的小圆石堆，象征宇宙中心"宇宙山"——宇宙轴。

　　牛河梁遗址红山文化三环三界宇宙观，最初表现在第二地点 N2Z4X 下层积石冢当中，比如 N2Z4M5。墓葬外圈陶筒形器碎片圈，表明原来立于地表的筒形器夹杂碎石，构成积石冢的下界。碎石中圈冢构成中界。积石冢的中心空白芯象征上界天盖，而 N2Z4M5 墓葬便居于上界的中央，也就是占据宇宙的中心。

　　牛河梁第五地点 N5SCZ1 三环宇宙丘顶西侧增建的积石冢 N5Z1M1 大墓，采取了 N2Z4M5 三环三界宇宙模式，唯外界墙使用石硼，筒形器全部被破坏，失去了原来的摆放位置，大墓坑几乎占据了全部的宇宙中心。值得注意的是，N5Z1M1 墓主头指向 N5SCZ1 三环宇宙丘顶中心的宇宙山。

　　明白了牛河梁遗址三环圆积石坛或积石冢三个同心圆表达的是三界宇宙观模型，便明白了三环并不仅用于祭天，而且象征整个宇宙，包括天、地（人）、水（原始瀛水）。《晋书·天文志》曰："天似盖笠，地法覆盘，天地各中高外下。北极之下为天地之中，其地最高，而滂沱四隤，三光隐映，以为昼夜。"这里表述的天与地都是圆形的，宇宙的中心高起，显然是牛河梁遗址红山文化三环三界宇宙模型的孑遗记述。

　　不唯如此，其实红山文化宇宙模型三界说，还可以采用方形的表达。

　　据郭明博士的研究，牛河梁第二地点的 N2Z4 积石坛（冢）使用时间最长，遗迹现象复杂，遗迹关系也很复杂[17]97-106。其中各种遗迹叠压早晚关系如下：

　　N2Z4X（西北向墓—东南向墓）→N2Z4B→N2Z4A→N2Z4 其他墓葬

$\longrightarrow$ N2Z4BS

首先，N2Z4X 下层积石冢墓地，其中包括三环圆形宇宙模式积石冢 N2Z4M5。

接下来 N2Z4X 下层积石冢墓地功能废止，建设了东西并列的两个三环圆形宇宙模式积石坛 N2Z4B1 和 N2Z4B2，二者可能有先后关系，郭明博士认为就目前资料难以判定谁先谁后。笔者认为，N2Z4B2 的西北部与东南部的彩陶筒形器原地保留较好，且其西北被外墙嵌入 N2Z4B1 东北更多一些，所以 N2Z4B2 打破 N2Z4B1 的可能性更大一些，这便意味着 N2Z4B2 晚于 N2Z4B1。

郭明博士提出，N2Z4B2 南部长梯形的两层石坛为增加的建筑 N2Z4BS，其西墙石碥残留一小段叠压在 N2Z4A 方坛的东外墙上，因而判定 N2Z4BS 晚于 N2Z4A 方坛[17]102。笔者认为，所谓的 N2Z4A 方坛的东外墙，已远远延伸至 M8 的西侧，超出 N2Z4A 南外墙很远，应当属于 N2Z4B1 南部增建的、与 N2Z4BS 形态和功能类似的方坛建筑至东外墙。因此，笔者认为：其一，N2Z4B1 南部原本也先增补建了方坛，可称为 N2Z4BS1；其二，N2Z4B1 与 N2Z4BS1 废弃后，又于 N2Z4B2 南部补接增建长梯形坛，可称为 N2Z4BS2；其三，N2Z4A 方坛与 N2Z4BS1 和 N2Z4BS2 没有发生关系，所以从逻辑上推断，N2Z4A 晚于 N2Z4BS1 和 N2Z4BS2（见图 1）。

基于上述认识，笔者认为，N2Z4X 下层积石冢墓地功能废止后，先在 N2Z4X 下层积石冢墓地北侧建筑三环圆积石坛 N2Z4B1，而后再建三环圆积石坛 N2Z4B2。之后在三环圆积石坛 N2Z4B1 南部补接增建方坛 N2Z4BS1，由于后期破坏严重，N2Z4BS1 仅存东外墙石碥一小段，具体形状和层数已不明。N2Z4B1 与 N2Z4BS1 废弃后，又于 N2Z4B2 南部补接增建长梯形坛 N2Z4BS2，目前保存明确比较清楚的有东外墙、东内墙、南外墙、南内墙、西墙等。从 N2Z4BS2 东外墙接在 N2Z4B2 外圈墙、东内墙接在 N2Z4B2 中圈墙推测，N2Z4BS2 长梯形坛也应该有三层，即所谓的东内墙和南内墙应为中层石碥，从 N2Z4B2 内圈墙应当还接出 N2Z4BS2 的内层石碥（见图 1），唯遭破坏，了无踪迹。

那么，从"后 N2Z4B 三环圆形积石坛时代"开始，先后出现 N2Z4B1 – N2Z4BS1 与 N2Z4B2 – N2Z4BS2 两组"北圆南梯形（方）"积石坛建筑，

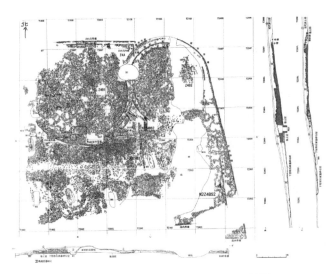

图1　牛河梁遗址第二地点 N2Z4 平面图

仍然是上、中、下三界宇宙模型扁平化的表现，但从原来的圆形改变为"北圆南梯形（方）"。

我们注意到牛河梁第二地点 N2Z1M21 随葬一件玉龟，背甲与腹甲兼具[9]102，唯无四肢与头尾。玛雅人将大地比喻为原始海洋中游泳的海龟，暗示龟形也可以作为宇宙模型，最佳的例证是安徽潜山凌家滩出土的玉龟（后详）。如果将龟壳的横截面拉长，便可形成上拱下方或梯形的轮廓，也就是牛河梁 N2Z4B1 – N2Z4BS1 与 N2Z4B2 – N2Z4BS2 两组"北圆南梯形（方）"积石坛建筑的外轮廓。

N2Z4B 建筑群荒废后，直接叠压在 N2Z4B1 三环圆积石坛之上，建造一个方形的三重积石坛 N2Z4A，正方向，几乎正方形。N2Z4A 的三重北墙石砌保存较好，外墙内侧摆放彩陶筒形器；南墙保存两重，原报告认为是南内墙和南外墙，我们认为很可能是南内墙和南中墙。

我们认为 N2Z4A 三重方形积石坛，占据了三环圆形积石坛 N2Z4B1 的位置，其功能与象征意义没有改变，彩陶筒形器依然表达宇宙沟通，方坛三重依然扁平化表达上、中、下三界宇宙模型，唯变为方形。

N2Z5 是 N2Z4 的简化版，为长方形，不分层，唯有中部一道石砌将方坛分为南北两区。在北区的中央，也有一堆圆形石堆 N2Z5H1，其作用同于牛河梁第五地点 N5SCZ1 丘顶中央的小圆石堆[9]211，象征宇宙中心"宇宙山"——宇宙轴。这表明，N2Z5方坛依然象征宇宙，而不仅仅是用于祭地的地坛。

2. 东山嘴遗址相关遗迹分析

东山嘴红山文化祭坛遗址坐落在辽宁省喀左县大凌河西岸山梁正中一平缓凸起的台地上，占据了台地向南伸展的前端部分，高出河床50米。遗址东南方向，隔着大凌河，正对马架子山和大山山口。遗址发掘面积2400平方米，年代大约距今5000年[18]。

东山嘴石砌建筑布局十分严谨而又有独特之处。以中心建筑方形基址g1为轴心，制定一条南北中轴线。中轴线的最南端距中心基址g1约19米处是三联圆形台址g7。台址g7北4米处是圆形台址g6，周围出土陶塑像残块，其北15米处是中心基址g1。台址g7早于g6。

东山嘴遗址中心方形建筑基址g1东西长11米、南北宽9.5米，规模较大。基址内未出土女神塑像块。王震中先生推测其为红山文化社祭坛，以方形和石堆立论[19]165。

基于牛河梁遗址没有"天圆地方"的观念，而是三界宇宙观模型，笔者认为中心方形建筑基址g1也不宜径直解读为祭地的方坛或社坛。而该建筑内三座石堆堆积似山，可比照牛河梁遗址第二地点方形积石坛N2Z5北区中央的宇宙山石堆和第五地点N5SCZ1圆丘顶部中央的宇宙山石堆，解读为宇宙山更合适，也可解释为红山文化巫师通天的天梯。美索不达米亚的"塔庙"一词源于阿卡德语"Zigguratu"，意思是"顶峰"或"高地"，起源于苏美尔的乌鲁克时期，约公元前3000年。塔庙主要用于人神沟通，作为神升天降地的天梯[20]211。

中心方形基址g1里出土器物也能够提供一些线索。不论是一般玉璜还是双头龙玉璜，均可作为彩虹的象征物。中心基址g1内中部烧土面上出玉璜和石弹丸各一件，可以配合起来完整解读：玉璜弓形，象征彩虹天弓，与同出的石弹丸组合，似可解读为弹日救旱[21]262。烧土面用火遗存，可能与焚巫尪祈雨习俗有关[21]478;[22]21-35。中心建筑g1东外侧黑土层中出土绿松石鸮形饰，很可能作为红山文化巫师升天的动物跷。综上所述，东山嘴中心方形基址不是社祭，而是红山文化祭天或与天神有关祭祀的主要场所。

东山嘴遗址南端圆形坛址g6附近集中出土彩陶双腹盖盆、造型奇特的双口杯（TD7②：5）、镂孔瓶形器（A1②：1）、无底钵形器（TC3②：4）、女性塑像残块等[18]，据此首先可以判断 g6 圆坛和 g7 三联环坛主要用于祭祀女神。这些女神像多有孕妇特征，将其解释为生殖和丰产女神崇拜，是行得通的。2009 年，"陶寺史前遗址的考古天文学研究"课题组，对东山嘴祭祀遗址进行了天文考古调查。课题组人员站在东山嘴圆形祭坛基址 g6 处，对东北、正东、东南的马架子山山脊线明显地标峰尖或断山口进行全站仪方位角测量（见图 2）。

图 2　东山嘴遗址地平历观测天文准线示意图

第 1 号靶点是东山嘴遗址东北方向大凌河河口东岸马架子山的第一个山头，比较明显。方位角正北 49°43′08″，很可能是夏至日出方位。

第 2 号靶点呈锯齿形，方位角 85°11′34″，大约是春分、秋分日出点。

第 5 号靶点为马架子山的最高峰，非常显著，方位角 118°23′12″，很可能是冬至日出点。

显然，东山嘴有比较完整的二分二至地平历观测山脊天际线[10]。

故东山嘴圆形祭坛 g6，很可能兼观测二分二至日出的天象崇拜与女神崇拜于一身，只能解释为红山文化东山嘴圆坛上的女神，是被红山文化人视为住在天上的女性祖先神，而不是"地母"。郭明博士根据东山嘴遗址考古发掘简报地层分析认为，东山嘴遗址的中心建筑 g1 长方形房子及其两翼石墙，当为早期建筑；中心建筑 g1 废弃后，才在遗址的南部先建三个椭圆形小祭坛 g7，最后仅有一个小圆坛 g6。足见，东山嘴遗址方形与圆形祭祀建筑并不同时，且祭祀中心的规模逐渐萎缩[17]345−346。至此可知，东山嘴遗址红山文化祭祀中心，主要功能是郊天祭日配女性祖先。不论是中心方形基址还是南端圆坛，均用于与天神有关的祭祀活动，方形与圆形，只是时代不同，并非天地之分。

二　西水坡遗址 M45 墓圹的形状

冯时先生指出，河南濮阳西水坡遗址 M45 墓圹特殊的平面轮廓，是古老的"天圆地方"盖天说宇宙观的完整体现，墓圹南部弧形象征天，北部方形象征地（见图3）。正如《晋书·天文志》所谓"《周髀》家云：天员如张盖，地方如棋局"。

其实，我们对比牛河梁第二地点 N2Z1M21 出土玉龟的横截面以及 N2Z4B1 – N2Z4BS1 与 N2Z4B2 – N2Z4BS2 外廓线（见图1），就很好理解西水坡遗址 M45 墓圹的平面轮廓其实就是龟壳的横截面，表现的是一个完整的龟形宇宙模型，不仅有天和地，应该还有下界水。墓圹北部的方形轮廓，应该理解为龟的腹甲横剖面，更应当象征下界原始瀛水，而不是中界大地（见图3）。

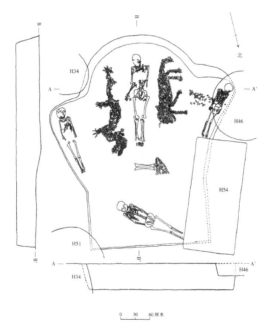

图3 西水坡遗址 M45 墓圹平面图

如果濮阳西水坡遗址 M45 墓圹轮廓龟形宇宙模型没有清晰完整地表达出上、中、下三界宇宙模型，我们再分析一下凌家滩遗址出土的玉龟与玉版，便可以更加明确地了解龟形三界宇宙模型。

三 凌家滩遗址出土的玉龟与玉版

安徽含山县凌家滩遗址 87M4 出土一套玉龟，玉龟的背甲与腹甲之间，夹一片玉版（见图4）。

发掘者认为，玉版上的太阳图纹可能是以写实手法表现太阳一天的运行过程。远古没有文字，人们使用钻孔、画圈的办法计数，以代替五行交替记载时节[23]。但是，如果让玉版回归到出土时夹在玉龟中间的"背景关系"中，将玉版释为"天盖"的解读就遇到了问题——玉版"天盖"之上的玉龟背甲又象征什么？李新伟先生认为，凌家滩玉龟是一个宇宙的天然模型，背甲象天，腹甲象地，足象连接天地的维、柱[24]344-345，该观点具有启发性。我们借鉴牛河梁第二地点 N2Z1M21 出土玉龟所表现的龟形三界宇宙模型，问题便迎刃而解——凌家滩玉龟背甲象征上界天盖（见图

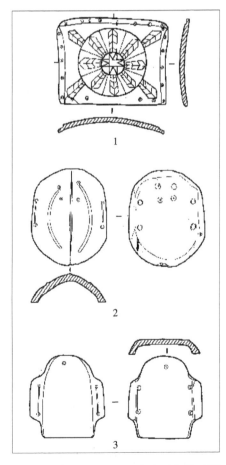

图 4 凌家滩遗址 87M4 出土玉龟及玉版

1. 玉版　2. 玉龟背甲　3. 玉龟腹甲

4.2），腹甲象征下界原始瀛水（见图4.3），夹在背甲与腹甲之间的玉版便是中界大地。

凌家滩玉版的横剖面呈微拱形，两端呈现出下陷的台阶状（见图4.1），整体形状可以理解为"岛"状，象征从原始瀛水中诞生出来的"创世之岛"，即中界大地。玉版上的刻画图像中，大外圈四角（也称四维）各有一个剑状标，分别指向东北、东南、西南、西北四维方向。大外圈与中心小圆之间，均分出8个扇区，每个扇区中央也各刻画一个剑状标，分别指向正北、东北、正东、东南、正南、西南、正西、西北凡八个方向（见图4.1），即四正和四维方向。显然，这些方向和方位的指向标，确实用于大地指向最为合适。

至于玉版核心小圆内的正方向八角星纹✿，诸家解释各异。发掘者认为玉版上的八角星纹✿为太阳图纹，可能用写实的手法表现出太阳一天的运行过程。冯时先生认为玉版核心的八角星纹为最原始的"洛书"，不仅可以看到四方五位，还可以看到八方九宫[7]372-373。李新伟先生提出凌家滩玉版核心圆里的八角星纹和凌家滩猪头双翼玉鹰胸部刻画的八角星纹✿，表现的都是极星[24]。综合冯时与李新伟先生观点之合理性，我们认为凌家滩玉版核心小圆内的八角星纹象征宇宙轴或宇宙柱，贯穿上、中、下三界。准此，凌家滩87M4出土玉版、玉龟，完整地表达了龟形三界宇宙模型——背甲象征上界天盖，不一定是圆的，只要是盖状即可；腹甲象征下界原始瀛水，不拘方圆；中界大地虽轮廓采用了长方形版状，但是剖面隆起表达创世之岛，也并非平板一块。当然，玉版与玉龟还可以分离开来，分别单独使用，具有宗教仪式或者其他实用功能。如玉版周边的穿孔，可能与方位测量有关，这样玉版根据测量实用功能采取了长方形，而不拘泥于是否同玉龟的上界、下界形状完全套合。也就是说，在龟形三界宇宙模型当中，中界大地可以采取方形，但如果不考虑其测量方位仪器的实用功能，也可以使龟形与上界天盖和下界原始瀛水形状更加贴合。

四　良渚文化宇宙观模式简述

自张光直先生提出的玉琮体现"天圆地方"的观念成为学界的主流看

法后，良渚文化玉琮自然成为良渚文化"天圆地方"观念的最佳表达物。

然而，良渚文化玉琮自身形制的演变逻辑清晰，并非一开始就是外方内圆。刘斌先生将良渚玉琮分为三式：Ⅰ式横截面为圆形、无四角的圆筒形琮，神徽兽面处凸起；Ⅱ式横截面为弧线方形（内圆），出现弧线形四角，四对角夹角大于90°，神徽兽面刻于对角两侧；Ⅲ式横截面为正方形，四对角夹角等于90°，神徽依然施刻在对角两侧[25]159-163。

笔者曾撰文提出，良渚文化玉琮的宇宙模型是上、中、下三界宇宙模式，采用的是立体圆筒形，也就是良渚文化最初的Ⅰ式镯式琮造型，而不是红山文化扁平化三环三界宇宙模型，后来的良渚文化Ⅱ式琮四隅加上去的是宇宙山，因而四角均大于90°。最后，Ⅲ式琮四隅的宇宙山变为宇宙支柱，因此四角等于90°。加之，刘斌先生等认为良渚城址周边的瑶山和汇观山祭坛上的"回"字形灰土沟，用于冬至夏至和春分秋分日出日落天象观测[26]236-269，其说经徐凤先研究员分析校正，大致可从[4]70-80。基于此，我们完全有理由认为瑶山和汇观山两处良渚文化祭坛，均为良渚都城郊天祭日的场所，而两处祭坛主体部分皆为长方形或方形，而不是圆形。足证，良渚文化玉琮宇宙观中，并没有"天圆地方"的观念[14]。

五 石家河遗址的天地形态观念简析

邓家湾遗址位于石家河城址西北角台地上。西边和北边为石家河城址的城墙，城墙外即为护城河。东边与南边为低洼之地，使邓家湾遗址从整体上看形似一个圆角平行四边形的"岛状"[27]18。借鉴古埃及、古美索不达米亚、古玛雅、良渚文化从原始海洋诞生创世之岛的观念，邓家湾可被视为"创世之岛"或"宇宙山"，也可视为"大地"。笔者通过分析认为，邓家湾遗址作为石家河文化晚期都城的祭祀中心，主要祭仪是，首先在祭2祭祀场上，陈列红陶缸"荐血歆神"，然后在中心空场进行"正祭"——用斜腹红陶杯灌血祭祀各路地示，很可能包括社稷、四祀、四望，最后将陶塑牺牲沉埋祭祀山林川泽、四方百物，包括丰收报功和祈年祭祀。足见，邓家湾祭祀中心，在石家河文化时期主要是祭祀地示的场所，可称为"社稷祭祀场"[28]33-49。

根据邓家湾遗址石家河文化晚期陶塑沉埋遗存分布范围，笔者大致画出一个长方形的区域（见图5），暗示石家河文化晚期（并非后石家河文化或肖家屋脊文化）祭地的场所采取了方形。

石家河城址西城壕西侧的印信台遗址，是一座独立的方形台地，台顶面积约14300平方米。2014年至2016年发掘揭露了1475平方米。在发掘区内，揭露出台基三处以及围绕台基的瓮棺葬、扣缸、扣碗、缸套缸、土坑墓、灰坑等众多遗迹，时代主要为石家河文化晚期[29]。

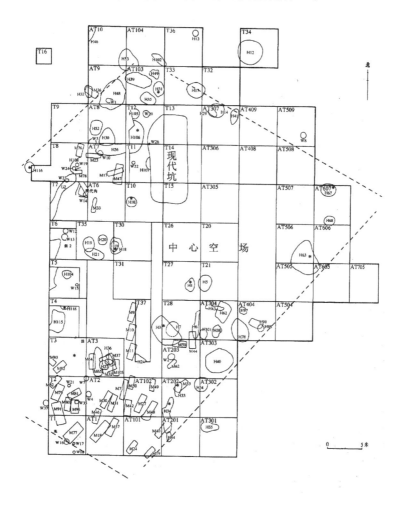

图5　邓家湾遗址石家河晚期陶塑沉埋遗存分布
（改自《邓家湾》图一一八）

说明：图中 * 为沉埋坑。

根据武家璧先生的研究，印信台正西 9000 米的天门山，为以印信台为观测点的春分、秋分日落位置。印信台方位角 26.6°的大石山，为夏至日落天文准线。而石家河城址西部的背景山脉主峰佛子山距印信台 8800 米，方位角 13.3°，恰是石家河城址印信台春分、秋分日落点方位角与夏至日落点张角 26.6°的一半，即春分、秋分与夏至之间的一个日落点，这一定有重要的宗教崇拜意义。武家璧先生认为印信台观测日落方向，其目的就是通过观象授时制定地平历[30]50-67。这说明方形的印信台遗址是石家河遗址石家河文化晚期祭天的场所，其形制也采用了方形。基于此，我们只能说在石家河文化晚期，石家河文化的宇宙观中也没有形成"天圆地方"的固定观念。

肖家屋脊文化是石家河文化在距今 4200 年至 3900 年衰变出来的一支后裔文化[31]98-145，湖北的考古学家称之为"后石家河文化"[32]134。

罗家柏岭遗址坐落在石家河城外东南角，总面积约 5 万平方米，海拔32~35 米。1955 年至 1956 年中国科学院考古研究所（后称中国社会科学院考古研究所）和湖北省考古工作者，发掘该遗址核心区，发掘面积 1147平方米，揭露出一座比较完整的大面积的红烧土建筑遗迹。原报告称其时代为石家河时期二期[33]，即我们认为的肖家屋脊文化时期，距今 4200年至 3900 年。原报告认为该基址功能为玉器制造作坊，我们通过分析认为其功能与玉器制造无关，遗址的选址方位和大量遗迹与遗物都表明此处是肖家屋脊文化祭天的祭坛[34]285-305。

罗家柏岭遗址坐落于一处不规则椭圆形岗地上，岗顶近球面，高出周围地面 2~4 米。发掘的绝大部分探方揭露了遗址的东北半部，是烧土长直墙、长沟、房基、烧土坛面等建筑组合的中心部位。西北部的红烧土坛面保存比较完好，呈 1/4 圆形。烧土台房基 F1 与 F2 之间那块凹字形无烧土坛面的黄褐土空场，据③B 层灰黑烧土层集中出土柴祀燎祭牺牲玉帛，推测为坛下扫地而祭的空场。其中 T20 的③A 层为红烧土块层，包含少量陶片[33]，大约是坛面之上建筑的废弃堆积，故可肯定该凹形区域也当属坛址区。T4 位于坛面的东南，③B 层为红烧土层，有的为灰黄硬面，有的为蜂窝瘤状烧结块，结构同西北保存完好的烧土坛面，估计也是坛面的残留，因此 T4 部分也属于坛址园区范围。发掘揭露的遗址东北半部完全囊括了坛址园区的东北半部，呈半圆形。祭坛建筑、燎祭遗迹、牺牲玉帛、陶器、石器、铜器残片、铜矿石和铜渣等遗物绝大部分都集中出自该半边，可以肯定这里是肖家屋脊文化人们举行祭天仪式的祭祀区。

遗憾的是，我们现在找不到肖家屋脊文化祭地场所，因而无法判断肖家屋脊文化对于大地形状的认知。我们所能知道的是，肖家屋脊文化人们不再刻意强调宇宙上、中、下三界的观念。上界天界可以单独拆分出来，以圜丘象征，并进行相关祭祀活动。然而，尚无明确证据表明肖家屋脊文化存在"天圆地方"的观念。

而另一方面，罗家柏岭遗址郊天祭日的主体建筑系肖家屋脊文化时期的，但是该遗址出土了石家河文化陶器和数量较多的"太极图"纺轮，暗示石家河文化也有可能存在"天地形成阴阳气理论"，也就是说天道和地道的观念开始萌芽。这一理念在陶寺观象台台基芯"太极图示"中，有了明确的表达。

六 陶寺文化的"天圆地方"观念

黄河中游地区的陶寺文化与肖家屋脊文化大致同时。陶寺观象台IIFJT1坐落在陶寺文化中期大城东南的小城内[35],[36]，居于"天位""阳位"，是一处有三层夯土台基的半圆形建筑基础，总直径约60米，总面积约1700平方米。陶寺观象台背依陶寺文化中期大城内道南城墙Q6，向东南方接出一个大半圆形的夯土台基建筑。盖天说认为，天形如笠盖，且盖顶偏向一侧，那么斜倚一侧的"天"是隐没于地平线下看不见的。据《周易·系辞上》"在天成象，在地成形"原理，陶寺观象台半圆形台基建筑是将如笠盖的天穹形象放在地上，象征形如伞盖的天向北倾斜，有一部分天是看不到的；台基背后长条形城墙象征承载天盖、形如棋盘的大地。因此，陶寺观象台半圆形状恰是陶寺人盖天说理念的物化表象。

陶寺观象台的核心部位即台基芯，有用夯土与生土构筑的天地形成阴阳二气理论图示，这无非试图做出一个陶寺人认知构图中的小宇宙图形，图说陶寺人对天地形成的认知理念，以及天、地、人三者关系的总体模式：天在上，地在下，人在天下地上。它仍然隐含着红山文化、凌家滩文化和良渚文化三界宇宙垂直分层的传统观念，这种传统观念已经衍化为天、地、人三者关系模式，而不再是简单的三界宇宙垂直模型了。

陶寺文化中期大城北偏西北城墙 Q2 外西北部，有大面积夯土遗迹 IVFJT1－3，建筑于陶寺文化早期，中期和晚期均有扩建。早期基址 IVFJT1 位于台基南部，被包在中期基址 IVFJT2 内，南侧被中梁沟侵蚀破坏，北、东、西侧被中期 IVFJT2 扩建时破坏，形状不明。中期基址位于台基中部，北、东、西侧被晚期基址 IVFJT3 包围，并在 IVFJT3 扩建时遭到破坏，形状不明。晚期基址 IVFJT3 保存相对较好，可看出为长方形，南部和西部均被中梁沟侵蚀，南北残长至少 48 米，东西宽 40 米，面积在 1600 平方米以上，方向 220°。

IVFJT1－3 处于多水环境。早期基址外侧是面积略大的池沼。中期基址外侧是宽 7 米的环壕。晚期基址外则没有水域环绕。这不一定是基址功能与形制有所改变，而是由于缺水，晚期政权已无力将水引到方丘外围。《周礼·春官宗伯·大司乐》载："夏日至，于泽中之方丘奏之，若乐八变，则地皆出，可得而礼矣。"[3]1075中期夯土基址中部的三个品字形碎石柱础窝，直径 15 厘米，从做法到直径都不可能是宫殿建筑的柱子，很可能是木质社主的基础。当然，也可能是包括社主、后稷与后土三位地的木主[34]197－201。

总体来看，陶寺 IVJFT1－3 比较符合泽中之方丘的特征，或可称为社稷坛。陶寺社稷坛为方形，处于"泽中"，与城址东南郊天祭日的天坛拱形（半圆形）相呼应，表明陶寺文化时期"天圆地方"的观念真正形成。但我们也清楚地看到，陶寺观象台的轮廓是拱形（半圆形），更多的象征天盖，而天属阳，观测日出制定地平太阳历也属于阳性；陶寺社稷坛为泽中方丘，属阴性，因而陶寺文化"天圆地方"观念更多的是从"天道阳曰圆，地道阴曰方"的角度分别冠之以"天圆"和"地方"。这样才能合理解释，陶寺观象台台芯所谓"太极图"天地形成阴阳二气理论图示中，象征凝结成大地的浊气的夯土台基芯并非方形，而社稷坛则采用方形，如果从二者都属地属阴的地道角度说，就不矛盾了：地道在凝结时为"气态"，便是"阴气"或"浊气"为"，"号状，在地坛表现为方形属阴。而天道曰圆，阳气或清气上升为天时，也呈"，"号状，在天坛表现不论是正圆还是半圆，都属阳。这一点笔者同意徐凤先研究员的看法，中国古代学者都没有将"天圆地方"解释成对天地形状的认识，他们基本上是沿着天地之道、天地之数的思路进行解释的[4]133。

结　语

中国古代"天圆地方"的观念，从考古资料判断，最早形成于陶寺文化时期，距今 4300 年至 3900 年。"天圆地方"观念，更多是从"天道阳曰圆，地道阴曰方"的角度去理解，并非特别拘泥天圆地方的形状。所以，从陶寺文化开始出现的政治地理五方，是"十"字形的或称"亚"字形[34]208-212，并不一定是正方形。这是陶寺文化天文大地测量采用"十"字网格法所产生的必然结果[34]178-181，并不刻意追求方形的大地形状。也正因如此，考古发掘中总也挖不到"苍璧礼天，黄琮礼地"的考古实例。原创璧、琮的良渚文化没有"天（道）圆地（道）方"的观念，华西系玉器[37]将玉琮与玉璧的外形发扬光大，但是很难确定其阴阳之意，也就难将玉璧与天、玉琮与地在阴阳和形状上挂钩[38],[39]。诚然，肖家屋脊文化罗家柏岭郊天祭日的天坛出土过玉璧，似乎与"苍璧礼天"有关。然而，肖家屋脊文化没有玉琮，也很难断定存在"天（道）圆地（道）方"的观念，因为缺同时期的"地坛"，肖家屋脊文化"苍璧礼天，黄琮礼地"的观念也是不完整的。罗家柏岭的玉璧，或许与同出的玉凤、玉龙、玉蝉、玉人面一样，都是郊天祭日的礼玉，虽都具有阳性，但并不特地标志天道曰圆。

直到汉武帝时在长安城东南郊建立的薄忌泰一坛，其形制为三重圆坛，可以看作后世圜丘天坛的雏形。东汉时期，洛阳南郊坛为圆坛八陛，北郊方坛四陛，从此才真正奠定了南郊圜丘祭天、北郊方坛祭地的郊坛制度，以后各朝多有效仿[40]859。这或可标志着"天道曰圆，地道曰方"的理念真正成为"天圆地方"形态而深入人心。

参考文献

[1] 钱宝琮点校. 周髀算经 [G] // 李俨，钱宝琮. 李俨钱宝琮科学史全集：第 4 卷. 沈阳：辽宁教育出版社，1998.

[2] 刘安，等辑撰. 张广保编著. 淮南子 [M]. 北京：燕山出版社，1995.

[3] 阮元校刻. 十三经注疏·周礼注疏 [M]. 北京：中华书局，2009.

[4] 徐凤先. 天空之光如何照亮文明：中国早期天文学与文明若干专题研究 [M]. 广

州：广东人民出版社，2019.

［5］张光直.谈"琮"及其在中国古史上的意义［M］//文物出版社编辑部.文物与考古论集.北京：文物出版社，1986.

［6］邓淑苹.古玉新诠：史前玉器小品文集［M］.台北：台北故宫博物院，2016.

［7］冯时.中国天文考古学［M］.北京：社会科学文献出版社，2001.

［8］李约瑟.中国科学技术史：第4卷天学第1分册［M］.北京：科学出版社，1975.

［9］辽宁省文物考古研究所.牛河梁红山文化遗址发掘报告：1983—2003年度［M］.北京：文物出版社，2012.

［10］孙小淳，何驽，徐凤先，等.中国古代遗址的天文考古调查报告：蒙辽黑鲁豫部分［J］.中国科技史杂志，2010（4）：384–406.

［11］福斯特.古代玛雅社会生活［M］.王春侠，等，译.北京：商务印书馆，2016.

［12］袁珂，周明.中国神话资料萃编［M］.成都：四川省社会科学院出版社，1985.

［13］徐峰，夏勇.东西攸同：良渚玉琮与玛雅金字塔［N］.中国社会科学报，2019 – 07 – 25（7）.

［14］何努.良渚文化玉琮所蕴含的宇宙观与创世观念：国家社会象征图形符号系统考古研究之二［J］.南方文物，2021（4）：1 – 12.

［15］郭丹彤.古埃及人的创世观念［M］//中国社会科学院考古研究所.埃及考古专题十三讲.北京：中国社会科学出版社，2017.

［16］王惠德.红山文化无底筒形陶器初步研究［C］//赤峰学院红山文化国际研究中心.红山文化研究：2004年红山文化国际学术研讨会论文集.北京：文物出版社，2006.

［17］郭明.牛河梁遗址红山文化晚期社会的构成［M］.北京：社会科学文献出版社，2019.

［18］郭大顺，张克举.辽宁省喀左县东山嘴红山文化建筑群址发掘简报［J］.文物，1984（11）：1 – 11，98 – 99.

［19］王震中.中国文明起源的比较研究：增订本［M］.北京：中国社会科学出版社，2013.

［20］伯特曼.古代美索不达米亚社会生活［M］.秋叶，译.北京：商务印书馆，2016.

［21］丁山.中国古代宗教与神话考［M］.上海：上海文艺出版社，1988.

［22］裘锡圭.说卜辞的焚巫尪与作土龙［M］//胡厚宣.甲骨文与殷商史.上海：上海古籍出版社，1983.

［23］安徽省文物考古研究所.凌家滩：田野考古发掘报告之一［M］.北京：文物出版社，2006.

［24］李新伟．红山文化玉器与原始宇宙观［C］//赤峰学院红山文化国际研究中心．红山文化研究：2004年红山文化国际学术研讨会论文集．北京：文物出版社，2006.

［25］刘斌．法器与王权：良渚文化玉器［M］．杭州：浙江大学出版社，2019.

［26］刘斌，朱雪菲．城郊的观象台与贵族墓地［M］//浙江省文物考古研究所．良渚古城综合研究报告．北京：文物出版社，2019.

［27］石家河考古队．邓家湾［M］．北京：文物出版社，2003.

［28］何驽．邓家湾遗址陶塑牺牲沉埋祭祀遗存含义分析［M］//荆州博物馆．荆楚文物：第5辑．北京：科学出版社，2021.

［29］湖北省文物考古研究所，北京大学考古文博学院，天门市博物馆．湖北天门市石家河遗址2014—2016年的勘探与发掘［J］．考古，2017（7）：31－45，2.

［30］武家璧．石家河城址天文考古与历史地理研究［M］//荆州博物馆．荆楚文物：第5辑．北京：科学出版社，2021.

［31］何驽．试论肖家屋脊文化及其相关问题［M］//中国社会科学院考古研究所夏商周考古研究室．三代考古：二．北京：科学出版社，2006.

［32］孟华平．长江中游史前文化结构［M］．武汉：长江文艺出版社，1997.

［33］湖北省文物考古研究所，中国社会科学院考古研究所．湖北石家河罗家柏岭新石器时代遗址［J］．考古学报，1994（2）：191－229.

［34］何驽．怎探古人何所思：精神文化考古理论与实践探索［M］．北京：科学出版社，2015.

［35］中国社会科学院考古研究所山西队，山西省考古研究所，临汾市文物局．山西襄汾陶寺城址祭祀区大型建筑基址2003年发掘简报［J］．考古，2004（7）：9－24，2.

［36］中国社会科学院考古研究所山西队，山西省考古研究所，临汾市文物局．山西襄汾县陶寺中期城址大型建筑IIFJT1基址2004—2005年发掘简报［J］．考古，2007（4）：3－25.

［37］邓淑苹．"华西系统玉器"观点形成与研究展望［J］．故宫学术季刊，2007（2）：1－54.

［38］何驽．华西系玉器背景下的陶寺文化玉石礼器研究［J］．南方文物，2018（2）：36－50.

［39］何驽．华西系玉琮功能新蠡测［J］．黄河·黄土·黄种人，2020（8）：13－16.

［40］刘庆柱．中国古代都城考古发现与研究［M］．北京：社会科学文献出版社，2016.

作者简介：何努，男，中国社会科学院考古研究所研究员

原文刊于：《中原文化研究》（郑州），2022.4：5－15

中国古代的干支、十进位制和十二进位制纪时

常玉芝　王曾瑜

　　摘　要：目前见到的中国古代最早的系统纪时方法，是在殷商时期盛行的干支纪日法。干支纪日法流传至今。商代大多用天干加地支纪日，也间或单用天干或单用地支纪日；商人纪日、纪月、纪年、计数均采用十进位制；商人对一日的时段划分，白天分段细密，夜间分段疏阔，时称取之于对日、月、星辰等自然现象的观察和人们的生活习俗。西周、春秋时期纪月、纪年、计数均采用十进位制；西周末至春秋时对一日的时段划分仍是不均匀的，时称名也多沿用商代，但对时称的使用已注上了等级的限制。春秋晚期至战国，纪月已采用十二进位制；纪年出现了十二进位制的"岁星纪年法"。汉代以后用地支十二进位制纪时和漏刻计时。唐宋以后流行生辰（八字）算命。战国、汉代始用地支与十二生肖相配。

　　关键词：干支；纪日；纪月；纪年；十进位制；十二进位制

　　远古时期，人类尚没有系统的纪时概念，最初的纪时、记事是采用结绳、刻木等方法。后来，随着社会的发展、知识的积累、生产和生活的需要，人们逐渐产生了各种纪时、计时方法。再往后，又逐渐产生了根据一定的法则，用日、月、年组合起来记录时间的方法，这就是历法。历史表明，世界各民族在不同的历史阶段，因为受到当时本民族天文、历法发展水平的制约，所使用的纪时方法是不相同的。本文拟对中国古代历法中的

干支纪时、十进位纪时、十二进位纪时及其相关问题，作简要叙述。

地球围绕太阳的公转和自身的自转，产生了四季变化、白昼和黑夜的循环交替等现象。《庄子·杂篇·让王》称古人"日出而作，日入而息"，因此，白昼和黑夜的循环交替直接关系到人们的生产和生活，于是产生了第一个纪时单位——"日"。

目前见到的中国古代最早的系统纪时方法是在殷商时期盛行的干支纪日法，即用十天干（甲、乙、丙、丁、戊、己、庚、辛、壬、癸）与十二地支（子、丑、寅、卯、辰、巳、午、未、申、酉、戌、亥）依次相互搭配，组成六十个干支单位循环往复纪日，即"干支所以配时日而用之也"①。干支纪日法是中国古代的一大发明，用干支纪日不会发生错误，不会造成重叠，欲查找历史日期，只要顺着干支往上推，就会准确无误。

关于干支纪时的起源，古籍中有不少记述。如《史记·历书》司马贞《索隐》引《系本》说黄帝使"大桡作甲子"。《续汉书·律历志》刘昭注："《吕氏春秋》曰：'黄帝师大桡。'"又引"《月令·章句》：'大桡探五行之情，占斗纲所建，于是始作甲乙以名日，谓之干，作子丑以名（日）〔月〕，谓之枝，枝干相配，以成六旬。'"然而上述说法目前还不能得到证实。东汉《白虎通德论》卷八《姓名》说："甲乙者，干也；子丑者，枝也。干为本，本质，故以甲乙为名也。"与此大致同时的王充《论衡》卷二五《诘术篇》有"甲乙有支干，支干有加时""言甲乙，必言子丑"，这大致是古时所谓"干支"的原始词义。夏代有孔甲、履癸等名，似表明已用甲、乙等十进位制。

一　商代纪日、纪月、纪年、计数用十进位制

（一）干支纪日法及十进位制

在商朝后期都城殷墟出土的十余万片甲骨刻辞中，记有干支的甲骨俯拾皆是，还有不少干支表，其中保存最完整的是属商晚期的《合集》②37986，在这块胛骨上刻着由甲子至癸亥六十个干支，分作六行，每行由甲至癸，它应该是作查检日期用的。

　　殷墟甲骨卜辞中，商人纪日绝大多数是天干与地支均书，但也有不少是只书天干的，还有少数是只书地支的。如：

　　　　（1）庚寅贞：辛亡祸。　　《屯南》2186[③]
　　　　（2）辛至壬其遘大雨。　　《合集》30148

第（1）辞于庚寅日卜问"辛亡祸"，天干"辛"是指庚寅日的下一天辛卯日。第（2）辞卜问由天干"辛"日到天干"壬"日会不会遇到大雨，辞中没有说明是哪个辛日至哪个壬日。

　　　　（3）甲戌贞：乙亡祸。
　　　　　　　乙亥贞：子亡祸。　　《合集》34728
　　　　（4）乙丑卜，内：翌寅启。丙允启。　　《合集》13140

第（3）版的第一辞于甲戌日卜问乙日是否无祸，天干"乙"是指甲戌日的第二天乙亥日。第二辞于乙亥日卜问子日是否无祸，地支"子"是指乙亥日的下一天丙子日。第（4）版于乙丑日卜问"翌寅启"，"翌"指第二天，验辞说"丙允启"。乙丑日的下一天是丙寅日，所以地支"寅"和天干"丙"都是指的丙寅日。这里一个用地支，一个用天干，可见商人用天干地支纪日是比较随意的。

　　商人用干支纪日，一个干支可表示一个完整的白昼，也可表示一个完整的黑夜，还可表示一个完整的白昼加一个完整的黑夜。如：

　　　　（1）辛未卜，内：翌壬申启。壬终日雾。　　《合集》13140
　　　　（2）癸卯卜，甲启。不启，终夕雨。　　《屯南》744

第（1）辞于辛未日卜问第二天壬申日是否会晴天（"翌"指次日），验辞说"壬终日雾"。第（2）辞于癸卯日卜问"甲启"，即癸卯日的第二天甲辰日是否会晴天，验辞说"终夕雨"。"终"之意是自始至终。甲骨文的"日"字象日（太阳）之形，古人以见太阳之时为"日"，故"日"指白昼；甲骨文的"夕"字象半月（月亮）之形，古人以见月亮之时为"夕"

（后世写作"夜"），故"夕"指黑夜。"日照昼，月照夜"④，故"终日"指一整个白天，"终夕"指一整个黑夜。即上述两版卜辞证明商人的一个干支可表示一个完整的白昼，也可表示一个完整的黑夜。

（3）癸未卜，贞：旬亡祸。三日乙酉有来自东……⑤ 《合集》6665 正

（4）辛酉卜，贞：自今五日至乙丑雨。 《合集》20919

第（3）辞于癸未日卜问"旬"，即十天内没有祸患吧？验辞说"三日乙酉"，癸未的下一日是甲申日，再下一日是乙酉日，乙酉是由癸未算起的第三个干支，所以称"三日乙酉"。第（4）辞于辛酉日卜问，自今即辛酉日起到第五日的乙丑日会下雨吗？干支表中，由辛酉到乙丑正是经历了五个干支。这种计日数的辞说明一个干支表示一个完整的白昼加一个完整的黑夜。这些辞中的数字不是如后世那样是记日期的，而是指的日数。商人记十日不用数字"十"，而是用"旬"字表示。如：

（5）丁酉雨至于甲寅，旬八日。九月。 《合集》10976 正

（6）甲申卜，殸贞：妇好娩嘉。王占曰：其隹丁娩，嘉。其隹庚娩，□吉。三旬又一日甲寅娩，不嘉，隹女。 《合集》14002

第（5）辞说由丁酉日下雨直下到甲寅日，共下了"旬八日"。干支表上，由丁酉到甲寅是十八个干支，因此"旬"是指十天，"旬八日"是用十进位制计日数。第（6）辞是于甲申日卜问妇好生育之事，验辞说，妇好在"三旬又一日甲寅"生了个女孩。干支表中，由甲申到甲寅共有三十一个干支，所以"三旬"是指三十天，这也是用十进位制计算日期。其实，十天干一轮回就是十进位制，十二地支一轮回就是十二进位制，天干加地支纪日应是十进位制与十二进位制联合纪日。

（二）纪月用十进位制

商人纪月不用干支，用数字：一月（也有称"正月"）、二月、三月……十月、十月一、十月二，闰月称十月三（还有十月四）。如早期卜辞：

（1）癸酉卜，贞：旬亡祸。十月一。

癸卯卜，贞：旬亡祸。十月二。 《合集》16771

（2）癸丑卜，贞：旬亡祸。十月三。 《合集》16780

（3）戊午卜，吕贞：王宾大戊戠，亡祸。在十月四。 《合集》22847

上述三版卜辞纪的月名分别是"十月一""十月二""十月三""十月四"，即十一月、十二月、十三月、十四月。"月"字夹在十位数与个位数之间，这种纪月格式在早期卜辞中较为多见。"十月三"和"十月四"是年终置闰的月名，"十月四"是失闰后再补闰的证据。这些卜辞的纪月都是采用的十进位制。⑥晚期纪月格式有些变化，即在"十月"与个位数之间加"又"字，如《合集》35525的"十月又一"，《合集》35530的"十月又二"。但也有一些仍保留早期的格式，如《合集》35646正的"十月一"，《合集》35529的"十月二"等。总之，商人纪月采用的是十进位制。

（三）纪年用词及十进位制

关于纪年用词，《尔雅·释天》曰："夏曰岁，商曰祀，周曰年，唐虞曰载。"对于唐虞与夏代的纪年，目前尚无考古材料证明。商代的甲骨文、金文，周代的金文可以证明"商曰祀、周曰年"不误，但稍有不全。

商代纪年的用词有"年""岁""祀"三种。

甲骨文的"年"字从禾从人，《说文》有"年，谷熟也"，即"年"的本义是指收成。甲骨文中有许多"受年""求年"的卜问，是商人祈求神灵保佑有好年成。但有几条早期卜辞中的"年"字前面有数字，如"四年……十月二"（《合集》519），"至于十年"（《合集》35249），"自今十年又五"（《合集》24610）。笔者认为这些是记录时王的在位之年，⑦"十年又五"采用的是十进位制。甲骨文的"岁"字有三种用法：一作祭名，意为割杀；二指季节，指收割庄稼；三作年岁解。早期卜辞中有"今岁""来岁""今来岁"的记录，多是卜问农作物是否丰收的，其所附的月份则年初、年中、年末都有，因此这种卜辞中的"岁"作季节讲不通，应当是指年岁。在"岁"之前也有加数字的，如"二岁"（《合集》20795）、"今三岁"（《合集》20796）、"自今五岁"（《英藏》2050⑧）、"十岁"（《英藏》1300），这些数字也是指时王在位之年（未见超过"十岁"的记录）。称年为"年"或"岁"均是缘于农业生产的收获周期。

到商代晚期，绝大多数以"祀"名年，其所以称年为"祀"，是缘于周祭祭祀。晚商盛行用翌、祭、壹、劦、彡五种祀典遍祭先祖妣，祭祀一周需时恰与一个太阳年的日数相当，即360日至370日，故可借"祀"以名年。《尚书·尧典·正义》引孙炎云："祀取四时祭祀一讫也。"即为此意。晚商以"祀"名年采用的格式是"隹王几祀"或"王几祀"，也是记的时王在位年数。另有三例以"司"名年的（《合集》37863、36856、36855），"司"与"祀"意义相同。束世澂说："殷人称岁曰祀，亦曰巳，亦曰司。与《尔雅》合。今按祀巳同字，司者祀之假借字。"⑨以"祀"纪年，至今未见"一祀"或"元祀"，十祀以内是用数字二、三、四……十记录，十祀以上则用十进位制，如《合集》37859的"十祀又四"，《合集》37858的"十祀又七"，《合集》37861的"十祀又九"，"小臣艅犀尊"铭文的"十祀又五"，"宰椃角"铭文的"二十祀翌又五"等，是将"祀"字插在十位数与个位数之间，并加"又"字连接，这与商晚期的纪月格式相同。（"宰椃角"铭文有六月庚申日，其"二十祀翌又五"，是在"祀"后"又"前加上了祀典名"翌"，表明二十五祀六月庚申日是举行翌祭的日子）。

（四）计数用十进位制

除了纪日、纪月、纪年，商人记其他事也采用十进位制。如《合集》137反："甲辰方征于，俘人十又五人，五日戊申方亦征，俘人十又六人……"该辞说甲辰日"方"国征伐，俘获了"十又五人"，到第五天戊申日又去征伐，俘获了"十又六人"，计人数采用十进位制。此与晚期纪月、纪年格式稍有差异，即不将名词"人"放在十位数后。但也有如《合集》6057正的"七十人五"，不加"又"，"人"放在十位数后，与早期纪月格式同。又如《合集》893正的"十伐又五"，是砍杀十五个人；⑩《合集》37470的"获狐三十又七"；《合集》10308的"狩获擒鹿五十又六"；《合集》37471的"获狐八十又六"等，都是采用十进位制计数。又如记百的：《合集》10407正的"获兕六、豕十又六、兔百又九十又九"，在百位数、十位数后都加"又"字；也有如《合集》5298反的"雀入二百五十"，《合集》34149 的"三百四十宰"，在百位数后都不加"又"字。记千的：《合集》1027 正的"千牛千人"，《合集》6169 的"登人三千"，《合集》6167 的"登人五千"等。记万的：《英藏》150 正的"登妇好三千、登旅万"等。这些百、千、万的计数均是采用的十进位制。不过也有不强调是十进位的，如《合集》7771 的"伐二千六百五十六人"，《合集》10761 的"二百六十九"，《合集》37513 的"获豕一百四十八、兔二"，《合集》20723 的"鹿七十一，豕四十一"等，即在"千""百""十"之后均不加"又"字，这种情况在早期卜辞中比晚期卜辞多见。总之，甲骨文中有从一到十，进而百、千、万的数字，即后人所谓"满十进位"①。

（五）一日的时段划分

关于商人对一个干支日，即一天一夜的时段划分，目前在考古发掘中尚未发现商人有滴漏等计时工具。卜辞表明殷人对一日的时段划分是不均匀的，而且各王的划分也不一致，有的多，有的少。综合各王的时称可以看到，白天分段细密，略分七段，夜间分段疏阔，只在黑夜开始时和即将结束时有时称，整个黑夜统称为"夕"，不再进行分段，这说明商人仍遵循古老的"日出而作，日入而息"的生活习俗。商人的时称是取之于对日、月、星辰等自然现象的观察和人们的生活习俗，取之于自然现象的，如旦、朝、明、大采、中日（日中）、昼、昃、昏、小采、莫（暮）等，取之于生活习俗的，如大食、小食、郭兮、夙等，这说明殷商时期还处在"观象授时"的历史阶段。

二　西周、春秋时纪月、纪年、计数用十进位制

西周、春秋、战国时的纪日仍延续商代的干支纪日法。西周、春秋时的纪月、纪年也多采用十进位制，战国时十进位制的采用频率逐渐减少。

（一）西周纪月、纪年、计数用十进位制

西周纪月采用十进位制，⑫如早期"白懋父簋"铭文的"十又一月"

（《集成》4238[13]），"遣卣"铭文的"十又三月"（《集成》5402）；中期
"免簋"铭文的"十又二月"（《集成》4240），"牧簋"铭文的"十又三
月"（《集成》4343）；晚期"此簋"铭文的"十又二月"（《集成》
4303），"邓公簋"铭文的"十又四月"（《集成》3858）。西周纪月与商代
纪月略有不同，其十进位制更突出数字，如对十二月，商代纪作"十月又
二"，西周则纪作"十又二月"，十位数和个位数用"又"连接，"月"字
放在个位数后面。西周时的"十又三月""十又四月"说明其时仍有年终
置闰和失闰的现象。

西周纪年采用十进位制。多以"年"名年，但也有不少延续了商代的
以"祀"名年。书"年"之例：早期"庚嬴鼎"铭文有"二十又二年"
（《集成》2748）；中期"二十七年卫簋"铭文有"二十又七年"（《集成》
4256）；晚期"走簋"铭文有"十又二年"（《集成》4244），"善夫山鼎"
铭文有"三十又七年"（《集成》2825）。书"祀"之例：早期"大盂鼎"
铭文有"二十又三祀"（《集成》2837），"作册折觥"铭文有"十又九祀"
（《集成》9303）；中期"鲜盘"铭文有"三十又四祀"（《集成》10166）；
晚期"默簋"铭文有"十祀又二"（《集成》4317）。西周的"祀"已与周
祭祭祀周期无关，纯属借"祀"名年。西周纪年与商代纪年也略有不同，
商代纪作"十祀又五"（"小臣艅尊"铭），"祀"字隔开十位数和个位数，
西周即使采用"祀"纪年，也纪作"二十又三祀"（"大盂鼎"铭），是十
位数与个位数连接，"祀"字放在后面（不过晚期"默簋"铭文仍有"十
祀又二"，是商人遗风）。

西周计数采用十进位制。如早期"大盂鼎"（《集成》2837）铭文有
"人鬲自御至于庶人六百又五十又九夫""王臣十又三伯""人鬲千又五十
夫"。晚期"多友鼎"铭文（《集成》2835）有"折首二百又□又五人，
执讯二十又三人，俘戎车百乘一十又七乘"等，在千、百、十、个位数之
间都加"又"字，不加的很少。

（二）春秋纪月、纪年、计数用十进位制

春秋纪月与西周纪月基本相同，也采用十进位制。如"鄬公彭宇簠"
铭的"十又一月"（《集成》4610），早期"都公諴鼎"铭的"十又四月"
（《集成》2753）。"十又四月"说明其时仍有年终置闰和失闰的现象。《左

传·襄公二十七年》载:"辰在申,司历过也,再失闰矣。"

春秋时纪年、纪月、纪日均采用十进位制,如《春秋·桓公十一年》的"十有一年""十有二月",《僖公二十三年》的"二十有三年""十有一月"等,"有"即卜辞、金文的"又"。其纪年、纪月的格式与西周同。纪日仍采用十进位制,如《尚书·尧典》的"碁三百有六旬有六日"⑭。

(三) 西周末至春秋时一日的时段划分

西周末至春秋时期,人们对一个干支日的时段划分仍是不均匀的,其时称名也多沿用商代,但对时称的使用已注上了等级的限制。如《国语·鲁语下》载公父文伯之母在叙述天子、诸侯、卿、大夫、士、庶人每日行事时,对同一个时辰却使用不同的称呼。对于日出之时,对天子称"大采",对诸侯、卿、大夫、士称"朝",对庶人称"明";对于正午之时,对天子称"日中",对诸侯、卿、大夫、士称"昼";对于日落之时,对天子称"少采"(即"小采"),对诸侯、卿、大夫、士称"夕",对庶人称"晦";对于夜间,对天子称"日入",对诸侯、卿、大夫、士称"夜"。即对于同一个时辰,不同的等级称呼不同。天子,诸侯、卿、大夫、士,庶人各有一套称呼,且对庶人只有日出"明"和日落"晦"两个时称。

三 战国时纪月、纪年用十二进位制

战国时期纪月、纪年、计数已逐渐采用十二进位制了,但仍有用十进位制的。如早期的"墜侯午簋"(《集成》4145)铭作"十又四年","者尸钟"(《集成》122)铭作"十又九年";晚期的"十四年墜侯午敦"(《集成》4646)铭作"十又四年"。甚至早期还有以"祀"名年的,如"曾侯乙墓"出土的"楚王酓章钟"(《集成》83)铭有"五十又六祀"。其纪年法与西周、春秋时同。《周礼·春官·小史》曰:"冯相氏掌十有二岁、十有二月、十有二辰、十日、二十有八星之位,辨其叙事,以会天位。"《秋官·硩蔟氏》说:"硩蔟氏掌覆夭鸟之巢,以方书十日之号,十有二辰之号,十有二月之号,十有二岁之号,二十有八星之号,县其巢上,则去之。"

（一）战国（包括春秋晚期）时纪月用十二进位制

古籍中很少见到天干与地支相互搭配纪月的，一般都是单用地支纪月，这可能是因为古代历法中有"月建"的关系。"月建"，也称"斗建"，《史记·历书》裴骃《集解》引《汉书·音义》曰："随斗杓所指建十二月。"古时，人们发现在不同季节的黄昏时，北斗斗柄的指向是不相同的，到春秋战国时，人们为使斗柄的指向与月份配合，就将地面分成十二个方位，分别以十二地支表示，用十二地支与十二个月搭配纪月。在新近发现的战国至秦汉时期的睡虎地秦简《日书》（甲种）和放马滩秦简《日书》（甲种）中，就都有十二月建：正月建寅，二月建卯，三月建辰，四月建巳，五月建午，六月建未，七月建申，八月建酉，九月建戌，十月建亥，十一月建子，十二月建丑⑮。《史记·律书》中也记有十二月建，即"十月也……其于十二子为亥""十一月也……其于十二子为子""十二月也……其于十二子为丑""正月也……其于十二子为寅""二月也……其于十二子为卯""三月也……其于十二子为辰""四月也……其于十二子为巳""五月也……其于十二子为午""六月也……其于十二子为未""七月也……其于十二子为申""八月也……其于十二子为酉""九月也……其于十二子为戌"。张守节《史记正义》说"十二子"即"十二支：子、丑、寅、卯、辰、巳、午、未、申、酉、戌、亥"。即纪月用十二进位制。

（二）战国（包括春秋晚期）时的"岁星纪年法"，用十二进位制

古人认识到木星约十二年运行一周天，人们把周天分成"十二次"⑯，次者，指位次，即将周天划分为十二个位次，木星每年行经一次，就用木星所在星次区位纪年，一纪十二年，因此木星被称为"岁星"，这种纪年法被称为"岁星纪年法"。有人说《尔雅·释天》的"夏曰岁"是说岁星纪年法始于夏代，但目前尚无法证明。但由古文献知岁星纪年法在春秋、战国之际已很盛行，如《国语·晋语四》说："蓄力一纪，可以远矣。"三国时吴国韦昭注："蓄，养也。十二年岁星一周，为一纪。"即在春秋时已有"纪"的概念。成书于战国时期的《春秋左传·襄公九年》⑰曰："十二

年矣，是谓一终，一星终也。"晋杜预注："岁星十二岁而一周天。"又"襄公二十八年"曰："岁在星纪。"《史记·天官书》说："岁行三十度十六分度之七，率日行十二分度之一，十二岁而周天。"宋人说："岁星十二岁一周天，所以纪岁。"⑱

《尔雅·释天》记载有特殊的干支纪岁名号："太岁在甲曰阏逢，在乙曰旃蒙，在丙曰柔兆，在丁曰强圉，在戊曰著雍，在己曰屠维，在庚曰上章，在辛曰重光，在壬曰玄黓，在癸曰昭阳，太岁在寅曰摄提格，在卯曰单阏，在辰曰执徐，在巳曰大荒落，在午曰敦牂，在未曰协洽，在申曰涒滩，在酉曰作噩，在戌曰阉茂，在亥曰大渊献，在子曰困敦，在丑曰赤奋若。"以上名称，与《史记·历书》中的记载颇异。如此别扭而费解的名称，在《淮南子·天文训》注和《史记·历书》注中各有解释。今列成表1如下。

表1　《尔雅》《淮南子》《史记》干支名号对比

	甲	乙	丙	丁	戊
《尔雅》	阏逢	旃蒙	柔兆	强圉	著雍
《淮南子》	阏蓬	旃蒙	柔兆	强圉	著雍
《淮南子》注之解释	言万物锋芒欲出，拥遏未通，故曰阏蓬也	言〔万〕物遏蒙甲而出，故曰旃蒙也	万物皆生枝布叶，故曰柔兆也	言万物刚盛，故曰强圉也	言位在中央，万物繁养〔四〕方，故曰著雍也
《史记》	焉逢	端蒙	游兆	彊梧	徒维
《史记》注之解释			一作游桃。游兆，景也		
	己	庚	辛	壬	癸
《尔雅》	屠维	上章	重光	玄黓	昭阳
《淮南子》	屠维	上章	重光	玄黓	昭阳
《淮南子》注之解释	言万物各成其性，故曰屠维，屠，别；维，离也	言阴气上升，万物毕生，故曰上章也	言万物就成熟，其煌煌，故曰重光也	言岁终包任万物，故曰玄黓也	言阳气始萌，万物合生，故曰昭阳
《史记》	祝犁	商横	昭阳	横艾	尚章
《史记》注之解释					

	子	丑	寅	卯
《尔雅》	困敦	赤奋若	摄提格	单阏
《淮南子》	困敦	赤奋若	摄提格	单阏
《淮南子》注之解释	困，混；敦，沌也。言阳气皆混沌，万物牙孽也	奋，起也；若，顺也。言阳奋物而起之，无不顺其性也。赤，阳色	格起，言万物承阳而起也	单，尽；阏，止也。言阳气推万物而起，阴气尽止也
《史记》	困敦	赤奋若	摄提格	单阏
《史记》注之解释			以岁在寅正月出东方，为众星之纪，以摄提宿，故曰摄提；以其为岁月之首，起于孟陬，故云格。〔格〕，正也	单阏一作亶安。言阳气推万物而起，故曰单阏。单，尽；阏，止也

	辰	巳	午	未
《尔雅》	执徐	大荒落	敦牂	协洽
《淮南子》	执徐	大荒落	敦牂	协洽
《淮南子》注之解释	执，蛰；徐，舒也。言伏蛰之物皆散舒而出也	荒，大也。言万物炽盛而大出，霍然落落，大布散	言万物皆盛壮也。敦牂，敦，盛；牂，壮也	协，和；洽，合也。言阴欲化，万物和合
《史记》	执徐	大荒落	敦牂	协洽
《史记》注之解释	伏蛰之物，皆敷舒而出，故云执徐也	一作大芒骆。言万物皆炽盛而大出，霍然落之，故云荒落也	《尔雅》云：敦，盛也；牂，壮也。言万物盛壮也	一作汁洽。言阴阳化生，万物和合，故曰协洽也

	申	酉	戌	亥
《尔雅》	涒滩	作噩	阉茂	大渊献
《淮南子》	涒滩	作鄂	阉茂	大渊献
《淮南子》注之解释	涒，大；滩，修也。言万物皆修其精气也	作鄂，零落也。万物皆陊落	掩，蔽；茂，冒也。言万物皆蔽冒也	渊，藏；献，迎也。言万物终在亥，大小深藏窟伏以迎阳
《史记》	涒滩	作噩	淹茂	大渊献
《史记》注之解释	一作汭汉、涒汉。《尔雅》云：涒滩万物吐秀倾垂之貌也	噩一作鄂。作鄂，万物皆落枝起之貌也	淹一作阉，言万物皆蔽冒也，故曰掩茂。〔掩〕，蔽也	渊献，深也。献万物于天，深于藏盖也

据《史记·历书》记载，"太初元年（公元前104年），岁名焉逢摄提格"，即甲寅年。《汉书·天文志》则说太岁星"在酉曰作詻""在戌曰掩

茂"。《史记·天官书》又称"摄提者，直斗杓所指，以建时节，故曰'摄提格'"。但古人大多还是通用《尔雅》的名号。

岁星（木星）"十二岁一周天"之说只是近似值，现代天文学测定，木星公转周期为11.86年，距离十二周年尚差51日。岁星纪年法用久了，就会与实际天象不符，因此东汉时期在改用《四分历》之后，就废止了岁星纪年法，沿用干支纪年法。

四 汉以后用地支十二进位制纪时和漏刻计时

古人用干支纪日、纪年，用地支纪月，还用地支纪时。地支纪时就是将一日均匀地分成十二个时段，分别用十二地支表示，即纪每一天的时辰采用的是十二进位制。

十二地支纪时的起源可能较晚。《后汉书·郎𫖮传》曰："今月十七日戊午，征日也，日加申，风从寅来，丑时而止。"此为汉时以地支纪时之证。

十二地支纪时的次序是：子时相当于今半夜十一时到一时，丑时相当于今后半夜一时到三时，寅时相当于今三时到五时，卯时相当于今早五时到七时，辰时相当于今七时到九时，巳时相当于今九时到十一时，午时相当于今十一时到下午一时，未时相当于今下午一时到三时，申时相当于今下午三时到五时，酉时相当于今傍晚五时到七时，戌时相当于今晚上七时到九时，亥时相当于今晚上九时到十一时。但时以下的计时单位，与今日不同。

古代计时使用日晷和漏刻。日晷或可称日表，是利用太阳移动投射的影子来测定时刻，但遇阴雨天就无法使用。故较准确而全天候的滴水计时器是漏刻，或可称刻漏、漏壶、壶漏。为较准确掌握时间，就须"立表下漏"，"立表谓立木为表以视日景，下漏谓下漏水以知刻数也"[19]。

《周礼·夏官·挈壶氏》载："凡军事，县壶以序聚橾（檩）。凡丧，县壶以代哭者。皆以水火守之，分以日夜。"郑玄注："县壶以为漏。"此处的"漏"，就是漏刻。大致反映在春秋时，已出现此种计时器。汉哀帝太初元将元年（公元前5年），另外规定"漏刻以百二十为度"，颜师古注曰："旧漏昼夜共百刻，今增其二十。"[20]但此种计时法只是昙花一现。《说郛》弓109《漏刻经》说："一日一夜通计一百刻，每八刻二十分为一时，惟寅、申、巳、亥有九刻，皆以子午定其昼夜。"《隋书》卷三四《经籍志》记载有五种《漏刻经》，全是后汉到南北朝时之作。《说郛》所载，已无法判断是哪一部。五代马重绩说："漏刻之法，以中星考昼夜为一百刻，八刻六十分刻之二十为一时，时以四刻十分为正，此自古所用也。"[21]北宋《虎钤经》卷七《传箭第七十六》有"每时有八刻二十分，一刻六十分，一日十二时，合一百刻。冬至前三日，改第一箭，昼四十刻（日出，辰时一刻），夜六十刻（日入，申时八刻）"，"夏至前三日，改第一箭，昼六十刻（日出，寅时七刻），夜四十刻（日入，戌时二刻）"。总计一昼夜一百刻，则每刻相当于今 14 分 24 秒，每分相当于今 14.4 秒。明彭大翼《山堂肆考》宫集卷七《百刻》说："历家分一日百刻于十二时，每时该八刻六分刻之二。一说自子至亥，每一时八刻，子、午、卯、酉四时，每一时多一刻。"与《漏刻经》之说不同。

古人将午时三刻作为正午。《宋高僧传》卷一六《唐吴郡嘉禾灵光寺法相》记载，法相"会昌元年二月十日午时三刻，告弟子清浚、清高：'吾当灭矣。'"宋孝宗为宋高宗祝寿，"遣阁长奏知太上，午时三刻，恭请赴坐"[22]。《水浒传》第四十回，宋话本《沈鸟儿画眉记》和《喻世明言》第三十八卷《任孝子烈性为神》，都有午时三刻处斩犯人的记载，似为宋制。午时三刻相当于今十一时四十三分二秒。中国古代漏刻计时，行用了两千多年，到了清代，随着西方钟表的输入，才被废弃。

总的说来，中国古代也有十二进位制，但与十进位制相比，使用范围要窄小得多。

五 生辰算命、地支与十二生肖相配

隋朝临孝恭著《禄命书》二十卷[23]。从唐初吕才对此书的批评来看，它已按生辰算命。预测休咎寿夭[24]更明确的记录是在中唐，韩愈说，李虚中"最深于五行书"，"以人之始生年月日所直日辰，支干相生，胜衰死相王，斟酌推人寿夭、贵贱、利不利，辄先处其年时，百不失一、二"[25]。今有《李虚中命书》传世，此书卷下中有"妻生为子时"，则是以地支纪时。北宋掌禹锡撰《周易流演遁甲图》一卷，自己进行八字算命，"年庚寅，月庚辰，日乙酉，时壬午"[26]。宋徽宗当端王时，命人持"八字"去大相国寺"遍问""吉凶"，有"浙人陈彦"算出他为"天子命"，后来竟"官至节度使"[27]。文天祥有两子，"丙寅（咸淳二年）、戊戌、庚戌、丙子，长男道生生"，"丁卯（咸淳三年）、壬寅、甲午、丙寅，次男佛生生"[28]。今难以确切判断用八字算命始于何时，但大约到唐宋时，用八字算命较为流行，其基础当然是以干支纪年、月、日和时。

另一个问题就是地支与十二生肖的相配关系，这大概是在春秋时期前后出现的。《诗经·小雅·吉日》有"吉日庚午，既差我马"，似表明"午"与"马"相配。据湖北云梦睡虎地秦墓发现的《日书》甲种《盗者篇》简，证明至少自战国时，已出现十二生肖。但"午，鹿也"，"未，马也"，"巳，虫也"，与放马滩秦简《日书》甲种《盗者篇》不同，后者午和未为马与羊，巳为鸡。人们一般以东汉王充《论衡》卷三《物势篇》和卷二三《言毒篇》所载为据，"午，马也；子，鼠也；酉，鸡也；卯，兔也"；"亥，豕也；未，羊也；丑，牛也"；"巳，蛇也；申，猴也"；"辰为龙"。两处记载只是少了寅虎和戌犬两位[29]，证明当时的十二生肖已经定型。其中龙是传说动物，除六畜之外，另有鼠、虎、兔、蛇和猴为野生动物，应都是中原最常见者。先秦猫和鹅、鸭的饲养肯定不如鸡、犬普遍。最近方知，土耳其也有十二生肖，只是以鳄鱼替换了龙。按土耳其乃是突厥的歧译。古突厥人应是自中原文明中吸收了十二生肖。但如今其中既有鳄鱼，可证明其十二生肖乃是突厥人西迁，特别是建立奥斯曼帝国、占领了北非之后方才定型的。

注释

①《孟子·公孙丑下》孙奭《疏》。

②郭沫若主编，胡厚宣总编辑，中国社会科学院历史研究所编《甲骨文合集》，中华书局 1978—1983 年版。

③中国社会科学院考古研究所编《小屯南地甲骨》，中华书局 1980 年版。

④《国语·鲁语下》韦昭注。

⑤为了减少古文字造字的麻烦，凡与引述问题无关的古文字不录，用省略号表示（下同）。

⑥早期卜辞中的"十"字和"月"字多并列刻写，称作合文，个位数"一"、"二"、"三"（或"四"）先是刻在合文的上面后改在下面。有人读作"十一月""十二月""十三月"，不确。如早期卜辞《合集》21897 上刻有四条辞，其中三条辞记有三个月名，分别是两个十三月，一个十四月。其中一个十三月和十四月的"十"字和"月"字并列，"三"和"四"分别刻在下部，但另一个十三月的"十"和"月"不是并列刻写的，三个字是竖刻的，由上往下的刻写顺序是"十""月""三"，这提示我们读十以上的月名的顺序应该是"十"→"月"→"三"，即"十月三"，而不应该读作"十三月"。晚期卜辞竖刻的就更多，如《合集》35646 正、36846 等都是竖刻的。

⑦董作宾认为"年"字前面加数字是纪的年数，不是指时王在位之年。见董作宾《殷历谱》上编卷三《祀与年》第 1 页，中央研究院历史语言研究所 1945 年版。陈梦家认为"可能是纪若干个收获季节"，见陈梦家《殷虚卜辞综述》，科学出版社 1956 年版，第 224 页。笔者的意见见《殷商历法研究》，吉林文史出版社 1998 年版，第 342—344 页。

⑧李学勤、齐文心、艾兰：《英国所藏甲骨集》，中华书局 1985 年版。

⑨束世澂：《殷商制度考》，《国立中央大学半月刊》第 2 卷第 4 期，1930 年。此处转引自胡厚宣《殷代年岁称谓考》，《甲骨学商史论丛》初集，上海书店 1944 年版。

⑩卜辞"伐"作祭名时多指砍杀人。

⑪徐光启：《新法算书》卷九〇《测量全义》。

⑫为缩短文章篇幅，每一时期一般只举一例或几例，对铭文尽量采用不需造字的。

⑬中国社会科学院考古研究所编《殷周金文集成》，中华书局 1984—1994 年版。

⑭对《尧典》的成书年代采顾颉刚、刘起釪说。见顾颉刚、刘起釪《尚书校释译论》第一册《尧典》篇，中华书局 2005 年版。

⑮见吴小强《秦简日书集释》，岳麓书社 2000 年版。

⑯《晋书》卷一四《地理志》："天有十二次，日月之所躔；地有十二辰，王侯之所国也。"

⑰见杨伯峻编著《春秋左传注》"前言"，中华书局 1981 年版。

⑱参见王应麟《六经天文编》卷上《五纪》。

⑲参见《史记·司马穰苴列传》司马贞《索隐》。

⑳参见《汉书·哀帝纪》。

㉑参见《新五代史》卷五七《马重绩传》。

㉒参见周密《武林旧事》卷七《德寿宫起居注》。

㉓参见《隋书》卷七八《临孝恭传》。

㉔《旧唐书》卷七九《吕才传》。

㉕唐韩愈：《昌黎先生文集》卷二八《唐故殿中侍御史李君墓志铭》。

㉖参见苏颂《苏魏公文集》卷五六《工部侍郎致仕掌公墓志铭》。

㉗参见蔡绦《铁围山丛谈》卷三。

㉘参见文天祥《文山先生全集》卷十七《纪年录》。

㉙睡虎地秦简《盗者篇》为"戌，老羊也"。

作者简介：常玉芝，女，中国社会科学院历史研究所研究员；王曾瑜，男，中国社会科学院历史研究所研究员

原文刊于：《中原文化研究》（郑州），2019.3：15 – 23

"二十四节气"在中国产生的
原因及现实意义

徐旺生

摘　要："二十四节气"是古代中国人通过观察太阳周期运动，发现一年中时令、气候、物候等方面变化规律并结合农业生产特点，指导生产与生活所形成的知识体系和社会实践。它是中国古代劳动人民智慧的结晶，也是古代中国人生产与生活方式的综合体现。"二十四节气"作为一种中国独有的文化，其产生的客观基础与黄河流域处于四季分明的中纬度地区有关；其产生的主观背景与中国古代社会悠久的农耕历史、发达的农学思想、和谐的文化理念相关；其产生的技术条件与古代中国发达的天文知识有关；其产生的制度因素与秦汉以来的郡县制度与重农政策密切相关。"二十四节气"是中国文化和谐模式的产物，不同于西欧以征服和控制自然为目的的工业文明。因此，"二十四节气"仍然具有重要的文化意义与现实价值，尤其是当中国越发走向世界舞台中心时，它作为中国文化的一个核心名片，体现了人与自然和谐发展的宗旨，有利于让世界更加了解中国。

关键词："二十四节气"；农耕基因；和谐理念；郡县制度

2016 年 11 月 30 日，联合国教科文组织保护非物质文化遗产政府间委员会第十一届常会将中国申报的"二十四节气——中国人通过观察太阳周年运动而形成的时间知识体系及其实践"列入人类非物质文化遗产代表作名录。"二十四节气"是古代中国人通过观察太阳周期运动，发现一年中时令、气候、物候等方面变化规律并结合农业生产特点，指导生产与生活所形成的知识体系和社会实践。这是一个天文学与农学两方面知识紧密结合的知识体系，在国际气象学界被誉为"中国的第五大发明"。组成"二十四节气"的四十八个汉字背后包含了众多农谚以及各地依据实际所总结的气候与物候知识，在中国古代对人们的生产与生活等产生了重要的影响，是中国独有的一种文化现象。那么，是什么原因导致它的产生？目前，中国学术界关于这一话题少有研究者涉及，本文试图分析其产生的原因及现实意义。

一 "二十四节气"形成过程的简略回顾

"二十四节气"的产生是一个漫长的过程。在大自然与人类的进化过程中，太阳起着决定性的作用，万物生长靠太阳。几乎所有的文明体对自然的认识中都不会忽视太阳的作用，农耕民族更是如此。但是，所有的文化类型并非同步发展，对自然知识的积累与对某些知识的特别需求，决定了其认识的高度。在中国，至少在孔子所述的两小儿辩日之前，古人有关太阳的知识体系已经十分发达，对太阳的认识也十分迫切。有学者认为，商代甲骨文中已有"日至"的概念，也就是说，当时可能出现夏至和冬至的记载[1]。沈志忠依据陈久金和夏纬英的研究认为，商人存在测定日至的可能，但是不能肯定[2]。如果说商人可能存在较高比重的畜牧业的话，那么周人则是以农耕起家，且承续商人对日观察的成果，所以西周时期肯定知道"两至"，并且也有"两分"的概念；春秋中期，加上了"四立"的概念；到了战国时期，"二十四节气"理念基本形成；完整记载"二十四节气"顺序则是在西汉时期《淮南子》一书中。至此，沿用至今的"二十四节气"产生[2]。"二十四节气"名称中包含四季变化、气温特点、雨水状况、物候等，但中心思想是指导农业生产与日常生活。当然，我们必须看到，"二十四节气"在西汉成形以后，其内容不断丰富，在四十八个汉字所包含的内容之外，还应该包含数量巨大的农谚，并且随着地域的不同，其所包含的内容也有所不同。

二 "二十四节气"在中国产生的原因

在世界文明史的视野下，我们发现："二十四节气"是中国独有的文化现象，其背后蕴藏的知识体系在其他文明体系中均没有发现，它是中华文明和谐模式的产物。它的出现必然需要一些特殊的条件，大致说来，首先要具备客观条件，其次是主观愿望，再次是相应的天文学知识，最后是政策方面的强力推动，只有四者共同作用，才能促成这种既指导生产，又指导生活的文化现象产生。下面分别从这四个方面展开论述。

（一）有利的自然环境

"二十四节气"是一个在春夏秋冬气候变化明显的地区才会有意义的知识体系。只有四季分明的地区，才会有明显的季节与物候变化，人们才可以观察到不同时期的气候变化与物候特征，而且具有重复的特点。如果它没有持续性与重复性的特征，气候与物候存在无规律的变化，也就没有指导意义。地球上只有中纬度地区才会四季分明，且周而复始，而中国的黄河中下游及至长江流域部分地区恰恰符合这个条件。

黄河中下游地区四季分明，符合产生"二十四节气"的条件。同时，这个地区还是原始农业的起源地，因为更新世以来，缘于寒冷刺激，人们萌发了观念农业；到了全新世以后，在客观与主观条件都具备的情况下，原始农业发源于此地域[3]。

产生了"二十四节气"的黄河中下游既在四季分明的中纬度地区，也与北纬30°左右高度重合。在北纬30°或者北纬31°这个区域产生了许多令人费解的神秘文化现象，如电影《北纬31°录像带》与189集纪录片《北纬30°中国行》，都是为了探索这一地区的独特文明现象而拍摄的。"二十四节气"理念既产生于中纬度地区，自然同时与北纬30°重合，它们之间存在何种独特的联系？这需要我们进一步加以解读。此外一些处于中纬度以外的地区如赤道和北极附近，气温非常稳定，变化幅度较小，难以产生复杂的"二十四节气"概念。

（二）深厚的文化基础

"二十四节气"具有指导农业生产的功能，是农耕社会的产物，而游牧社会基本不需要这种历法。当然，并非所有的农耕社会都会产生"二十四节气"这种文化现象，只有在那些发达的农耕社会，同时具有先进的农学思想、悠久的重农传统，以及与自然和谐相处的文化理念才有可能产生。

1. 悠久绵延的农耕历史

中国古代文明属于农耕文化类型，它是世界上少数几个农耕文明的起源地之一。早在距今一万年左右的新石器时代，中国就发明了农业。小米、大豆和水稻等作物原产于中国；栽桑养蚕、驯养动物如猪与狗，在世界上都处于领先地位。农耕方式发明以后，逐步形成以种植作物为主的生产与生活方式，至秦汉时期，这种生产与生活方式已经完全确立。中国是几千年来一直以农耕为主的国家，也是唯一的语言与文字不间断的文明体。这种不间断的文明体，具备较大的人口规模，逐渐形成了城市与国家。而游牧民族则并非如此，他们大致可以分为两大类型：早期的狩猎民族和中古游牧民族。早期欧洲寒冷地区的狩猎民族如北极地区因纽特人，因为群体数量较少，难以在较早时期发明"二十四节气"概念；中古的游牧民族如蒙古族，则多是因为农耕发展至一定程度，游牧方式才产生，他们仅仅需要了解春夏秋冬这种较粗的时序概念即可，过度细分对他们而言没有太大的实际意义。

2. 高度发达的农业文明

中国农业起源于新石器时代初，进入阶级社会以后，依靠黄土的深厚与肥沃，形成了早期发达的农业文明。黄土因为其形成过程漫长、土层深厚且土质肥沃，便于早期简陋工具耕作，容易获得好的收成，所以能够支撑较大的人口规模，使其迅速在这一区域形成强势文明群落；因为种植业在单位面积上比游牧能养活更多的人口，便于更早形成国家与城市及文明。黄土与农业的高度配合，快速成为互促因素，促进了农业生产的发展与文明的进步。黄土农业促成了秦汉文明的发达，而秦汉文明也成为农业进一步发展的依靠。

高度发达的农耕社会具备文化积累和传递的基础，进一步促成了各种知识的继承与发展，这其中，方块象形字因容易承继，变化不大，发挥了重要推动作用。"二十四节气"的形成过程持续了很长时间，西周时有"两分"与"两至"，春秋时增加了"四立"，到西汉《淮南子》才内容完备，这些如果没有象形方块汉字的延续性支持，就难以承继。

3. 和谐包容的思想理念

仅仅凭借农耕社会的生产发达还不足以产生"二十四节气"概念，还需要相应的农学思想与理念来配合。而处于轴心时代（在中国为春秋战国之际）的中国文明相当发达，诸子百家争鸣，各种思想相互影响。农家成为其中重要的流派之一，并在诸子争鸣的过程中形成了独特的天人合一的思想。这种敬畏自然、充分利用自然的思想体系，促成了"二十四节气"理念的形成。具体来说，当时的老庄哲学影响深远，老子强调"道法自然"，庄子崇尚自然，提倡无为，提倡"天地与我并生，万物与我为一"的精神境界，这自然会影响到后来的农家学派。而代表农家的《吕氏春秋》中的《上农》《任地》《辨土》《审时》等四篇所体现的农家思想强调与自然和谐相处，则是老庄思想的直接体现。其中《审时》篇用天、地、人三者之间存在密切的关系来解释农业生产过程与确定原则，曰："夫稼，为之者人也，生之者地也，养之者天也。"这些促成了内涵丰富、以掌握农时为目的的包含"二十四节气"的精耕细作技术体系的产生。天才、地才和人才的"三才"思想透露出农时的重要性，而"二十四节气"就是合理利用农时的具体措施，是当时发达的农学思想的具体体现。

在天、地、人三者和谐的模式下，古人认为土地是命根子，更是有生命的有机体。著名的"土脉论"把土壤视为有血脉的、能变动的、与气候变化相呼应的活的机体。中国古代生产与生活方式都是一种和谐模式。首先生活是和谐模式，奉行多子继承，不像欧洲单子继承排他式，中国人不能开拓殖民式生活方式，局部地区人口相对众多，只能多熟种植，所以生产方式也只能是和谐模式，寻求与自然的和谐相处，技术类型是以节约土地的类型为主，把所有剩余的时间用于土地上，深耕、中耕、施肥等，把力气释放在土地上，从而形成了精耕细作的技术体系。其中北方形成了耕、耙、耱与中耕保墒配套的体系，在南方则是耕、耙、耖配套的体系，从而养活了众多的人口。

（三）必要的技术条件

"二十四节气"的产生必须依赖发达的天文学知识，否则无法确定太阳运行的规律。古代中国的天文学相当发达，与农学、医学、数学并称为四大自然科学。欧洲文艺复兴以前，中国是世界上天文现象最精确的观测者和最好的记录保存者。中国最古老、最简单的天文仪器是土圭，也叫圭表，它是用来度量日影长短的，有了它，就可以确立冬至与夏至时间，然后通过数学推算，将太阳运行一年分成二十四等份，确立每一个节气的时间。没有发达的天文学，不可能确立冬至与夏至，其他的节气也无从谈起，也就无法产生"二十四节气"。

但是，拥有发达的天文学知识并不意味着就能够产生"二十四节气"。古希腊的天文学也很发达，但是没有产生"二十四节气"概念。希腊文明被视为欧洲文明的源头，他们的天文学理念与中国存在明显的不同。希腊天文学更多的是了解星际运行机制与规律，并不以协调人间行为为目的。有人认为他们属于科学范畴，即以了解天体运行的规律为目标。现代天文学能够在西欧产生，与其科学的体系有着密切的联系。中国的天文学更多是一种礼学，它认为天是一个有意志、有情感的、至高无上的存在者，以某种神秘的方式与地上人事发生关联，于是了解天象、破解天意是中国最高统治者的政治需要，也是所有中国人的礼仪需要。虽然中国天文历法也推算日月行星方位，建立了自己独特的推算方法，但从根本上并不以发现天界运行规律为目标，也不相信存在这样的规律[4]。希腊产生了现代天文学，而中国则没有朝这条路走，中国更感兴趣的是天上人间存在什么关联，政治色彩非常浓厚，这种政治追求演变成天人感应，然后来判定人间俗事是否合规；在生产与生活方面则是要找到太阳与地球之间相互运动的规律，将地球上因为太阳运行所主导的天气演变周年（365天）重复的现象分成二十四份，称为"二十四节气"，用来指导生产与生活。

（四）关键的制度因素

除上述几大因素的影响外，我们还应该看到制度因素也是最重要、最直接影响"二十四节气"产生与推行的力量。秦汉时期的中央集权体制——郡县制度为"二十四节气"的产生与推广起到了最重要的促进作用，否则，至少各地不会形成与之相配套的农谚和各地因地制宜的节气内容的调整。

秦汉时期的郡县制度，一方面催生了影响深远的重农抑商思想，为"二十四节气"的产生提供政策方面的支持。农业在秦汉时期成为整个国家经济的主体，重农思想的提出殃及商业。种植成为重中之重，养殖、经商等行业不被鼓励，秦律中耕牛得到特别的保护，随意宰杀耕牛是要被判死刑的。没有重农的思想传统，"二十四节气"也不可能不断地深入到中华民族生产与生活的各个方面。另一方面就是推行相同的生产与生活方式。这在"二十四节气"还没有完全成为历法的西汉初年表现得相当突出。汉初非常重视农业生产，地方官的主要工作是劝课农桑，告诉人们如何安排生产与生活。因此，汉代产生"二十四节气"的概念丝毫不奇怪。与车同轨、书同文并行的是日同历，到了汉武帝时期，才真正地推行"二十四节气"。

我们知道，在中国，尽管多数地区的春夏秋冬四季分明，但还是有很多地区并不适合春耕、夏耘、秋获、冬藏。南方很早就突破北方播种的时间限制，这些地区就会存在是否采用"二十四节气"的问题。能够在不太适合的地区推行"二十四节气"，必然有政府的因素在起作用，事实也能够证明这一点。先秦时期，各诸侯国采用不同的历法，有"古六历"（黄帝历、颛顼历、夏历、殷历、周历、鲁历）之称，秦始皇统一中国后，采用颛顼历。汉初承秦制，用颛顼历，一直用到汉武帝太初元年。汉武帝根据公孙卿、壶遂、司马迁的建议，招募了唐都、落下闳、邓平等著名天文学家商定新历。落下闳制造了浑仪，对天象进行实测，在此基础上和唐都、邓平等人一起制定了太初历。汉武帝在太初元年颁行此历，并宣布改这一年为太初元年[5]。太初历将一回归年平分为"二十四节气"，也就是说，通过官方推行，"二十四节气"才成为古代中国用来指导生产与生活的普遍历法，因此，可以说它是秦汉以来中央集权体制——郡县制度的产物。

中国古代早期强势文明所处的黄河中下游地区四季分明，有着深厚的农耕文化底蕴，具备发达的农学思想，同时拥有追求与自然和谐相处的发达农耕文化体系，并以高度发达的天文学知识储备为依靠，最后在制度层面上强力推动，最终在汉代产生并运用"二十四节气"。而其他文明体系要么不存在上述要素，要么"二十四节气"对它们没有直接的意义，所以没有产生"二十四节气"的知识体系。

三　不同文明比较视野下看"二十四节气"的独特性

西欧早期文明也有农耕，也很发达，但是西欧的农业模式带有强烈的游牧特征。恩格斯在《家庭、私有制和国家的起源》一书中指出，欧洲的农业是雅利安人为了给家畜提供草料而产生的，这说明欧洲在接受农耕方式之前，主要是游牧民族的天下。西欧与北欧的农耕文化是由西亚传播而来，新石器文化的出现同西亚农耕的扩展有着密切联系，这一点已为考古发现所证实。欧洲的东南部即包括现在所说的爱琴海及巴尔干半岛地区，是最早接受西亚农耕文化的区域。西亚农耕文化沿着两条线路向欧洲传播并形成两大文化，它们分别是在多瑙河中游一带形成的线纹陶文化和沿地中海传播的印纹陶文化[6]。

在早期，欧洲的农耕更多是养殖或者畜牧生活的附属品，它的生产与生活哲学模式是与我们不同的另外一种模式，我们称之为征服模式。欧洲文明所带有的强烈游牧基因的主要特征是以征服为目标，所以它带有与农耕社会完全不同的另类色彩。尽管古希腊的赫西俄德在其《工作与时日》一书中也强调农业生产过程中别"错过时令，误了农时"[7]13，但是总体上，西欧文明骨子里具有强烈的控制自然的属性，很少想到要与自然亲近并合一，而是走向另外一条道路，所以近现代的实验科学得以产生。事实也说明，西欧文明承接希腊文明，产生了近现代科学与技术，这是征服模式的产物，其试图从事物的内部控制自然。其文化特点以基督教理念为核心，单子继承以控制人口，土地不能买卖，采取排他式移民方式，所以美洲印第安人被征服并遭受劫难。西欧人建罗马斗兽场，力图挑战各类动物，其征服之心可见一斑。西欧文明的农耕理念与中国"二十四节气"理念相左，不会产生"二十四节气"概念。两者文化内核特征对比如表1所示。

表 1　中西方文化内核特征对比

西欧	中国
基督教	多神崇拜（原始宗教，土地神等）
古希腊的数理逻辑	诸子伦理哲学
皇权合法性事先指定	皇权合法性事后附会[8]
贵族社会，人少地多，三圃制度	小农社会，人多地少，多熟种植
独子继承，排他式	多子继承，相容式
土地不能买卖	土地可以买卖
游牧基因，征服自然	农耕基因，天人合一
发明化肥、农药和机械	使用废弃物作肥料，间作与套种
生存方式：征服与殖民	生存方式：和谐共处

表 1 所列的不同，最后作用在农业上，出现了一个最大的不同，即西欧必定会产生化肥与农药，而中国产生"二十四节气"。西欧文明开启了征服模式后，在农业方面是化肥、农药与机械的发明与运用，即工业文明产物在农业上的体现。化肥与农药是一种劳动力替代型文明产物，征服自然的特点明显，目的是节约劳动力与时间，把节约的时间用于征服自然和其他民族。承续欧洲文明特点的美国人，面对被征服了的印第安人的肥沃土地，在 20 世纪 30 年代因为滥用出现了著名的黑风暴，这是不懂得与自然和谐相处的结果。所以后来有一些学者反思，提倡有机农业，追求与自然和谐相处。欧洲文明体系的产物——农药与化肥，在今天其副作用已经越来越明显，对环境的负面影响越来越大。

除了欧洲文明的理念无法产生"二十四节气"外，其他的文明也是如此。如印度不在四季特别分明的地域，且很早就被雅利安人征服，游牧文化特征明显，天文学也不如早期中国发达；日本与韩国虽然与中国近邻，但是不属于原生农耕文明区域，且古代天文学知识不发达，早期农学思想也基本向中国学习，受中华农业文明影响，仍不足以产生"二十四节气"概念；非洲早期农耕文明相对落后，天文学与农学知识体系不发达。

西亚地区古埃及与古巴比伦文明是少数几个具备产生"二十四节气"概念条件的早期文明。古埃及人在公元前 2787 年创立了人类历史上最早的太阳历，其制定方法是把天狼星和太阳同时在地平线升起的那天（此时尼罗河开始泛滥）定为一年之始，一年三季共 12 个月，每月 30 天，加上年终 5 天节日全年共 365 天。这个历法每年只有 1/4 天的差数，是今天世界通用公历的原始基础。但是埃及人没有进一步像中国人那样将一年分为"二十四节气"，这可能与他们只需确定尼罗河泛滥的日期有关，不必像中国人通过"二十四节气"来确定全年的生产与生活安排。当然，有些早期文明的天文学相当发达，但是并非所有发达的天文学都会指向"二十四节气"的发明。

古巴比伦文明亦是如此，虽然也有发达的天文学和农业，但是其农学底蕴不足，并且该地区不同的部落与文明体相互攻伐替代，先是苏美尔人，接下来是阿摩利人，再是亚述人，再后是闪米特人，最后是波斯人，政权更迭频繁，不利于文明的积淀。此外，他们只需确定每年河水来临的时间即可，同样不需要发明"二十四节气"。

新大陆地区尽管拥有较发达的农业，部分地区也四季分明，如早期的印第安人所建立的印加帝国文化相当发达，他们为了观察太阳的位置以确定冬至和春分的日期，在库斯科城的东面和西面建筑了 4 座圆塔。此外，他们还在库斯科中央的大广场上树立一根石柱，利用日影测定时间。然而，他们的农学知识并没有与天文学同步发达，未能在早期形成与自然和谐相处、尊重自然的理念，他们的文化也缺乏积累的基础，所以同样没有发明"二十四节气"。

四 "二十四节气"的历史贡献、现实意义与未来价值

（一）"二十四节气"的历史贡献

至少在春秋战国时期，中国就已经确立了以农耕为主的生产与生活方式，并逐步形成了精耕细作技术体系。这个体系的起点应该是如何把握农时。种植需要确定合适的时间才会有好的收获，它是一个较漫长的过程，需要各种自然因素配合，古人认识到这一点，所以才有"天人合一"与"三才"思想的形成。任何抽象的哲学理念都要有具体的操作措施才能实现其价值。农业生产始于种，终于收，把握农时是第一步，是关键，所以

中国的古代农学哲学中非常强调把握农时。如何在农业生产过程中实现天人合一并获得好的收成呢？这就需要利用"二十四节气"掌握农时，加上耕、耙、耱三者配套的抗旱保墒体系，再辅以中耕除草，成为以少量土地养活众多人口的技术依靠，构筑一条通往天人合一、与自然和谐相处的路径。可以说，农耕基因决定了中国古代的文明类型，它促成了天人合一哲学的产生，进而孕育了"二十四节气"概念和耕、耙、耱三者配套抗旱保墒体系（南方的耕、耙、秒三者配套），构成了古代的精耕细作技术体系。

（二）"二十四节气"的现实意义

在今天的中国社会，民以食为天，农业依然是国民经济的基础。如今的中国农业是在传统农业的基础上引进西欧农业模式，加入了许多工业化要素，诸如化肥、农药与机械，其中化肥与农药在作出贡献的同时，存在诸多难以回避的问题，诸如耕地质量下降、黑土层变薄、土壤酸化、耕作层变浅等，河流水质普遍下降，环境污染问题突出，保障农产品质量安全的任务更加艰巨。生态系统退化明显，建设生态保育型农业的任务更加困难。这些问题的解决，需要我们遵循天人合一的思想，传承"二十四节气"背后所包含的理念，更多地利用传统的有机肥料与生态农业模式，因时制宜、因地制宜、种养结合、循环利用，找到与自然和谐相处的生产方式。所以说，"二十四节气"理念将以新的形式服务于中国当代农业。

"二十四节气"理念主要告诉人们要特别关注农时，即尊重自然规律，什么时候耕地、播种、中耕除草、收获与贮藏等，都要遵循一定之规。"二十四节气"这一知识体系在今天依然没有过时，这是因为不管今天农业生产如何发达，基础的原理不会变，即依赖自然而生产，依然要遵循自古以来形成的尊重自然的知识体系来指导生产的各个过程。

"二十四节气"同时还可以对美丽乡村建设产生积极的影响。我们知道，不管工业化的程度有多高，乡村依然会是中国社会的最大板块，乡村的和谐依然要与工业化进程并行不悖，城乡之间的互动应该是双向的、良性的，不能因为工业化而让乡村失去它应有的韵味。通过传承"二十四节气"，生活在都市的人们能够了解乡村，它时时刻刻提醒人们，城市不能离开乡村，只有这样才能让都市的人们望得见青山，看得见绿水，记得住乡愁，亲近自然。

（三）"二十四节气"的未来价值

当中国越来越接近世界舞台中心时，"二十四节气"就是中国文化的一个核心名片，它体现了人与自然和谐相处的宗旨，有利于让世界更加了解中国。

如果从文化的基因来看，中国的文化基因实际上是以"二十四节气"为代表的和谐理念，而不是征服理念。"一带一路"是一种用玉帛替代干戈的最好形式，中国文化中没有殖民理念，欧洲人征服美洲的行为不会在中国文化中找到基因。所以，当 2016 年 11 月 30 日联合国教科文组织保护非物质文化遗产政府间委员会第十一届常会将中国申报的"二十四节气——中国人通过观察太阳周年运动而形成的时间知识体系及其实践"列入联合国教科文组织人类非物质文化遗产代表作名录时，实际上是无意间为中国提供了一个契机，我们应该很好地使用这张名片，排除干扰，推动全球基础设施建设，为整个人类谋福祉。

参考文献

[1] 温少峰，袁庭栋. 殷墟卜辞研究：科学技术篇 [M]. 成都：四川省社会科学院出版社，1983.

[2] 沈志忠. "二十四节气"形成年代考 [J]. 东南文化，2001（1）：53－56.

[3] 徐旺生. 中国农业本土起源新论 [J]. 中国农史，1994（1）：24－32.

[4] 吴国盛. 科学与礼学：希腊与中国的天文学 [J]. 北京大学学报（哲学社会科学版），2015（4）：134－140.

[5] 斯琴毕力格. 太初改历考 [J]. 内蒙古师范大学学报（哲学社会科学版），2004（6）：50－54.

[6] 黄其煦. 东南欧的农耕文化及其在农业向欧洲扩展中的作用 [J]. 农业考古，1987（1）：129－135.

[7] 赫西俄德. 工作与时日 [M]. 北京：商务印书馆，1996.

[8] 徐旺生. 制度及文化缺陷与秦汉以来的农民起义问题：从猴群现象谈起 [M] // 宋

亚平.三农中国:第 13 辑.武汉:湖北人民出版社,2009:181 – 190.

作者简介:徐旺生,男,潍坊科技学院农圣文化研究中心兼职研究员,中国农业博物馆研究部研究馆员,《古今农业》副主编

原文刊于:《中原文化研究》(郑州),2017.4:95 – 101

中原与中华科技文明的曙光

王星光

摘　要：中原既是华夏文明的主要发祥地，也是科技文明孕
育、产生的重要区域，更是中国古代科技文明曙光升起的地方。
中原地区在农业的起源及发展、青铜冶炼技术、城市建筑技术等
方面领先于世。大禹治水这一庞大的水利工程，更有力促进并带
动了水利、天文历法、数学、地理、冶金、机械等一系列科学技
术的发展。作为文明载体的殷墟甲骨文也有丰富的科技发明的
记录。

关键词：中原；科技文明；农业起源；青铜铸造；建筑技
术；大禹治水

"科学史是人类文明史中头等重要的组成部分。"[1]1中国科技史是人类
文明史中的一座宝藏，因此，原为英国剑桥大学并享有盛誉的生物化学家
李约瑟博士在其 37 岁以后，毅然决然地将其大半生的精力投入到中国科技
史的研究中。综观中华文明的发展历程，呈现出多元一体的发展格局。中
国科技史宝藏并非均衡分布，而是存在地域性差别。同其他文明一样，科
学技术文明的发生发展也存在起源地或中心，并以此为基点不断发展，逐
渐向四周辐射传播。

广义的中原指黄河中下游地区。狭义的中原主要指今河南省的行政区
域，这里地处中国的中心地带，是中华民族和华夏文明的主要发祥地，并
长期作为中国古代政治、经济、文化的中心地区，中华科技文明的曙光正
是在这里冉冉升起的。

一 文明要素与早期科技文明的构成

学界对文明的标准进行过热烈的讨论，尽管众说纷纭，但也有基本共识，即认同文字的产生、青铜冶炼技术的使用、城市的出现等要素构成文明的标准[2]。如从城市的出现、文字的产生这两大要素来看，中原地区应是独占鳌头。中国历史上最早的国家——夏王朝就创立在中原。无论是夏代初期的登封王城岗遗址，还是夏代中晚期的偃师二里头遗址，都为夏王朝的存在和发展提供了实证，这已经为"夏商周断代工程"的研究成果所证实。中原又是中国最早的成熟文字——甲骨文的故乡。在安阳殷墟发现的十多万片甲骨，记载了商王朝政治、经济、宗教、科技、文化等方面的丰富历史，是中华文化之瑰宝。四大文明要素得以存在和发展的基础是原始农业的产生和繁荣，正如美国学者阿·托夫勒所言："凡是农业兴起的地方，文明就在那里扎下了根。"[3]3并且，古代东方水利工程的兴建和管理对农业的发展和文明的进步意义重大。马克思在研究亚细亚生产方式时曾指出："气候和土地条件，特别是从撒哈拉经过阿拉伯、波斯、印度和鞑靼区直至最高的亚洲高原的一片广大的沙漠地带，使利用渠道和水利工程的人工灌溉设施成了东方农业的基础。"[4]64因此，构成文明的物化形态要素可具体分为原始农业的形成及繁荣、青铜冶炼技术的利用、早期城市建筑技术的兴起以及水利工程技术的发展等。这些物化形态要素也正可作为早期科技文明的主要特征。本文的主旨即从文明的物化形态探讨中原早期科技文明，再辅以殷墟甲骨文的科学发现及发明记录，以冀加深对中原科技文明的地位暨中华科技文明的形成过程的认识。

二 中原农业文明

中原是农业的起源中心之一。在嵩山东麓发现的新密李家沟新石器时代遗址不仅出土有石铲、尖状器、石磨盘等工具，而且发现有饲养牛、马、羊、猪等家畜的痕迹，这表明在大约10000年前，在嵩山周围地区已开始了原始农业[5]。新郑裴李岗遗址以及在各地发现的裴李岗文化遗址表明，原始农业以嵩山东部为中心，恰在今河南省域的广大范围内得到传播发展。以硕大平滑的石磨盘、圆柱状石磨棒、舌型长石铲、锯齿状石镰及椭圆形石斧为典型的农具，代表了新石器时代早期最先进的生产工具。以种植粟、黍的旱地作物为主，以种植水稻的稻作为辅，在距今七八千年前原始的粟稻混作区已出现在中原地区。如在新郑沙窝李遗址，发现有粟的碳化颗粒。在许昌丁庄遗址也发现有碳化粟粒。而在舞阳贾湖遗址发现了1000 多枚人工栽培稻的籽粒遗存。在郑州大河村仰韶文化遗址除发现粟类作物外，还发现有稻叶、稻壳、稻粒的印痕。在偃师高崖仰韶文化遗址也发现有稻粒印痕。在登封石羊关仰韶文化遗址同时发现有粟、黍、稻遗存。进入龙山文化时期，粟作和稻作在中原地区又有了新的发展。如在嵩山周围的登封游方头和禹州吴湾龙山文化遗址均发现有粟、黍、稻共存的碳化颗粒。在新密新砦龙山文化遗址也发现有碳化稻粒。尤其是在汝州李家楼龙山文化遗址发现的碳化稻粒既有籼稻，也有粳稻，还有个别的小粒稻。在登封石道二里头文化遗址也同时发现有粟、黍、稻遗存，而且碳化稻遗存的数量有增加的趋势。同时，在偃师二里头遗址和洛阳皂角树二里头文化遗址都发现了粟、黍、稻、大豆、小麦等遗存。此后中国古代广为流行的"五谷"，在中原地区都已得到种植。从裴李岗文化时期直至夏代，随着全新世大暖期温暖湿润的生态环境的到来，粟稻混作区已在中原地区逐步形成。粟、稻均为中国最早培育的农作物，也是迄今仍在大量种植的农作物。中原不仅是中国农业起源的中心地区之一，也是粟、稻这两种古代农业最为重要的农作物混作的区域。这正凸显了中原在古代农业中的重要地位[6]。

三　中原青铜文明

在河南灵宝的黄河岸边，横亘着近 30km^2 的黄帝铸鼎原仰韶文化遗址群，传说这里是黄帝冶铜铸鼎之处，《史记·封禅书》载："黄帝采首山铜，铸鼎于荆山下。"[7]1394 荆山即在今灵宝境内。而在此地发现有仰韶文化时期的北阳平遗址、西坡遗址，并出土有距今 4000 多年的铜矿石，可与黄帝采铜矿炼铜鼎的传说相对应。此外，在河南也发现有多件与之相近的龙山文化时期的青铜遗物。如在郑州牛砦遗址发现有龙山文化时期的青铜炉壁残块，在临汝煤山遗址发现有红铜炉壁残块，在淮阳平粮台遗址发现了铜渣块，在杞县鹿台岗龙山文化遗址发现一件青铜小刀[8]71。而在登封王城岗龙山遗址发现的铜器，形似铜鬶残片，表明这一时期已能制造较为复杂的青铜器物[9]99。从黄帝荆山铸鼎的传说到在河南发现的众多龙山文化时期的铜器遗物，都可说明河南是青铜技术起源最早的区域之一，并且是早期青铜铸造技术最为发达的中心地区。

到了夏商时期，中原地区青铜冶铸技术及青铜文化的优势地位更加突出。在属夏代都城的偃师二里头遗址发现的青铜器有刀、锥、锛、镞、凿、锯、纺轮、鱼钩、铃、戈、鼎、斝、爵等，尤其是发现的几件青铜爵，制作精良，含铜量92%，含锡量7%，显示出高超的工艺水平。二里头遗址青铜器的种类涵盖了生产工具、兵器、乐器、容器、礼器等，标志着中国青铜时代的到来。在郑州商城、安阳殷墟发现的青铜器代表了商代青铜文明的高峰。在郑州商城发现10多件方鼎、圆鼎。其中的杜岭一号方鼎，高100cm，口径62.5cm×61cm，重约86.4kg。经对杜岭二号方鼎检测，其含铜量75.09%、含锡量3.48%、含铅量17%。方鼎已采用铜、锡、铅三元合金熔铸而成，利用分铸法铸造，表面饰兽面纹和乳钉纹，造型庄重大气，实为商朝之重器。商代晚期青铜器以安阳殷墟出土的器物为代表，不但出土的数量多、体积大、种类广，而且形制繁缛、造型精美、工艺高超，达到世界领先水平。如司（一说"后"）母戊鼎，是商王祖庚（或祖甲）为祭祀其母戊所制，鼎呈长方形，口长112cm、宽79.2cm，壁厚6cm，连耳高133cm，重达832.84kg。鼎身雷纹为地，四周浮雕刻出盘龙及饕餮纹样，反映了中国青铜铸造的超高工艺和艺术水平。司母戊鼎是用块范法铸造而成的，铸造这一巨大的方鼎至少需要1000kg以上的原料，20多块范，且要在二三百名工匠的密切配合下才能完成。经测定，鼎含铜量84.77%、含锡量11.64%、含铅量2.79%，与古文献记载制鼎的铜锡比例基本相符。司母戊鼎是迄今世界上出土最大、最重的青铜礼器，享有"镇国之宝"的美誉。其采用的块范法技术是中国发明的铸造技术，在中原地区最早出现和成熟。它是中国古代的一项重大发明，作为传统铸造工艺至今仍在发挥作用[10]8-40。

四 中原建筑文明

中原是建筑技术萌发最早、古代城池最先出现的地区之一。西山古城遗址距今5300多年，平面略近于圆形，直径约180m，城垣及城壕面积达34500m²。城墙采用方块夯筑法建造，夯具用4~5根木棍集束而成，夯筑时先在生土上挖城垣基槽，在基槽内用夹板围成方箱，中间分层填土夯实，夯筑后依法向四周推进，为使城墙牢固，将上层夯筑块与下层夯筑块错缝相叠。筑城之土主要取之城垣外侧，自然形成环绕城垣的城壕。《说文解字》道："城以盛民也。"[11]288《春秋穀梁传·隐公七年》载："城为保民为之也。"[12]2370城墙的构筑无论是防止野兽的袭扰、洪水的肆虐，还是抵御敌人的入侵，都是为了保护城中的居民。西山古城是黄河流域最早出现的古城，其意义在于：中国古代夯土城墙可能源于环壕聚落。夯筑城垣的演变经历了由地面堆筑到挖槽筑基，由夯土堆筑到夯土版筑的发展过程。以版筑为特征的城池建造技术开中国古代城垣建筑技术的先河，为以后历代王朝的都城营造所沿袭。另在灵宝西坡新石器时代遗址发现一座以半地穴房屋为中心、四周有回廊的房屋，长24m、宽21m，总面积达516m²。这是目前发现的仰韶文化时期面积最大、带有回廊，且室内地坪处理如同现代混凝土、具有宫殿性质的单体建筑，这代表了史前建筑的领先水平。在郑州大河村新石器时代遗址发现了采用"木骨整塑"工艺建造的成排连间房屋，该工艺则是中原新石器时代原始居民在建筑技术方面的又一创造[13]19-21。

到了龙山文化时期，中原地区出现了龙山城址群。如以今黄河为界，黄河以北的一组分布在太行山东麓、沁河至漳卫河之间、古黄河河道以西的5座城址，即安阳后岗城址、辉县孟庄城址、温县徐堡城址、博爱西金城城址、濮阳戚城城址。黄河以南的一组分布在秦岭山系之伏牛山、外方山东麓、沙颍河上中游的6座城址，即登封王城岗城址、新密古城寨城址、新密新寨城址、淮阳平粮台城址、郾城郝家台城址、平顶山蒲城店城址。其中的新密古城寨龙山时代城址为事先经过统一规划和精心设计的城址，至今在地面上仍保留有三面城墙和南北相对两座城门缺口。城垣建于溱水东岸的河旁台地上，呈长方形，城址规模宏大，墙高壕深，城址面积

17650m²，现存城墙最高处达16.5m，最宽处达40m。东城墙保存较为完好，现存长345m（基长353m），宽36~40m，高13.8~15m。周围环绕护城河，宽34~90m不等。在古城寨城址的东南部，还发现了大面积的龙山时代夯筑建筑群，并有一座长28.4m、宽13.5m的宫殿基址及围绕其的廊庑建筑，其形制显示出王都的规模，这为研究中国文明起源与国家形成增添了重要资料[14]。值得称奇的是，古城寨城址的城墙，经历了4000多年的风雨侵蚀，三面城墙竟然大都保存了下来，尤其是东墙，保存得基本完整，这在中国新石器时代的城址中的确是一个奇迹。城址南靠丘陵，为嵩山余脉向东缓降形成的高亢开阔台地，西临双洎河的支流溱水，呈南北长、东西短的长方形（约为500m×350m），城外有护城河环绕，在南北墙正中的对应位置各设一城门，"使城门正好处于城内的中轴线上，这一中轴线将城内分为东西对称的两大部分，使得城内规划相当规整"[15]162。这实际上开了中国古代城市规划中按中轴线布局的先河。古城寨城墙延绵数千年而巍然屹立至今，是因为版筑技术的缜密和筑造工艺的严格。夯筑工具主要是捆绑成束的木棍。在夯筑之前要先把城墙的地基用掺杂有料礓石、鹅卵石的黑黏土或红黏土平整一遍，有的需要挖出基槽，垫平夯实。为避免夯打时夯具与黏土粘连，特意在夯土上铺垫一层植物秸秆，这有效保证了夯打地基的质量和效率。然后在基槽上进行版筑。根据城墙的宽度不同，每层视情况夯筑4~6道版筑块，版筑墙高1m左右，宽1~1.3m，长1.4~2m。版筑时要用木棍或夹板将夯打的方土块捆绑起来，再用夯具层层夯打，直到同一层面的每个方土块都夯打完毕，再将土块之间的空白处填土夯打结实齐平，其后才能开始夯筑第二层夯土。而且，在确定上层的方土块位置时，有意将其与下层方土块的位置错开，避免了缝隙的重叠，并使每层的方土块之间不太紧密的填土块都放在经过严实夯打过的下层方土块之上，从而保证了整个夯土城墙的坚固性。其工程之浩大，质量之坚固，在中国早期筑城史上极为罕见。在城中发掘出的另外一座大型宫殿基址和大型廊庑式建筑，与城墙的方向一致，为南北向长方形，长28.4m、宽13m，面阔7间，南、北、东三面有回廊，是龙山文化时期面积最大、结构最复杂的宫殿式建筑之一。新密古城寨遗址作为中国古代城墙保存最好、历时最长的龙山时代晚期城址，为了解人类早期城池建造技术提供了难得的实物标本，也为研究中国文明起源与国家形成增添了重要资料。登封王城岗城址的发掘分为两个阶段。在 20 世纪 70 年代末发现了东西两座小城，西城残存的西城墙长约 92m，南城墙长 82.4m，总面积约 30000m²。而在 2002—2005 年第二阶段发掘中，发现北城墙残长 350m，复原长 600m，西城墙复原长 580m。新发现的城址为长方形，城墙四周有环绕的宽阔的城壕，城址总面积达 348000m²。这是目前在河南境内发现的规模最大的龙山文化城址，为"禹都阳城"的传说找到了充实的证据。考古人员经过计算和实验表明，建造这样一座规模宏大的城堡，城壕所挖掘的土方量约为 76250m³，城墙所需的土方量为 152500m³，如用 1000 人来修筑，建造这一庞大的王城需用工一年零两个月[16]64-73,657-663。这除了说明城池营造技术的高超，同时表明这一城池的建造已经有了严格完善的工程管理程序和制度。

中原是中国最早的王朝——夏的建都之地。在偃师二里头发现的夏王朝城址是中国历史上最早事先规划而建的都城遗址。它选址在豫西洛阳盆地，北依邙山和黄河，南望中岳嵩山，坐落于伊、洛河北岸的高地上，东有成皋辘辕之险，西有降谷崤函之固，在地处濒临洛河以北面积约 300 万 m² 的高亢台地上建造，地理环境优越。该遗址的最大特色为宫殿建制，宫城整体上坐北朝南，其宫殿布局沿中轴线展开，殿堂下面有台基，宫殿墙基里使用木骨，在檐柱外面用小擎檐柱支撑屋顶出檐。1 号宫殿基址略呈正方形，中央为长方形主体殿堂，前为宽敞的庭院，庭院四周有廊庑环绕，庭院南部边缘正中为正门[17]61-69。这是中国迄今发现年代最早、规模较大、保存较好的宫殿建筑遗址，其宫殿建制开中国古代都城及宫殿建筑之先河。而洛阳也自此开始了连续 13 朝的千年古都历程。商汤立国于郑州，史家称为"郑亳"的郑州商城，都城面积达 25km²，城区由宫城、内城和外城组成，考古发现的 11 个缺口可能是内城的城门，城内造有铺着石板的专门的蓄水池，宫殿建筑达数十座，并对铸铜、制陶、制骨等手工业作坊进行分区设置。郑州商城的城墙采用分段版筑法逐段夯筑而成，夯层较薄、夯窝密集，异常坚固，墙基最宽处达 32m，至今地面上仍残留高约 5m 的墙体，和青铜方鼎一起成为郑州商城的象征[17]218-226。郑州商城应是当时世界上规模最大的都市，其三道城墙环环相套的城市结构，宫殿区、居民区、手工业作坊区分区设置的城市布局，以及坚固高大的城墙及宫殿的建筑技术，代表了中国古代早期城市建筑技术的高超水平。

五 大禹治水与科技文明

黄河是中华文明的摇篮。在远古传说中，尧舜时期黄河流域发生过一场特大洪涝灾害，"汤汤洪水方割，荡荡怀山襄陵，浩浩滔天，下民其咨"[18]7。河南省正处在黄河中下游交界之处，是直接遭受黄河洪水泛滥的地区。先后率众治水的首领鲧和禹父子都生活在嵩山脚下的登封一带①。对于这场突如其来的洪水，鲧采取了堰堵的老办法，"九载绩用弗成"[18]8。临危受命的大禹，动员和利用沿岸民众的力量，历经千辛万苦，终于取得了治理洪水的胜利。对于这场洪水的真实性，从古史传说、文献记载、考古材料，再到气候变迁史的资料，已提供了足可信实的证据。而这场庞大的治水工程的成功，正是大禹采取了科学合理的治水方法的结果，谱写了人类历史上最早的水利工程技术的辉煌篇章。第一，大禹"敷土，随山刊木，奠高山大川"，即对山川河流的地势高下进行勘测标记，以便划定河道，使洪水顺流入海。同时，他采取"高高下下，疏川导滞"的方略，结合"陂鄣九泽，丰殖九谷"的传统方法[19]95，以疏导分流为主，修筑堤埝、引水入陂泽为辅，疏蓄结合，因势利导，顺应水性，取得了治水的成功，揭开了中国水利科技史的序幕。第二，大禹治水对中国地理学的肇始和发展产生了深远的影响。《尚书·禹贡》和《史记·夏本纪》都有记载。在治理洪水的过程中，"禹卒布土以定九州"[20]472。《禹贡》以夏文化的中心地区冀州为起点，之下依次划分为兖州、青州、徐州、扬州、荆州、豫州、梁州、雍州，还对九州的所在位置、山水地貌、河流走向、土壤品级、物产状况、风土人情等进行了详细描述，是最早用行政区划代替血缘部落管理体制的变革。《禹贡》也是中国最早的地理学著作，大禹治水和《禹贡》共同推动了中国地理学的产生和发展。第三，大禹在治水过程中进行了大量的勘探测量等实地考察活动，发明和使用了"左准绳、右规矩"，这实际上是今日的铅锤、角尺和圆规，而"行山表木，定高山大川""以开九州，通九道，陂九泽，度九山"[7]51就是进行水准测量，以划定山川河流及州域的四至，辨识河流的走向，为治理洪水提供依据。《周髀算经》指出："故禹之所以治天下也，此数之所以生也。"注道："禹治洪水，决流江河。望山川之形，定高下之势。除滔天之灾，释昏垫之厄，使东注于海，而无浸逆。乃勾股之所由生也。"[21]2这道出了大禹治水这一浩繁的水利工程与数学的密切关系。第四，大禹治水"载四时"的传说[7]51应与天文历法有一定关系。黄河洪水泛滥的时令与四季变化密切相关，一般每年的七八月份是洪水的暴发期，"载四时"就是熟知四季变化，根据气候变化采取适宜的应对措施。这其中也包含对天文的观测和制订历法的观象授时活动。马克思曾指出："计算尼罗河水的涨落期的需要，产生了埃及的天文学。"[22]562治理洪水活动也促进了对天文历法知识的认识和发展。第五，《越绝书·外传记宝剑》载大禹"以铜为兵，以凿伊阙，通龙门，决江导河，东注于东海"[23]81，说明大禹治水使用了先进的青铜工具。这也在龙山文化遗址发现的铜器中得到了证实。铜器的使用提高了生产效率，有力推动了治水工程的进展。在治水活动中，大禹"陆行乘车，水行乘船，泥行乘橇，山行乘檋"[7]51，反映了治水等生产活动对生产工具发明和制造技术提升的促进作用。在治理洪水的庞大工程中，运送土方的车辆、水中航行的舟船、泥泞沼泽中运行的木橇、山路行运的檋，都被适时发明制造出来。这些生产工具是对力学及机械原理的利用，反映了机械制造技术的进步。第六，大禹治水也与农业生产密切相关。洪水泛滥，直接影响了黄河等众多洪泛区人们的农耕生产。大禹治水在很大程度上是为了发展农业，使人们摆脱饥饿贫困的处境[24]。他"身执耒臿，以为民先；股无胈，胫不生毛"[25]443，其使用的耒耜和臿，既是治理洪水、疏通河道的工具，又是铲土翻地、进行大田耕作的农具。而耒耜的使用，正反映了原始农业由"刀耕"到"耜耕"的进步。文献记载："卑宫室，而尽力乎沟洫。"[26]84"沟洫"指的是田间的沟渠及灌溉排水设施。滔滔洪水退却后，在黄河冲击所形成的宽阔平原上兴修纵横交错的沟渠，既有利于疏导排泄洪水，也为种植谷物提供了水源，将原始农业生产推进到灌溉农业的新阶段。禹"令益予众庶稻，可种卑湿"[7]51，也正反映了农田水利的兴修促进了水稻的种植，与上述中原粟稻混作区的形成相吻合。

六 殷墟甲骨文与科技文明

安阳殷墟发现的甲骨文记载有许多科学技术方面的内容，这也是世界上最早和最丰富的有关科技文明的记录。在天文方面，武丁时期的甲骨卜辞中至少有 5 次月食的记录。如其中的一片牛胛骨的 6 条刻辞分别刻于骨的正反两面，写有"旬壬申夕月有食"，即壬申这天夜里发生了月食[27]774-779。甲骨卜辞也对日食有多次记载。如一片武丁时期的甲骨卜辞记载道："贞：日有食。"武乙、文丁时的卜辞也道："癸酉贞：日夕又食，佳若?""癸酉贞：日夕又食，非若?""癸酉贞：日夕又食，田?"[28]28这三条卜辞都是对日食进行吉凶占卜的记录。这都说明商代后期已有对日食和月食的观察记录，这也是世界上最早的弥足珍贵的日食和月食记录。

在郑州商城发现的牛肋骨上的"乙丑"刻辞表明，在商代初期即已使用了干支纪日法。而在殷墟卜辞第五期的一块牛胛骨上（即《甲骨文合集》47986）发现了目前见到的最完整的干支纪日表。同时，也有单独用天干或地支纪日的方法[27]783。干支纪日法从商代一直沿用至今，由于这一纪日法的连续使用，可使后人能够准确地确定古代历法中的日期具体所指为现行公历的哪一天，这是中国古代的一项重要科学发明[29]2-3。对甲骨文的研究可知，商代的历法已较夏代完善，卜辞中有一年的十二月名，也有不少"十三月"的记载，说明商代已采用大小月和连大月来调整朔望，用置闰来调整朔望月和回归年长度，这正是阴阳合历的雏形，而这种阴阳合历的"农历"也一直沿用至今[30]267。商代也已形成较为完善的农时观念，将农业生产活动的春耕、夏种、秋收等活动进行了逐月及逐日的安排，有的甚至具体到时辰，使田地开垦、耕作、施肥、播种、治虫、收割、储藏都有所遵循，这也是古代农业"三时观"的滥觞[31]。

殷墟甲骨文也记载着数学的成就，尤其是十进位置制的出现，是人类历史上的重大发明。殷商之人用一、二、三、四、五、六、七、八、九、十、百、千、万来计数，前九个数字和后四个数字结合，表示十、百、千、万的倍数，结合时有两个字合成一个字的"合书"形式，或者两个字（或多个字）前后书写的"析书"形式，按"几万几千几百几十几"的形式记录数，有时还在十、百、千、万字或其中一部分之后用"又"做连接，用以表示十万以内的任何自然数，而现发现最大的数是用合书表示的三万。如果将数的单位十、百、千、万的连接符号（又）省去，则成为十进位置制的形式[30]70-71,[32]8。十进位置制是世界上至今仍在普遍使用的计数方法，这是商代先民的发明创造。而当时商人活动的中心地区在今安阳一带。李约瑟曾指出："商代的数字系统是比古巴比伦和古埃及同一时代的字体更为先进、更为科学的。""如果没有这种十进位制，就几乎不可能出现我们现在这个统一化的世界了。"[1]333 由此可见十进位置制发明的意义何其重要。

结 语

从全球气候变化的视角来看，距今 8500—3000 年进入全新世大暖期或"气候最适宜期"，这一时期为处在黄河中下游的中原地区提供了文明孕育、社会嬗变的最佳条件，裴李岗文化、仰韶文化、龙山文化的繁荣，以及夏商王朝的兴起正好与之相对应[33]42。农业的发明、青铜冶炼技术的进步、都城建筑技术的发达，水利工程技术及其相关的数学、天文、地理、冶金、机械、农业等科学技术的产生和发展，加之殷墟甲骨文对商代科学发明及发现的记录与验证，均可见科技文明的曙光已在中原大地冉冉升起。科学技术的进步和领先发展，为夏商王朝在中原的崛起奠定了坚实的物质基础。这既说明了有利的生态环境为科学技术的孕育和文明的兴起及发展提供了强大的动力，又证实了科技文明对政治文明和社会进步的深刻影响和巨大推动作用。这一时期奠定的文明根基影响了中华民族及其历史文化的发展方向。

注释

①登封是大禹故里有较充足的证据。扬雄《蜀王本纪》、赵晔《吴越春秋》及常璩《华阳国志》提到"禹生石纽"，在登封祖家庄有流传至今的石纽石。《孟子·万章上》曰"禹避舜之子于阳城"，赵岐注说"阳城在嵩山下"，应在登封境内。在登封王城岗发现了龙山时代晚期的都城，恰与"禹都阳城"的时代相对应，其已被考古学家认定为夏代早期都城。登封境内的汉三阙——启母阙、太室阙、少室阙均与大禹相关，至今仍在登封耸立。登封因此被确定为"大禹文化之乡"。这些都为登封是大禹故里提供了很充分的证据。

参考文献

[1] 李约瑟. 中国科学技术史 [M]. 北京：科学出版社，1975.

［2］ 夏鼐．中国文明的起源［J］．文物，1985（8）：1－8．

［3］ 鲁品越．西方科学历程及其理论透视［M］．北京：中国人民大学出版社，1992．

［4］ 马克思恩格斯选集：第2卷［M］．北京：人民出版社，1972．

［5］ 王星光．李家沟遗址与中原农业的起源［J］．中国农史，2013（6）：13－20．

［6］ 王星光，徐栩．新石器时代粟稻混作区初探［J］．中国农史，2003（3）：3－9．

［7］ 司马迁．史记［M］．北京：中华书局，1982．

［8］ 郑州大学文博学院，开封市文物工作队．豫东杞县发掘报告［M］．北京：科学出版社，2000．

［9］ 河南省文物考古研究所，中国历史博物馆考古部．登封王城岗与阳城［M］．北京：文物出版社，1992．

［10］ 王星光．中原文化大典·科学技术典·矿业建筑交通卷［M］．郑州：中州古籍出版社，2008．

［11］ 许慎．说文解字［M］．北京：中华书局，1963．

［12］ 阮元．十三经注疏·春秋穀梁传注疏：下册［M］．北京：中华书局，1980．

［13］ 王星光．中原科学技术史［M］．北京：科学出版社，2016．

［14］ 河南省文物考古所，新密市炎黄历史文化研究会．河南新密市古城寨龙山文化城址发掘简报［J］．华夏考古，2002（2）：53－82．

［15］ 赵春青．郑洛地区新石器时代聚落的演变［M］．北京：北京大学出版社，2001．

［16］ 北京大学考古文博学院，河南省文物考古研究所．登封王城岗考古发现与研究［M］．郑州：大象出版社，2007．

［17］ 杨锡璋，高炜．中国考古学·夏商卷［M］．北京：中国社会科学出版社，2003．

［18］ 李民，王健．尚书译注·尧典［M］．上海：上海古籍出版社，2007．

［19］ 徐元浩．国语集解［M］．北京：中华书局，2002．

［20］ 袁珂．山海经校注［M］．上海：上海古籍出版社，1980．

［21］ 程贞一，闻人军．周髀算经译注［M］．上海：上海古籍出版社，2012．

［22］ 马克思．资本论：第1卷［M］．北京：人民出版社，1975．

［23］ 吴平，元康辑录．越绝书［M］．乐祖谋，点校．上海：上海古籍出版社，1985．

［24］ 王星光．大禹治水与早期农业发展略论［J］．中原文化研究，2014（2）：35－40．

［25］ 王先慎．韩非子集解·五蠹（新编诸子集成本）［M］．钟哲，点校．北京：中华书局，2003．

［26］ 杨伯峻．论语译注［M］．北京：中华书局，1980．

［27］ 杨升南，马季凡．商代经济与科技［M］．北京：中国社会科学出版社，2010．

［28］ 温少锋，袁庭栋．殷墟卜辞研究：科学技术篇［M］．成都：四川省社会科学院出

版社，1983.

［29］中国科学院自然科学史研究所．中国古代重要科技发明创造［M］．北京：中国科
　　　学技术出版社，2016.

［30］杜石然，范楚玉．中国科学技术史稿［M］．北京：科学出版社，1984.

［31］王星光，张军涛．甲骨文与殷商农时探析［J］．中国农史，2016（2）：15－28.

［32］中国科学院自然科学史研究所．中国古代重要科技发明创造［M］．北京：中国科
　　　学技术出版社，2016.

［33］王星光．生态环境变迁与夏代的兴起探索［M］．北京：科学出版社，2004.

作者简介：王星光，男，历史学博士，郑州大学历史学院教
授、博士生导师，河南省特聘教授

原文刊于：《中原文化研究》（郑州），2017.6：44－50

龙山时期黄河下游灾害

——大禹治水文化的自然背景

徐海亮　轩辕彦

摘　要： 史前黄河下游的变迁，是需要探索的古文化自然背景问题，也是研究中国考古文化及文明起源十分重要的问题。华北平原上黄河历史时期的河道变迁，只是时间尺度更大的考古时期黄河演化变迁的再现。龙山早期，黄河主流分多水道自豫北、冀中平原，向东南的鲁豫苏皖泛流。龙山晚期，黄河主流又自南返回北流，并汇入渤海；其间气象灾害频仍，华北平原各族群处于水深火热中。患灾避灾，发生大迁徙，也相应促使了族群的交流融合。中原先民从避水与自卫性防水维系局地生态环境发展到龙山晚期规模性治水，他们较为能动地调整着人地关系，促进了鲁豫苏皖地区聚落、城邑文化的发展，出现了人文变迁、社会嬗变。在此考古文化前提下，大禹治水文化得以形成。

关键词： 龙山时期；黄河下游；演化；灾害环境；大禹治水文化

屈原在《楚辞·天问》中振聋发聩地呼喊："八柱何当？东南何亏？……洪泉极深，何以填之？地方九则，何以坟之？河海应龙，何尽何历？鲧何所营？禹何所成？康回冯怒，地何故以东南倾？"对先秦文献中涉及神州自然灾变的传说，提出一系列发人深省的疑问，这可能是客观自然过程与人类治水活动的反映。

结合文献解译，借鉴构造地质、考古和古地理等多学科研究成果，笔者在《河南龙山时期自然灾害与大禹治水真谛》《中原文化传统与大禹治水》《对"绝地天通"改革核心及其影响的一些认识》《"崇山"与中原文化的传播》四篇文章里[①]，表述了对龙山时期自然灾害环境、黄河南北泛流演化以及与史前文化变迁、社会嬗变的相关认识，认为距今4800—4600年之际，黄河下游大部水沙南下，距今4200年前后黄河主流又逆转北流。华北构造基底和构造活动控制着黄河在地质时期与历史时期的南北变动[1]。龙山时期天灾人祸交加，促发"夫人作享，家为巫史"，促进颛顼宗教改革。尧、舜、禹治水发生在龙山晚期的灾害群发时期，适逢黄河主流改道东北返回渤海。中原族群迁移、融合，社会文化嬗变，与黄河变迁息息相关。

一 龙山时期黄河下游洪水的地质环境背景

河行旧道，既是自然演化中的一个地学现象，也是人类对这一现象的至理概括。

基于对历史时期黄河变迁过程及其变化规律的研究，可知史前黄河下游的南北改道泛流应是地质时期黄河演化变迁的继承性再现；不同的是，地质时期的黄河变迁与泛流完全是自然的。自龙山文化晚期起，黄河环境受到先民自发性围堵和疏理分洪水道、排干滨河湖泽的干预；到了历史时期，人类建造系统堤防，控制黄河南北摆动，积极参与了地质地貌环境再造。

以今鉴古，黄河下游始终在太行山东、嵩山东和鲁中山地以西，南、北摆动，而鲁中山地是一庞大的"中流砥柱"，无论黄河如何演变，总在其左右低洼区域择路，或选择进入渤海，或进入黄、东海。以两汉、唐（北）宋的黄河为界线，仰韶晚期、龙山早期黄河下游的主流，大致行经该线以北地区的泛道河线（《山经》河、《汉志》河、京东故道），而龙山早期黄河主流，在距今4600年前后翻滚南下，泛滥于该界线的东南地区，泛道接近金元明清时期各阶段的各条泛流和稳定后的河线。这似乎也就是老天回答屈原天才般质问"何故以东南倾""东南何亏"的客观实际。只是到了距今4200年前后，黄河下游的主流又逐渐向北变迁，回到仰韶晚期的上述北流泛道区域，相对稳定到《山经》河、《禹贡》河及《汉志》河的方向上。龙山时期数百年的演化过程，既含有黄泛区空域以及洪水径流量级的渐变，也有突发的地质灾变。与历史时期不同的是，当时无堤防，下游多汊分流，自然填塞坑洼后则左右滚翻，完全处于天然状态；某个时期河流的主流、岔道与水沙量级发生相对变化，此起彼伏，其情形与历史时期的决堤改道完全不同。龙山晚期的治水活动，延续至大禹功成，应有二百多年。人类利用环境变迁，适应河道演化的格局去整理局地水土环境，涉及的范围就在鲁西南、豫东、苏皖北部地区，即古史说的兖州、豫州地区。

通常以为黄河的南北泛流和改道仅仅是一个水文问题（洪水和泥沙），其实从河流改徙的本质看，与水文泥沙系统相关联，且动力量级和变动尺度更大的或者更为本质的，乃是地质环境问题。地质环境决定和制约着黄河的时空变迁，构造断裂往往控制着河流的改徙走向。图1为华北平原基底构造单元分划。一般意义上说，黄河的泛流区域和泛道，总是选择在基底坳陷、断陷的部位，而基底隆起、高台部位和方向，较难被泛道选择，甚至基本不可能被选择。北宋末黄河大举南泛以前的两三千年中，下游河道基本在冀中、黄骅、济阳坳陷中，在两侧隆起的钳制中变迁，尽管也突破过某些隆起（如通许太康或内黄隆起），或数次选择在东濮坳陷里走弧子河泛道、在开封坳陷中走颍河、汳河泛道，进入华北南部的济宁—成武断陷、周口坳陷，但基本格局都未改变。不同的地质活动阶段，基底构造不同单元的迭次、隐形和相对的升降活动，隆升或坳陷沉降加速或减缓，以及相关的断裂构造活动加剧与减缓，决定和制约着黄河下游的演变趋向。在此前提下，华北平原的晚更新世与全新世古地理岩相图[2]164-165显示，黄河下游以郑州为全新世冲积扇的顶点，发散出多条古泛流河道带，历史的黄泛路线被包络在这些泛流古河道带中。黄河特别重大的自然决口，都发生在活动断裂带的交叉点上[2]169。

更有意思的是，古东海海洋地质研究披露：在距今1.8万—1.5万年的冰盛期的最低海平面时暴露的东海大陆架上，古黄河口与长江口河道相距不远，双双落入冲绳海沟。远古黄河未必非得绕道从渤海海峡入海（尽管目前有人认为黄河古道经渤海中央海槽入黄海的济州水道），它也可以直接穿过需要淀积塑造的黄淮平原。在低海平面时期，黄、淮经由塑造的鲁西南、豫东诸水道，是后世黄河泛滥、自然减水分洪凭借的通道，鲁豫

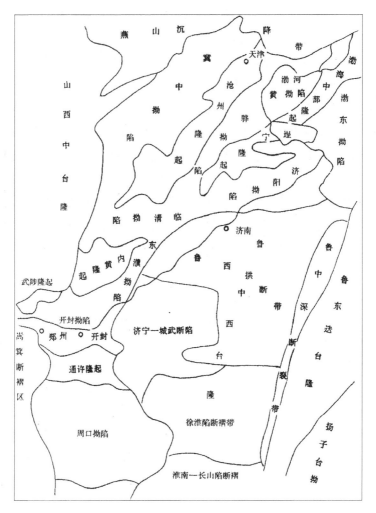

图1　华北构造单元示意（据李凤林）

苏皖毗连地区与古水道相连的大片湖泽、低洼区，是巨量泛水泥沙容纳之地。在《中国黄淮海平原地貌剖面图》（邵世雄等，1989）上，罗山—汶上剖面上全新世早期、早中期，自菏泽一带到大运河，同期武陟—萧县剖面商丘以西，均为深厚的湖沼相沉积地层，上覆龙山晚期与历史时期的河流相堆积层（图略）。

大禹治水的成功，是地质环境过程的一个标志；黄河泛流大规模地离开华北平原南部坳陷区，进入北部坳陷区，也是相应的气候环境变化"冷干时期"人地关系变动——人类参与地质环境改造的标志。先民感知系统中的"洪水",既有流域性特大洪水,也有实实在在的区域性淫雨、暴雨导致的河水暴涨泛滥,有泥沙淀积抬升导致的河床演变、水文变异,有海平面上升导致的河口、下游排泄不畅,有地震灾害连锁发生的洪水灾害,更有河道变迁后区域水土平面关系的急剧变更,还有气象灾害发生和河道变迁后的江河湖泽关系的恶化。灾害,蕴含了自然和社会的双重内涵,乃至传说中"洪水"的概念可能包含了人类社会变化、社会结构衍化下人地关系认知体系的变化。所以,古文献的"洪水"概念,包含自然和社会诸多方面极其复杂和深刻的综合信息。

龙山时期的黄河大部分水沙,离开原河北平原旧泛道,主要经由鲁豫苏皖平原南下:(1)郑州东泛决口的颍河、汳河泛道;(2)濮阳附近泛决口的瓠子河泛道。龙山晚期南泛结束后,这些泛道演化成先秦的颍水、丹水(汳水)、济水、瓠子河水道。此(1)系列泛道为花园口、原阳东、新乡—商丘系列构造断裂控制,而(2)系列泛道为东濮断裂、济阳断裂及五星集等系列构造断裂控制。系列断裂的走向决定着诸泛流的取向,断裂的活动烈度与变动时间决定着泛流变化出现的时空。元明清时期,新乡、原阳、郑州、中牟、开封等地系列决溢事件发生,可以看成史前黄河决溢南泛的再现。历史时期元光三年(公元前132年)、熙宁十年(1077年)决口泛滥走的就是瓠子河道(史上还有多次泛决),泛水下冲东平湖、南四湖与徐、泗地区,南走菏泽、济宁,而被认为是颛顼之墟的濮阳高城,就紧靠当年的瓠子河泛道。历史时期南北主要泛道,基本都是地质时期、史前黄河的继承性泛道,这是地质构造在黄河下游演化变迁中发挥重大作用的证明,也是我们借鉴历史时期的黄河南泛,探索史前黄河变迁的基础。

河南省地矿厅张克伟分析说:"全新世中期太行山东、南整体上隆,沉降中心向东、南方迁移,孟津—黑羊山断裂也发生了继承性掀斜运动,则是河流向南、东滚动改道的地质背景。"[3]104这里,他深刻地剖析了黄河龙山南流和北宋末至明清南流的根本地质动因。

相对于郑州桃花峪而言,濮阳属于中全新世黄河冲积扇亚扇区的一个顶点,冲积扇亚区的主脊古河即瓠子河。借鉴现行黄河兰考东坝头到东阿县位山的河道地质纵剖面图来推测龙山时期的瓠子河泛道,该图[2]地层剖面显示了黄河河床下的古地面黏土、壤土、沙壤土多元结构,濮阳市坝头集以下到位山段，应为古瓠子河泛道行经的一段剖面，台前县赵庄钻孔已进入古大野泽范围。在今东平湖钻孔检测，孔深7.8米处地层^{14}C测年结果是距今2250±80年，为秦汉巨野泽沉积；孔深10米处地层^{14}C测年距今5000—4500年，为龙山时期大野泽沉积[4]40,77。黄河离开瓠子河、颍河、汳河泛道回归河北平原，并稳定在冀中、黄骅坳陷的《山经》河（处于太行山前大裂谷）及《禹贡》河、《汉志》河河道②位置之后，禹因势利导，在古兖、豫地区治理混乱水系和平治水土成功。类似过程，有1855年南泛的黄河下游，从铜瓦厢改道重新进入济阳坳陷，行经现行河道（济水泛道），十多年后重建堤防，河道相对稳定下来。历史时期的这一逆反过程，可作为我们理解史前黄河演变大势的又一个借鉴。

晚更新世末、早中全新世，黄河自汳、颍泛道曾大规模入侵郑州东部，主要经岗李—柳林—祭城—白沙北……郑州全新世早中期岩相古地理分析图[5]显示，该道系桃花峪冲积扇体的南翼主脊，其沉积厚度最大可达15米以上，泛道主流透镜体宽度可达4~8公里。郑州的花园口、大河村、杓袁、沙门到森林公园地下，多有中细沙沉积，史前多次行黄。在森林公园钻孔和东风渠霍庄地震规划钻孔中检测了其河流相沉积年代，前者深黄色细砂层为11.20±0.95ka. B. P，浅黄色细沙层为4.62±0.39ka. B. P，而距今3ka的土层系沙质亚黏土，应为湖沼相沉积物（河流中止）；后者的粉砂层距今4.70ka. B. P[6]21-22，大致显示了该泛道形成的年代。在郑州大河村的钻孔与圃田钻孔，显示出湖泊沉积层的上覆、下伏层，分别有距今7.96~6.04ka及12.03~9.72ka的洪积层、9.72~8.98ka与5.43~4.74ka的河漫滩沉积[7]61。郑州黄河泛流，全新世初就大规模发生，在颍河、汳河泛道之间择取不同流路，河流相与湖沼相迭次出现。大河村有仰韶到龙山早中期（4.4~4.1ka. B. P）文化遗址，但龙山晚期阙如，可能有水系变迁强迫文化迁移的原因[8]580。除此之外，在鲁西北也发现了浅埋的黄河古河道，王青认为："这些古河道应是龙山文化之前的黄河入海河道……黄河至少在大汶口时期很可能是流经这些古河道入海的。"[9]更早以前，黄河也曾从济阳坳陷的济水泛道分流入海（龙山期前）。黄河在大冲积扇有多路主泛道古河道带是一个地质、地貌客观存在的事实。

龙山早期黄河南泛的构造地质背景是：其间太行山隆升加剧，诸水冲洪积扇加快向东南发育，挤压黄河干支向东南迁移，不排除当时有地质或天文灾变事件发生，水文振荡，促使黄河水沙在短期里骤然南下；适逢通许—徐州与泰山隆升相对减弱，黄河得以沿一些构造断裂线，穿过隆升区间隙南下，甚至冲越隆升区。由于当时无堤防约制，水沙散漫在黄淮平原。这一时期大量泥沙填充了平原起伏的洼地和广布的湖沼，河水穿越淮北平原夺淮入海能量不足，所以没有像晚更新世末、全新世初和明清黄河那样形成显著的黄海河口外水下三角洲[③]。到龙山晚期，构造地质现象可能与早期恰好逆反，太行山隆升减缓，其东麓的深断裂活动加剧，冀中坳陷沉降加速，内黄隆起间歇减缓，黄河的大量水沙自豫东又回到了河北平原。邵世雄主持编绘的《中国黄淮海平原地貌图》的文字说明提出：全新世黄河冲积扇以沁河口为顶点者，沉积于公元前 2278 年以前至 1194 年，也即《山经》河或《禹贡》河至宋金的豫北黄河冲积扇的发育年代。这个公元前 23 世纪大致就是《禹贡》河生成的时间。[10]17 任美锷院士推测的太行山超强地震促使黄河改道走禹河河线不是没有可能，且正好发生在华北的公元前 2440—公元前 2010 年强震期中[1]。当然，进一步探讨需要将古地震与河流地貌学科结合，予以分析辨证。

二 龙山时期黄河演化的文献记载及其他

囿于对古文献的理解，迄今黄河文明史研究没有认真涉及和解读上述史前黄河演变问题。屈原的《天问》早就提出的对古史和古黄河的疑问，启迪本文从神话传说中发现问题。

《国语》等多说颛顼、共工时有大洪水。《国语·周语下》："昔共工弃此道也，虞于湛乐，淫失其身，欲壅防百川，堕高堙庳，以害天下，皇天弗福，庶民弗助，祸乱并兴，共工用灭。"《列子·汤问》："共工与颛顼争为帝，怒而触不周之山，折天柱，绝地维；故天倾西北，日月星辰就焉；地不满东南，故百川水潦归焉。"《淮南子·兵略训》："共工为水害，故颛顼诛之。"《淮南子·天文训》："昔者共工与颛顼争为帝，怒而触不周之山，天柱折，地维绝。天倾西北，故日月星辰移焉；地不满东南，故水潦尘埃归焉。"涉及颛顼与共工族群的华北生态环境系列灾害事件，大致是同一件事，也突出显示了距今 4600 年前后黄河南下的灾害事件。当时黄河是自然河流，共工"欲壅防百川"的"百川"泛指并行与瀚漫的水道。

共工氏踞黄河西侧，为保全自己，做局部工程"壅防"是可能的；这种"以邻为壑"的做法却可能加大"下风水"地区颛顼族群的灾患。所说共工"水处十之七，陆处十之三，乘天势以隘制天下"，其中可能也含共工氏趁洪水之势威胁天下。"地不满东南"，恰恰寓意东南低下，黄河泛滥而至，"故水潦尘埃归焉"。"天倾西北"，则可能包含上古太行山强震和构造活动的信息。《山海经·大荒西经》说"风道北来，天乃大水泉"也似有大水信息。

本来，炎帝、共工与黄帝、颛顼就有争霸权的斗争，随着黄河向东南滚动迁移，河西的疆土（太行山前冲洪积扇）越发推进延伸，河东（豫东、鲁西南地区）地域在洪水压迫下越发收缩，原本就对立的两大族群因生存利益引起的冲突更盛。年幼的颛顼东奔少昊，也许不全是政治斗争失利，其中也蕴含有族群避水避乱的信息④。而且颛顼不一定非要到东夷族群的大海边上（今山东日照）不可，可能就从今濮阳黄帝故土逃离瓠子河畔泛区，到了距濮阳高城约100公里的阳谷县景阳冈古国略高地带。《淮南子·本经训》说："舜之时，共工振滔洪水，以薄空桑。"所谓振滔洪水，即借水土之高势"激发"洪水。黄帝族群居于相对较低的河济地区，是共工（拟人化和妖魔化的黄河）发水的首要受害族群。张学海先生诠释，空桑就是穷桑，这一带位于"古济水西侧，冀鲁豫交汇区山东一方，属于大汶口文化的重要分布区——大汶河分布区的前沿地带，与仰韶文化分布区东西为邻。此地又是黄泛区，自汉武帝时河决瓠子以来，黄河泛滥决口经常淹没这地区，且有济水为患，自古就是水患重灾区。这些都与穷桑的地理条件很吻合"，并认为这就是颛顼还都濮阳之前的黄帝古都穷桑（也有说在曲阜）。他说《史记·周本纪正义》引《帝王世纪》曰："黄帝自穷桑登帝位，后徙曲阜。少昊邑于穷桑，以登帝位，都曲阜（按《太平御览·皇王部》引此，下有'故或谓之穷桑帝'之文）。颛顼始都穷桑，徙商丘。"[11]221-224所以，被妖魔化的共工，其实也是神化与人格化了的黄河洪水灾害，即通过黄帝族群活动中心地带，东南直下淹没空桑的天灾人祸。

从黄河史的角度看，炎、黄族群的长期斗争，也伴随黄河在华北平原的南北摆动延续了数百年。到大禹治水时，还有禹伐共工、杀相柳之说。世代承袭的传说，把龙山晚期黄河回迁到豫北、河北平原的水灾，都归罪于共工氏了。经史里的记载，是胜利者黄帝族群的主流性诠释，也是黄河下游千年演化的旁证。龙山晚期黄河北上，在《山经》《禹贡》里就可以找到它稳定后的位置，先秦文献中也多有描述。唐尧虞舜族群早年活动中心在鲁西南，就在菏泽附近的定陶与雷夏泽畔。文献中讲的洪水灾害，一方面包含着确实存在的气象灾害，另一方面"怀山襄陵"是黄河在鲁西南和豫东泛滥、湖泽漫溢的写照。唐尧避水，其政治中心自鲁西南迁移到山西汾河中下游，王守春根据考古遗存和典籍记载，从历史地理角度分析，认为"尧都是从今山东省西部的定陶迁移到山西省临汾地区的"[12]368-375。高度文明的陶寺文化，应该就是唐尧虞舜文化迁移到汾河后出现的。

凭借自然科学重审先秦文献透露的史前信息，多少回应了屈原的天问。现有说空桑村在豫东的杞县葛岗，也许泛指鲁西南与豫东地区，而龙山时期黄河南泛，恰好就在这一个相对低洼的地区，具体到景阳冈古国，就在它的北部区域。豫东的灾民或寻高地居栖，或远走京广铁路以西的嵩箕山前高地丘岗安家，那么王油坊文化影响至江淮、黄埔松江、钱江，是否也与此有关?

三 华北平原古文化的演变及跃迁
与黄河变迁的呼应

龙山晚期鲁豫皖苏接合地区的考古学发现，也给出了集中于大禹一身的治水实证。从仰韶晚期到龙山、岳石文化时期，鲁豫皖苏的黄河冲积平原低洼地区，黄河、济水、濮水、沮水流经，大野泽、菏泽、雷泽相伴，而这里有着许多堌堆文化遗址，仅菏泽与济宁市，即已发现500余处。菏泽市文化馆的郅田夫先生，早在20世纪七八十年代就对此有所研究。类似文化地貌，豫东称丘、岗、塚子，冀中冀南称台，鲁西南叫台子、城子、埠子、古堆，苏皖称墩、岗，都是先民维护培高、攀附以居栖和避水的墩台。这些高台遗址，也是先民规避黄、济、濮、汳、颍诸水泛滥的证据。

尧，垚也。垚也，积土而成垚。"尧"，可能就是原居栖大河泽畔高堌的部族。

龙山时期豫东北平原的先民，要大规模地避水，远走他乡，主要有三条路径：走太行、鲁中、嵩箕高地。颛顼走少昊之乡，唐尧驱逐共工氏，经"八陉"奔山西，夏后氏先民在嵩山周围巩固大后方，都可能与豫东避水有关。避水只是一种选择，太行山前的先民，也完全可能沿着东南而下的减水河河道，迁移到豫东和鲁西南地区，交汇东夷文化。先夏和先商部族，也都可能沿袭这种顺泛道迁居移民。所以，先民并非简单和被动地避水，他们为适应环境而生存。在汜水泛道边的永城造律台、王油坊遗址，年代为 2580～2140a. B. P。根据第二次文物普查成果，豫东地区龙山时期遗址有 151 处，鲁西南有 80 处，皖北也有 49 处，总和远大于该统计地区大汶口文化的 90 处，说明了整个龙山时期，留下的先民对生存环境是逐步适应的。但是，在豫东的 151 处中，能够辨认确定为晚期遗址的仅有 36 处，鲁西南仅 2 处，说明大洪水后期留存下来的遗址不多（诚然或有一批尚未辨识确认的）。

这种趋势，从河南龙山—二里头文化遗址的分布图也可以看到，遗址密度大大降低了。灾害环境严重限制了聚落发展。不过，豫东黄泛区龙山古城已出现，淮阳平粮台古城就是一例，该城兴筑时代距今约 4300 年。从遗迹分析，城墙的首要功能可能还是防水，"昔者夏鲧作三仞之城"，传说中鲧堵水作堤、作城，从护村堤、小围子肇始。从聚落遗址分布看，它们多数处于黄淮海大平原的第二湖沼带上，即黄河、济水、丹水、泗水河流湖沼水系上。与此同期，黄河大三角洲顶部的第一湖沼带上（郑州、新乡、开封）沿黄、济、丹、颍水系湖沼群一带，聚落密集。郑州地区目前以西山古城、登封王城岗、新密古城寨为代表，出现极其密集的古城、卫星城邑分布；一些外围聚落，夏商时期成为著名的城邑群。西山古城的卫星城堡，有的圮废于广武黄土岭，有的就隐藏在岭下黄河滩深层。西山古城废于 4800 年前，是否也与龙山早期黄河南泛有关？王城岗早期古城属公元前 22 世纪，晚期也毁于洪水。从郑州市交通与城建工程地质资料的解析中，可见广武山东断头到南阳寨、人民公园一线浅层，有早、中全新世的河流相沉积层，其砂层透镜体宽达 2～3 公里，说明有大河经过，当为黄河无疑。

《史记·殷本纪》里《汤诰》"古禹、皋陶久劳于外，其有功乎民，民乃有安。东为江，北为济，西为河，南为淮，四渎已修，万民乃有居"，讲的就是这个龙山晚期的治水范围和聚落发展事实。沈长云认为夏后氏早期居住的地域在古代的黄河及济水流域之间，禹所都的阳城即古河济地区的中心濮阳；濮阳五星乡的高城遗址被发现后，更加深了认识[13]。我们当然不是把大禹文化作为具体的局地区域文化，而是作为大中原文化来认识的。二百多年的治水活动，河济地区聚落文化曲折发展，具有了一批以典型的龙山古城都城为中心的聚落区。这也是龙山晚期—大禹阶段治水成功地推动了社会发展的明证。

从河南省龙山文化遗址分布图看，众多遗址位于历史时期的豫东平原诸水道附近（或河间高地上），说明黄河南泛时期，径流沿袭晚更新世末的古水系下泄，洪水并未毁灭豫东先民的整个生境，传说中的大禹治水也即龙山晚期豫东和鲁西南治水，相当程度上是疏理被黄河泥沙淤塞的原有水系，排除湖沼地带壅堵的积水，排干与开发一些沼泽，即对"洪荒"条件下的自然水系环境进行人工的分野。

地理界前辈徐近之在关于治淮初期的论文中提出豫东淮北平原的"平行顺向河"概念，大致指的古今豫东的沱河、浍河、包河、大沙河、濉水、惠济河、涡河、贾鲁河、颍河、汾泉河、洪汝河等，认为它们皆属于黄河的减水河，黄河南泛时，它们都是西北—东南而下的分洪河道。[14]

无独有偶，在禹州北的具茨山顶，有一系列刻绘着各种神秘文化符号的岩石，在其中一较为平整的岩面上，刻画了大致平行且东南顺向而下的槽线，岩面的倾斜度接近现今豫东平原的自然坡面；人为刻槽的走向，也大致与豫东的顺向河接近。它给熟悉豫东地理和黄河变迁史的人的第一印象几乎是一块铭记整理豫东远古水系的丰碑。难道它就是治水成功后夏后氏先民铭刻的黄河南泛前豫东水系——或者大禹整理恢复的水系纪功碑，抑或是仰韶先民刻画的早年豫东水系[⑤]？

应该说，良渚古水利工程的发现与研究，把先民规模性的治水活动上溯到距今5000年前，这个事实也增强了我们对大禹治水（含禹迹）探索的自信。

袁广阔在豫北孟庄、戚城、高城、铁丘等古城考古研究基础上，提出以濮阳为中心，有一个广大的称为后岗二期的河济文化区，洛阳、郑州地区龙山晚期文化以及王油坊类型均包含其中。他提出"河济地区的后岗二期文化应当是探索早期夏文化的主要对象"，"后岗二期文化主要分布于太行山南麓和东麓的黄河、古济水两岸，在西到济源，东至山东菏泽，北到冀南，南达开封以南的广大区域内"，"后岗二期文化遗址众多，仅在河南濮阳、安阳、新乡、开封以及山东菏泽、聊城等地，就已经发现一百多处，而且还有大量遗址掩埋在多次泛滥的黄河淤沙下。目前，考古学者已经对安阳后岗、汤阴白营、辉县孟庄、濮阳马庄、新乡李大召、菏泽安丘[邱]堌堆、杞县鹿台岗、永城王油坊等遗址进行了发掘，出土了丰富的遗迹和遗物"。文献中的夏都"禹都阳城、太康斟鄩、相都斟灌、帝宁老丘、胤甲居西河和桀居斟鄩……除桀都斟鄩位于豫西的伊洛河流域外，其余都在河济地区"，而《史记·夏本纪》记载夏王朝的姒姓封国，"有扈氏在今郑州以北黄河北岸的原武一带，斟寻[鄩]氏在今山东省潍坊市西南部，费氏在今山东鱼台县境内，杞氏在今河南开封杞县境内，缯氏在今山东临沂县境内，辛氏在今山东菏泽境内莘冢集一带，斟戈氏在河南开封和商丘二地区之间，葛氏在今河南宁陵县境内，韦氏在今河南滑县境内，顾氏在今河南范县境内，昆吾氏在今濮阳一带，有虞氏在今河南省虞城县境内，有仍氏在今曹县西北，有鬲氏在今山东德州"。[15]因此，河济地区是龙山晚期中原治水诸氏族居栖、开发的主要地区。

韩建业等将龙山前后期的分界定在公元前2200年前后[16]，并认为造律台文化有来自王湾三期和后岗二期文化的影响[17]169，这也意味着袁广阔界定的后岗二期泛河济地区是客观的。

黄河从早期泛滥于鲁西南和豫东地区，回复到太行山以东，还有考古学支持。偃师二里头文化区，聚落分布从仰韶晚期到龙山晚期，自夹河滩较高处向原低滩处扩展，说明龙山晚期黄河下游改道，河床刷深，下游到伊洛河口的大洪水水位大为下降，一级阶地发育，文化遗址得以扩展。以辉县凤头岗遗址环境变迁研究为例，"龙山晚期，出现了一次河流下切侵蚀堆积，留下了一套河流相的沙砾层和河漫滩的沉积物"⑥，这一现象在太行山前诸河流下游均有出现，说明龙山晚期，黄河刚进入太行山山前新河道（禹河），河槽刷深，河床和附近的太行山冲积裙上的黄河支流，均有相应刷深下切。

而《韩非子·外储说》讲尧"举兵而诛共工于幽州之都"，《庄子·在宥》说尧"流共工于幽都"，在人文意义之外，是否也隐喻黄河径流迁到冀中平原的自然意义？

当然，我们可以从更广阔的领域探讨龙山时期的治水活动，比如族群交流、农业发展、科技进步等。但是，从考古学、地质与地理诸方面认识龙山时期尤其晚期的环境，洪水的成因、范围与规模，是认识大禹治水的前提与基础。

注释

①四篇论文均辑入徐海亮《郑州古代地理环境与文化探析》，科学出版社 2015 年版。

②以上河道均以复旦大学著名历史地理专家谭其骧先生命名和阐述内涵为准，系列文献略。

③一些海洋界朋友以黄、东海没有发现全新世中期河口水下三角洲来判定黄河此期没有南泛，值得商榷。

④类似隔河的水土变迁之冲突，当代仍然存在，山西大学社会史研究中心胡英泽博士的《流动的土地——明清以来黄河小北干流区域社会研究》（北京大学出版社 2012 年版）反映的就是一种深刻的水与社会冲突现象。

⑤水利史老前辈姚汉源先生，在得知具茨山的发现后，曾欣喜于在豫中的这一疑似禹迹的发现。

⑥张小虎：《辉县凤头岗遗址龙山到汉代的环境变迁研究》，首届中国考古学大会论文（2016 年，郑州）。

参考文献

[1] 任美锷. 4280aB. P. 太行山大地震与大禹治水后（4070aB. P. ）的黄河下游河道 [J]. 地理科学，2002（5）：543–545.

[2] 石建省，刘长礼. 黄河中下游主要环境地质问题研究 [M]. 北京：中国大地出版社，2007.

[3] 张克伟. 黄河冲积扇上部构造运动与河道变迁的关系 [M]// 安芷生. 黄土 黄河 黄河文化. 郑州：黄河水利出版社，1998.

[4] 李金都，周志芳. 黄河下游近代河床变迁地质研究 [M]. 郑州：黄河水利出版社，2009.

[5] 河南省地质矿产局水文地质一队，地质矿产部水文地质工程地质研究所. 河南平原第四纪地质研究报告 [R]. 1986.

[6] 徐海亮. 晚更新世以来黄河在郑州地区的变迁及泛道流路辨析 [M]// 徐海亮. 郑州古代地理环境与文化探析. 北京：科学出版社，2015.

[7] 于革，等. 郑州地区湖泊水系沉积与环境演化研究 [M]. 北京：科学出版社，2016.

［8］郑州市文物考古研究所．郑州大河村［M］．北京：科学出版社，2001．

［9］王青．鲁北地区的先秦遗址分布与中全新世海岸变迁［M］//周昆叔，莫多闻，佟佩华，等．环境考古研究：第三辑．北京：北京大学出版社，2006．

［10］邵世雄，王明德．中国黄淮海平原地貌图［M］．北京：地质出版社，1989．

［11］张学海．张学海考古论集［M］．北京：学苑出版社，1999．

［12］王守春．尧的政治中心的迁移及其意义［M］//解希恭．襄汾陶寺遗址研究．北京：科学出版社，2007．

［13］沈长云．夏族兴起于古河济之间的考古学考察［J］．历史研究，2007（6）：4－16．

［14］徐近之．淮北平原与淮河中游的地文［J］．地理学报，1953（2）：203－233．

［15］袁广阔．后岗二期文化与早期夏文化探索［N］．光明日报，2016－01－30（11）．

［16］韩建业，杨新改．王湾三期文化研究［J］．考古学报，1997（1）：1－23．

［17］韩建业．早期中国—中国文化圈的形成和发展［M］．上海：上海古籍出版社，2015．

作者简介：徐海亮，男，中国灾害防御协会灾害史专业委员会原秘书长，水利部减灾中心客座研究员、教授级高工；轩辕彦，女，文化学者

原文刊于：《中原文化研究》（郑州），2017.1：21－28

大禹治水与早期农业发展略论

王星光

摘　要：大禹治水是上古时期的重大历史事件，其发生的时段当为龙山文化末至二里头文化初相交接的时期，很适宜从环境史及环境考古的视角进行审视和研究。距今4500—4000年前的全新世大暖期的中晚期，气候总体上湿润多雨，温度较今为高，但也有气候突变，致使平原地区常遭洪水泛滥之灾。《尚书·禹贡》等古史传说的大洪水和实际的气候演化特征正相吻合。喇家齐家文化遗迹、陶寺新石器时代晚期巨型城址及二里头夏代城址等都提供了与生态环境变化有关的环境考古物证。登封王城岗"大城"遗址的新发现不但为大禹治水提供了新实证材料，也增进了人们关于治水活动对早期农业发展影响的认识。由此可见，生态环境对农业发展和社会历史进程有重大影响。

关键词：大禹治水；生态环境；全新世大暖期；早期农业；登封王城岗

大禹治水是中国上古时期流传下来的悠久传说，也是全新世时期气候变化的重大事件，在中华文明史中影响深远，也对农业的早期发展产生直接影响，值得从环境史的视角进行审视和研究。

一　环境考古与大禹治水事件的契合

环境考古是研究人类起源、衍化及其文化创造与生态环境关系的学科。周昆叔先生曾指出：由于旧石器文化时代人类数量不多，留下的遗址不多，且人类文化演变缓慢，故旧石器时代的环境考古初期难以作为研究的重点。历史时期人类的能动作用越来越大，故该期也不能作为环境考古初期研究的重点。而"新石器时代与铜石并用时期人类已有了一定数量，遗址比较多，人类有一定的能动性，但受环境制约仍很强烈，且文化演变速度较前快，所以，环境考古初期以全新世新石器时期与铜石并用时期作为研究重点"[1]173。司马迁在《史记·夏本纪》中是把大禹作为夏王朝的创立者的，其活动时代当为新石器时代龙山文化晚期。夏商周断代工程将夏朝开始的年代定为公元前 2070 年。这正是新石器时代晚期与铜石并用时代相交替的时期。这一时期既有大量的考古文化遗存，又有丰富的上古历史传说，而大禹治水正是这一时期发生的影响深远的环境变迁事件。因此，用环境考古的视野和方法来研究大禹治水是十分适宜的。

二　黄河洪水和大禹治水的环境考古

距今 10000 年到 3000 年的早中全新世时期，是古黄河水系的大发展时期。河水上下贯通，沟系发育迅猛，尤其是黄土高原，出现了"千沟万壑"。随之土壤侵蚀严重，河水泥沙剧增。在此期间，古渤海曾两次西侵。由于洪水泥沙的增加和海平面的升高，河水排泄受阻，造成远古洪荒时代留下不少洪水和治水的传说。黄河流域的大洪水，并不是孤立出现的现象。从全球的视野来看，它正是整个地球气候变化的一个组成部分。在距今 10000 年进入全新世后，全球气候从总体上发生了由冷向暖的逐渐变化，到了距今 8500—3000 年时，形成了气候最佳适宜期——在中国被称为"仰韶温暖期"或"中国全新世大暖期"。而在距今 4500—4000 年前的"仰韶温暖期"的中晚期，正是考古学上的龙山文化及二里头文化时期。这一时期气候湿润多雨，温度较今为高，黄河中下游地区常遭洪水泛滥之灾。古史传说中肆意泛滥的洪水和实际的气候演化特征正相吻合[2]146。

地质史的研究显示，在距今 6000—4000 年前时，全球各地海平面已经超出现代海平面 25 米，海岸线深入内陆数十至数百公里。在我国东部，高海平面引起大范围的海侵，称为黄骅海侵。在环渤海湾平原地区，海水大幅度内侵，使海岸线西移 50 公里，已漫过今天津的西侧，淹没陆地达 27000 平方公里。而在长江以北平原，海岸线内迁可达 60~100 公里。总之，在全新世大暖期的中晚期，即约从仰韶文化至龙山文化时期，我国东部海平面比现代的海平面要高出 24 米[2]124。

伴随着全新世大暖期的到来，黄河流域的农业如雨后春笋般地迅速发展。严文明先生曾用统计学的方法指出黄河流域新石器时代聚落和文化发展之快："以河南省裴李岗、仰韶和龙山三个时期的遗址为例，其数量各为 70 余、800 和 1000 处左右。如果考虑到三个阶段所占时间跨度的差别，则同一时段的遗址数目之比当为 1∶8∶20，可说是以几何级数增长的。在分布上，裴李岗文化主要在河南中部，仰韶文化则以中西部最密，到龙山时期就大规模向北部、东部和东南部平原地带扩展。"[3]115新石器文化遗址的增多，实际上也是对黄河中下游地区原始农业发展迅猛状况较为定量化的反映。

龙山文化时期聚落遗址的增加，还可从郑洛地区新石器考古中得到验证。据专家统计，这时期的龙山聚落遗址总数已达 516 处，比仰韶后期的 357 处增加了 159 处。考虑到郑洛地区龙山时代历时约 500 年，仅及仰韶后期 1000 年左右的一半，若取相同的时间段，则龙山时期的聚落总数应是仰韶后期聚落总数的 2.5 倍左右[4]140-156。尤其需要指出的是，这一时期的聚落性质已发生大的变化，这就是有比较多的城址被发现。到了龙山文化时期，黄河中下游地区甚至上游地区都已分布有城池——这一新的聚落形式[5]9-13。包括城池在内的人类聚居地大量向黄河下游的平原地带延伸，遍布黄河两岸。这一方面使人们面临着洪水的威胁，另一方面也迫使人们开始关注并致力于洪水的治理。这也是洪水传说开始广为流传且令人印象深刻的原因。

在青海民和县南端的黄河岸边的喇家遗址发现了黄河大洪水和地震等多种灾难的遗迹，它"给人以强烈的震撼，显示出距今 4000 年前后的齐家文化时期这里曾经发生过重大灾变"[6]。经相关的古环境专家对遗址进行地学考察，在地层中发现了黄河大洪水的遗迹和沉积物。专家们认为："距今 4000 年前这个关键时期，黄河大洪水证据的发现，更有其特殊含义。从某种意义上说，这为古史中的洪水传说找到了一定印证。"[6]黄河上游尚有洪水灾害发生，中下游的洪水泛滥当更加严重。

在黄河支流的汾河流域，考古工作者在山西省襄汾县东北发现了面积达 280 多万平方米的陶寺新石器时代晚期巨型城址。陶寺城址延续的年代从龙山文化晚期一直到整个夏代，大禹治水的时代也应涵盖其中。值得关注的是，考古工作者在发掘陶寺城址时，指出"有迹象表明，这座城址曾一度毁于洪水，而后又经重建"[7]。传说中尧的时代正和陶寺城址的年代相对应，而晋南又是《禹贡》中大禹治水的肇始地——冀州之所在。这为我们认识尧时的洪水情况和大禹治水的传说提供了新的线索。而在黄河中下游，自1976年在河南登封发掘王城岗城堡遗址以后，2001年以来，考古工作者又陆续发掘了登封王城岗龙山文化晚期"大城"遗址，这为"禹都阳城"提供了新的物证，也是环境考古的新收获。

当然，面对巨浪滔滔的洪水，在人们的知识水平和物质条件都很落后的远古时代，单靠人力是难以制服的。大禹治水的成功，除采用了"疏川导滞"的合理方法外，主要还是得益于当时气候好转的有利环境条件。气候重建的数据表明，距今4200—4000年前气候事件结束的时间，恰好对应于夏朝的始建时间，也即传说中大禹率众治水活动的时间。偃师二里头遗址被认为是夏王朝都城所在地，是夏文化的典型遗址。通过对二里头遗址龙山文化末期样品（年代为距今4000年前）的植物孢粉进行分析，可知这一时期的孢粉含量高，种属丰富，木本植物孢粉占总孢粉数的17.5%。乔木以落叶阔叶的桦属、桤木、栎属、桑属、五加科为主。灌木主要为蔷薇科、麻黄科。针叶松属少量。水生草本植物占孢粉总量的24.9%，有香蒲属、眼子菜科及禾本科的芦苇。旱生草本有蒿属、苋科、藜科等，蕨类孢粉极少[8]。从木本植物的孢粉总数较高、水生草本植物占孢粉总量的24.9%等来看，当时夏王朝都城所在的周围地区分布着以落叶阔叶为主的针阔混交林草原植被，应为温暖湿润的生态环境。而这一时段正是气候由冷期向暖期快速转变的温暖适宜期。一种观点认为，洪水发生往往与气候突变尤其是降温事件有关。公元前4200—公元前4000年出现了气候变冷的气候恶化事件，造成水土流失，季风南移，降雨量增加，尤其是直接注入黄河河道的雨量激增，这可能就是虞舜时期特大洪水出现的原因。而到了距今4000年前后的二里头文化初期即夏代初期，气候出现好转，气候带北移，季风降雨正常化，植被恢复，洪水灾害自然随着气候的好转而退却。率众治水的大禹正好遇上了气候适宜、洪水遁去的大好时机[9]。正是赶上了天时、地利、人和的难得机遇，特别是气候由恶劣向适宜转化的有利生态环境条件，大禹治水才最终取得成功。只是当时的人们缺乏气候变化与洪水灾害的知识，将洪水退却、大河安流的功劳，都归功于大禹。由此可见，只有从气候变化的环境视角出发，才有助于认识大禹治水的真相。

三　大禹治水与农业发展

大禹治水在很大程度上是为了发展农业。《孟子》说："当尧之时，天下犹未平。洪水横流，泛滥于天下。草木畅茂，禽兽繁殖，五谷不登。禽兽逼人，兽蹄鸟迹之道交于中国。尧独忧之，举舜而敷治焉。"孟子指出尧舜时期的"洪水横流，泛滥于天下"，致使茫茫大地，一片汪洋，"草木畅茂，禽兽繁殖"，这最直接的影响是"五谷不登"，严重妨碍了农业生产。大禹"身执耒臿，以为民先；股无胈，胫不生毛"[10]443，带领人民，艰苦奋战，用了十多年的时间，终于治服了汹涌的洪水。大禹所使用的耒耜，既是治理洪水、疏通河道的工具，又是铲土翻地、进行大田耕作的农具。而耒耜的使用，正反映了原始农业由"刀耕"到"耜耕"的进步。文献记载："禹卑宫室，而尽力乎沟洫。"[11]561又"浚畎浍而致之川"，"百川顺流，各归其所，然后人民得去高险，处平土"[12]13。"沟洫"和"畎浍"指的是田间的沟渠及灌溉排水设施。滔滔洪水被治理退却后，在黄河中下游及长江中下游裸露出的宽阔平原上，兴修纵横交错的沟渠，既有利于疏导排泄洪水，也为大田种植提供了所需的水源，将原始农业生产推进到灌溉农业的新阶段。而河流裹挟带来的泥沙则成了易垦易种的肥沃良田。禹"令益予众庶稻，可种卑湿"，正反映农田水利的兴修促进了水稻的种植。对于水源紧缺的地区，大禹的助手伯益还在总结劳动群众经验的基础上发明了水井。《吕氏春秋·勿躬篇》曰："伯益作井。"[13]553《淮南子·本经训》曰："伯益作井而龙登玄云，神栖昆仑。"[14]420考古工作者在陶寺遗址也确实发现有水井。有了水井，不但方便了人们的日常生活，也为旱地农田的灌溉创造了条件。《禹贡》中"庶土交正，厎慎财赋，咸则三壤成赋中邦"[15]83的记载，是在赞颂大禹任土作贡、划定九州的伟绩，而其中大禹将土壤按高下肥瘠划分为上、中、下等九种，实际上是世界上最早的土壤普查活动，其功用在于根据不同的土壤确定种植不同的农作物，方便民生之所需，并收取不同的贡赋。在水源充足的低洼之地，"令益予众庶稻，可种卑湿"，就是明显之实例。

由上可见，大禹治水对农业发展的贡献表现在以下几方面。第一，疏浚了河道，使茫茫洪水顺流入海，提供了广袤的土地，使之有可能成为肥沃的良田。第二，治理洪水的实践经验被用来进行农田水利建设，沟洫开始大面积出现，灌溉农业在华北平原和长江中下游平原逐渐形成。第三，农业工具得到改良，耜耕得到大力推广。第四，水井的出现是中国古代农业及社会生活中的重大发明，尤其在北方地区，与灌溉农业关系密切，对传统农业的产生有深远的影响。第五，通过对"九州"的土壤普查，分清了土壤的品质优劣，在了解了各地不同物产的同时，可以根据不同的土壤性状，因地制宜地种植不同的农作物，促使旱作和稻作都得到了较快发展。

水利是农业的命脉，大禹治水和水利的兴修，直接促进了农业生产的发展。这在考古学上也可找到不少的证据。

前已述及，大禹活动的时期约为龙山文化晚期和夏代初年。《古本竹书纪年》载"禹居阳城"，《孟子·万章上》说"禹避舜之子于阳城"，《世本·居篇》云"禹都阳城"，而古阳城在今河南省登封市的告成镇[16]95。1976—1981年，考古工作者在这里陆续发掘了1万平方米的王城岗龙山文化晚期城堡遗址，这正与"禹都阳城"的记载相吻合。但由于城址面积较小，曾引起质疑。2002—2005年，考古工作者在实施"中华文明探源工程"中，开始发掘王城岗龙山文化晚期大城城墙和城壕遗址，王城岗大城址面积达34.8万平方米，遗址总面积达50万平方米。并且，考古发掘证实，王城岗城池的修建已考虑到水利的利用。王城岗城址位于五渡河和颍河之间，五渡河海拔高度略高于颍河，在城墙的周围，建有城壕，城壕应与五渡河相通，既可供应城内用水，也能起到保护城中居民安全的作用。而西城壕的水又与南部的颍河相互贯通，形成了一个自然流动的河渠贯通的引水排水系统。正基于此，参与发掘的考古学者指出："王城岗大城的修筑，证明王城岗城址的主人对河水的认识和利用有着较高水平。如果王城岗龙山文化晚期大城真的与禹都阳城有关，历史上大禹治水的传说将更为可信。"[17]797龙山文化晚期大城城墙和城壕的发现更为夏禹"居"或"都"阳城的文献记载提供了充足的物证，也有利说明大禹治水所运用的水利工程技术绝非空穴来风。

在王城岗遗址的发掘中，考古专家们十分重视农业考古和生态环境标本的搜集和整理，这为我们了解当时的农业发展状况提供了珍贵资料。在王城岗龙山文化遗址中发现的磨制石器有铲、斧、凿、刀、镰、镞等。其中出土的石铲数量最多，也最为精致。如其中的一件有孔石铲为灰色石英岩质料，刃部使用痕迹明显，长 13.5 厘米，宽 7 ~ 9 厘米，厚 0 ~ 1.3 厘米，孔径 1.5 ~ 2 厘米。另一件凸字型铲刃部使用痕迹明显，顶部安柄痕迹清晰，长 15.5 厘米，宽 5.8 ~ 8.5 厘米，厚 0 ~ 1 厘米。出土的一件石斧由灰绿色绿泥石化变粒岩制成，刃部使用痕迹明显，尖圆顶部有装柄痕，长 12.3 厘米，刃宽 5 厘米，厚 0 ~ 3.8 厘米。石镰中的一件为弧背长条形，由青灰色石灰岩制成，残长 6.5 厘米，最宽处 3 厘米，厚 0 ~ 1.1 厘米[17]130-137。考古工作者还专门用复制的石铲进行挖土坑等试验，证明这些工具完全适用[17]图版二一五-二一九。由此也可证明这些工具也是当时从事农业生产的适用工具。通过浮选法的应用，发现的龙山文化晚期的炭化农作物有粟、黍、稻、大豆。而在相当于夏代文化初期的二里头地层中出土了小麦颗粒。也就是说，北方农业中常见的"五谷"在王城岗遗址是应有尽有了。经统计分析可知，从龙山晚期到二里头时期，王城岗遗址浮选出的农作物数量以粟为最多，大豆次之，黍占第三位，水稻排第四，而小麦最少[17]516-535。这说明以粟作为主、黍作为辅的旱作农业开始形成。大豆在王城岗的发现，说明至迟在龙山时代，大豆已经成为黄河流域农作物中的一个重要品种。小麦在王城岗遗址夏代地层被发现，说明在属夏代初期的洛阳皂角树二里头文化遗址发现的小麦不是孤例。而水稻的发现，说明王城岗地区在龙山文化晚期有较为充沛的水域，具备发展稻作的条件，尽管种植水稻只是粟作农业的补充。这不但为大禹"令益予众庶稻，可种卑湿"提供了佐证，也为笔者提出的在仰韶温暖期的黄河和淮河之间存在一个"粟稻混作区"的观点提供了有益的补充[18]。

在王城岗遗址还发掘出动物种属达 31 种。其中龙山文化及二里头文化时期的软体动物有中华圆田螺、圆顶珠蚌、丽蚌、蚌、蚬、蜗牛等。脊椎动物有豪猪、鼠、狗、熊、猪、梅花鹿、黄牛、山羊、绵羊及鸟类和鱼类动物。通过对王城岗遗址出土野生动物种属生态习性的分析，可知龙山文化至春秋时期气候较为温暖湿润，附近应有坡地、河流和湖泊，呈现出森林、灌木丛、草地等植被景观。而猪、狗、黄牛、绵羊、山羊已被驯化为家畜。其中，猪的比重占据首要地位。据统计，在龙山文化时期可鉴定的哺乳纲标本中，猪占总数的 62.88%[17]516-535；在二里头文化时期可鉴定的哺乳纲标本中，猪占总数的 41.18% 。可见人们在从事谷物种植业的同时，也进行着家庭畜牧业。

登封王城岗遗址 1996 年即被国务院公布为第四批全国重点文物保护单位，2002 年以来的考古发现更进一步丰富了这一遗址的内涵，也使人们对大禹治水及其对农业发展的影响有了新的认识。第一，王城岗城址所揭示的城墙和城壕相伴的城池布局，真实地再现了当时对水利工程和设施的应用。将五渡河水引入王城作为护城壕的水源，而通过自然流动的系统将其排入颍水这一更大的河流，只有进行高超的水利测量才有可能出现这样顺应自然的工程设计。这正与《禹贡》"禹敷土，随山刊木，奠高山大川"[15]54的记载相吻合。由此可见大禹"尽力乎沟洫""浚畎浍而致之川"，大力开展农田水利建设的记载不但可信，而且是卓有成效的。第二，大量石铲的发现，尤其是其实际功效通过试验得到证实，说明耒耜已成为重要的生产工具，在农业生产中的作用也更为突出。原始农业经过裴李岗文化、仰韶文化、龙山文化数千年的缓慢发展，已经进入更为先进的耜耕农业阶段。第三，粟、黍、稻、大豆和小麦的出土，说明至迟在夏代初年，抑或是在大禹时期，"五谷"已经在黄河中下游地区种植。多种农作物的栽培，为人们提供了更为丰富的衣食来源，相对于单一作物的种植来说，人们的生活需要得到了更为充分的保障，这是农业生产技术的巨大进步。第四，水稻和小麦的发现具有重要的意义。在王城岗遗址龙山文化晚期地层中发现了水稻遗存[19]。虽然在王城岗遗址二里头时期地层中没有发现水稻标本，但在与之毗邻的新密新砦遗址（介于河南龙山文化晚期和二里头一期之间的过渡时期）中发现有水稻遗物，并在洛阳皂角树二里头文化遗址发现有水稻遗存。这也可间接说明，只要有充足的水源存在，在龙山文化和二里头文化时期，王城岗一带是可以种植水稻的。这都说明嵩山周围地区曾长期处在较今天为温暖湿润的气候条件，并分布有较为丰沛的水源，有发展稻作的环境条件。小麦在王城岗遗址的二里头文化到二里岗文化、殷墟文化直到春秋时期文化的地层中都有发现，说明小麦是一种长期并较为稳定的在嵩山周围地区种植的农作物[17]518-519。通常认为直到汉代小麦才在中原地区规模种植，王城岗遗址的发现有可能改变以往的认识。第五，在王城岗遗址发现有 31 种动物骨骼，这些动物有很大可能是人们日常食物的重要补充。其中的猪、狗、黄牛、绵羊、山羊已驯化为家畜，而猪的比重尤其为大。这反映了当时畜牧业已经得到很大的发展。总之，登封王城岗遗址的新发现为人们对大禹治水及其对农业发展的影响提供了新的认识。大禹治水成功后的新的生态环境条件奠定了黄河流域农作物种植结构的基本格局。耐旱作物粟始终占据首要地位表明，以旱作为主、在水源充沛的地区兼营稻作、五谷并存的旱作农业已现雏形。

大禹治水是新石器时代末期环境变迁的重大事件，由于治水成功，水土得以平定，农业得以恢复和发展。并且，治理洪水的宏大事业，加强了各个部落联盟的联系和协作，而且也需要强有力的统一领导，原来以血缘关系为纽带的氏族部落被以行政区划分的"九州"所代替。也由于治水任务职责的重大和时间的紧迫而赋予治水领导者至高无上的权力，这都促成了国家的产生。传说中的大禹时代正处在我国原始社会末期，大禹因治水有功被推举为夏王。从禹开始，禅让的传统被破坏，禹的儿子启夺得了王位，建立了我国第一个奴隶制国家——夏。大禹治水的传说不但揭示了治水活动对早期农业发展的巨大推动作用，也有力证明了治水活动对国家的产生和文明进步的重大影响。

参考文献

[1] 周昆叔. 环境考古 [M]. 北京：文物出版社，2007.

[2] 黄春长. 环境变迁 [M]. 北京：科学出版社，2000.

[3] 严文明. 走向 21 世纪的考古学 [M]. 西安：三秦出版社，1997.

[4] 赵春青. 郑洛地区新石器时代聚落的演变 [M]. 北京：北京大学出版社，2000.

[5] 钱耀鹏. 中国史前城址与文明起源研究 [M]. 西安：西北大学出版社，2001.

[6] 中国社会科学院考古研究所，等. 青海民和喇家史前遗址的发掘 [J]. 考古，2002 (7)：3 - 5.

[7] 王巍. 自然环境变迁与史前文明演进 [N]. 光明日报：理论周刊，2003 - 02 - 11.

[8] 宋豫秦，等. 河南偃师市二里头遗址的环境信息 [J]. 考古，2002 (12)：75 - 78.

[9] 吴文祥，葛全胜. 夏朝前夕洪水发生的可能性及大禹治水真相 [J]. 第四纪研究，2005 (6)：79 - 87.

[10] 王先慎. 韩非子集解·五蠹 (新编诸子集成本) [M]. 钟哲点校. 北京：中华书局，2003.

［11］程树德．论语集释［M］．北京：中华书局，1990.

［12］王利器．新语校注·道基（新编诸子集成本）［M］．北京：中华书局，1986.

［13］张双棣，等．吕氏春秋译注［M］．北京：北京大学出版社，2000.

［14］许匡一．淮南子全译［M］．贵州：贵州人民出版社，1993.

［15］李民，王健．尚书译注［M］．上海：上海古籍出版社，2000.

［16］王星光．生态环境变迁与夏代的兴起探索［M］．北京：科学出版社，2004.

［17］北京大学考古文博学院，河南省文物考古研究所．登封王城岗考古发现与研究：2002—2005［M］．郑州：大象出版社，2007.

［18］王星光，李秋芳．新石器时代粟稻混作区初探［J］．中国农史，2003（3）：3-9.

［19］王星光．气候变化与黄河中下游地区的早期稻作农业［J］．中国农史，2011（3）：3-12.

作者简介：王星光，男，历史学博士，郑州大学历史学院教授、博士生导师，河南省特聘教授

原文刊于：《中原文化研究》（郑州），2014.2：35-40

关于中国早期冶铜术起源的探讨

王建平　　王志强　　胥　诮

摘　要：有关中国早期冶铜术的起源问题，有两种不同的观点：西来说和本土说。中原地区冶铜术的起源最早，出土了最早的黄铜器，可能均为锻制而成。距今5000年左右庙底沟期仰韶文化的解体及诸文化的迁徙将中原地区的冶铜技术扩散至其他地区，并发展出多种冶铜技术。自西北地区出现中国最早的青铜器后，西北和中原地区的冶铜术发展便分道扬镳；龙山文化晚期，无论从铜器材质、种类、制作工艺，还是从发展历程看，两地区冶铜技术传统不同，其锡青铜技术可能是各自独立起源的。公元前5000年至公元前3000年为中国冶铜术的萌芽期，公元前3000年至公元前2000年为探索发展期。无论是铜器材质、技术模式、发展阶段还是演进过程，中国与西方早期冶铜术各有不同的特点，中国早期冶铜术是独立起源的。

关键词：中国早期冶铜术；起源；探讨

有关中国早期冶铜术的起源始终是学界关注的热点问题。对此问题的研究，主要有两种不同的观点：西来说和本土说。西来说认为中国的冶金技术传自西亚及其邻近地区[1]11，主要依据是：西亚地区人工冶炼青铜的起源时间早，比中国至少要早1000多年[2]1012-1022；且近些年的考古发现表明，在中国西北如新疆、甘肃、青海等地，部分青铜器的形制包含有西亚文化时期的因素[3][4]。据此似可推断中国的冶铜术源自西亚。但如果仔细检视这些文化交流方面的证据，会发现其年代偏晚。本土说认为中国古代的冶金技术为独立起源[5][6]51-70，首先产生于中原地区，然后向周边地区传播，偏晚时段可能与来自西亚地区的冶金技术相互影响。

目前为止，中国早期铜器（本文特指公元前1800年以前即早于二里头文化时期的铜器）的发现主要集中在两个区域：一是黄河上游的西北地区（含新疆），二是黄河中下游的中原和海岱地区。据冶金史专家和考古学者的初步研究，西北地区早期冶铜技术起源较早，早期铜器出土数量多，其发展状况相对而言较为明朗。而黄河中游的中原地区铜器（黄铜）出现更早，早期铜器和冶金遗物出土数量较多。本文主要着眼于以上两地区并放眼中原和周边地区的冶铜技术发展状况，结合不同时期和地域考古学文化之间的交流和迁徙，就我国早期冶铜技术的起源和演进进行梳理分析。其他地区因材料零散，或文化谱系不清，将不作过多涉及。

一 中国早期铜器的发现和研究

目前，西北地区发现许多早期铜器和炼铜遗物遗址。甘肃东乡林家出土马家窑文化铜刀（公元前2740年）1件，为铸制锡青铜，同时出土有"铜碎渣"，推测系采用铜铁氧化共生矿冶炼未成功的遗物[7]。林家青铜刀与西亚的青铜斧（约公元前2800年）大约同时，它们同为世界上最早的青铜合金。马厂文化（公元前2500年至公元前2000年）的铜器3件，分别为出土于甘肃永登蒋家坪的铸制锡青铜刀、酒泉高苜蓿地的铸造红铜块和照壁滩的锻造红铜堆[7]。齐家文化（公元前2100年至公元前1600年）发现铜器已超过130件，出土铜器的地点相当广泛，重要的遗址有甘肃广河齐家坪和青海贵南尕马台等十余处。近期属齐家早期的青海同德宗日等齐家文化遗址也发现有砷铜的存在[8]18-49。四坝文化（公元前1950年至公元前1550年）发现铜器（包括砷铜）达300件，主要遗址有甘肃民乐东灰山等若干处。四坝文化在整体年代上较齐家文化稍晚，二者曾有一个阶段的并行。虽然该文化的年代主体已跨入中原二里头文化年代范围内，但为西北地区冶铜技术论述的连续性考虑，本文也一并论及。新疆东部地区近年也发现大量铜器，但大多年代偏晚且有其独特性，在此不作重点论述。

黄河中游的中原地区在仰韶文化时期发现3件铜器。有学者研究认为约公元前4700年的临潼姜寨铜片为铸制铅黄铜，同时出土的铜管属简单黄铜,由铜片卷制而成[9]148,544-548。新近的研究表明姜寨铜片可能是由热锻法制成[10]821-826。公元前3000年前后的渭南北刘铜笄系锻造黄铜[7],中原仰韶文化时期的3件黄铜器,可能均使用锻造工艺制作。它们为中国乃至世界上最早的黄铜器,也是中国最早的冶炼铜。

中原龙山文化时期的铜器,有山西绛县周家庄遗址出土的相当于陶寺文化早中期(公元前2500年至公元前2100年)的铜片,系锻造镍黄铜[11]。据研究,龙山文化时期周家庄遗址所在的运城盆地东部属陶寺文化分布区[12],山西陶寺遗址有陶寺文化中期(公元前2300年至公元前2100年)的铜环、铜容器残片各1件[13][14],陶寺文化晚期(公元前2100年至公元前1900年)的铜铃、铜齿轮形器各1件[15][16]27。经检测,铜环、铜容器残片和铜铃为红铜,前者应为单面范铸造而成,后两者为复合范铸成,铜齿轮形器为铸制砷铜。河南登封王城岗遗址四期(公元前2050年至公元前1990年)出土1件铜容器残片,系铸造锡青铜[17]327-328。郑州董砦和开封杞县鹿台岗遗址分别发现1件铜片和1个疑似小刀残片及与冶炼有关的遗物[18][19]71。周口鹿邑栾台遗址出土铜块1件[20]。另外,龙山文化晚期还发现冶炼遗物数件。有山西曲沃东白家出土的陶寺文化坩埚片,系铸造遗物[21];河南临汝煤山遗址的坩埚残片若干,经检测属于冶炼红铜的工具[22];郑州牛砦遗址的坩埚残片若干,经检测应用来冶炼铅青铜[23];新密古城寨遗址发现有熔炉残块[24];在淮阳平粮台遗址发现铜渣1块,年代约为公元前2300年[25];新砦期遗存(距今4000~3700年)出土了铜容器残片和小刀各1件,均系红铜铸造而成[26]608-616。

黄河下游的海岱地区有大汶口遗址一件小骨凿上的附着铜绿,年代为公元前3000年至公元前2600年,属大汶口文化晚期。该铜绿含铜为9.9%,可能是铜器加工的遗迹[27]43。山东龙山文化(公元前2600年至公元前2000年)发现铜器和铜炼渣的遗址有若干处。

北方地区也发现有铜器。以前曾报道在牛河梁遗址的红山文化层中发现铜制品和若干炉壁残片,后者经年代测定为夏家店下层时期。所以北方地区可靠的铜器和冶金遗物的年代可能早不过公元前2000年前后[28]。

其他地区的早期铜器和冶炼遗物有:山西榆次源涡镇铜渣(约公元前3000年),冶炼的应为红铜[29]177;湖北天门罗家柏岭遗址发现石家河文化二期(约公元前2400年)的铜器残片5件及铜渣[30];约同时期的邓家湾

（发现 1 件铜残片）和肖家屋脊遗址出土有孔雀石。

二　距今 5000 年前后中原冶铜技术的扩散

据上文所述，姜寨铜片、铜管、北刘铜笄和周家庄铜片等黄铜器可能均为锻造工艺制成。尽管中国黄铜的起源仍不清楚，且铜器间有较大的年代缺环，但其年代跨度较均匀，为千年左右。据此我们有理由推测，中原地区从仰韶文化到龙山文化时期，其黄铜冶炼和制作技术可能一直得以传承。考古发现往往具有一定的偶然性。早期的铜器数量可能较少，发现的概率小；但在年代跨度大的时间节点上，不同的地点发现同一材质的铜器且可能采用相同的工艺制作，其概率更小。它强烈暗示了黄铜技术可能是中原仰韶至龙山文化时期（具体为陶寺早中期）冶铜技术的主流，否则从统计学上无法解释这一现象。黄铜器的年代由早到晚，发现地点从关中中部、东部到晋南运城盆地，似乎也暗示了黄铜技术曾经有一条从西到东的传播路径，并有可能在龙山文化时期传播到黄河下游地区。龙山文化时期以后，黄铜技术在黄河中下游逐渐消失，可能是当时的社会文化条件和技术取向发生了改变，并非技术自身的原因所致。

其实，早期冶金术作为技术经济的组成部分，对其仅着眼于技术层面的研究显然是不够的，还必须结合当时的社会文化背景进行综合性考察，才能了解和明晰其出现的自然因素（资源配置）、文化背景、产生机制和发展演变过程。当仰韶文化演进到庙底沟期（庙底沟文化或西阴文化，公元前 4000 年至公元前 3500 年）时，仰韶文化进入繁盛时期，形成所谓的庙底沟时代[31]。到公元前第四千纪的中期或稍晚，庙底沟文化骤然瓦解[32]，代之而起的是在其分布区和影响范围内诸考古学文化的群雄并起，中国史前史进入距今 5000 年前后的仰韶文化晚期阶段，这是一个大动荡的年代[33]。从社会层面看，各考古学文化的文明因素纷纷涌现；从文化层面看，诸考古学文化存在持续的迁徙现象。这两个层面的互动可能相互影响，互为因果。

在诸多文明因素中，冶铜术的广泛出现是引人注目的。目前发现的中原地区之外距今 5000 年左右的铜器或冶金遗物有：甘肃东乡林家的锡青铜刀和"碎铜渣"、山西榆次源涡镇的红铜渣、山东大汶口遗址的铜绿。几乎"同时"出现在西北地区、中原外围、海岱地区的这些发现是令人惊奇的。任何文明因素的产生都是该地区考古学文化各要素相互作用、合乎自身规律发展的产物，或者是文化之间相互交流的结果。前者是内在动因，后者是外部条件。当然，冶铜技术要受当时技术经济条件、当地矿产资源配置的限制，还要考量当时的社会需求。在约公元前 3000 年的时间节点上，是否各地区文化要素的发展能够同时具有冶铜技术产生的技术条件和内在动因是令人生疑的。倒是裂变后的诸考古学文化之间交流的时代特征（外部条件）是共同的。当黄河中游的庙底沟文化衰落后，黄河和长江流域各考古学文化的重组和整合以及持续的文化迁徙现象成为当时考古学文化演进的主旋律。两河（江）流域相当于仰韶晚期的考古学文化几乎全都参与了这次文化大迁徙。可以推想，从仰韶半坡期延续到庙底沟期的冶铜技术极可能会在这次文化交融的历史漩涡中像飞沫一样抛向周围地区。

现就本文所涉及的中国距今 5000 年前后的文化迁徙情况作一简述。考古学的研究表明，大汶口文化曾西进深入到秦王寨文化的腹地。与此同时，屈家岭文化分两路北上，东路先后抵达豫南、豫中和豫西；西路沿丹江而上，越秦岭而远足渭河谷地。受到西进的大汶口文化和北上的屈家岭文化的挤压，秦王寨文化的一支北上晋南垣曲盆地、运城盆地和临汾盆地；西进的一支出现在灵宝盆地，并渗透到关中盆地。以关中盆地为中心的泉护二期文化由于同时受到北上的屈家岭文化以及西进的秦王寨文化的冲击，则向四周扩散而离开渭河河谷，其中有部分庙底沟文化的直系后裔——泉护二期文化居民向西部的陇东以至更西的陇西盆地、民和盆地寻求发展空间。而运城盆地分布的泉护二期文化受到来自东方的秦王寨文化尤其是大司空文化的持续冲击，先后沿汾河河谷和晋陕峡谷经临汾盆地、太原盆地北上，最后到达后套盆地。在诸考古学文化的迁徙中，不但可以见到陶制生活用具表现的迁徙，而且相当多情况下还包括埋葬习俗、居住习俗和族群的迁徙现象。可以想象，在诸考古学文化交流、迁徙和族群间交融的文化漩涡中，各文化彼此独立创造的优秀文化（包括手工业技术）和先进"社会制度"会相互传递和彼此借鉴，加快了文明进程的步伐。

在庙底沟文化解体后，其后继文化的彩陶或骤减或消失，但在陇东地区和陇西盆地却异军突起，大有方兴未艾之势。这与庙底沟文化的直系后裔——泉护二期文化的部分居民顺次西退至陇东、陇西盆地有极大的关系。同时，反方向的文化交流或移民迁徙也可能存在。近期对陶器成分的科学分析发现河南西坡遗址中出土的庙底沟文化时期个别彩陶片，与当地其他陶器成分有区别，而与甘肃马家窑文化的彩陶成分接近[34]208-212，说明有马家窑文化居民曾通过贸易或移民迁徙等途径将其彩陶带入庙底沟文化腹地。两地区间如此密切的互动交流或移民迁徙，可以推想为互通有无。其时拥有中国唯一冶铜技术的庙底沟文化——泉护二期文化居民将其炼铜技术带到或传播给马家窑文化居民是顺理成章的。可能由于西北地区矿产资源配置的限制或文化传统的差异，马家窑文化居民虽初步尝试炼铜成功，却创造性地掌握了锡青铜技术而非黄铜技术。这种因族群迁徙促使其冶金术的创新在世界冶金史上是存在的[35]200-201。当然，西北冶铜技术的初期探索也是艰难的，比如与马家窑文化铜刀同时出土的"碎铜渣"可能就是此过程的艰难尝试。后者采用铜铁氧化共生矿石，其冶炼工艺条件较难把握，所以尝试失败。

与此相似，受压迫北上的泉护二期文化在抵达太原盆地时，有可能将炼铜技术传播或带到仰韶文化义井类型分布区，因当地矿产资源和文化传统的差异，炼出了红铜，从而有榆次源涡镇红铜渣的发现。对于大汶口遗址的铜绿，虽然其铜器的材质和制作工艺还不清楚，但很可能是大汶口文化在西进过程中，通过秦王寨文化间接接触庙底沟文化——泉护二期文化而得到冶铜技术的。大汶口文化在其早期就开始西进，在其晚期掌握了炼铜技术，这符合铜冶金技术的发展和传播规律。屈家岭文化目前虽没有铜器发现，但其后续的石家河文化的多个遗址中发现有公元前2400年前后的铜器残片、铜渣和孔雀石。尽管没有对其科学鉴定的报道，但从该地区铜矿特征和遗址出土孔雀石来看，其铜器材质为红铜的可能性很大。石家河文化铜器和炼铜遗物的年代与西北、中原地区龙山时期的发现约为同时或略早，因此其冶铜技术来自这两地区的可能性不大，而来自石家河文化的前身屈家岭文化的可能性较大。所以，将来在屈家岭文化、秦王寨文化和大司空文化中发现铜器或冶铜遗物的可能性是存在的。

距今5000年左右，在关中盆地之外的东、西、南、北四个方向的考古文化中都发现（或可能）存在冶铜技术的证据（线索），使我们不得不审视中原地区在其中扮演的核心角色。其实，中原之外的其他地区在获得了冶铜技术后的数百年的时间里，铜冶金技术的发展仍然缓慢甚至有些沉寂，目前很少有该时间段的铜器或炼铜遗物出土。比如从马家窑文化到马厂文化近千年的时间里，冶铜业的进展速度比较缓慢，所见铜器数量稀少，说明他们对这项习得的新技术仍需时间来消化和吸收。另外，各区域社会对铜器的需求似乎也不强烈，加上技术探索的难度，其发展显得有些缓慢。但从另一方面来观察，冶铜术的扩散却显示出其进步性：一是掌握冶铜技术的地域扩大；二是铜冶金技术在引入地域获得技术创新，在西北出现了锡青铜、晋中出现红铜等新材质；三是制作工艺上出现铸造技术（西北地区）。又经过数百年的技术积淀和文化发展，在龙山时代后期，中国的铜器技术再次迎来了大发展。

三　龙山时代的冶铜技术

进入龙山时代后，我国的铜器和冶金遗物逐渐增多，绝大部分文化中都有铜器被发现，尤以西北、中原地区最多。龙山时代冶铜技术的发展主要得益于此前阶段各文化的整合和交流、技术的探索和积累、社会需求的逐渐增强。就整个龙山时期看，西北、中原和海岱地区的冶铜术几乎"同时"勃兴，可见冶金技术的发展是龙山时期的时代特征之一。

西北地区出现青铜技术后可能走上了独立的发展道路，但仍处在探索阶段，表现为材质的多样化和成分的不稳定性、锻造和铸造工艺并存。马厂文化应继承了马家窑文化的青铜技术（其间有缺环），并且出现了红铜器。齐家文化起源于陇东和宁夏南部，其后向西北扩张，最终将马厂文化挤出了河湟地区。对齐家文化部分铜器的分析检测显示，齐家文化早期遗址以红铜器为主，晚期遗址以青铜器为主。其中一个颇有意味的文化现象值得关注，即齐家文化所有的铜器均出土于洮河以西地区，位置越偏西的齐家文化遗址往往出土的铜器数量越多。齐家文化在同拥有冶铜技术的马厂文化的激烈交锋中，应伴随着文化的交流、冲突、战争甚至冶铜工匠的俘获，加上西北地区丰富铜矿资源的支撑，齐家文化可能逐渐掌握冶铜技术并致力于技术创新，发展迅速。相比马厂文化，齐家文化不仅铜器数量猛增，出土地点大大增多，种类也更趋多样化。

齐家文化还有另一个颇有意味的现象。马厂文化拥有青铜和红铜技术，既然两种技术具有同样的选择可能性，在齐家文化与马厂文化的交流中，为何齐家文化在其早期以红铜器为主，到晚期才过渡到以青铜器为主，而不是相反？齐家文化早期出土红铜器的黄娘娘台遗址（只出土红铜，多数铜器的年代属齐家文化早期），位于河西走廊的东段，属齐家文化分布区的偏西偏北部。而马厂文化的红铜器出自酒泉，位于河西走廊的西段，二者处于相同的自然地理单元内。从年代上看，马厂文化与齐家文化早期年代相差不多，暗示两地间的红铜技术可能有共同的渊源。上文述及仰韶晚期来自晋南的泉护二期文化及其族群曾到达后套盆地，龙山时期晋中、晋陕冀北部及内蒙古中南部同属面貌统一的双鋬鬲文化系统，而马厂文化和齐家文化与内蒙古中南部有密切接触。如果源于晋中的红铜技术没有失传，马厂文化和齐家文化有可能从内蒙古中南部获得红铜技术。当然，这仅属推测，其真实性尚需得到未来出土铜器证据的支持。

四坝文化源于马厂文化，其冶金技术自然因袭了后者的传统。同时，四坝文化曾与齐家文化有一个并行和对峙的阶段，后者可能会对前者产生影响。在西北地区，四坝文化出土的铜器数量最多，种类也最丰富。与齐家文化相比，四坝文化的铜器制作和使用更加普遍，晚期其青铜器和铸造工艺逐渐占据统治地位。砷铜的出现和流行是四坝文化的一个显著特点。有学者指出，四坝文化很可能经历了红铜→砷铜→青铜的发展过程。以前四坝文化中东面的遗址出土砷铜多于西面的现象，曾给学界带来一定的困惑。但自齐家文化尤其其早期遗址发现砷铜器后，这种困惑便"豁然开朗"了。这一发现表明四坝文化的砷铜技术有可能源于齐家文化。位于甘肃民乐的东灰山遗址处于齐家文化和四坝文化对峙的最前沿，会因"近水楼台"而发展砷铜比较早。实际上，年代偏早的东灰山遗址出土铜器几乎全为砷铜，越往西的遗址，其砷铜在铜器中的比例似乎有大致递减的趋势，这更增加了四坝文化砷铜技术来自齐家文化的可能性。

若以时间和空间为维度整体考量，在西北地区范围内，从马家窑、马厂、齐家到四坝文化，三种材质的铜器在该地区时空中的流布似有一大致的轮廓。该地区的红铜器最早在河西走廊的马厂文化和齐家文化早期出现，稍后在四坝文化偏早的火烧沟遗址中仍占有优势，直至遍及整个西北地区，这似乎印证了西北的红铜技术最早来自河西走廊。锡青铜最早在洮河流域马家窑文化的林家遗址出现后，在随后的马厂文化（庄浪河流域的永登蒋家坪）、齐家文化和四坝文化中，大致呈半扇面西向扩展。目前，中国最早的砷铜发现于黄河上游的青海东南部（砷铜最早出现于同德宗日遗址，稍后是其北部的贵南尕马台遗址和东部洮河流域的甘肃临潭磨沟遗址，最后是更北部的四坝文化，尤以后者为盛。值得说明的是，以前由于分析鉴定工作的不足，一些四坝文化尤其齐家文化砷铜器没有被辨认出来。随着工作的开展，相信西北地区砷铜发展和交流的更多细节将会呈现出来）。若以河西走廊、洮河流域和青海东南部地区互为三角形的犄角，则红铜、锡青铜、砷铜技术可能分别从其起源地（或最早发现地）开始在相继的历史时期大致向另两个犄角方向或快或慢地扩散、交融、发展，形成了一个紧密的多种冶铜技术相互交流作用圈，使得西北地区早期冶铜术的发展脉络更加明朗。

中原龙山文化系统中，目前只在晋南的陶寺文化、豫西的王湾三期文化和豫东的造律台文化中发现有铜器或冶金遗物。陶寺文化分为早、中、晚三期，存在复杂的社会组织和发达的政治权力架构，已进入早期文明社会。从该文化中期开始，除黄铜器外，红铜和砷铜约同时出现，材质呈现多样化，以红铜和铸造工艺为主。周家庄黄铜器成分的变化以及陶寺红铜、砷铜的出现可能主要源于冶炼矿石种类的多元化及对当地传承下来的黄铜冶炼工艺的改进和创新，这是时代的加速进步、社会需求的逐渐增强而引发冶铜技术不断发展的结果。陶寺遗址附近的中条山蕴藏有丰富的铜矿资源，其冶炼砷铜的砷矿物也能从附近商代前期的砷铜渣中找到一些矿源线索[36]。此外，陶寺红铜技术的来源还有一种可能，即陶寺中期曾受到晋中等北方文化的影响，则其红铜技术也有可能来自晋中。陶寺铜器不见于大墓，表明铜器可能并未进入其礼制体系。

王湾三期文化在中原龙山文化系统中最具活力，经历了长时期的繁荣。该文化出土铜器或冶金遗物的有王湾类型的郑州董砦和牛砦遗址，煤山类型的临汝煤山、登封王城岗、新密古城寨遗址，材质有红铜、铅青铜和锡青铜。有研究者认为，从王湾三期文化煤山类型向二里头文化转变过程中的礼器经历了从“高规格陶器与玉器的组合”向“铜器与玉器组合”的转变[37]。上层统治者出于构建和维持社会秩序的现实需要，对铜礼器的追求可能是该文化冶铜技术发展的重要原动力。

造律台文化出土铜器或冶金遗物的遗址有淮阳平粮台、鹿邑栾台、杞县鹿台岗遗址。前两处遗址所出土铜渣和铜块的年代为公元前 2300 年前后，大体与陶寺中期同时。至于铜块的材质和制作工艺以及铜渣的冶炼产物，因没有分析检测的报道，所以不得而知。

中原龙山文化作为一个考古学文化丛体，其诸文化之间存在冶铜技术的交流也是必然的。不过，龙山时代王湾三期文化曾与石家河文化长期对峙，此消彼长，最后以前者的胜利而告终。"近水楼台"的造律台文化很可能因地理位置处于中原文化分布区的南部（稍偏东）而卷入其中。年代上，石家河文化二期的铜器和铜渣比造律台文化和王湾三期文化稍早，后两者有可能因文化交流或战争而从前者获得红铜技术。如此看来，则造律台文化的冶铜技术有可能属红铜技术。王湾三期文化的另一个特色是出现了青铜技术。登封王城岗遗址已经出现锡青铜容器，表明煤山类型的铸造技术已达到较高水平，为其后二里头文化和商周时期青铜文明开了先河。王湾三期文化青铜器的出现可能是因矿石选料的多元化而催生的技术创新。诸多出土的铜渣和坩埚片等冶金遗物表明，中原龙山文化的铜器是在当地冶炼和制作的。相比陶寺文化，河南地区龙山时期诸文化的铜器和冶金遗物分布范围广，各时段文化的连续性强，具有后发优势。

关于龙山时期西北和中原地区冶铜技术之间的关系是令学术界非常困惑的一个问题。西北地区早期铜器的发现地点和数量多，种类多样，以各种小型装饰品、小型工具、铜镜以及权杖头等宗教仪仗用品为特征，但不见礼乐器、容器出现。红铜出现较早且在早期占据主流，青铜器出现也较早并最终占据主导地位。齐家文化早期出现的砷铜，之后在四坝文化中成为一种重要的铜器材质。铜器制作技术，先是铸造、锻造工艺并存，最终以铸造为主，并一直采用石范模具。如前所述，在西北地区存在一个红铜、锡青铜、砷铜的冶铜术相互交流作用圈。

中原地区是早期铜器和冶金遗物发现较多的一个地区，但数量比西北地区少。有小型工具、礼乐器、容器，少见装饰品，未见铜镜、权杖头等宗教仪仗用品。龙山时期黄铜仍存在，新出现红铜、砷铜和青铜，但基本以红铜为主。制作技术上，黄铜延续仰韶时期的锻造工艺，并随着新材质的出现，很快转入以铸造为主，出现复合范工艺。中原龙山诸文化间的交流、整合及其与山东龙山文化、石家河文化之间反复拉锯式的冲突和战争形成了一个紧密的考古学文化相互交流作用圈，它可能是龙山时期中原（及海岱）地区冶铜技术兴起的社会文化背景。

中国各地区各时段的冶铜术的发展可能往往受多种因素的影响，主要有冶铜技术的发展水平、铜矿资源的配置、文化的发达程度（包括文化的传统、影响力和政治控制力）、社会需求和经济形态等。在某些时段可能只有一两种因素起主要作用。如在龙山时期，西北和中原地区在冶铜技术水平等大致相同的情况下，其铜矿资源的配置状况可能起着重要作用。在西北地区，无论是河西走廊、甘肃中南部还是青海东南部都有铜矿呈散布式分布，点多面广。相比而言，中原铜矿资源"贫乏"且集中（如中条山铜矿），加上中原体系内各考古学文化间的区域分割，从而限制了冶铜技术的发展，表现为中原出土铜器的数量不如西北地区多。到二里头时期，中原地区的政治控制力和社会需求（铜礼器）因素凸显，其远距离获取矿产资源的能力和发展铜器的动力急剧增强，成为其冶铜术后来居上的最重要因素。

就目前的考古证据看，龙山时期西北和中原地区冶铜技术之间的相互关系，只能大致给出以下几点结论。其一，两地区出现红铜的时间大致相同（约公元前2300年），且中原红铜技术存在来自晋中和江汉地区的可能性，而晋中、汉江和西北地区的冶铜术有可能在更早时期（约公元前3000年）源自关中盆地。其二，西北的青铜技术出现较早，中原稍晚，但也没有可靠的证据能表明后者的技术来源于前者。其三，西北与中原的砷铜发展情形也不相同。总之，目前无论是作为两地区龙山晚期最早的主流材质的红铜、最后占主导地位的青铜，还是"昙花一现"的砷铜都找不到其地区间交流和传播的确实证据，因在西北和中原地区之间存在至今尚未发现早期铜器的广阔的空白地带，也没有发现其交流和传播的通道及考古学文化载体。所以，龙山时期西北和中原地区的冶铜技术走上了各自独立的发展道路。两地区在早期铜器的发展过程中是否有过相互影响虽不能完全否认，但其主流应是各自的独立发展。

四　相关问题的讨论

（一）中原地区的砷铜问题

中国的早期砷铜流行于西北地区尤其是四坝文化中，但砷铜在中原地区的陶寺、新砦和二里头遗址中也有零星发现[①]。此后在该地区商代前期的山西垣曲商城、陕西汉中（商代铜器群），商周时期的山东赢城、陕西周原等遗址均有少量砷铜或其冶炼遗物、遗迹的发现，说明砷铜在中原地区曾有一定程度和范围的流传。中原各遗址出土的砷铜器量少但流传的时间较长。这些砷铜之间的关系以及各遗址间是否存在砷铜技术的交流和传播尚需进一步的研究。但在红铜和青铜先后处于统治地位的情况下，砷铜的零星存在，似乎并未对中原地区的冶铜技术产生重要影响。从陶寺铜器的砷含量看，铜容器片和齿轮形器含砷量分别为 0.94% 和 4.8%，说明陶寺先民在冶炼红铜的同时，从陶寺中期开始已在尝试冶炼砷铜，并与西北地区最早的砷铜大体同时。但这种技术创新并没有像四坝文化中的砷铜那样发扬光大，所以把中原地区个别砷铜器的出现看作基于当地矿产资源因素而偶发的技术创新的产物而非来自区域外的技术交流相对更合理。

（二）中国早期冶铜术与西方的差别

西亚、欧洲等地用铜、冶炼铜的历史大体上经历了三个不同的阶段。第一阶段约始于公元前 7000 年，是自然铜的直接利用，一般使用锻造技术，冶铜术发展缓慢。第二阶段是约开始于公元前 4000 年的冶炼铜阶段，出现冶炼红铜或铜合金砷铜、锡青铜等，用冷锻、热锻、熔铸的方式成型。公元前 3000 年以后，砷铜开始取代红铜成为主流。第三阶段是公元前 2000 年前后锡青铜取代砷铜成为主流材质。该阶段是有意识地冶炼并配制出铜合金。从整体上看，西方的冶铜术走过了自然铜→（红铜）砷铜→锡青铜的演变历程。中国是否存在第一阶段，目前尚没有出土铜器的实物证据。关中地区大约是在公元前 5000 年的仰韶时期直接进入第二阶段的，冶炼的是黄铜，采用锻造工艺，冶铜术同样发展缓慢。公元前 3000 年前后，源自关中地区的冶铜技术开始扩散，在其他地区发展出锡青铜、红铜等新材质，并出现铸造工艺。从公元前 2300 年前后开始，中国冶铜术发展加速，尤以西北、中原地区为盛。公元前 2000 年前后，中国进入以铸造青铜器为主的时代。总的来看，中国冶铜术走过了黄铜→（黄铜、锡青铜、砷铜）红铜→锡青铜的演变历程。比较中国和西方的冶铜术，其在铜器材质、技术模式、发展阶段和演进过程等方面都存在较大差别，表现为中国目前尚没有证据表明自然铜阶段的存在，中国最早的冶炼铜是黄铜以及没有"像样"的砷铜阶段（西北的个别区域除外）存在等。因此，中国的早期冶铜术应是独立起源的。

（三）东西方早期冶铜术的交流问题

关于早期东西方文化和冶铜术的交流，有一种观点认为西方早期的冶铜术沿古丝绸之路经中国新疆、河西走廊传入甘青、中原地区是一条可能的路径。目前在新疆西部疏附县苏勒塘巴俄和阿克塔拉遗址、中东部罗布泊的古墓沟和小河墓地等采集或出土少量小件铜器，新疆东部哈密地区发现了大量铜器。有些遗址的文化特征和铜器显示其与俄罗斯、哈萨克斯坦或蒙古高原的早期考古学文化有联系，甚至存在蒙古人种与欧罗巴人种之间的混居和基因交流，但其年代均不早于公元前2000年。就目前的考古证据来看，来自西方的欧罗巴人群和冶铜术可能最早在公元前2000年前后到达新疆并同来自甘青等地的蒙古人群和早期冶铜术有接触和交流。我国西北地区部分早期铜器的形制与西方或欧亚草原地带的器物有些相似，可能是较晚时段中西方文化或铜器技术交流的结果。这些相似的形制是中西方铜器技术的直接交流，或是其他文化因素的交流在铜器技术上的映射，这尚需进一步的研究。所以，西方早期的冶铜术经中国新疆、河西走廊传入西北（甘青地区）和中原地区的可能性较小。还有一种观点认为，西方早期的青铜技术可能随着源自西亚或中亚的小麦、个别品系的驯化黄牛和绵羊等沿欧亚草原通道经中国北方地区捆绑传播进入黄河中下游地区，而中国北方地区在其中扮演了重要的媒介角色。但至今尚未在中国北方地区发现早于公元前2000年前后早期铜器的确切证据。由此看来，上述青铜器和小麦等捆绑传播的观点是值得商榷的。

结　论

中国的早期冶铜术起源于仰韶文化时期（公元前5000年前后）关中盆地的黄铜技术。公元前3000年前后，中原冶铜技术因文化交流、迁徙，族群迁移而扩散至其他地区，各地区发展出多种材质的铜器。此后西北和中原地区的冶铜技术便分道扬镳。公元前2000年前后青铜逐渐成为两地区铜器的主流。从公元前3000年前后起算，从更早、更广阔的社会和文化背景看，关中盆地或许是中国冶铜术起源的核心地区。无论是材质、技术模式、发展阶段还是演进过程，中国与西方早期冶铜术的特点不同，中国早期冶铜术是独立起源的。中国早期冶铜术的发展大致可以划分为两个阶段（二里头文化之前）。公元前5000年至公元前3000年为萌芽期，约相当于仰韶文化时期，可能仅限于关中地区，材质为黄铜，锻造工艺，发展比较缓慢。公元前3000年至公元前2000年为探索发展期，其中公元前2300年后为加速发展时段。

（本文曾于2013年10月在河南郑州召开的"嵩山文明与早期中国学术研讨会"上交流。）

注释

①刘煜在"嵩山文明与早期中国学术研讨会"（河南郑州，2013年10月30日—31日）
上小组发言，新砦遗址新砦期遗存新发现一件砷铜器。

参考文献

［1］TYLECOTE R F. A history of metallurgy ［M］. London：The Institute of Materials，1976.

［2］ROBERTS B W，THORNTON C P，PIGOTT V C. Development of metallurgy in Eurasia
［J］. Antiquity，2009，83（322）：1012 – 1022.

［3］梅建军. 关于中国冶金起源及早期铜器研究的几个问题［M］//中国社会科学院考
古研究所，中国社会科学院古代文明研究中心、古代文明研究：第一辑. 北京：
文物出版社，2005.

［4］李水城. 西北与中原早期冶铜业的区域特征及交互作用［J］. 考古学报，2005
（3）：239 – 278.

［5］华觉明. 论中国冶金术的起源［J］. 自然科学史研究，1991（4）：364 – 369.

［6］王昌燧. 科技考古进展［M］. 北京：科学出版社，2013.

［7］孙淑云，韩汝玢. 甘肃早期铜器的发现与冶炼、制造技术的研究［J］. 文物. 1997
（7）：75 – 84.

［8］徐建炜. 甘青地区新获早期铜器及冶铜遗物的分析研究［D］. 北京：北京科技大
学，2010.

［9］韩汝玢，柯俊. 姜寨第一期文化出土黄铜制品的鉴定报告［M］//西安半坡博物
馆，陕西省考古研究所，临潼县博物馆. 姜寨：新石器时代遗址发掘报告. 北京：

文物出版社，1988.

[10] FAN X P, HARBOTTLE G, GAO Q, et al. Brass before bronze? Early copper-alloy metallurgy in China [J]. J. Anal. At. Spectrom, 2012, 27 (5): 821 – 826.

[11] 王建平，王力之. 山西周家庄遗址出土龙山时期铜片的初步研究 [J]. 中国国家博物馆馆刊，2013 (8): 145 – 154.

[12] 王力之. 晋南运城盆地龙山时期遗存探讨 [J]. 中国国家博物馆馆刊，2012 (8): 68 – 76.

[13] 王晓毅，严志斌. 陶寺中期墓地被盗墓葬抢救性发掘纪要 [J]. 中原文物，2006 (5): 4 – 7, 2.

[14] 中国社会科学院考古研究所山西队，等. 山西襄汾县陶寺城址发现陶寺文化中期大型夯土建筑基址 [J]. 考古，2008 (3): 3 – 6.

[15] 中国社会科学院考古研究所山西工作队，等. 山西襄汾陶寺遗址首次发现铜器 [J]. 考古，1984 (12): 1069 – 1071, 1068, 1155.

[16] 梁星彭，严志斌. 山西襄汾陶寺文化城址 [M] //国家文物局. 2001 中国重要考古发现. 北京：文物出版社，2002.

[17] 北京科技大学冶金史研究室. 登封王城岗龙山文化四期出土的铜器 WT196H617: 14 残片检验报告 [M] //河南省文物研究所，中国历史博物馆考古部. 登封王城岗与阳城. 北京：文物出版社，1992.

[18] 严文明. 论中国的铜石并用时代 [J]. 史前研究，1984 (1): 36 – 44, 35.

[19] 郑州大学文博学院，等. 豫东杞县发掘报告 [M]. 北京：科学出版社，2000.

[20] 河南省文物研究所. 河南鹿邑栾台遗址发掘简报 [J]. 华夏考古，1989 (1): 1 – 14.

[21] 山西省考古研究所. 塔儿山南麓古遗址调查简报 [J]. 文物季刊，1992 (3): 17 – 22.

[22] 中国社会科学院考古研究所河南二队. 河南临汝煤山遗址发掘报告 [J]. 考古学报，1982 (4): 427 – 476, 525 – 534.

[23] 李京华. 关于中原地区早期冶铜技术及相关问题的几点看法 [J]. 文物，1985 (12): 75 – 78.

[24] 河南省文物考古研究所，等. 河南新密市古城寨龙山文化城址发掘简报 [J]. 华夏考古，2002 (2): 53 – 82, 114 – 116.

[25] 河南省文物研究所，等. 河南淮阳平粮台龙山文化城址试掘简报 [J]. 文物，1983 (3): 21 – 36, 99.

[26] 北京大学震旦古代文明研究中心，等. 新密新砦: 1999—2000 年田野考古发掘报

告 [M]. 北京：文物出版社，2008.

[27] 山东省文物管理处，等. 大汶口：新石器时代墓葬发掘报告 [M]. 北京：文物出版社，1974.

[28] 李延祥，等. 牛河梁冶铜炉壁残片研究 [J]. 文物，1999（12）：44－51.

[29] 韩汝玢，柯俊. 中国科学技术史·矿冶卷 [M]. 北京：科学出版社，2007.

[30] 湖北省文物考古研究所，等. 湖北石家河罗家柏岭新石器时代遗址 [J]. 考古学报，1994（2）：191－229.

[31] 韩建业. 庙底沟时代与"早期中国" [J]. 考古，2012（3）：59－69.

[32] 朱雪菲，许永杰. 西阴文化的解体与仰韶晚期遗存的生成 [J]. 考古与文物，2012（6）：28－37.

[33] 许永杰. 距今五千年前后文化迁徙现象初探 [J]. 考古学报，2010（2）：133－170.

[34] 鲁晓珂，等. 河南灵宝西坡遗址陶器的科技研究 [M]∥中国社会科学院考古研究所科技考古中心. 科技考古：第三辑. 北京：科学出版社，2011.

[35] 新疆维吾尔自治区吐鲁番学研究院. 欧亚大陆北部的古代冶金：赛伊玛－图尔宾诺现象 [M]. 北京：中华书局，2010.

[36] 梁宏刚，等. 垣曲商城出土含砷渣块研究 [J]. 有色金属，2005（4）：127－130.

[37] 李宏飞. 铜器对早期中国社会变迁的作用试析 [J]. 南方文物，2011（4）：67－73，65.

作者简介：王建平，男，历史学博士，中国国家博物馆副研究馆员；王志强，男，中国国家博物馆馆员；胥谓，男，中国国家博物馆副研究馆员

原文刊于：《中原文化研究》（郑州），2014.2：41－49

仰韶文化玄玉的认定及意义

张天恩

    摘　要：玄玉之名见于先秦文献。随着考古发现和相关传统文化考察活动的收获，可以确认以仰韶文化早期偏晚的史家类型所出的墨绿或黑色的蛇纹岩为主以及透闪石类工具类玉器，应是仰韶文化玄玉之始。玄玉在庙底沟类型时期有所发展，在其晚段已出现彰显身份的玄玉斧、钺及装饰用器，这表明用玉进入繁盛时期。受玉料资源限制和文化传统观念影响，仰韶文化玄玉形成了种类少、色深黑和形简素等特征，并影响到后来龙山时期石峁、陶寺及齐家等文化的玉器审美取向和制作工艺，以及夏代核心玉礼器牙璋（或玄圭）的材质选择。

    关键词：仰韶文化；玄玉；认定；意义

    玄玉是指黑色（或赤黑色）的玉，最早见于《楚辞·招魂》："红壁沙版，玄玉梁些。"本为诗人屈原对故里宫馆建筑的夸饰性描写。王逸注曰"以丹沙尽饰轩版，承以黑玉之梁"，揭示出先秦时期的高等级建筑中，有以黑色玉材来装饰房梁的可能。那么，古代有没有其他玄玉的器具呢？

    《尚书·禹贡》曰："禹锡玄圭，告厥成功。"是说大禹治水、划定九州后，遂献祭玄圭于上帝以彰大功告成。文内"锡"字一般作被动语态理解，禹为受赐者，赐主为帝（尧）[①]，此将玄玉所制之圭的使用推到大禹时代则是比较明确的。二里头文化被看作夏文化，是考古界多数人的意见，该文化出土有为数不少的黑色玉牙璋，可能与文献所说的大禹"玄圭"有关。如进一步从黑色玉器来考虑，考古发现中还有没有更早的玄玉类器物也就成为一个值得关注的问题。

相关的考古发现实际已提供了有价值的线索，有些仰韶文化遗址中出土了少量玉斧、玉钺及玉饰件等。报告介绍相关玉器的外观往往呈黑色或墨绿色，这会不会就是玄玉？如果是，则意味着玄玉的使用要早到仰韶时期，过去的认知可能就存在偏差，故需要做进一步研究。

一 仰韶文化玉器的发现概况

就新石器时代的考古而言，较长时期以来存在一个比较普遍的认识，即仰韶文化属于不使用玉器的文化系统。相较于东北的兴隆洼、山东的大汶口、东南的崧泽等偏东区域诸文化都有数量不等的玉器被发现，基本不出玉器似乎成为黄土高原地区仰韶文化的显著特点。

检索早期的田野考古资料会发现，在出土遗物部分根本找不到玉器的任何记录。如著名的西安半坡、渑池庙底沟、临潼姜寨、宝鸡北首岭等仰韶文化遗址[2]，发掘揭露面积大者上万平方米、小者数千平方米，都不见玉器的信息。这些考古发掘报告就成为上述认识产生的基础，似乎证明了仰韶文化确没有使用玉器的传统，实际也成为仰韶文化研究的一个盲区。

自 20 世纪 80 年代中后期，情况开始出现变化。1983—1984 年，在陕西汉中南郑县龙岗寺遗址，发掘仰韶文化半坡类型墓葬 420 多座，其中 20 座墓中出土玉器 26 件。器类有斧、锛、铲，还有刀和镞[3]，以生产工具类居多，武器类极少。玉器的材质经鉴定有透闪石软玉，也有蛇纹石[1]416-425，色泽以浅绿、浅青、黄绿为主，也有白色。玉器的加工技术简单，未见雕刻的纹饰，但器物表面光洁度普遍较高，可能是缘于玉料的品质较好。

龙岗寺玉器的外观多为浅色，显然不属于玄玉范畴。出玉器可能是因遗址位于陕南的汉水上游，靠近出产岩性相似玉料的汶川玉矿区[1]416-425，有获取资源的便利，也不排除其他地区原料的输入。这些玉器是以本地石器制作工艺所制，和石器生产工具一样都随葬于略有身份的男性成员之墓[2]。这里的发现因靠近矿源或可视作一个例外，还不足以证明仰韶文化玄玉的存在。

1985 年宝鸡市福临堡仰韶遗址的发掘，在仰韶文化晚期西王村类型的 1 座小房子和地层内，分别出土很薄的梯形、璧形小玉坠各 1 件[3]158，均为略呈墨绿带有白色纹路的透光料。笔者作为发掘主持人观察认为其是碧玉，与其他石器不同，编写报告时将其按玉器做了介绍。这应该算是较早识别出的仰韶文化玄玉类小饰件，出土单位年代为遗址的第三期遗存，属于仰韶文化晚期。其实，遗址还出有几件类似材质的墨绿色玉笄，因没有明显透光而归为石笄则为失误。

秦安大地湾是一处面积达 110 万平方米的新石器时代遗址，内涵以仰韶文化最为丰富，包括史家、庙底沟和半坡晚期类型三个时期的文化遗存[4]686-694。在各期的部分单位和地层中，分别出土少量凿、锛等玉质工具，报告称其岩性为软玉或蛇纹岩。尤其是最后一期，出土的蛇纹石玉笄有数十件之多。无论工具凿、锛还是用具发笄的外观均为偏黑或墨绿色，报告彩版中就展现有玉器 10 余件[4]。

西安鱼化寨仰韶文化遗址中，少量仰韶晚期单位也出土有玉笄，均为墨绿色有白色条斑的半透明蛇纹石[5]936,1001,1151。发现此类玉器更多的是蓝田新街遗址，在属于仰韶晚期的多个单位出土玉笄达 100 余件，多为墨绿色蛇纹岩料；并发现有制作玉笄的蛇纹石残块[6]582,图版八四-九〇，其上有锯切的痕迹，另外，还有同样材质的半成品残笄多件。这可以说明该遗址就有以蛇纹岩为主要原料的玉石器作坊，出土的玉笄应为当地产品而非外来之物。

西安泾渭工业园区的高陵区杨官寨遗址，为一处面积 100 余万平方米的仰韶文化大型聚落，庙底沟类型遗存的分布范围约 80 万平方米，中间有环壕所围的核心区，是目前所知最大的仰韶文化环壕聚落④。出土的大量文物中除玉笄外，还有玉钺 3 件，玉料均为蛇纹岩，浅绿或墨绿色，夹杂黑色斑点和白色斑纹⑤。此为渭水流域仰韶遗址首次考古发掘出土的玉钺，与前述遗址的凿、锛、笄及小玉坠等玉器性质不同，这已经超出了工具、用器和饰件的范围，具有武器或威权类玉器的意义。

与此呼应，河南灵宝西坡仰韶墓地也出土了一批玉器。其中的 9 座墓葬中出土玉钺 13 件及玉环 1 件[7]。除 1 件钺（M30：9）为青白色方解石料外，其余均为墨绿色带白斑纹或黑斑点的蛇纹岩料。根据随葬陶器的形制特征推断，这批墓葬的年代应属于庙底沟类型的最晚阶段，距今约 5000年或略早，可能要晚于杨官寨的墓葬。这些具有武器性质的玉钺均出于西坡墓地的大中型墓，普遍置于墓主的手臂附近或头骨旁，远离同墓随葬的陶器，这进一步证明其具有彰显死者身份的威权意义。

这些发现可以说明，使用少量色泽墨绿的蛇纹岩制作凿、锛工具，可上溯到仰韶早期的史家类型，距今 6000 年以前。到中期的庙底沟类型阶段仍以生产工具类为多，并开始制作玉笄类生活用具。约在庙底沟类型晚期或略早阶段，开始制作用于军事活动的武器——玉钺，其可能已被赋予显示身份的威权物属性，成为仰韶文化的一个重要传统。

二 对于仰韶文化玄玉的认定

上述情况显示了仰韶文化确有以蛇纹岩为原料，制作玉器的大体发展历程。但要将这类以墨绿色泽为基调的玉器与古文献所说的玄玉等量齐观，实际还需要通过名物互证的机缘来完成。对此，中国社会科学院、丝绸之路杂志社、中国甘肃网等单位发起、组织的"玉帛之路考察"活动给予了一个较好的回应。

该活动数年间在西北五省区及内蒙古中南部等地区，先后进行了以古代玉石文物及矿产资源为中心的调查访问十三次，获得大量的第一手科学资料，包括各地所藏的大量蛇纹岩材质的各类玉器和新发现的部分玉矿。笔者有幸参加了第十（渭河道）、十一次（陇东陕北道）的"玉帛之路考察"活动。

2016 年 7 月，第十次考察活动自甘肃渭源县开始，从渭河上游而下到陕西宝鸡市拓石镇北折，入陇山南段南由古道达陇县，又西行关陇道返张家川。2017 年 4 月至 5 月，第十一次考察活动从陕西西安的泾渭交汇地杨官寨遗址起步，西北行向古豳地陇东进发，再折而东行到陕北考察。

在西起武山、甘谷，东到西安，西北的环县、崇信、庆城，东北的富县、清涧、神木等众多公私博物馆内，都可见多寡不一的蛇纹石类（及深色透闪石料）文物。再加上早前的第九次（关陇道）考察，在会宁、庄浪、固原等县市同样有许多类似玉器标本[8]145-173。还有已经报道过的灵宝市文管所收藏的仰韶玉钺 3 件[9]及 2021 年 5 月确认的咸阳博物馆所藏 15 件玉钺等，玉器的发现数量更多，范围更大。上文所讲考古出土的这类玉器似已不少，但和这些丰富的收藏相形见绌。

当然，各地所见的大量蛇纹岩玉器藏品，年代不完全限于仰韶文化。

以考古学的眼光进行形制特征、制作工艺方面的研判，无疑可区分出年代差异。这些墨绿色玉器有属于仰韶时期的，也有属于龙山时代包括齐家文化的。各地馆藏中那些较厚重的铲、凿、钺、斧等工具、武器，以及玉笄、玉环等，基本属于仰韶文化之物。而那些器形较大器体较薄的璧、环、刀、铲、璋、多璜联璧以及琮等，则都属于龙山文化及齐家文化之器。这就说明，以渭河流域为核心的仰韶文化从早期偏晚阶段（史家类型）开始，经过仰韶文化中晚期的庙底沟和半坡晚期类型，形成了以使用墨绿色蛇纹岩为代表，并包括类似色泽的透闪石玉料制作不同类型玉器的传统，这也影响到龙山时期的庙底沟二期、客省庄、齐家等文化。

在过去的考古发掘报告及收藏界的话语体系中，对此类色泽和质量的玉器并无统一名称，一般情况下称为墨玉，也有人如笔者就称作碧玉。但很明显，这些名称都是在针对玉器的外观色泽而言，用以区别浅色的青玉、白玉和黄玉等，并无一个更客观的统一标准。那么，古人有无较一致的说法呢？

依据《山海经》记载的"玄玉"之说，有学者提出将黑（墨绿）色蛇纹岩和类似色泽的透闪石等玉料都称作"玄玉"[8]167。另外，本文开头也提及在《楚辞》等古代文献中，正是将黑色玉材称为"玄玉"。可知古人对此类色泽之玉，确有一个比较一致的名称。所以，笔者赞同依照古人已有之名，将外表近墨绿的深色玉叫作"玄玉"为好，以别于青、白、黄等其他浅色玉。

这样一来，就可以将古人所指的玄玉，与我们尚能见到的古代文物有一个较好的对应关系，也解决了考古和收藏界关于此类古玉的名物统一问题。

三 仰韶文化玄玉的基本特点

通过对相关考古发掘资料和各地不同性质馆藏文物的梳理，已较清楚地了解到渭水流域及相邻地区诸多仰韶文化遗址确有玄玉类文物存在。经过对这些文物的初步观察，可注意到它们具有一些基本特征，这将有助于加深我们对此类文物的认识。

首先，仰韶文化玄玉类文物的种类较少，这可视为其特点之一。就基本用途来说，主要可分为三类。

第一类为生产工具。现在见到并确认的只有凿、锛两类。选用的原材料虽是蛇纹岩玉料，但加工技术、使用情况仍与石器无别。出土于灰坑、灰沟等遗迹或文化层内，并没有显示出作为特殊器物使用的迹象。考古确认此类玄玉的制作年代可追溯到仰韶早期偏晚，直到中期的庙底沟阶段仍在沿用。

第二类为武器。现知只有钺、斧两类。已有资料显示是以钺为主，基本均是在近顶端有一小圆穿孔，少量为靠中部有略大的圆孔。斧的数量较少，与前者的差别是没有穿孔。用材多为蛇纹岩玉料，加工普遍简单，少量可观察到有打磨抛光技术的运用。考古发掘显示其制作的年代不早于庙底沟类型的中期，晚期数量增加，使用渐成风气。它们均出土于大、中型墓葬，有显示使用者身份地位的性质。

第三类为用具及饰件。目前所见生活用具以发笄数量最多，但形制较单一，有"丁"字形和圆锥形两类。另有少量饰件发现，所见的有圆环、梯形或圆璧形小坠。用材基本为蛇纹岩，制作较精细，表明有不错的打磨抛光技术。考古发现者均出自遗迹单位内，表明其应属于较精巧但仍相对普通的用品。较遗址中的骨、陶笄，陶环等饰物或略显珍贵，这虽反映了仰韶人审美意识的提高，但还看不出更为明显的特殊含义。考古资料说明，此类玄玉器的使用年代相对较晚，主要是在仰韶文化半坡晚期类型及其前后。

其次，玉料选材范围较窄，器表色调单一。

考古发现和各地收藏的仰韶文化玉器所用的玉材，以蛇纹岩类为主，少量为深色透闪石料，看起来似有深色的偏好，但实际是受到矿产资源条件的制约。这可能是有前者资源易得，后者材料难求的原因。泾渭地区的仰韶文化遗址大多处于黄土地带的临水阶地，远离玉矿分布区，资源缺乏是最大的问题。

现知的只有在渭河上游甘肃武山县鸳鸯镇一带，发现有丰富的蛇纹石玉矿储藏[10]，民间和藏界有鸳鸯玉之称。其正处于仰韶文化分布区之内，蛇纹岩矿区临近渭河干流，顺流而下便于玉材向外转输，如再溯支流而上可应对更大区域先民的资源需求。新街遗址的玉器、玉料和半成品的材质颇似鸳鸯玉，故可能是来自鸳鸯镇一带的原料，反而与邻近的蓝田玉材相差较远。不过，这还需要进一步做化学检测之后才能最终确认。当然，武山鸳鸯玉矿只是目前所知之点，其他区域如被推测的灵宝附近的山中^[9]是否也有玉矿存在，则需待将来考古或地质调查去发现。

因受玉料选择的限制，玉器色彩显得单调，墨绿甚至黑色成为仰韶文化玉器的基本色调，成为一个必然的反映。

最后，外观朴素、不尚修饰是仰韶文化玄玉的另一特点。

上述的三类玄玉器具，除了玉钺上段或靠近中间位置有钻孔，坠饰也各有小穿孔外，均保持了磨制成形后的基本状态。仅少量斧、钺和坠饰有进一步打磨抛光，但再不施以其他修饰，更没有出现雕刻纹饰之例。仰韶玉器多为深色、不尚雕饰的简朴传统，可能也影响了龙山、齐家、石峁等后续文化的玉器制作工艺。

四 仰韶文化玄玉认定的意义

仰韶文化玄玉的认定，在仰韶文化及相关研究领域，都有较为重要的意义。

首先，改变了之前仰韶文化不用玉的观念。

长期以来，仰韶文化不使用玉器的观念，几乎是考古学界的一个共识，早期考古报告普遍未提及玉器就是很好的证明。经我们的梳理和业外学者的努力，确信在众多考古发掘资料和官私藏品之中，已发现数量众多的仰韶文化玉器，这完全打破了这种认识的局限。

即使将龙岗寺青白色为主的玉器算作一个例外，其他发现也足以证明仰韶文化亦有自身的用玉习俗。若以墨绿色蛇纹岩为主的玉器使用为限，年代可早到仰韶早期偏晚的大地湾遗址史家类型阶段，距今也在6000年以前。属于仰韶中期的庙底沟类型虽仍制作工具类玉器，但至迟到其偏晚阶段就已出现了彰显社会威权的玄玉斧、钺，以及环、坠等装饰品，以示使用者的身份或地位不同。

这些发现，不仅修正了学界认识的不足，而且将仰韶文化纳入以用玉为标识的早期东亚文化体系之中，这应是仰韶文化研究的一个重要突破点。

其次，是仰韶文化价值观的一种反映。

仰韶文化是距今6000年前后，在黄土高原产生发展起来的一支延续时间长、分布范围广、影响巨大的考古学文化，有自身独特的文明模式或路径。仰韶文化被认为提供了比较符合民众和社会需要的措施，有顺应社会发展要求的优势[11]；显示出其生死有度、重贵轻富、井然有礼、朴实执中的特点[12]153-164。比较其他地区，仰韶文化文明路径的主要特点是关注社会治理、务实节俭、不尚奢华、不追求财富拥有和不虚耗社会资源[13]146-159。

现在已明确了仰韶文化也使用玉器，与年代相当的红山、大汶口、良渚等文化有相似性，但玉器发现的数量、种类、造型及雕刻纹饰的复杂程度等，均远逊于其他文化。特别是使用者在对此类资源稀缺、加工复杂、制作费力的特殊物品的占有形式上大相径庭。红山、良渚文化等明显集中于少数宗教人员或部落权贵之手，大墓的随葬玉器往往以十数乃至上百件者亦不鲜见[14]，所出玉器的种类也更多，品质和工艺水准等也显得更高。而仰韶文化大墓随葬品基本是 1 件玉钺和几件普通陶器，两者形成的反差巨大，反映出不同文明体系对财富占据的意识差别。

尽管斧钺类玉器在仰韶文化中晚期之际，已具有显示身份、地位的社会意义，但也仅置入极少的数量作为象征，并未大量随葬进行炫耀，这表明其不具有像良渚、红山文化那样的特殊地位。故从玉器的发现数量、种类、简朴的治玉技术等，反映出仰韶文化不崇尚奢华、务实节俭和朴实执中的社会伦理和价值观念。

最后，仰韶文化玄玉对后世用玉传统有重要影响。

现已明确的仰韶文化玄玉取材，主要有渭河上游的鸳鸯玉。以墨绿（黑）色蛇纹岩（及透闪石）为代表的玄玉使用传统，在仰韶之后龙山时期的多种考古学文化中均有程度不同的继承，自西向东的齐家、石峁、陶寺文化遗址，均有一定数量的玄玉器物发现[15]。其既可能是与原料使用的习惯有关，也可能因审美志趣、思想意识和价值观念的延续使然。

源于仰韶文化石岭下类型的马家窑、齐家文化等，不断西拓，势力范围至于海东和河西地区。这一区域的马鬃山、敦煌旱峡的古玉矿遗址，近年已被考古工作者发现[16]。其中敦煌旱峡玉矿的开采年代在公元前 1700—公元前 1500 年，可至齐家和四坝文化时期。这些遗址的玉料主要为青、白、淡绿、绿、黄、褐等色的透闪石，也有墨绿色，与齐家文化玉器的材质、色泽多相一致，可见这些文化的玉材供给当来自这些新的矿区。石峁、陶寺等文化的玉料多与齐家文化相似，有研究者认为后者可能为前者玉料的供应者[17]。

另外，二里头文化的玉器也有不少玄玉，著名者如二里头及河南其他遗址所出的所谓"牙璋"[18]的一个突出特点是玉料亦以蛇纹岩为多或有透闪石，普遍为墨绿或黑色，少量绿色。可见这一传统也为二里头文化，亦即夏文化所继承，故此类牙璋也被认为是夏代的"玄圭"，并属于夏王朝的核心礼器[19]467-508。

因为这些文化的玉器制作工艺相对简单，又有一定量深色玉，相较于自东北到东南沿海、江汉等地区诸文化流行的以青白、青黄色透闪石类软玉料为主的特征差别明显，所以学界称之为华西系统玉器[20]。但要溯源的话，无疑可追至仰韶文化，而更晚者还能见于成都平原的三星堆祭祀坑和金沙遗址[21]。

结　语

以上研究表明，凭借1980年以来的考古发现和相关传统文化考察活动的收获，已可确认仰韶文化早期偏晚的史家类型所出的以墨绿或黑色的蛇纹岩为主以及透闪石类工具类玉器，应是仰韶深色玉器使用的开端，到庙底沟类型时期有进一步发展，在该类型的晚段已出现彰显身份的威权器——斧、钺，以及装饰用器，这表明仰韶已进入用玉的繁盛期。文献记载的"玄玉"特点，与仰韶文化的深色玉器符合，两者可以名物相容。学界有仰韶文化庙底沟类型可能与黄帝时代有关的看法，此期大中型墓随葬深色玉斧、钺，是否与《越绝书》记载的"黄帝之时，以玉为兵"有涉，似也需要给予应有的关注。

由于受玉料资源限制和文化传统观念影响，仰韶文化玄玉形成了种类少、色深黑和形简素等特征。此后还影响到龙山时期石峁、陶寺及齐家等文化的玉器审美取向和制作工艺，以及夏代核心玉礼器牙璋（或玄圭）的材质选择。已有文章虽已阐明黄土高原地区仰韶文化等华西系的玄玉源远流长，但中原地区的玄玉到商代以后即呈隐而不彰之势。此应与商文化兴于太行山以东，受东方地区使用青白浅色玉、精雕细刻的治玉文化传统影响有关，遂成为主流并影响后世，玉材的选择更钟情于昆仑山系的透闪白玉，而玄玉渐被淡忘。

附记：据新华社 2021 年 12 月 3 日新华网客户端报道，甘肃张家
川圪垯川仰韶文化遗址史家类型的环壕聚落出土的玉权杖首，也可能
具有威权性质的含义，其亦是鸳鸯玉料的制品，这就更好地印证了本
文的看法。

注释

①《史记·夏本纪》记载大禹治水成功之后："声教讫于四海。于是帝锡禹玄圭，以告
  成功于天下。"《秦本纪》记载秦之远祖名"大费，与禹平水土。已成，帝锡玄圭"。

②中国科学院考古研究所、西安半坡博物馆：《西安半坡》，文物出版社 1963 年版；中
  国科学院考古研究所：《庙底沟与三里桥》，科学出版社 1959 年版；半坡博物馆、陕
  西省考古研究所、临潼县博物馆：《姜寨——新石器时代遗址发掘报告》，文物出版
  社 1988 年版。另外还有北首岭遗址、元君庙仰韶墓地、东庄村遗址等，报告的遗物
  部分均没有玉器的任何介绍。

③陕西省考古研究所：《南郑龙岗寺——新石器时代遗址发掘报告》，文物出版社 1990
  年版，第 56—58 页，图七二，介绍玉器 24 件，发掘者之一杨亚长研究确认为 26 件，
  多出石刀两件。见杨亚长《陕西史前玉器的发现与初步研究》，邓聪主编《东亚玉
  器》，香港中文大学中国考古艺术研究中心 1998 年版，第 208—215 页。

④陕西省考古研究院：《陕西高陵县杨官寨新石器时代遗址》，《考古》2009 年第 7 期，
  第 3—9 页。遗址中心的环壕内面积约 24 万平方米，相当于秦汉以后一座较大县城的
  范围。

⑤陕西省考古研究院、高陵区文体广电旅游局：《陕西高陵杨官寨遗址庙底沟文化墓地
  发掘简报》，《考古与文物》2018 年第 4 期，第 3—17 页。杨官寨遗址出土的另外两
  件玉钺尚未正式公布，但 2021 年 5 月 21 日至 23 日在咸阳举办的"玄玉时代"高端
  论坛上，陕西省考古研究院提供的玉钺照片亮相专题展览。

参考文献

[1] 魏京武. 龙岗寺遗址出土的仰韶文化玉质生产工具 [M] //杨伯达. 出土玉器鉴定
    与研究. 北京：紫禁城出版社，2001.

[2] 杨岐黄. 龙岗寺遗址出土的玉石器试析 [J]. 文博，2016（6）：43 - 49.

[3] 宝鸡市考古工作队，陕西省考古研究院宝鸡工作站. 宝鸡福临堡：新石器时代遗
    址发掘报告 [M]. 北京：文物出版社，1993.

［4］甘肃省文物考古研究所．秦安大地湾：新石器时代遗址发掘报告［M］．北京：文物出版社，2006.

［5］西安市文物保护考古研究院．西安鱼化寨［M］．北京：科学出版社，2017.

［6］陕西省考古研究院．蓝田新街：新石器时代遗址发掘报告［M］．北京：文物出版社，2020.

［7］a 河南省文物考古研究所，等．河南灵宝市西坡遗址墓地 2005 年发掘简报［J］．考古，2008（1）：3 – 13，97 – 101；b 中国社会科学院考古研究所河南一队，等．河南灵宝市西坡遗址 2006 年发现的仰韶文化中期大型墓葬［J］．考古，2007（2）：3 – 6；c 中国社会科学院考古研究所，河南省文物考古研究所．灵宝西坡墓地［M］．北京：文物出版社，2010：278，281，282.

［8］叶舒宪．玄玉时代：五千年中国的新求证［M］．上海：上海人民出版社，2020.

［9］马啸林，权鑫．河南灵宝三件馆藏玉钺的年代及相关问题［J］．中原文物，2017（6）：69 – 71，124，129.

［10］a 叶舒宪．玉石之路踏查三续记［M］．西安：陕西师范大学出版社，2020：77 – 80；b 叶舒宪．武山鸳鸯玉的前世今生：第十次玉帛之路渭河道考察札记［J］．百色学院学报，2016（5）：1 – 6.

［11］李伯谦．中国古代文明演进的两种模式：红山、良渚、仰韶大墓随葬玉器观察随想［J］．文物，2009（3）：47 – 56.

［12］韩建业．西坡墓葬与"中原模式"［C］//陈星灿，方丰章．仰韶和她的时代：纪念仰韶文化发现 90 周年国际学术研讨会论文集．北京：文物出版社，2014.

［13］张天恩．中国早期文明路径与文明史观的产生［M］//中国社会科学院考古研究所夏商周考古研究室．三代考古：九．北京：科学出版社，2021.

［14］a 辽宁省文物考古研究所．辽宁牛河梁第二地点一号冢 21 号墓发掘简报［J］．文物，1997（8）：9 – 14，100，2；b 闫付海．瑶山、反山良渚文化墓地及相关问题研究［J］．河南博物院院刊，2020（2）：15 – 27.

［15］a 陕西省考古研究院，等．发现石峁古城［M］．北京：文物出版社，2016：91，130，189；b 中国社会科学院考古研究所，山西省临汾市文物局．襄汾陶寺：1978—1985 年考古发掘报告［M］．北京：文物出版社，2015：彩版三九，四〇，四二，四三，四五；c 山西省考古研究所，等．山西芮城清凉寺史前墓地［J］．考古学报，2011（4）：525 – 560，580 – 592.

［16］a 陈国科．甘肃敦煌发现旱峡玉矿等三处玉矿遗址［N］．中国文物报，2020 – 02 – 21（8）；b 甘肃省文物考古研究所，中山大学地球科学与工程学院．甘肃敦煌旱峡玉矿遗址考古调查报告［J］．考古与文物，2019（4）：12 – 22.

［17］何驽. 华西系玉器背景下的陶寺文化玉石礼器研究［J］. 南方文物，2018（2）：36－50.

［18］邓淑苹. 牙璋探索：大汶口文化至二里头期［J］. 南方文物，2021（1）：201－222.

［19］a 孙庆伟. 礼失求诸野：试论"牙璋"的源流与名称［C］∥中研院历史语言研究所. 金玉交辉：商周考古、艺术与文化国际研讨会论文集. 中研院历史语言研究所会议论文集之十三，2013；b 孙庆伟. 再论"牙璋"为夏代的"玄圭"［C］∥杨晶，蒋卫东. 玉魂国魄：中国古代玉器与传统文化学术讨论会文集六. 杭州：浙江古籍出版社，2014.

［20］邓淑苹. 也谈华西系统的玉器［J］. 故宫文物月刊，1993－1994：125－130.

［21］a 四川省文物考古研究所. 三星堆祭祀坑［M］. 北京：文物出版社，1999：彩图16，28，29，32，34，38，等；b 成都市文物考古研究所，北京大学考古文博院. 金沙淘珍：成都市金沙村遗址出土文物［M］. 北京：文物出版社，2002：19，22，29－32，44，46.

作者简介：张天恩，男，西北大学特聘教授，陕西省考古研究院研究员

原文刊于：《中原文化研究》（郑州），2022.1：12－18

黄帝淳化虫蛾与双槐树牙雕蚕

陈隆文

摘　要： 巩义双槐树遗址位于黄河、伊洛河交汇处，该遗址是一处距今约 5300 年的特大型仰韶文化中晚期聚落。在该遗址中出土了一件蚕形牙雕。联系《史记·五帝本纪》中黄帝"淳化鸟兽虫蛾"的记载，笔者认为巩义双槐树所出牙雕蚕很可能就是仰韶文化时期黄河流域先民养殖家蚕的物证。将黄河流域家蚕养殖的源头追溯到黄帝时代不仅有文献资料的证明，此次考古发现又新添了文物实证。联系与双槐树遗址时代大致相同的青台遗址中的丝织品及其工艺特征与制作技术，可以认为在仰韶文化的中晚期，黄河流域家蚕饲养技术很可能已经成熟。正是由于家蚕饲养业已成熟且规模不断扩大，不仅为这一时期黄河流域华夏先民纺织业的发展与技术的进步提供了必需的原料支撑，也为中国古代文明的起源与发展奠定了物质基础。

关键词： 巩义双槐树；家蚕养殖起源；黄河流域

自瑞典人安特生首次在河南渑池发现仰韶文化遗址，并据其文化内涵对此种考古学文化进行命名后，历经一个世纪的不断发掘，仰韶文化不仅已成为黄河中游地区新石器时代考古学文化的重要代表，而且越来越多的考古学家和历史学家都倾向认为其所处的时代是可以和历史文献记载，特别是与司马迁在《史记·五帝本纪》中所记载的五帝时代相对应的。"时播百谷草木，淳化鸟兽虫蛾"是司马迁在《史记·五帝本纪》中对仰韶文化时期两大经济成就的概括。仰韶文化的分布范围以河南、陕西和晋南为中心，向四周扩展，西至甘肃的河西走廊，东到山东的西南部，南至湖北的汉水流域，北达河北的中部和内蒙古的河套一带。这与文献记载的炎黄文化的分布区域大体一致。据 ^{14}C 测定年代的结果，仰韶文化的年代为距今 7000 年至 4700 年，本身延续 2000 多年，与炎黄文化的时代和延续的时间也基本相同[1]1209。在这一时期里，黄河中游地区的农业较裴李岗文化时期又有了许多新的进步。李昌韬先生指出，在仰韶文化遗址中普遍发现了许多与农业发展有关的资料，其中农业生产工具有石铲、石斧、石刀、石镰、骨铲、角锄、蚌刀、蚌镰等；粮食加工工具有石杵、石臼和少数石磨盘、石磨棒等；还发现一些粮食，如粟、稻、高粱，以及莲籽和菜籽等[1]1209。因此，司马迁在《史记·五帝本纪》中说黄帝时代已能"播百谷草木"的记载应该是针对该时期黄河中游地区农业的发展和进步而言的，这一点应该不会有太大的疑问。现在的问题是，仰韶文化时期农业的发展可以用文献中黄帝"时播百谷草木"作诠释，而《史记·五帝本纪》中记载的属于黄帝时代、可与发展农业相提并论的另一项历史功绩，即"淳化鸟兽虫蛾"又该如何认识？这确是一个值得深入探讨和研究的问题。

一 释虫蛾

《史记》的第一篇就是《五帝本纪》，在《史记·五帝本纪》中司马迁追述了上古黄帝、颛顼、帝喾、帝尧与虞舜五位圣王的事迹，而黄帝则位列五帝之首。《史记·五帝本纪》中称黄帝少时"生而神灵，弱而能言，幼而徇齐，长而敦敏，成而聪明"[2]1，作为帝王，黄帝又能"顺天地之纪，幽明之占，死生之说，存亡之难。时播百谷草木，淳化鸟兽虫蛾，旁罗日月星辰水波土石金玉，劳勤心力耳目，节用水火材物。有土德之瑞，故号黄帝"[2]6。在司马迁看来，"时播百谷草木，淳化鸟兽虫蛾"毫无疑问是黄帝时代的两大经济贡献。如前所述，黄帝"时播百谷草木"可与裴李岗、仰韶文化以来农业发展的考古学资料相印证，但黄帝"淳化鸟兽虫蛾"却不易为当今世人所理解。按《索隐》载："蛾，音牛绮反，一作'豸'。(豸)言淳化广被及之。"《正义》言："蛾，音鱼起反，又音豸，豸音直氏反。蚁，蚍蜉也。《尔雅》曰：'有足曰虫，无足曰豸。'"[2]9唐代司马贞、张守节均依《尔雅》之说将黄帝淳化之"虫蛾"解释成有足的虫或无足的豸，现在看来这种解释并不准确。黄帝为什么要"淳化虫蛾"并广泛地普及它，历代的注释家都未清楚地阐释。

黄帝淳化之"虫蛾"中的蛾，按《尔雅·卷九》说："蛾，罗。蚕蛾。蛾，音娥。《疏》：'蛾，罗'。释曰：此即蚕蛹所变者也。《说文》云'蛾，罗也'。"[3]288《说文》曰："蛾，作𧒎，蚕化飞虫。从虫，我声。𧓚，或从虫。"《段注》曰："蚕吐丝则成蛹于茧中，蛹复化而为虫，与虫部之蛾罗主谓螘（蚁）者截然不同。"[4]1930由此可见，蛾是由蚕化变而成的飞蛾。由此而论，《史记·五帝本纪》中黄帝所淳化的虫蛾不应是它物，而是指蚕蛾，而其中的虫很可能就是指可以吐丝并且最终转化成蛹的家蚕。

甲骨卜辞中无"蚕"字，但有"虫"字，"虫"字的字形如图1所示，共七种[5]1430。

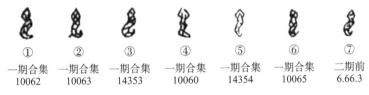

①	②	③	④	⑤	⑥	⑦
一期合集	一期合集	一期合集	一期合集	一期合集	一期合集	二期前
10062	10063	14353	10060	14354	10065	6.66.3

图1 "虫"字形

对于此字的释读，张政烺先生《释它示》主张读为"它"，认为"它"与"虫"初为一字，至《说文》才误分为两字。徐中舒先生《甲骨文字典》中认为：𧒒形至金文渐省讹为𦐇（沈子簋）、𦐈（师遽方彝），为《说文》它字篆文𤬓所本。故虫、它初为一字而《说文》误分形。又：它，虫也，从虫而长，象冤曲垂尾形。上古艹居患它，故相问"无它乎"。𧐖，它或从虫[5]1430。如果将卜辞中的虫字形与河姆渡遗址中出土牙雕小盅的蚕纹做一比较就会发现，卜辞中所释的虫（或它）与蚕形十分相仿，而所谓的虫或它，实际上最初很可能就是指蚕虫。河姆渡遗址第二期发掘报告中载有牙雕小盅一件，标本T244③：71（见图2）。平面呈椭圆形，制作精细。中空作长方形。圜底。口沿处钻有对称的两个小圆孔，孔壁有清晰可见的罗纹。外壁雕刻编织纹和蚕纹图案一圈。外口径4.8厘米、高2.4厘米[6]。

在这个牙雕小盅器的外壁上，编织纹与蚕纹共同组成的图像反映的正是蚕与丝织相互依赖的含义，而其上所绘蚕形与卜辞中的虫（或它）并无太大区别，几乎完全一致。由此来看，将卜辞中的它或虫释为蚕也是合理

图 2　新石器时代河姆渡文化牙雕小盅[7]83

的。因此，徐中舒先生主编的《甲骨文字典》在解释虫或它的构字意义时也引证了胡厚宣先生的旧说，认为它字形，象蛇之头、身、尾形。其单划之、为《说文》虫字篆文所本；其双钩之旧释为蚕[5]1430。康殷先生在《文字源流浅说》中对"蚕、蜀"等字的释读也说明了这个问题。康氏《文字源流浅说》中说："蚕、辰字形为、。甲．胡厚宣释蠤，象蠤形。愚以为即等辰字之初文，蠤本桑树害虫，后人变害为利，盖初民称此类'毛虫'皆为'辰'。今人尚称蛴螬为'地蠤'，辰、蠤古声也相同。"[8]286汉字中的"蜀"字的起源也与蚕虫有关："蜀，、。甲．概用目久视小虫形以表示这是人们饲养、照料的昆虫。蠤或蠤的一种，疑亦的异文。后省作、、，甲．释蜀。乃人目，是虫形之省。先秦作，篆作，又加虫以为补充说明。《说文》'葵中蚕也'。讹为，与讹为同。蠤、蜀二字古声较近，在语源上较近。"[8]287从蚕、蛇、它、蜀、虫等字的起源与讹变来看，我们的祖先对虫类的认识有一个分化的过程，古人将蚕、蛇等混同为虫，盖因缺少动物分类知识，但是古人区分虫类的标准却是此物是否有益于人类，只有可以益于人类的虫类才会被饲养和照料，所以《史记·五帝本纪》中所谓黄帝"淳化鸟兽虫蛾"的功绩很可能指在这一时期，我们的祖先已经可以饲养、照料对他们有益的昆虫，这种能有益于人类的"虫蛾"很可能是针对发明家蚕养殖而言的，从这个意义上讲，《史记·五帝本纪》中的虫蛾当是蚕蛾之义。

二　释淳化

　　家蚕（Bombyx mori L）在生物分类学上是一个公认的物种，它是中华民族的祖先经长期驯化和饲养野蚕（Bombyx mandarina Moore）演变而来的，家蚕与野蚕已经是两个非常不同的物种，所以人驯化和饲养家蚕并使之与野蚕彻底分离，这不仅是中华民族在人类文明史上伟大的发明与创造，同时也是我们祖先的一项突出成就[9]。这里所谓的发明家蚕应该包括两个方面的意义：第一，既包括发明饲养家蚕的技术；第二，也包括发明了家蚕本身。发明家蚕本身是指驯化古代野蚕取得成功，家蚕形成；而发明饲养家蚕的技术则是指形成一套养蚕的技术措施，两者虽然相互区别，但又相互联系，相辅相成。但发明饲养技术是在发明家蚕饲养实施以后逐步积累起来的[10]。郭郛先生依据考古资料中仰韶文化期蚕及丝绢遗存的测定结果，进一步认为山西夏县西阴村蚕茧等文化遗物距今 6080—5600 年，浙江吴兴钱山漾的蚕绢片、丝带等距今为 5288±135 年，而河北正定南杨庄出土蚕陶蛹的仰韶期文化遗址距今为 5400±70 年。由这些有关年代的数据来看，可以认为，中国家蚕的起源时间当在距今 5500 年前[9]。而这一时段正与《史记·五帝本纪》中记载的黄帝时代相对应。因此，笔者认为距今 5500 年前中华民族的祖先在山西、河南等黄河中游地区就基本完成了蚕的驯化工作，这一结论主要是依据我们目前所获得的三件重要的蚕文化遗物而确定的。这三件仰韶时代的蚕文化遗物分别为：第一，山西夏县西阴村遗址中有个半割裂的茧壳；第二，浙江吴兴钱山漾文化遗物中有蚕的绢片和丝带、丝线等；第三，山西芮城、河北正定南杨庄遗址有陶蚕蛹的出现，蛹体上的胸腹线纹说明先民已对蚕的形态相当熟悉。以上三件皆出土于我国仰韶文化期的遗址中，这不是偶然的巧合，是可以说明我国家蚕起源的文物实证[9]。

但应进一步强调说明的是，除了上述三种仰韶时代的蚕文化遗物，郑州荥阳青台、汪沟遗址中也出土有相当数量的纺织遗物，其中荥阳青台遗址中纺织遗物最为丰富。在青台遗址的 4 座瓮棺内发现纤维纺织遗物，从而将人们对中国新石器时代纺织技术的起源、纺织业的发展，以及当时服饰状况的认识等提升到一个新的高度。从青台遗址瓮棺内出土的纺织物来看，当时的纺织技术已进入成熟阶段，纺织物已被氏族成员普遍使用，并且还被埋入瓮棺内。在出土纺织物的同时，青台遗址还出土有数百件的陶纺轮、石纺轮、陶刀、石刀、蚌刀、骨匕、骨锥、骨针、陶坠、石坠等，其中一件陶纺轮出土时孔内插有一段骨簪[1]134。联系仰韶遗址中诸多纺织遗存的出土，笔者把家蚕的发明推定在仰韶时代中晚期的黄河流域是有考古资料作证明的，这同时也是《史记·五帝本纪》中黄帝"淳化虫蛾"的时代背景。

《史记·五帝本纪》中不仅说黄帝"时播百谷草木",而且还强调黄帝时代有"淳化鸟兽虫蛾"之举。历代的注释家对"淳化"一词含义的解释多语焉不详,以至于后世很难明了其中真正的意义。这里的"化"指变化,殆无疑义,那么"淳"又如何解释?《王力古汉语字典》在"淳"下分别列有质朴、敦厚,成对,大,浇灌,浸渍,纯等六意,其中第六意认为"淳"可与"纯"相通,有"不杂"之意。此意项"淳"字做以下解释:

> 淳通"纯"。布匹宽度。《集韵》:"淳,布帛辐广也。或作敦、绰,通作纯。"《周礼·天官内宰》:"出其度、量、淳、制。"郑玄注:"故书淳为敦,杜子春读敦为纯,纯谓辐广也。"《释文》:"淳,刘诸允反。"(同源字)淳、醇、纯。三字上古同音,都是禅母文部。"醇"多指酒不薄,但也可指道德、学问的纯正(如"醇儒")和色彩的纯正(如"醇牺牲")。"纯"有"不杂"之义,在此意义上和"淳"同源,古代亦可通用,如"纯粹"亦可作"淳粹"。故三字同源。[11]594

从蚕的家养过程来看,家蚕是由野蚕经过人工驯化家养而成的,现在的家蚕同野蚕在形态特征、生活习性、发育性能、生理机能、适应环境能力、生殖、行为等特性方面已各有其特征,虽然它们雌雄蛾子相遇时仍可交配产出后代,但家蚕经过几千年人工的饲养驯化已完全适应室内的生活,在人工条件下已能繁衍后代。人对蚕的生活习性等已基本了解清楚,蚕已经驯化而不离开人所安排的条件环境,这就是所谓家化(domestication)过程。从动物的家化过程来看,大型动物的家化当在农业生产和畜牧业开始之后,唯中型动物如狗的家化较早,可能在一万四千年至六千年前[9]。故《五帝本纪》在追叙仰韶时代黄帝部落经济成就时,先言"播百谷草木"发展农业,次言"淳化鸟兽虫蛾"培育养殖与畜牧业,这是有一定道理的。由此来看,桑蚕家化则极有可能在距今 5500 年前的仰韶文化中、晚期就已经完成了。有学者通过比较考古发现桑茧大小的差异,明确认为在距今 5500 年前家蚕驯化选育过程中,蚕茧由小变大,蚕茧的长径由

1.52 厘米发展到 4 厘米以上，茧宽由 0.71 厘米选育成 2 厘米左右。蚕茧大小的历史演化方式基本上呈椭圆圈型式（见图 3），可以说它是中国无数劳动人民经历数千年辛勤培育的成果[9]。也就是说，在距今 5500 年前后的黄河流域，我们的祖先就已经完成了桑蚕的家化工作。桑蚕通过人工饲养驯化不仅能完全适应室内生活，而且在人工条件下也能繁衍后代。桑蚕不再离开人类为它安排的条件他去，被"淳化"成能为人类服务的家蚕虫蛾了。

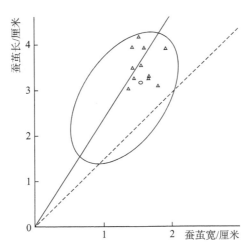

**图 3　中国家蚕茧经 5000 年人工选育后，蚕茧
大小的进化方式的椭圆圈型式[9]**

　　家蚕起源应该有一个漫长的发展过程，大体经历了认识野生绢丝、利用野生茧丝到驯化野蚕三个阶段。我们的祖先首先在野外观察到生长在桑树上的许多野蚕，然后通过采集野外蚕茧作纺织原料，当然蚕蛹也可以作为"美味佳馔"。等到织绸技术逐步发展起来后，仅仅从野外采集天然的产品已不能满足人们的需要，于是我们的祖先便将桑蚕带到自己居住的地方，利用附近的或栽种的桑叶养蚕，这样逐步了解蚕的生活习性，逐步掌握缫丝织绸的技术。在野蚕驯化过程中，我们的祖先更要面对桑蚕为害的灾难。这里的桑蚕是指野蚕，时至今日，生物学界仍将桑蚕视为野蚕，称作野生绢丝虫，这种桑蚕的特性仍是食害桑叶的害虫，其英文名称为 Bombxy mandarina moore，与我们祖先所饲养的家蚕 Bombyx mori L 在生物物种上完全不同。

蚕学家杨希哲先生曾经记叙了他所目睹的野蚕或桑蚕为害的情景。

20世纪30年代，杨先生在中央大学区立劳农学院读书时，曾看到约小于桑蚕体数倍的桑蟥，漫山遍野（的桑蟥）把农民的桑树叶子吃得只剩叶脉，但仅营结花生米形状大小的金黄茧子。这种桑蟥泛滥成灾的情况，如果在古代华北、冀鲁平原桑林里，出现大量桑蚕，必然会把桑林桑枝的桑叶食害尽，并会马上威胁到当时作为人民食物的桑葚，引起人类与桑蚕的生存斗争[12]。

所以他认为中国桑蚕发展史是在史前文化发展漫长的时间内形成的。人民初食桑葚，继食蚕蛹。北京猿人时代，华北已知用火，故华北人类学会烧食蚕蛹，烧动植物熟食，已无问题。利用茧壳缫丝转向人工驯养，是从人类与桑蚕斗争过程中，人类变害为宝的人工驯养，缫丝织绸才逐步形成当时的蚕桑业[12]。

总之，在距今5500年前后的黄帝时代，我们的祖先通过"淳化虫蛾"即发明家蚕，不仅以人工选择育种的方式获得了丝多茧大的家蚕，而且还能有效地避免野蚕（桑蚕）为害所带来的各种灾祸，使家蚕的繁衍生存更有益于人类，这一独特的贡献被后世史学家追叙为"淳化虫蛾"，而推其究竟，"淳化虫蛾"之真实的含义乃在于我们的祖先通过长时间的观察和了解鳞翅目蝶蛾和幼虫的生活习性，逐渐开始了对野生蚕丝的利用。由于这种生活在桑树上的野蚕（见图4）对人类生活具有重大的利用价值，因此，在距今5000年前后的仰韶时代，我们的祖先力图通过人工的驯化，去除野生桑蚕为害人类的野性，而且在此基础上培养成功了一个新的茧丝虫种——家蚕，并由此形成了一整套饲养家蚕、培植桑树的技术措施。家蚕的成功驯化在古人看来，不仅创造化育了一个新的蚕种，而且这个新的蚕种完全异于野蚕，与野蚕或桑蚕相比较，其性状纯正，能够完全有益于人类，故曰"淳化"。

桑尺蠖　　　　野蚕　　　　桑蟥
上:成虫 下:幼虫　上:成虫 下:幼虫　上:成虫 下:幼虫

图4　野蚕三种[13]828

三 双槐树出土中国最早家蚕牙雕

巩义双槐树遗址位于黄河、伊洛河交汇处，该遗址不仅是一处距今5300年前后的特大型聚落，同时也是目前所知仰韶文化晚期阶段，中原地区最大的中心遗存。双槐树遗址已确认总面积117万多平方米，目前共发掘3500多平方米，发现仰韶文化时期大型环壕3条、公共墓地3处，以及1处大型房址分布区、4处窑址和13处器物丰富或特殊的祭祀坑，出土包括仰韶文化晚期完整的精美彩陶及与丝绸制作工艺相关的骨针、石刀、纺轮等在内的丰富遗物。特别是出土的牙雕蚕，其造型与现代家蚕极为相似。顾万发研究员认为此牙雕蚕是中国目前发现的时代最早的蚕雕艺术品，对丝绸起源及相关手工业发展等研究意义重大[14]。总之，双槐树遗址中出土的牙雕蚕不仅对于我们重新认识家蚕形成的时代与地域背景有重要价值，而且更有助于我们以考古文物资料为证据，重新理解《史记·五帝本纪》黄帝"淳化鸟兽虫蛾"的真实含义。

巩义双槐树仰韶遗址中所出土的牙雕蚕毫无疑问应是家蚕的形象，此牙雕蚕长6.4厘米，宽不足1厘米，厚0.1厘米，由野猪獠牙雕刻而成。主持双槐树遗址发掘的顾万发研究员推测古人雕刻的是一只处于吐丝阶段的家蚕。对这一推测，笔者表示赞同。但笔者还想补充说明的是，从野蚕与家蚕的形度和运动方式的变化方面也可以证明双槐树仰韶遗址中的牙雕蚕就是家蚕的原型。

野蚕（或桑蚕）在形态上的主要特征是暗色斑，在运动方式上运动激烈、行为活泼、动作幅度较大，尤其是在行进时，腹背弓起幅度较大且十分剧烈。而家蚕恰恰相反，其腹、背的弓起伏度不仅较小而且较为平直，这是被人类"淳化"后所致。双槐树仰韶遗址中出土的牙雕蚕完全符合家蚕的形态生物性特点，该蚕雕的背部仅微微凸起，头昂尾翘，呈绷紧的"C"形姿态，仿佛正在向前行走，但其腹、背仅有微微凸起，显示其性情较为平和温顺（见图5）。古人选用野猪獠牙为材质雕刻此家蚕形象是颇费匠心的。因为野猪獠牙材质基本透明，这一特点正好符合蚕吐丝阶段体态透明的生物特征，而牙雕蚕的一侧是牙的原始表面，则是吐丝阶段的蚕体发黄所致。家蚕的这一自然特性也完全异于野蚕（或桑蚕）形态上所具有的特征。自仰韶时代至殷周之际，家蚕的形象在文物中已完全成熟（见图 6）。殷代出土的玉蚕和殷周青铜器上的蚕纹都表明殷代家养的蚕与现代家蚕几乎是完全一样了，殷墟出土的玉蚕，呈白色，体躯分为七节，长约 3.3 厘米。

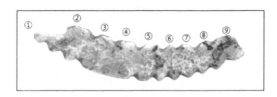

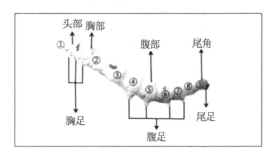

图 5　河南巩义双槐树遗址出土的牙雕蚕与现代家蚕的比对图[①]

图 6　中国国家博物馆所藏玉蚕[②]

比殷墟稍晚的西周墓葬出土的玉蚕有四种，最小的 1 厘米，最大的 4 厘米，有的还雕刻成化蛹前的形态，反映了家养的蚕从小到大的发育过程。殷周青铜器上的蚕纹则清楚地把蚕分为头、胸、腹三部分。胸部一对眼状斑纹大而突出，腹部两对半月斑纹与现代家蚕已完全一致，其运动方式更是和野蚕有着明显的区别[10]。这些文物遗存从另一个侧面说明了家蚕的进化是一个长期的过程，自仰韶中晚期家蚕淳化发明殆至于殷商之际，家蚕的文物形态已完全成熟了，因此，我们把家蚕发明的源头追溯至仰韶黄帝时代应不太为过，其说可有文献资料与文物实证作为证据。

再联系到《史记·五帝本纪》中有关黄帝"淳化虫蛾"的记载，笔者认为双槐树仰韶遗址中新发现的牙雕蚕不仅应该是我们迄今为止见到的最早的家蚕牙雕，而且它的出土进一步证明早在5500—5000年前的仰韶文化时期，在黄河中游地区生活的祖先们就已经完成了野蚕家化的创造性工作，而这一创造性的工作早在两千年前就已经被司马迁记载在《史记·五帝本纪》中了。

四　与荥阳青台遗址出土丝织品的比较

青台遗址位于荥阳市广武镇青台村东侧的漫坡土岗上。以青台遗址为中心的数十平方公里内，新石器时代遗存十分丰富，而青台遗址是其中规模最大、遗存最为丰富的一处聚落遗址[1]128。在青台遗址的4座瓮棺葬内发现了一批碳化纺织物，从窖穴内又出土了碳化麻绳等重要遗物。青台遗址距巩义双槐树遗址仅30公里，两处遗址的时代同属仰韶文化中、晚期。我们把青台遗址出土的碳化纺织物与双槐树牙雕蚕联系起来进行考察，那么仰韶文化中、晚期郑州地区纺织技术的发展及这一区域在文明起源时代的重要意义与价值则不言而喻。

在青台遗址中除出土大量陶、石、骨、角、蚌及玉质遗物外，还在4座婴幼儿瓮棺葬内出土一批纤维纺织遗物，窖穴内出土有绳索遗存。其中，出土纤维纺织遗物的瓮棺内婴儿仰身直肢，头向正北。由于陶棺扣合紧密，除底部有少量进水痕和微量浮土外，未见其他淤积物。出土时骨骼保存完整，腿骨与脚骨上均粘附有部分褐灰色炭化纺织物碎片及块状织物结块。骨架两侧还有少量灰白色粟粒状炭化物。已经炭化的丝织物残片和黏附于头骨上的残迹，经上海纺织科学研究院鉴定，其具有丝纤维光泽、单纤维排列平行、无捻度等特征。虽然纺织物炭化严重，仅能从单根丝纤维的剖面予以鉴定，但足以证明它是新石器时代的桑蚕织物[1]1366。青台遗址中出土的桑蚕织物在制作工艺技术方面具有以下三方面的特征。

首先，研究人员从出土丝织品上的经纬丝截面图观察分析，认为青台遗址中的丝织物是用蚕茧进行多粒缫制加工的长丝，这在黄河流域是最早的实物。因为单茧丝强力低，无法进行织造，只有将多粒蚕丝合为丝束才有足够的强力，这是织帛的首要条件。从蚕茧上理绪抽丝成为并合的生丝，这在古籍中称为"治丝"或制丝。其过程一般是将蚕茧放在大口陶罐中，经过水煮，使丝胶与丝脱离后就能将多根茧丝合并抽拉出来，这就成为长长的生丝。丝的粗细根据茧的数量而定。青台遗址出土的纱和罗的经纬丝已有三种规格，丝的投影宽度实测为 0.2 毫米、0.3 毫米和 0.4 毫米。由此可见，仰韶文化时期的先民已能利用温水溶解丝胶，进行多粒蚕茧的合并抽丝，以适应制帛时做经丝和纬丝的生产工艺技术需要[1]1337-1338。

其次，青台遗址出土的丝织品说明在仰韶时代中、晚期，黄河流域的先民不仅已经开始使用织机，而且可以织出织造工艺较为复杂的绞经罗。经上海纺织科学研究院鉴定，青台遗址中出土的丝织物为平纹组织的纨（纱）、绞经组织的罗的实物。青台遗址最重要的发现是浅绛色罗。罗的特征是质地轻薄、稀疏、丝缕纤细。经丝的基本组织是左右经互相绞缠后呈椒孔的丝织物，即"椒孔曰罗"[1]1338。

从纺织技术的角度来看，生产这种丝织物必须用原始织机来完成。这种原始织机已有绕制片经纱的轴（辊），交经纱按单数和双数排列上下两片，即通常讲的可开成上下交织的织口，将纬纱引入织口内，再进行打紧纬纱。当第二次上下交换两片经纱成织口，再次进行引纬和打纬后，就形成了平纹交织物。罗的织法是左经和右经互相绞缠成织口，通入纬纱。然后左右经交换位置进行绞缠，再次引入纬纱，这就是最基本的两经绞罗（见图7）。左右经丝绞纬的组织点固定不易滑动，孔眼大小不易变化。这种绞经罗的织作方法与平纹纱的组织不同，织时也比较复杂，织绞经罗比平纹纱要求高，产量也低得多。这种罗织物，很显然是原始织造工艺技术取得重大进步的成果[1]1339。

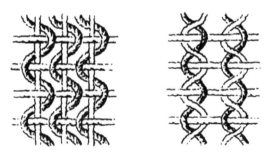

图 7 青台遗址 M164 出土的浅绛色罗与绞经结构[1]1338

最后，青台遗址出土的浅绛色罗，是迄今史前考古发掘中时代最早、唯一带有色泽的丝织物，这一发现说明青台遗址的先民们已具备了一定程度的炼染工艺技术。青台遗址出土的浅绛色罗是怎样着色加工的呢？由于实物残片面积小，数量少，又呈炭化状态，故难以做出确切的判定。现仅就其织物残片表面情况和折断下来的经纬线残段进行观察。第一，其表面的丝胶残留甚少；第二，单茧丝纤维间呈分离半松散状态。据此，初步认为罗织物在上色之前，已经过水冻或煮炼的脱胶工序。脱胶后便于上色并能提高织物与色彩结合的牢度。这个工序，古代称为涑（炼）丝、涑帛[1]1339。

研究人员认为青台遗址出土的浅绛色罗是否应用碱性物质和紫外线的作用进行炼帛，有待进一步研究，但沤麻、煮葛、抽丝并使用草木灰温水炼帛的技术确是可能存在的。青台遗址中首次发现的浅绛色罗实物对我们认识新石器时代黄河流域丝织品炼染工艺的发展水平具有重要价值。

青台遗址中桑蚕织物所反映的丝织品制作工艺的完整性与进步性，使我们对这一时期黄河流域丝织业的发展水平有了进一步的认识。青台遗址中纺织品的相对年代属于仰韶文化中、晚期遗存[1]133-134，这一时期与出土牙雕蚕的双槐树遗址时代大致相同，且两处遗址同在黄河南岸，一在巩义市境，一在荥阳市境，彼此相邻且直线距离仅有 30 公里。联系与双槐树遗址时代大致相同的青台遗址中的丝织品及其工艺特征与制作技术，我们很难想象在纺织技术已进入成熟阶段，纺织物已被氏族成员普遍使用的仰韶文化中、晚期，黄河流域的先民们还停留在依靠野蚕而非家蚕饲养才能获取原料的纺织业的初始发展阶段。因此，在仰韶时代的中、晚期，黄河流域，家蚕饲养技术很可能已经成熟，由于家蚕饲养业已起源且规模不断扩大，才为这一时期黄河流域华夏民族纺织业的发展与技术的进步提供了必需的物质基础与原料支撑。巩义双槐树牙雕家蚕的出土再次证明了这一点。

注释

①据《河南巩义双槐树遗址出土牙雕蚕》改绘，《大众考古》2017 年第 11 期，第 97 页。
②参见中国国家博物馆网站。

参考文献

[1] 郑州市文物考古研究所 . 郑州文物考古与研究：一 ［M］. 北京：科学出版社，

2003.

[2] 司马迁.史记［M］.北京：中华书局，1982.

[3] 李学勤.十三经注疏·尔雅注疏［M］.北京：北京大学出版社，1999.

[4] 许慎著，汤可敬撰.说文解字今释：下［M］.长沙：岳麓书社，1997.

[5] 徐中舒.甲骨文字典［M］.成都：四川辞书出版社，1989.

[6] 河姆渡遗址考古队.浙江河姆渡遗址第二期发掘的主要收获［J］.文物，1980
　　（5）：1 - 15，98 - 99.

[7] 郭廉夫.中国纹样辞典［M］.天津：天津教育出版社，1998.

[8] 康殷.文字源流浅说·释例篇［M］.北京：荣宝斋，1979.

[9] 郭郛.从河北省正定南杨庄出土的陶蚕蛹试论我国家蚕的起源问题［J］.农业考
　　古，1987（1）：302 - 309.

[10] 魏东.试论家蚕形成的年代及其历史过程［J］.农业考古，1983（1）：250 - 254.

[11] 王力.王力古汉语字典［M］.北京：中华书局，2000.

[12] 杨希哲，蒋同庆，傅锡山.家蚕与桑蚕（野）一些数量形质的比较与进化［J］.
　　蚕学通讯，1984（2）：42 - 58.

[13] 夏征农.辞海：生物学分册［M］.上海：上海辞书出版社，1987.

[14] 桂娟，李文哲.河南巩义双槐树遗址出土五千年前牙雕蚕：见证丝绸之源［EB/
　　OL］.（2019 - 04 - 25）［2020 - 1 - 12］.http：//www.xinhuanet.com/local/2019 -
　　04/25/c_ 1124413349.htm.

作者简介：陈隆文，男，郑州大学历史学院教授，河南省特
聘教授、博士生导师

原文刊于：《中原文化研究》（郑州），2021.3：13 - 20

仰韶文化鱼纹研究

袁广阔　崔宗亮

摘　要：仰韶文化彩陶中大量鱼纹的存在具有极强的象征意义。由于鱼类具有繁殖能力强的特性，且又寓意丰收富余，因此古人在祭祀活动中为祈求家族繁衍兴旺，会举行"祭鱼"仪式，这在大量考古发现和历史文献中均有体现。鱼纹是宗教祭祀中"祭鱼"仪式的反映，而人面鱼纹则是宗教祭祀中巫师形象的反映，这些均体现了"祭鱼"仪式的威严、庄重和神圣。在仰韶文化中，鱼纹的演变经历了写实鱼纹、典型鱼纹、简体鱼纹和符号化鱼纹等阶段，虽然其形态从早到晚发生了很大的变化，但其象征意义不仅没有削弱，而且有所增强。仰韶文化早期，"祭鱼"仪式仅存在于关中和陕西南部地区，到庙底沟类型时期已扩展到整个黄河中游，并对周边地区产生了较大的影响。这说明"祭鱼"活动并没有停止、中断或被其他祭祀行为所取代，其贯穿于仰韶文化的始终。

关键词：仰韶文化；鱼纹；人面鱼纹；"祭鱼"；巫师形象

在仰韶文化彩陶中，鱼纹占有非常重要的地位，不仅数量多、分布范围广，而且形式多样、寓意深奥。关于鱼纹究竟代表什么含义，一直都是学界探究的重点。目前，关于鱼纹含义的解释不下20种，其中荦荦大者计有图腾说、生殖崇拜说、婴儿出生图说、月相说、太阳崇拜说等。坚持图腾说的学者较多，这里不再一一列举。其他解释分别有以下几种。赵国华先生认为"从表象来看，因为鱼的轮廓，更准确地说是双鱼的轮廓，与女阴的轮廓相似；从内涵来看，鱼腹多子，繁殖力强。当时的人类还只知道女阴的生育功能，因此，这两方面的结合，使生活在渔猎社会的先民将鱼作为女性生殖器官的象征"[1]。李荆林先生认为人面鱼纹图案是不同凡响、非一般的纹饰，是一幅"原始婴儿出生图"[2]。刘夫德先生认为仰韶文化鱼纹和人面鱼纹是月相[3]。与之对应，蒋书庆先生则主张其为太阳的象征[4]。还有学者认为仰韶人面鱼纹与当时的人头崇拜有关[5]。也有学者提出它是当时的黥面文身习俗[6]。另外，亦有学者将仰韶文化鱼纹和人面鱼纹与宗教祭祀相联系，认为其可能是巫师头部的装饰或佩戴的面具，《西安半坡》的作者曾推测人面鱼纹可能是氏族部落举行重大的宗教祭祀活动时的氏族成员装饰的形象[7]221。《中国大百科全书·考古学》一书指出"人面纹可能是'神话'化的图像，头上和嘴角都有化妆式的装饰，似含有某种巫觋性质"[8]600。刘云辉先生认为人面鱼纹是巫师面具的形象反映，它是代替巫师主持祭祀活动器具上的图案[9]。孰是孰非？学界聚讼已久，目前依然是众说纷纭，莫衷一是。

近年来新的考古资料不断出现，我们发现仰韶文化时期，除了彩陶器皿上的鱼纹，还有很多与鱼有关的遗迹和遗物，如中堡岛、清水滩等遗址中发现的鱼骨堆积和鱼骨坑；大溪文化墓葬中随葬的鱼的现象；湖北屈家岭——石家河文化的邓家湾祭祀遗址中发现大量的抱鱼偶等。这些现象与彩陶器皿上的鱼纹之间有何联系？在梳理、分析这些考古资料的基础上，笔者结合民族学、历史学的研究成果，对仰韶文化的鱼纹有了全新的认识。

一 鱼纹是"祭鱼"仪式的反映

一般而言，彩陶图案或纹饰其实就是古人生产生活状况在器物上的反映，只是有些内涵容易辨识，有些内涵比较深奥。那么，鱼纹广泛地出现于仰韶文化的彩陶上，究竟反映了当时人类的哪种生活状况呢？

在早期人类的社会生活中鱼类扮演着重要角色：一方面它为人类提供了重要的食物来源；另一方面它象征多子、丰收和富有，是原始人类对美好生活的寄托和向往。因此，原始人类十分崇拜鱼儿，认为鱼儿有灵，进而在各种宗教活动中会用鱼儿祭祀天地、日月、山川以及祖先等神灵，有时甚至也会对鱼儿进行隆重祭祀，我们可以将这些行为通称为"祭鱼"。在考古发掘中也经常能够见到"祭鱼"现象的存在。1979 年，湖北省宜昌地区博物馆在发掘中堡岛遗址时，发现地层中含有大量的鱼骨及渔狩工具；1985 年至 1986 年第二次发掘时，在 T0405 发现一条完整鱼骨遗骸，长近 1 米，鱼鳃纹理清晰；1993 年，第三次发掘时，又发现 5 个鱼骨坑，许多鱼鳃和鱼骨成片成堆叠压[10][11]。无独有偶，1984 年武汉大学历史系考古专业师生在清水滩遗址也发现有骨镞、矛、鱼钩、鱼镖等狩猎捕鱼工具，还有鹿角、野猪等动物骨骸和大量青鱼、白鲢等鱼骨[12]。这些遗址和遗迹中鱼骨的大规模出现，尤其是中堡岛遗址鱼骨集中的、成堆叠压形成鱼骨层和鱼骨坑的现象表明，它们绝不是人们随意丢弃的，而是有意识、有目的放置的，应是当时人们某种特殊活动的遗留。可以认为这种活动就是宗教祭祀活动，而大规模鱼骨的存在正是宗教祭祀中"祭鱼"的反映。

如果上述几个遗址中鱼骨的存在还不足以证明"祭鱼"存在的话，邓家湾遗址中抱鱼偶的发现则为我们提供了更有说服力的证据。邓家湾遗址位于石家河城内西北角，经过近 40 年的发掘，已发现了大量的墓葬、灰坑、祭台，出土了丰富的陶塑动物、陶偶、红陶杯、套缸等[13]287-289。因此，有学者鉴于邓家湾遗址特殊的文化内涵，认为其在屈家岭文化时期和石家河文化时期均为一处重要的宗教中心[14]3。在邓家湾遗址西侧的少数地层和灰坑中发现了数千件陶塑，其中抱鱼偶较为特殊，其形态为：人正着长袍，细腰身，宽底摆，或戴浅圆帽，或戴长条状物，或不戴帽；面部轮廓相比于其他陶偶较为清晰，鼻耳突出；跪坐，双手置于胸前，横抱一条大鱼，所抱鱼以剪尾居多。关于抱鱼偶的性质和用途，学界早有研究，且争议颇多。孟华平先生认为人抱鱼陶偶似为人抱鱼形乐器，是乐师奏乐的艺术体现[15]。周光林先生认为陶偶是当时巫觋送鬼驱邪，或祈求生育、丰收的丰产巫术的产物，是偶像崇拜的反映[16]。张绪球先生认为陶塑动物很有可能是为了满足当时人们祈求禽畜饲养或狩猎捕捞成功，达到丰足的愿望而制作的[17]。考虑到邓家湾遗址作为宗教中心的特性，其所出器物理应具有浓郁的宗教色彩。因此，将抱鱼偶定性为祭祀中的巫觋形象当更接近事实真相，而巫觋在宗教活动中抱鱼进行祭祀则生动形象地说明了"祭鱼"的存在。另外，巫师作法时抱鱼而祭，可能也表明鱼是巫师作法和通灵的工具，巫师需要借助鱼儿沟通天地、神灵。因为巫师的力量在不同的情况下，是与他的动物们勾连在一起的，这个动物向他解释了巫术的口诀与仪式，其正是从与他结合的动物身上获得了力量[18]22-23。其实，张光直先生也早已有过类似观点，他指出器物上的动物纹样就是巫师从事通达天地工作的助手[19][20]。

考古发现古人去世后有时也会用鱼随葬。巫山大溪文化遗址的墓葬中出现了多处鱼骨随葬的特殊形式，如 M138 随葬品 17 件，头下鱼 1 件……左肩下鱼 1 件，左手处鱼 1 件，右脚下鱼 3 件；M153 随葬器物 3 件，双臂下各有鱼 1 件[21]。另外，在北首岭二期墓葬 M17 中随葬的陶罐内也发现一些鱼骨[22]84-86。在大溪文化中，并不是所有的墓葬都用鱼随葬，如大溪遗址的 207 座墓葬中仅有 9 座发现用鱼随葬，比例只占 4.3%；而北首岭二期墓葬中也只有 M17 发现用鱼随葬。这充分说明这些墓主人的身份极为特殊，他们绝不是一般的氏族成员，而应是主持祭祀的巫师。而墓葬中用鱼随葬并不仅仅是供死者在另一个世界里享用，这种丧葬形式更重要的意涵在于：祈望死者的灵魂在另一个世界里继续以处理鱼的有效行为和专门技术来为这个世界里活着的人提供生存和生活的帮助[23]。正所谓"事死如事生"，以鱼随葬的意义当与现实生活中的"祭鱼"一样。换言之，葬鱼也是另一种形式的"祭鱼"。

宗教祭祀中"祭鱼"的习俗在历史文献中也有记载。《礼记·月令》云："（孟春之月）东风解冻，蛰虫始振，鱼上冰，獭祭鱼，鸿雁来。"《大戴礼记·夏小正》也有类似的记载。虽然"獭祭鱼"在这里是形容物候节气的变化，但其原意可以认为应与"祭鱼"有关，有学者业已指出："獭性残，食鱼往往只吃一两口就抛掉，捕鱼能力又强，所以每食必抛掉许多吃剩的鱼。人们称堆积故实为'獭祭'，即取堆积残余之意。"[24]28如果"獭祭鱼"意为堆积，那么就与考古发现的祭祀遗存中鱼骨大规模的存在相吻合了。

既然古人在宗教祭祀中有"祭鱼"的习俗，那么，这种习俗就会通过某种形式表现出来。在古人眼中，宗教祭祀是一件神圣的事情，因此会有一套严格、规范的祭祀仪式，且祭祀仪式也会通过一定的载体表现出来。只不过在文字出现之前，祭祀仪式可能通过其他载体来表现，而绘画正是一种重要的抽象表现手段。由此看来，仰韶文化彩陶上的图案很可能就是宗教祭祀仪式的反映，具体到鱼纹，就应该是宗教祭祀中"祭鱼"的反映。绘着鱼纹的彩陶器皿也绝不仅仅是一件使用器具，而应该是宗教祭祀中的祭器。正如王仁湘先生所言："绘着鱼纹，盛着清水的彩陶盆，也许真就不是一件平常的日用器皿。这种彩陶绝少出现在成人墓葬中，在西安半坡是这样，在秦安大地湾也是这样，它当初应当是一样圣器。"[25]至于不同种类的鱼纹究竟反映了"祭鱼"过程中的哪些具体内容，目前还不得而知。

二　人面鱼纹是巫师头部形象的反映

在仰韶文化中，除了单一的鱼纹，还有一种特殊的鱼纹——人面鱼纹。人面鱼纹主要发现于陕西境内，如西安半坡、临潼姜寨、宝鸡北首岭以及西乡何家湾等遗址。

如前文所述，鱼纹是宗教祭祀中"祭鱼"的反映，那么，人面鱼纹又有什么内涵呢？仔细观察人面鱼纹图案可以发现：人的头顶均有抽象化的鱼纹，三角形尖状物似高高盘起的发髻；额头全部黑色或有少面积的留白，像是帽子的幞头；耳朵处翘起的弯曲物，有的是抽象化的鱼纹，有的直接连了两条小鱼，很像古人佩戴帽子两旁的帽翅；嘴巴两侧的鱼纹，有的是抽象化鱼纹，有的是写实的鱼纹，很像一副夸张化的面具。也就是说，整个人面鱼纹其实就是一副头戴帽子、脸戴面具的人物形象，而帽子和面具上则绘有鱼纹图案。这种形象与宗教祭祀中巫师的形象高度吻合，巫师头戴礼帽、脸戴面具，会增强自身的神秘感，更好地迷惑众人，以达到通天的目的。另外，这种形象也与《山海经》中巫师"珥两青蛇"的形象相符，只不过早期巫师的装饰以鱼纹为题材，后来则以蛇纹或龙纹为题材，其实龙纹可能就是由鱼纹演变而来，有很多学者就认为中华龙的母体和原型是鱼。

巫师的形象在国外的考古中也经常出现。笔者2014年曾到南美洲的厄瓜多尔、秘鲁等国访问，在Alabado博物馆发现了大量印加帝国时期的陶质巫师塑像，他们一般头戴神帽，上附长短不一、颜色各异的飘带。帽身的式样也风格迥异，可能代表不同的级别，就像我国北方的萨满帽一样。巫师的神衣也刻画得相当细致，同样能分辨出很多不同的式样。布带、皮带、铃铛、蛇、鸟等缀满衣裙，其中各种虫兽扮演着巫师下界助手的角色，并增强巫师施法的神力。巫师作法一般经历以下几个步骤。第一步，服用致幻药物。巫师们静坐举食致幻药，右手持药，左手摊于膝上，掌心放有圆饼状物体。第二步，发生呕吐等致幻反应。作为进入神界的前奏，陶塑表现的此一阶段也相当庄重。第三步，神灵开始"附体"，进入癫狂状态。此时乐声大作，铃、鼓等节奏骤紧，创造出一种神秘、空幻的氛围和非人间的情境。第四步，借助鸟、蛇等动物开始作法。神灵"附体"后，巫师便达到了"人神合一"的境界，灵物配饰与图案更凸显了其区别于众生的地位。他们端坐于人前，表情严厉，宣启神谕，昭示着其真实性与不可违抗性。神谕经由辅祭者再解释给民众，最终实现了由个人体验向群体体验的转化。通过古代印第安人巫师作法的过程，由人转换到神，再由神还原为人的程式脉络清晰，主题明确。如果将这些巫师头部的形象与仰韶文化的人面鱼纹相比较，就会发现它们极其相似，这也可以从侧面印证仰韶文化人面鱼纹实乃巫师头部形象的反映。

三　庙底沟类型与鱼纹传承

长期以来，提及仰韶文化鱼纹，大多数学者言必称半坡。毋庸置疑，仰韶文化早段的半坡类型，或半坡文化的鱼纹极其发达，鱼纹在这一阶段的彩陶体系中也占有极大的比重。但是，对于晚段的庙底沟类型，学界一般认为其彩陶体系以花瓣纹、西阴纹、鸟纹为主。近年，有学者跳出传统研究的窠臼，对鱼纹的演变提出了新的认识。王仁湘先生在对庙底沟彩陶纹饰进行大量分析的基础上，认为庙底沟文化广泛流行的叶片纹、花瓣纹、西阴纹、菱形纹、圆盘形纹和带点圆圈纹等，大多是鱼纹经过简化、拆解后重组而成，这些纹饰构成了一个"大鱼纹"象征系统，庙底沟文化的鱼纹彩陶承自半坡文化传统，纹饰体系有了进一步的发展，最后完全图案化[25]。张宏彦先生通过对比大地湾二、三期，原子头二、三期及渭水流域其他庙底沟类型典型遗址出土彩陶纹样后，认为庙底沟类型彩陶花纹的构图元素，主要来自图案化鱼纹，从写实性鱼纹，到图案化鱼纹，再到构图元素拆解与重组，是仰韶文化彩陶图案演变的主线[26]。王、张二位先生的见解一语中的，道出了鱼纹真实、客观的演变轨迹。综合二位先生的研究成果，可以看出，仰韶文化的鱼纹演变过程为：写实鱼纹—典型鱼纹—简体鱼纹—符号化鱼纹。事实上，鱼纹的演变就是一个符号化过程，是由写实到写意的一个渐进过程。写实与写意的象征性其实都没有改变，改变的只是表达形式。这种改变由形式上看是向着简约的符号化发展，由有形向无象变化；由含义上看是向着象征性发展，由明示向隐喻转变[25]。因此可以说，从写实鱼纹到符号化鱼纹，鱼纹的形态发生了千变万化，但其象征意义不曾削弱，而且还有增强[25]。关于鱼纹在仰韶文化半坡类型开始由具象到抽象演变的过程，石兴邦先生在整理西安半坡遗址出土文物时也发现了这一问题[7]221。后来甘肃大地湾遗址又出现了大量的鱼纹及变体鱼纹，张朋川先生也进行了深入的研究，也发现鱼纹的这种象征意义自始至终贯穿于仰韶文化中[27]152。正如有的学者所言，它应该是基于精神领域诸如审美观或宗教观的一种文化认同感的体现[26]。

前文已经指出，彩陶上的鱼纹其实就是宗教祭祀中"祭鱼"仪式的反映。由仰韶文化鱼纹的演变轨迹来看，整个仰韶文化时期，"祭鱼"活动并没有停止、中断过，也没有被其他祭祀行为所取代，它贯穿于仰韶文化的始终，只不过前后阶段的物化表现方式有所差别，但其表达的含义不仅没有改变，而且还大大增强。其实，这从考古学上也能体现出来。在半坡类型时期，鱼纹的分布范围还主要集中于关中及陕西南部地区，而且向外的波及范围也十分有限。到了庙底沟类型时期，整个黄河中游地区都成为鱼纹的分布范围，而且鱼纹的辐射范围也极其广阔，在东部的大汶口文化、东北的红山文化以及长江流域的大溪文化中都能见到庙底沟类型的符号化鱼纹。另外，这一时期的鱼纹具有极其鲜明的标识化、规范化、同一化特征，这充分说明"祭鱼"活动已扩展到广袤的黄河中游地区，而且对黄河下游、长江流域、东北地区也产生了极大的影响。宗教信仰是区别人群、种族、文化共同体的一个重要标志。庙底沟类型时期，宗教祭祀中"祭鱼"仪式在整个黄河中游地区的存在充分说明，当时该区域内已形成了一个相对稳定的文化共同体，而这一共同体无论是在地理还是文化上，都为黄河流域古文明的进一步发展奠定了坚实的基础。

结　语

和世界大部分地区的早期文明一样，宗教祭祀活动在仰韶文化时期先民的生活中占有极其重要的地位。由于鱼类具有繁殖能力强的特性，而又寓意丰收、富余，人们在祭祀活动中会使用"祭鱼"仪式。在祭祀过程中，主持祭祀活动的巫师会身着绘有鱼纹图案的服饰，如头戴"珥两鱼"的帽子，面戴绘两鱼图案的面具，有时巫师也会将鱼儿作为自己作法或通灵的助手或工具，以增加自身的神秘感。为了更加鲜明、突出地表现祭祀的目的和内容，祭祀中的祭器上经常会绘出各式各样的鱼纹和人面鱼纹，以体现"祭鱼"仪式的威严、庄重和神圣，而鱼纹正是"祭鱼"仪式的反映，人面鱼纹则是祭祀中巫师形象的表现。

在仰韶文化中，鱼纹的演变经历了写实鱼纹、典型鱼纹、简体鱼纹、符号化鱼纹等阶段。虽然其形态从早到晚发生了很大的变化，但其象征意义不仅没有削弱，而且有所增强。在仰韶文化早期，"祭鱼"活动仅存在于关中和陕南地区；到了庙底沟类型时期，其分布范围已扩大到整个黄河中游地区，而且对长江流域、东北地区也产生了很大的影响。

参考文献

[1] 赵国华.生殖崇拜文化略论 [J].中国社会科学，1988（1）：131-156.

[2] 李荆林.半坡姜寨遗址"人面鱼纹"新考 [J].江汉考古，1989（3）：59-63.

[3] 刘夫德.仰韶文化"鱼纹"和"人面鱼纹"含义的再探讨 [J].青海社会科学，1986（5）：72-77.

[4] 蒋书庆.半坡类型彩陶上的人面纹及其不同解释 [J].美术，1988（12）：61-66.

[5] 王育成.仰韶人面鱼纹与史前人头崇拜 [J].江汉考古，1992（2）：24-35.

[6] 刘敦愿.再论半坡人面形彩陶花纹 [J].考古通讯，1957（5）：95-97.

[7] 中国科学院考古研究所，陕西省西安半坡博物馆.西安半坡 [M].北京：文物出版社，1963.

[8] 中国大百科全书出版社编辑部.中国大百科全书·考古学 [M].北京：中国大百科全书出版社，1986.

[9] 刘云辉.仰韶文化"鱼纹""人面鱼纹"内含二十说述评：兼论"人面鱼纹"为巫师面具形象说 [J].文博，1990（4）：64-75.

[10] 湖北省宜昌地区博物馆，四川大学历史系.宜昌中堡岛新石器时代遗址 [J].考古学报，1987（1）：45-97.

[11] 国家文物局三峡考古队.湖北宜昌中堡岛遗址发掘简报 [J].文物，1989（2）：

32 - 40.

[12] 向绪成，王然．清水滩遗址 1984 年发掘简报 [J]．江汉考古，1988（3）：1 -
9，107.

[13] 湖北省文物考古研究所，等．邓家湾 [M]．北京：文物出版社，2003.

[14] 严文明．邓家湾考古的收获：代序 [M]//湖北文物考古研究所，等．邓家湾.
北京：文物出版社，2003.

[15] 孟华平．浅议"人抱鱼形器"．中国文物报 [N].1994 - 04 - 24.

[16] 周光林．浅议石家河文化雕塑人像 [J]．江汉考古，1996（2）：55 - 59.

[17] 张绪球．石家河文化的陶塑品 [J]．江汉考古，1991（3）：55 - 60.

[18] 马赛尔·毛斯．社会学与人类学 [M]．余碧平，译．上海：上海译文出版社，
2003.

[19] 张光直．商周青铜器上的动物纹样 [J]．考古与文物，1981（2）：53 - 67.

[20] 张光直．商周神话与美术中所见人与动物关系之演变 [J]．中研院民族学研究所
集刊，1963（16）：115 - 146.

[21] 四川省博物馆．巫山大溪遗址第三次发掘 [J]．考古学报，1981（4）：461 - 490.

[22] 中国社会科学院考古研究所．宝鸡北首岭 [M]．北京：文物出版社，1983.

[23] 谢建忠．巫山大溪遗址以鱼随葬的原始宗教意识与巫术 [J]．重庆三峡学院学报，
2011（1）：14 - 18.

[24] 陆宗达，王宁．古汉语词义答问：说"祭"字 [M]．兰州：甘肃人民出版社，
1986.

[25] 王仁湘．庙底沟文化鱼纹彩陶论：下 [J]．四川文物，2009（3）：32 - 40.

[26] 张宏彦．从仰韶文化鱼纹的时空演变看庙底沟类彩陶的来源 [J]．考古与文物，
2012（5）：39 - 47.

[27] 张朋川．中国彩陶图谱 [M]．北京：文物出版社，2005.

作者简介：袁广阔，男，首都师范大学历史学院教授、博士
生导师；崔宗亮，男，首都师范大学历史学院博士研究生

原文刊于：《中原文化研究》（郑州），2018.1：60 - 64

浅谈陶寺文明的"美食政治"现象

何　努

摘　要：陶寺文化已出现"美食政治"或"烹饪政治"理念，即将饮食活动政治化，并贴上"文明"生活方式的标签，为政治统治与文明教化服务。从陶寺遗址有关饮食的各种遗迹遗物可以看出，当时的美食政治大致反映在制备与烹饪、美食与美酒本身、宴饮的排场与仪式感三个方面。陶寺统治者以高超新奇的烹饪方法，利用美食本身的稀有性独特性，聚拢人心，潜移默化地教化人们心向陶寺文明，崇拜陶寺文化，进而臣服陶寺政治。同时又以美食宴饮宏大奢华的排场与仪式感，将参与者对陶寺文明、文化、政治的崇拜感烘托到极致，使其对陶寺政治理念的认同达到最大化。陶寺文明探索出的"美食政治"影响，在中国传统文化中根深蒂固，成为中国文明的基因之一。

关键词：陶寺文明；美食政治

　　龙山时代，中国境内多地文明化进程此起彼伏，多处国家起源中心都在进行各种国家政治统治手段与意识形态的试验与探索。中原地区的相关试验与探索，开始异军突起。其中晋南的陶寺文化已经进入"邦国"文明阶段，进行了诸多政治试验，也突显出一系列政治统治理念和制度的集成创新[1]。而较特别却意义深远的"美食政治"或"烹饪政治"理念，可以说在同时期诸多政治试验中独树一帜。李旻先生首倡此说[2]，笔者赞同，并试图进一步作些申论。

　　所谓"美食政治"，既包括宴饮政治，也包括将烹调过程与烹调结果即美食和菜品本身进行政治化，并贴上"文明"生活方式的标签，从而形成一整套比较完备的美食烹饪文化，为政治统治与文明教化服务。当然，在中国上古时期，食与酒是密不可分的，所以美食政治里自然也包括美酒。美食政治大致反映在制备与烹饪、美食与美酒本身、宴饮的排场与仪式感三大方面。

一　美食的制备与烹饪

陶寺宫城内中期核心建筑 IFJT3 夯土基址西北部下叠压一座长方形坑式建筑，编号为 IFJT2，时代为陶寺早期，面积约 300 平方米，最深处约 9 米，坑内有中央"池"、小栈桥、"之"字形坡道等建筑遗迹，笔者推测为"凌阴"建筑[3]。《周礼·天官冢宰·凌人》载："凌人掌冰。正岁十有二月，令斩冰，三其凌。春始治鉴。凡外内饔之膳羞，鉴焉。凡酒浆之酒醴，亦如之。祭祀，共冰鉴。宾客共冰。大丧，共夷槃冰。夏，颁冰掌事。"这虽然是两周时期制度化的文献说法，但有其史前制度渊源。储冰除了大丧冰尸丧礼、祭祀供冰鉴与待客降温之用外，凡外内饔之膳馐即冰酒、冰蔬菜瓜果等冷饮美食，都应属于美食烹饪的制备环节。

在陶寺宫城核心宫殿基址 IFJT3 外侧的东南角，发现了一组陶寺中期的厨房建筑，可称为"东厨"。北侧为一个 200 多平方米的夯土建筑。该夯土建筑的南边有四至五个竖窑炉，其中保留最好的一个编号为 IY7，分上下两层。上层为窑室，下层为火室。这些窑炉都烧烤少量的石块。通过仔细观察分析这些窑炉的遗存细节，笔者推测其为"炮炙炉"。《礼记·礼运》有"以炮以燔，以亨以炙"。郑玄注说"炮，裹烧之也"。这种异国风情的"馕坑肉"式美食烹调方式，被标榜为高等级的生活方式，作为文明的象征来炫耀，通过特殊的美食来诱导世俗社会的一致认同，作为天下之中的陶寺君王，才能享受到这样的美食。这种烹调方式后来经过礼制化，被中原后世文明所传承[4]55-77。

陶寺植物种子浮选分析结果显示当时人以粟黍为主食。虽然有少量稻米，但由于均为粳稻[5]，口感好，无论用于祭祀还是贵族饮食，都应划入美食范畴，而不属于主食范畴。粳米还可以酿造酒醴。陶寺的粟黍和稻米，均以粒食为主，无论是早中期的釜灶和罐形斝，还是中晚期崛起的鬲、甗，基本上都是煮食的炊器。但是，陶寺遗址中经常会发现一些经过烧烤的红色砂岩板，通常一面被烧烤成黑色，一面保持干净的红砂岩页岩面，笔者怀疑其为用于烙饼的石板。《襄汾陶寺：1978—1985 年发掘报告（第一册）》径直称之为"鏊子"，大理岩材质，紫褐色，圆饼状，上面中央微凸，下底面微向内凹，经长期烧烤已酥裂，复原直径 35.2 厘米、厚1.6 厘米，推测为烙制食品的炊器[6]336。陶寺文化粮食作物中，硬黍子（硬糜子）和粳米，磨成粉经发酵，可以烙制饼，也是比较可口的美食。

中国社会科学院大学研究生院考古系博士研究生白倩，在进行陶寺遗址 1999—2001 年动物考古发掘时，发现在较多猪的肢骨上，不仅有敲骨取髓现象，还有一些浅而细密的切割痕（见图 1），其痕迹明显不是敲骨吸髓、切割肉块和取骨料的工具痕。

笔者认为，这些浅而细密的切割痕（见图 1.2），很有可能是用燧石、黑曜岩或大崮堆山变质砂岩刮削器，将不易啃食的贴骨肉和筋腱丝剔下来时留下的工具痕。

剔骨肉，或许是下等人吃贵族剩下的残羹冷炙，但更可能是陶寺人充分利用肉食资源制作另类美食的烹饪行为。比如，将剔骨肉与筋腱碎屑，连同敲骨得到的生鲜骨髓合煮，或许再加上肉皮，掺以必要的作料（盐、花椒、香草等），熬制成类似肉皮冻之类的另类美食佳肴，也未可知。可暂称之为"剔骨筋肉冻"。

1.1　剔骨痕迹的猪肢骨残段　　　1.2　猪肢骨残段刮削工具痕

图 1　陶寺出土猪骨剔骨工具痕

笔者曾经在陶寺遗址采集到黑燧石打制刮削器，边刃极为薄而锋利（见图2）。

2.1 燧石刮削器正面　　　2.2 燧石刮削器背面　　　2.3 燧石刮削器刃部

图2　陶寺遗址采集黑燧石刮削器

这样的燧石刮削器所造成的切割痕，应该与陶寺猪肢骨上留下的浅而细密的切割痕比较相符。当然，陶寺遗址石器工业常见的副产品即大崮堆山变质砂岩打制石片刮削器（见图3），也完全能够胜任刮骨剔肉的工作，

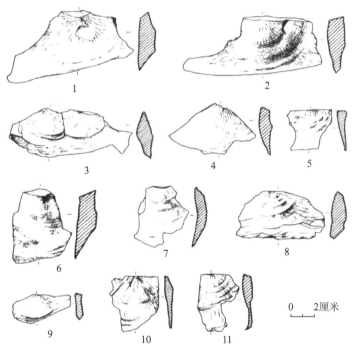

0　2厘米

1.钝角宽石片 TS2008PM03H1②:10　　2.钝角宽石片 TS2008PM03H1②:11
3.钝角宽石片 TS2008PM03H1②:15　　4.钝角宽石片 TS2008PM03H1②:13
5.钝角宽石片 TS2008PM03H1②:12　　6.钝角长石片 TS2008PM03H1②:7
7.锐角长石片 TS2008PM03H1②:6　　8.锐角宽石片 TS2008PM03H1②:9
9.钝角宽石片 TS2008PM03H1②:8　　10.锐角长石片 TS2008PM03H1②:8
11.锐角长石片 TS2008PM03H1②:4

图3　陶寺遗址出土的变质砂岩打制石片刮削器

也同样会留下浅而细密的切割痕。从陶寺遗址发现来看，燧石刮削器出土量很少，变质砂岩石片刮削器可以说是唾手可得。据此推测，陶寺猪肢骨上的细密切割痕，主要是变质砂岩石片刮削器剔骨肉时留下的，暗示陶寺文化很可能用剔骨肉和筋腱制作"剔骨筋肉冻"美食。

二 陶寺的美食与美酒

陶寺文化被推测为与酒有关的陶器大概包括煮酒器陶斝，盛酒器小口折肩罐、大木盆、木斗，饮酒器陶觚形杯、单耳或双耳小杯、双耳罐[7]542-661。尤其是单耳或双耳小陶杯，墓葬里基本不出，居址里发现量却很大，可复原数量也是陶器中最多的，显然是陶寺人最主要的饮器[6]275-277。

我们曾经分析，陶寺早期王墓里出土的龙盘图案当中，龙嘴里衔着麻黄草。麻黄草就是文献中遮遮掩掩所谓的"郁金香"即"郁草"，用于煮制"郁鬯"。鬯是"秬鬯"的简称，是用黑黍子酿造的香酒，煮以麻黄草，等于融入麻黄碱，成为郁鬯，具有兴奋、致幻的"奇效"，在宗教礼仪中用以通神，日常饮用一定是广受欢迎并且令人上瘾的"美酒"[8]244-254。齐乌云博士曾在陶寺遗址孢粉分析中，辨别出麻黄草花粉，表明陶寺遗址当时是有野生麻黄的[9]334。陶寺乡在 20 世纪五六十年代还种植黑黍子。《襄陵县志·物产略》云："黍，苗、穗与稷同，有黄、白、赤、黑四种，米皆黄，俗呼为黄米。"①紫脖子糜子（别名紫脖子硬黍子）是襄汾县种植多年的农作物，分布于城关、汾城、陶寺等公社[10]112-115。2017 年，美国加州斯坦福大学人类学系刘莉教授，曾对陶寺遗址酒器进行采样，做酒残留物检测分析，遗憾的是，由于样品器物均为 20 世纪发掘品，经年累月已遭污染，难以判定。今后，我们还要继续做陶寺遗址酒残留物分析，力求用科学手段来判定陶寺文化的"美酒"。

陶寺的美食除了"剔骨筋肉冻""炮炙肉"，常见的肉食从动物考古分析结果中可见一斑。陶寺家畜里以猪、羊、狗、黄牛为主，其中猪的数量占首位，绵羊数量占第二位，狗占一定数量，黄牛数量较少。野生动物以鹿、野猪为主，还有少量的雉、野兔、竹鼠、淡水鱼等。取肉食动物主要是家畜猪。陶寺的绵羊偏重于羊毛、羊奶生产，黄牛偏重于祭祀用牲或负重运载[11]129-182。目前缺乏陶寺文化明确食狗的证据。野生鹿、野猪、雉、野兔、竹鼠和淡水鱼，均可成为肉食来源。陶寺文化肉类美食食谱中，应当包括家猪、绵羊、黄牛、鹿、野猪、雉、淡水鱼、野兔、竹鼠。虽然除了家猪其余动物的肉取食量均不大，但是都不妨碍它们成为以少为贵的"美食"。

值得一提的是，陶寺中期王墓 IIM22 脚端摆放的 20 片风干猪肉（髊辜），有可能是用盐腌制的"腊肉"[4]71。腌制风干猪肉，不仅可以解决长期保存猪肉的技术问题，同时也制造出一种别有风味的美食。

三　宴饮的排场与仪式感

李旻先生曾以陶寺早期王墓 M2001 随葬品分布摆放为例，分析复原出作为陶寺贵族丧礼一部分的宴饮场景。他认为，陶寺宴饮工具等的细心陈列，引起丧礼参与者对美食文化的关注——陶寺贵族不仅在味觉上有较高的要求，而且还拥有相关的知识与厨艺。美食专业技能和知识，构成手工业生产一种特殊的样貌，加深已有的贵族与技术之间的联系。这种知识是夏商周三代贵族传统中最重要的组成部分，烹饪器物则是政治权威重要的象征。陶寺成为这一伟大传统发展过程里的重要一步[2]122-123。

笔者认为，陶寺王墓中的宴饮场景，不仅是丧礼宴饮场景"永恒瞬间的凝固"，更因"事死如事生"的原则，展现出王者生前的美食排场。

以保存状态较好的 M2001 为例（见图 4），墓主头端的木高柄豆和木仓形器以及配伍的骨匕，与美食宴饮排场无关。头端木案上摆一件折腹斝，是美食排场引入祭祀礼仪——美食敬神。棺头端东侧的陶彩绘龙盘也是与裸褅礼有关的特殊器物，与宴饮无关。但是，叠压在龙盘之上的大木盆和 2 件陶大口罐则与盛酒有关，可划分为"美酒陈列区"。棺东侧摆放 2 件圆木案。64 号圆木案上放置石厨刀 1 件，猪排骨若干，猪蹄 1 个。63 号圆木案上放置厨刀、猪排骨、骨镞各 1 件。长方形木俎上放置厨刀 1 件。圆木案和木俎显然都是肉食处理的陈设，可划归为"肉食处理陈列区"。"肉食处理陈列区"北侧，摆放盆形斝 2 件、横耳圈形灶 1 件，显然可以划归为"美食炊爨陈列区"。棺的脚端大约是将半片猪剁成 6~7 块陈列，大致是鲜肉或髊辜"肉类原料陈列区"（见图 4.1）。

　　M2001 棺西侧，用 85 号长条形木器隔出一片区域，从头端除了摆放仓形器及其骨匕外，摆放彩绘木豆 9 件、彩绘陶豆 13 件、彩绘高颈壶 2 件、陶尊 1 件、大口罐 2 件、陶盂 1 件、小口折肩罐 1 件、彩绘陶瓶 1 件[7]458-461，显然是美食盛器和美酒盛器组合（见图 4.2），可以大致归为"饮食陈列区"（见图 4.1）。

4.1　M2001 平面图　　　　　　　　4.2　M2001 器物组合图

图 4　陶寺 M2001 平面图与器物组合图

　　从 M2001 "美食陈列" 分区，可以大致推测陶寺文化美食宴饮排场的基本构成：鲜肉或齏羞 "肉类原料展示区"，"美食炊爨操作展示区"，"肉食处理操作展示区"，"美酒加温或冰镇操作展示区"，以及最核心的 "美食饮食区"。考虑到实际宴饮活动中，美食加工处理和炊爨操作的可观性，都具有可供 "围观" 的功能，所以美食炊爨和肉食处理展示区推测为操作展示区。实际宴饮时，郁鬯加热饮用效果更佳，夏季米酒（醴）则冰镇更爽，所以 "美酒陈列区" 也具有温酒或冰镇操作行为展示功能（见图 5）。

　　陶寺宴饮的 "美食饮食区" 内，并非像 "大排档" 式的就餐方式，而应该是每人一案的 "分餐制"。以陶寺二类墓 M2018 为例。头端摆放一件长方形木案，其上摆放舀酒木斗 1 件、带鋬木杯 2 件、木瓢 3 件，木案右侧放置彩绘陶折腹盆 1 件[7]470-472。

　　而在实际美食宴饮场合，应该分宾主。因此，美食饮食区再分为 "主位美食饮食区" 和对面的 "宾位美食饮食区"。"宾位美食饮食区" 内，

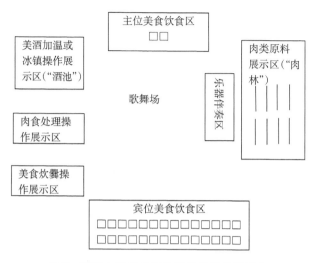

图 5　陶寺文化美食宴饮排场分区推测示意

根据进餐人数,分餐制木案排列成阵,蔚为壮观(见图 5)。

　　陶寺中期王墓 IIM22 脚端摆放的 20 片猪肉,发现时状态为西高东低斜向堆积,局部还发现有木棍痕迹,推测可能是陈列䐛臄木架的残留。木架朽烂后,䐛臄倒塌成西高东低的状态(见图 6)。据此推测,宴饮排场里肉类原料展示区内的肉类摆放也不会随意堆积,而很可能是悬挂或摆放排架式陈列,给人以"肉林"的感觉。而相对地,美酒加温或冰镇操作展示区,则给人以"酒池"的感觉。

**图 6　陶寺 IIM22 脚端䐛臄西视(照片中
木标尺的南侧为木棍灰痕)**

　　根据陶寺一类王墓 M3072、M3073、M3016、M3015、M3002 都随葬有礼乐器组合,包括陶鼓、鼍鼓、石磬[7]441-462,推测美食宴饮时必然"对酒当歌",歌舞助兴。据此笔者复原陶寺文化美食宴饮排场的中央,为"歌舞场"以及"乐器伴奏区"。

如此美食宴饮排场,我们并不陌生,在东周青铜器"宴饮"场面图像和汉画像砖(石)宴饮、庖厨图像中屡见不鲜,资料甚多,本文不再一一引述。

陶寺文化的美食宴饮排场,根据规模可分为室内和室外举行的。如果是大宴宾客,室内容纳不下,就必须将宴饮排场挪到室外广场上铺陈。我们在发掘清理陶寺宫城核心建筑基址 IFJT3 的过程中,发现有室外的若干个烧土灶面,另发现了巨型灶圈,仅留灶门圈足残段,复原底径在 30 厘米以上,加粗砂灰陶,陶胎厚 2.8 ~ 4.4 厘米,十分厚重,灶圈外壁经磨光处理,制作非常考究,部分残片内壁保留涂抹的细泥层,被烤成红色,厚约0.3 厘米[12]24-33。部分巨型灶圈残留有横耳的粘接痕迹,表明它们是可移动的。由此笔者推测陶寺宫殿基址上的室外灶面和巨型灶圈,都属于室外"美食炊爨操作展示区"的遗存。

通过对陶寺文化美食宴饮排场的复原,人们很容易感受到陶寺文化美食宴饮排场的奢华氛围,以及无处不在的仪式感。从肉食原料排架林立陈列"肉林",到肉食美食处理、美食炊爨、美酒加温或冰镇陈列"酒池",直至美食分餐享用,都充满了仪式感的可视性,由此营造出非同寻常的"文明"生活方式现场氛围,使所有参与宴饮的人,都能感受到陶寺文明的"高大上",以及陶寺政治权威的"先进性"。

结　语

陶寺美食政治当中的美食制备与烹饪,从用器到厨艺,都具有高等级性。虽不敢肯定陶寺君王和大贵族本身"美食厨艺"高超,但是可以肯定,厨艺高超的美食"膳夫",一定会成为君王的"禁脔"。陶寺美食注重独特性和稀有性,如"异域风情"的炮炙肉、风味独特的"剔骨筋肉冻"和醢莘、各种野味、郁鬯、冰酒等,在当时无不以新奇味觉,刺激人们的味蕾,使其向往陶寺美食,向陶寺都城汇聚。通过美食"聚众",聚拢人心,潜移默化地教化人们心向陶寺文明,崇拜陶寺文化,进而臣服陶寺政治。陶寺美食宴饮宏大奢华的排场与仪式感,味觉、视觉、嗅觉刺激叠加共振，将参与者对陶寺文明、文化、政治的崇拜感，烘托到极致，人们在巨大的崇拜敬仰感共情中，自觉或不自觉地把对陶寺政治理念的认同最大化。这正是陶寺"美食政治"要达到的目的。

陶寺文明在早期国家统治政治试验过程中，探索出一条独特的"美食政治"之路，无疑获得了成功，并深深植根于中国文明的政治基因当中。后继的夏商周三代，青铜礼器是政治的重要载体，其器物功能无非美酒珍馐的炊器、盛储器和饮食器，这仍然延续着陶寺美食政治当中制备与烹饪、美食与美酒本身、宴饮的排场与仪式感这三大基本面。《史记·殷本纪》称帝纣"以酒为池，县（悬）肉为林，使男女裸相逐其间，为长夜之饮"。借鉴陶寺文化美食宴饮排场模式，或可理解为帝纣的"酒池""肉林"，均为美食宴饮排场展示区的别称。帝纣沉溺于美食宴饮、狂欢淫乐或许是史实，却被夸张为"专门建造用于酒色昏庸淫乱的道场"，用以丑化帝纣。这也从一个侧面反映出创制于陶寺文明的"美食政治"宴饮排场模式，殷商时期依然沿用。

《史记·殷本纪》称："伊尹名阿衡。阿衡欲奸汤而无由，乃为有莘氏媵臣，负鼎俎，以滋味说汤，致于王道。"讲的是伊尹扮作有莘氏媵臣接近商汤，背着鼎俎，以美食滋味对商汤解读和灌输治国的王道，直指"美食政治"的精髓。

宋人吴申甫《寿主簿》有句诗曰："盐梅商鼎早调羹。"用盐梅调羹。《伪古文尚书·说命下》载："王曰：'来，汝说。台小子旧学于甘盘，既乃遁于荒野，入宅于河。自河徂亳，暨厥终罔显。尔惟训于朕志，若作酒醴，尔惟曲糵；若作和羹，尔惟盐梅。尔交修予，罔予弃，予惟克迈乃训。'"旧题汉代孔安国传："盐咸梅醋，羹须咸醋以和之。"意思是殷高宗武丁视能人傅说为治国栋梁之材，如曲糵之于酒醴，盐梅之于和羹，不可或缺，间接隐喻美食与治国政治之间的关系。由此后世用"盐梅调羹"比喻能臣宰相。

《韩非子·解老》篇说："事大众而数摇之，则少成功；藏大器而数徙之，则多败伤；烹小鲜而数挠之，则贼其泽；治大国而数变法，则民苦之。是以有道之君贵静，不重变法。故曰：'治大国者若烹小鲜。'"意思是说，小鱼很鲜美，但是烹调时不能频繁翻动，否则小鱼就碎了，鱼皮粘锅失去光泽，美食便毁了。烹小鲜之道变通为治国之道，则教导统治者少折腾政治，少苦国民，这将美食政治用得出神入化。

众所周知，中国人的美食和饮食文化丰富多彩，历久弥新，这些都是世界罕见的。造成这一独特文化现象的原因，不仅是中国地大物博，文化差异和文化交流与融合，造就了异彩纷呈的饮食文化，从根本上讲，更是陶寺文明探索出的"美食政治"影响，在中国传统文化中根深蒂固。"治大国者若烹小鲜"，成为中国文明的基因之一，融入中国人的血液中。即使在民间，美食文化脱离了政治，追求美食，"莫谈国事"，然美食精益求精的精神仍然经久不衰。

注释

① 参见《襄陵县志》（民国版），1986 年由襄汾县志编纂委员会重印，名为《襄陵县新志 太平县志合刊》，内部发行，第 70 页。

参考文献

［1］何驽. 制度文明：陶寺文化对中国文明的贡献［J］. 南方文物，2020（3）：22 - 46.

［2］LI M. Social memory and state formation in early China［M］. Cambridge：Cambridge University Press，2018：120 - 124.

［3］何驽. 陶寺遗址的水资源利用和水控制［J］. 故宫博物院院刊，2019（11）：85 - 98，111.

［4］何驽. 尧都之证：山西襄汾陶寺城址考古侦探［M］//郑州中华之源与嵩山文明研究会. 中天讲坛：中华文明探源. 北京：科学出版社，2020.

［5］赵志军，何驽. 陶寺城址 2002 年度浮选结果及分析［J］. 考古，2006（5）：77 - 86，104，2.

［6］中国社会科学院考古研究所山西队，山西省临汾市文物旅游局. 襄汾陶寺：1978—1985 年发掘报告：第一册［M］. 北京：文物出版社，2015.

［7］中国社会科学院考古研究所山西队，山西省临汾市文物旅游局. 襄汾陶寺：1978—1985 年发掘报告：第二册［M］. 北京：文物出版社，2015.

［8］何驽. 郁邑琐考［M］//北京大学考古文博学院，北京大学中国考古学研究中心. 考古学研究：十. 北京：科学出版社，2012.

［9］何驽. 怎探古人何所思：精神文化考古理论与实践探索［M］. 北京：科学出版

社，2015.

［10］王星玉．山西省黍稷（糜）品种资源研究［M］．北京：农村读物出版社，1985.

［11］博凯龄（Katherine Brunson）．中国新石器时代晚期动物利用的变化个案探究：山
西省龙山时代晚期陶寺遗址的动物研究［M］//中国社会科学院考古研究所夏商
周考古研究室．三代考古：四．北京：科学出版社，2011.

［12］何努．关于陶寺早期王族墓地的几点思考［M］//中国社会科学院考古研究所夏
商周考古研究室．三代考古：八．北京：科学出版社，2019.

作者简介：何努，男，中国社会科学院考古研究所研究员

原文刊于：《中原文化研究》（郑州），2021.4：22 – 28

由历史记忆的传承再说涉禹三器所述大禹史事的可靠性

宁镇疆

摘　要：学者受"冰山一角"思维的影响，习惯以传世文献、古器物中出现之史事年代为所述史事年代上限，完全忽略了古人历史记忆之传承性，由此导致将大禹之类久有流传之史事年代后置很晚。本文由对叔夷钟、秦公簋、齿公盨所涉大禹史事的辨析入手，试图揭示这样一个事实：先秦古人依托追念先祖及氏姓所出的历史记忆是非常强固的，此与后世动辄以出身相炫的攀附名人完全不同。此种历史记忆的强固性直观表现为史料记载的传承和延续性，这足以建立史料年代与史事本身年代之间的时序联系。因此，我们认为涉禹三器所述大禹史事都是非常可靠的。先秦古人基于追念先祖及氏姓从出所表现出来的历史记忆的传承性，也给古史研究领域如何突破以晚期文献证早期史事的方法论瓶颈提供了清晰的思路。

关键词：历史记忆；大禹；叔夷钟；秦公簋；齿公盨

20 世纪 30 年代，"古史辨"运动兴起之时，大禹及其史迹曾遭到强烈质疑。其后，王国维作《古史新证》，曾针对性地援秦公敦（簋）、齐侯镈钟（今名作叔夷钟）铭文之禹以诘驳，明谓"春秋之世东西二大国无不信禹为古之帝王，且先汤而有天下也"[1]3，但奈何此二器均为春秋时器，视禹之时尚嫌遥遥，这陷入史学领域常见的以晚出之物证早出之事的方法论困境，因此依然不能杜"疑古"者之口。2002 年北京保利艺术博物馆从文物市场购藏豳公盨一器，其铭文记有大禹及其治水事迹，且措辞亦多与经传"互见"，更重要的是此器从年代上看属西周中期后段，是目前所知最早的有关大禹史迹记载的实物载体，故一时引起学界震动，诠释者甚众①。不过，此器之年代虽然比上述春秋二器早二三百年，但绝对年代离禹之时仍嫌远，方法论上还是免不了受以晚出之物证早出之事之讥②。其实，历史学领域以晚出之物、之书证早出之事本属司空见惯。太史公之《史记》虽著于汉世，但后人并不因其成书之晚而摒之不用，相反，其言先秦史事多有可资凭信者，《殷本纪》更是有甲骨卜辞之证说明其颇为征实。实际上，"非掘出禹墓不足以说禹"的想法也过于天真。历史学领域之所以更多时候不必以当时材料证当时事，一方面是由于材料所限的"天难"，另一方面则由于文献记述及历史记忆又有其连续性的一面，故以"晚"证"早"并非不可能，而如何以"晚"证"早"则属于"人难"的问题。这方面则往往需要开阔视野，转变思路，如此方能在"人难"的问题上有所掘进。比如，在有关大禹史料的时间纵向轴上向前不断推进之余，我们也不应忽视这些史料在横向空间分布上所具有的意义。而且，在纵向时间性上没有推进或一筹莫展的时候，重新审视这些史料空间分布的意义，有时反而可能达到单纯时间追溯所无法带来的效果，尤其是可以看出古人历史记忆在多元空间里趋同的一面，以及由此反映的古人历史记忆的连续性。实际上，上举王国维针对秦、齐二国器所说的"东西二大国"就有横向的空间考量，但惜乎学者多注意于时间方面，于此却未深措意。本文拟从古人历史记忆的传承性方面对上述三器重作解读，谬妄之处，尚祈大方之家有以裁之。

一　叔夷钟与宋人的历史记忆

王国维提到的齐侯器，今多名为叔夷钟（镈）。器主为齐国的叔夷，此人虽仕于齐灵公之朝，但祖上是宋国人，这有点像陈完本系陈国人，后来亦跑到齐国发展。在叔夷钟铭文中他自称"穆公之孙"，是宋穆公的后代。其对"禹事"的称述，正出自他对祖先的追溯：

夷典其先旧及其高祖：虩虩成唐，有严在帝所，溥受天命，翦伐夏后，败厥灵师。伊小臣唯辅，咸有九州，处禹之堵。

从这段铭文来看，真正喊出"处禹之堵"的，其实并非地道的齐人，而是作为殷人之后的宋人。当然，对他称述祖先的这段史实，真正的齐人恐怕也当是认可的。另外，这则铭文中尤其值得注意的是，叔夷此人虽然客居于齐，为齐灵公臣，但对于祖先及其功业却如数家珍，有着清晰的记忆，甚至透着自豪感。而且，像"伐夏""伊小臣（实即伊尹）唯辅"这样的史实结构，也与我们熟知的夏、商之际的史实吻合。这些历史信息恐怕不劳去查什么王官之学，因为它们就等于是叔夷本人的"家史"，叔夷本人当自有其"先旧"之"典"，这正是其历史记忆的来源和载体。当然，这段话最值得注意的，还是"咸有九州，处禹之堵"。这一方面说明叔夷对祖先功业及自己出身的自豪，另一方面透露出的信息是：商曾经的版图是"咸有九州"，而这样的版图是"处禹之堵"，明确把"九州"与"禹"相连，这可以说就是"禹画九州"的另一种表述。所以，叔夷钟虽然为春秋时器，绝对年代相对较晚，但要知道，传世文献较早明确讲到禹与"九州"的关联的，一为《尚书·禹贡》（含《书序》的"禹别九州"），一为《左传·襄公四年》周初太史辛甲所提之《虞人之箴》（"芒芒禹迹，画为九州"），这就意味着叔夷所述，只能是历史记忆之"流"，而不是"源"。因为很难想象《尚书》《左传》这样的文献记载都是出自叔夷钟这种个人自制之铭。如果我们承认叔夷对祖先功业的追溯是严肃的，那其中让叔夷引以为傲的祖先功业"咸有九州，处禹之堵"也就不可能是虚设之词。

另外，叔夷作为殷人之后对其祖先功业的追溯，很容易让我们想到《诗经》里的《商颂》，其中对祖先功业的称许也所在多有，而其中往往也涉及"禹事"或"九州"：

天命玄鸟，降而生商，宅殷土芒芒。古帝命武汤……奄有九有③。（《玄鸟》）

洪水芒芒，禹敷下土方。（《长发》）

昔有成汤，自彼氐羌，莫敢不来享，莫敢不来王。曰商是常。天命多辟，设都于禹之绩。（《殷武》）

上举叔夷钟铭文中的"咸有九州，处禹之堵"与《商颂》之《长发》《殷武》可以说非常接近④，如果把《玄鸟》的"九有（州）"和《殷武》的"设都于禹之绩"加起来，则可以说基本就是叔夷钟的"咸有九州，处禹之堵"。我们很容易联想到叔夷的话来自《商颂》，那么《商颂》又是何时的作品呢？关于《商颂》的年代，过去学者多以为是周代宋国祭祀祖先时宗庙的乐诗，因此不大相信其为"商诗"。但其实《国语·鲁语下》早就记载正考父校《商颂》之事，正考父乃公元前8世纪人，《鲁语下》称其所校是"商之名颂"，并不云"宋颂"，则《商颂》为殷人所传承之诗当较显豁。晚近以来，学者更是通过文字学领域的证明，进一步考证《商颂》确当作于殷商，是名副其实的"商诗"⑤。如此，则上举叔夷的历史记忆当明显有更早的来源，并不仅仅是春秋时人的历史印象。其实，《商颂》作为一种祭祖乐歌，题材及应用场合均有所限，所以，虽然其中偶有追溯祖先功业的历史记忆的片断信息，但毕竟不是一般意义上的史学作品。而商纣虽灭，但"有典有册"的商室当有不少典籍存留下来，周人能据以编《尚书》中的"商书"，就可见一斑。叔夷之历史记忆的来源，当即出于商之史籍典册，而并不一定是作为祭祖乐歌的《商颂》。尤其值得注意的是，颠沛、辗转迁居至齐的叔夷，却始终不忘祖先功业及氏姓所出，说明古人这种依托于明辨氏姓所出的历史记忆是非常强固的，这种强固性直观表现为史料记载的传承和延续性，而这不正是建立史料与史事之间时序联系的关键因素吗？

顺便说一句，如果我们认为宋穆公后人叔夷追溯祖先商汤的功业是严肃的，那么同样是作为客居齐地的"外乡人"，战国之世陈侯因咨敦中，已经代姜而有齐国的威王田因齐对高祖"黄帝"的追念，难道就全是虚设之词吗？而黄帝早于禹又远矣。

二　秦公簋与秦人的历史记忆

再来说秦公簋。相比于王国维，现在我们则又幸运地见到了清华简《系年》，对秦人的古史记忆当有更深的理解。秦公簋提到大禹史事的文字是：

> 丕显朕皇祖受天命，鼎宅禹迹……保业厥秦，虩事蛮夏。

"鼎宅禹迹"，可以参照秦公诸器的是"赏宅受国"，说明西方的秦人也把自己的国土看成是大禹曾经经营的地方，是"禹迹"所在，也相当于叔夷钟的"处禹之堵"。现在有了清华简《系年》的证明，我们对秦人这种大禹史迹的记忆也许会有更深的体会。清华简《系年》第三章讲到秦人之所出时说：

> 飞廉东逃于商盖氏。成王伐商盖，杀飞廉，西迁商盖之民于邾圉，以御奴之戎，是秦先人。

原来秦人的祖先飞廉，周初曾据商盖（即商奄，今曲阜）反叛，被平定后，周人将部分商奄之民远迁西陲，"是秦先人"。如此说来，秦的兴起颇有屈辱的历史背景，但从秦公簋的铭文看，则说得冠冕堂皇。铜器本为礼仪之重器，语多庄重，本无足怪。但学者或连带对其中的"鼎宅禹迹"也有怀疑，认为这纯粹出于秦人的宣传，意为争华夏之正统。而上举清华简的材料则证明，秦人对"禹迹"的态度也是认真的，绝非夸饰之说。学者指出《系年》所记商奄之民西迁的落脚地"邾圉"，即《禹贡》雍州的"朱圉"，《汉书·地理志》作"朱圉"[2]，说明此地确属禹曾经经营即"禹画"之地，秦公簋所讲信而有征，并非虚夸的宣传之词。当然，反过来也可以说，秦公簋、清华简《系年》合起来也证明《禹贡》及所述"禹迹"之可信。过去关于《禹贡》写成之年代学者多有分歧，或早或晚，各有其证据。晚近刘起釪先生主张定本由西周史官完成，流传至战国又增加了些战国史实[6]。现在由𰯔公盨及清华简所提供的材料看，即便是"西周史官完成"，也当是利用了自古相传的非常古老的材料。还要提到的是，《诗经·大雅》之《信南山》"信彼南山，维禹甸之"、《文王有声》"丰水东注，维禹之绩"、《韩奕》"奕奕梁山，维禹甸之"。既然"南山""丰水""梁山"都是"禹之绩"或"禹甸之"，而周室东迁之后，秦人统治重心也随之东移，奄有周之旧地，也就是说曾经的"禹之绩"或"禹甸之"又变成了秦的地盘，然则秦公簋所言"禹迹"就更没有问题了，而这其中周、秦之间历史记忆的延续性又可谓不待言矣。

当然，秦人虽居西方，但清华简表明其本出东方，所以出自西方秦公之口的大禹史迹实际上也可看成是东方系统，是秦人旧有的历史记忆。其实，甲骨文即多有"秦"地，都在东方。西周初年的墮方鼎（原称"周公东征方鼎"或"丰白鼎"）提到周公征伐东夷，回来后"饮秦饮"，学者以为即秦地的酒，这个东方的"秦"，《春秋·庄公十一年》还有见："秋，筑台于秦。"《史记·秦本纪》记载："秦之先为嬴姓，其后分封，以国为姓。"其下提到的古国名多在东方，其中如"菟裘氏"学者较少论及，但《左传·隐公十一年》提到鲁隐公使营菟裘之城作为自己的终老之处，其地近鲁，亦在东方⑦。另如"终黎氏"，集解引徐广曰："《世本》作'钟离'。"2006—2008 年考古工作者于安徽蚌埠发掘之双墩一号墓，证实墓主即为春秋时期的钟离国国君，所谓"终黎氏"亦在东方[3]。近年枣庄山亭出土的春秋时期小邾国铜器铭文中，明确记载"邾君庆"为"秦妊"所作器[4]，这个"秦"当即原来东方之秦地[5]175，而非西方之大国秦，学者或以为这就是当初禹封伯益的"秦"[6]，如此，则是曾居东方之"秦"与"禹"联系的一大证明。《尚书·立政》中周初的周公已明云"陟禹之迹"，那么哪些算"禹迹"呢？他接着说"方行天下，至于海表"，东方的海表显亦系"禹迹"之地，这与禹封伯益于古"秦"地的史实在逻辑上就相合了。我们可以想象，在周人与商奄及熊、嬴之族冲突对立之时，双方对于敌人是谁，系出何族，显然是很清楚的。作为商朝与国的秦及商奄，之所以反抗激烈，当是习惯于过去殷人的统治或与殷人心志相通而对周人这个后来者不能认同。这种族群自觉意识突出如斯，他们对自己种族之归属、氏姓之所出等历史信息也当是清楚的，不唯有口耳相传，恐怕亦有典册之类载籍可供传习。作为少皞族裔，春秋末叶的郯子尚且对其远祖之事如数家珍（见《左传·昭公十七年》郯子所言"少昊氏以鸟名官"事），周初或更早的"秦夷"（见询簋和师酉簋）对自己先祖所出更当是非常清楚的。一则与秦人氏姓记忆有关的典型事例是，《左传·文公四年》记楚人灭江，数千里之外秦国的反应是："秦伯为之降服，出次，不举，过数。"举丧可谓备极哀隆，一个小小的且地处偏远的江国与独霸西戎的秦国有何干系而致其君举哀如此？原来江与秦系出同族，俱为嬴姓。此例突出说明，秦人不唯对氏姓所出之历史非常清楚，而且是备极严肃，浸透了感情因素，这与后世为了炫以出身而胡乱攀附是很不一样的。由此我们再来比观叔夷钟述其祖先商汤"处禹之堵"及本出东方但后居雍州之地的秦人说自己"鼎宅禹迹",这种镂之鼎彝之词,就绝对不会是浮泛、夸饰的宣传之语,而恰恰反映了古人历史记忆的强固性。

顺便说一句,清华简以无比清晰的叙述说明秦人由东到西的迁移史,也给长期以来秦人族源问题的争论画上了句号⑧。但笔者以为,这其中还有关于如何处理史料的方法论问题值得我们省思。关键一点,就是我们应该对古人基于明辨氏姓的历史记忆的延续性有充分的估计。学者已经指出,在清华简发现之前,现有文献虽然没有明确说及秦西迁之历史,但秦本出东方的史实也在不起眼的史料中时或有见。如《说文》即云:"嬴,帝少皞氏之姓也。"而少皞之地,《左传·定公四年》说伯禽封鲁时即说"因商奄之民……封于少皞之虚",这与上举的郯子称述其祖,都明在东方。另外,《逸周书·作雒》篇曾提到周初"三监"联合东方的徐、奄及熊盈以叛,其中"盈"即"嬴"也,这又是史实透出的一点微光。再如学者提到的马王堆帛书《战国纵横家书》"苏秦谓燕王"章云:"自复而足,楚将不出沮漳,秦将不出商阉(奄),齐不出吕隧,燕将不出屋注。"这四句都是讲四国的始居之地,而秦与商奄的联系表明,即便是很晚的战国之世,时人对秦的"底细"还是很清楚的。再有就是《史记·封禅书》提到"秦襄公既侯,居西陲,自以为主少皞之神"⑨,秦襄公为什么要"主少皞之神",了解其本出东方少皞之族这个背景,我们就可知道这绝非秦襄公其人要攀龙附凤,以出身显赫相炫,实在又一次透出秦人族源所出的一线幽微。现在回头来看,关于秦人本属东方系统的史实可以说自周初至战国一直史不绝书,时人也是清楚的。盖因史料几成碎片化,加之多有湮没,遂使后人很难形成系统的认识⑩。比如,如果单纯看《战国纵横家书》或《史记·封禅书》这样比较晚的材料,学者恐怕是很难下秦出东方的结论的,但正是这样的材料依然道出了历史事实。这充分说明,文献的年代和其中史实的年代是两个问题,二者并不具有同步性。对史实记忆的连续性,经常导致绝对年代很晚的文献也记载了很真实的历史,如此一来,就等于打通了史料与史事之间的时序阻隔。过去,学者习惯进行史料排队:以文献的早晚勾辑相关史实,以观察某一史实出现的时序,貌似很严谨,其实只是看到了"冰山"一角,尤其对上述史实记忆之连续性估计不足,这种情况下得出的结论很多时候是不可靠的。

三　豳公盨与周人的历史记忆

再来看豳公盨。此器因为非发掘而得，其国籍族属不明。其中之"豳"字，铭文作"燹"，关于此字向有数说，比较有影响的观点：一是认为读为"遂"，即《春秋·庄公十三年》"齐人灭遂"及《左传·昭公八年》"置德于遂，遂世守之"之"遂"，为虞舜之后，明属东方；一是当释为"燹"，即"豳"字，为周畿内之地。考此字在金文铜器中多见，而铜器所出，又多在周之畿内，故现在越来越多的学者倾向于将其释为"豳"，即周族之曾经的发祥地，而不太可能是远到山东的"遂"国[7][8]327。因为"遂"字在金文中有自己独特的写法，都是作"述"，与"燹"区别明显，从不混用，古人无由临时用一"燹"字来表示遂国。那现在的问题是，此字既当释为"豳"，为周之发祥地，这个"豳公"又是谁呢？学者考虑到铜器铭文中"豳"地曾有"王"称，且豳王盉铭文云"豳王作姬姊盉"，姊为姬姓，则豳王明亦为姬姓，则"豳公"或"豳王"必系周王室中之贵胄[9]。郑玄《诗谱·豳谱》中把周先祖如公刘、太王称"豳公"，可见"豳公"之显赫出身。结合西周王世更迭次序，学者因此主此"豳公"当为孝王未登王位之前之名号，不唯年代上与此器类型学的年代吻合，而且从铭文口吻来看，其训诫口气不唯针对一般贵族，也针对周之天子（我王），这也暗示其身份的特殊性[8]327-336。笔者还想补充的证据是，豳地作为周族之发祥地，历来地位特殊。《诗经》中专门有此地之"豳风"，与十五国风特别是"王风"相颉颃，甚至有学者以为应当归入"雅"。在《诗经》的编次上，此风之次第历来引起高度关注。今本《豳风》居"风"诗之末，紧接王诗之"雅"，已显示其地位的特殊性。郑云《诗谱》又将《王风》移至《豳风》之后，孔疏解为"退就'雅''颂'，并言王世故耳"，可以说更突出其特殊地位。更重要的是，《豳风·七月》中称"献豜于公""跻彼公堂"（另多称"公子"），《九罭》称"公归无所""无以我公归"，《狼跋》称"公孙硕肤"，总之多言"公"字，这对理解"豳"地可有"公"称恐怕也是有力的佐证。

"豳公"身份既为西周宗室，则其中对禹事的称述，我们可以将其视为对大禹历史记忆的西方版本。该器年代为西周中期，但其中对禹事称述的文字已经非常纯熟、规范，如"禹敷土""随山濬川""差地设征"之类，与传世典籍多可参证。这说明大禹史事的流行已有相当长的时间，也就是说此器中所记禹事，也当是"流"，而不是"源"。其实，学者多已指出，此器铭文辞例、体式与常见金文器铭不类，劈头就说"天命禹"，全无时空等背景交代，有明显的非典型性，若说此即为禹事之"源"，而周之典诰等庄严文献中之禹事竟出于此非典型器铭，这无论如何是说不过去的。另外，《尚书·立政》已明言"陟禹之迹"，这可是周初周公的话。且《立政》开篇周公多言夏、商古史，而夏、商兴衰的关键又紧扣一"德"字，如"古之人迪维有夏……用丕训德"，至桀时"是惟暴德"；成汤之兴，"用丕式见德"，至纣时又"惟羞刑暴德之人，同于厥邦；乃惟庶习逸德之人，同于厥政"，兴衰因"德"的因果逻辑线索甚明。这与豳公铭文三复斯言的"降民监德""厥贵唯德""好明德""懿德""心好德""克用兹德"简直惊人的一致。这再次表明，豳公铭文对禹事的称述，只能是"流"。早在周初之时，"禹事"及夏之兴衰已是周人头脑中印象深刻的记忆。顺便要提到，上举《左传·襄公四年》提到周初的太史辛甲[①]，为了箴诫百官作《虞人之诫》，其中明云："芒芒禹迹，画为九州。"豳公的发现，证明《虞人之诫》非常之可信：豳公时为西周中期，其中已提到禹治水之事且文字非常纯熟，说明大禹治水之事流传已很久，而辛甲为周初人，《虞人之诫》提到"芒芒禹迹，画为九州"不就是很自然的吗？故周人早有关于禹事的历史记忆，而且是与秦、宋等国类似的"独立记忆"，这是不必怀疑的。

当然，回头来看，如果没有豳公，学者对辛甲的《虞人之诫》恐怕是不会太当回事的，总觉得传世文献未必可靠。这种史学倾向不禁让人们想到学者对近代"疑古"思潮影响下史学研究领域一个"诡论"现象的总结，那就是一方面坚持"史料的尽量扩充"，但另一方面又"不看二十四史"等"常规"文献[10]，即对传世文献缺乏足够的敬意，当然最根本的，还是对古人历史记忆的延续性估计不足，这确是值得深刻反思的。

注释

① 参《中国历史文物》2002 年第 6 期裘锡圭、李学勤、李零、朱凤瀚等先生文，以及

《华学》第 6 辑（紫禁城出版社 2003 年版）中饶宗颐、周凤五、罗琨等先生文。

② 如有学者就提到"但时在西周中期偏晚的作者距离旧古史系统所说夏代初年已有千年之久，他讲夏初人王之禹，就等于今人讲一千年前北宋的事情，其不能当作史料为人取信是谁都明白的"，参黄永年《评〈走出疑古时代〉》，中国社会科学院历史研究所、中山大学历史系合编《纪念顾颉刚先生诞辰 110 周年论文集》，中华书局 2004 年版，第 123 页。

③ "九有"即"九州"。

④ 上博竹书《容成氏》提到商汤"征九州之师，以略四海之内"，此可为叔夷钟"咸有九州"、《商颂·玄鸟》"奄有九有"的间接证明。

⑤ 参陈伟湛《甲骨金文词汇与〈诗·商颂〉》（《中山大学学报》2002 年第 1 期）、徐宝贵《出土文献资料与诗经学三个问题论考》（《出土文献与古文字研究》第 2 辑，复旦大学出版社 2008 年版，第 380 页）、江林昌《史墙盘与〈商颂〉》（《华学》第 8 辑，紫禁城出版社 2006 年版）、江林昌《甲骨文与商颂》（《福州大学学报》2010 年第 1 期）诸文。

⑥ 参刘起釪《〈禹贡〉写成年代与九州来源诸问题探研》，《九州》第 3 辑，商务印书馆 2003 年版。又，最近陈立柱先生对刘文提出商榷，参陈氏《〈禹贡〉著作时代评议——与刘起釪先生商榷》（《古代文明》2010 年第 1 期）。观陈氏之驳刘，有些证据并不确凿，甚至对文献的解读也间有可商。兹仅举一例。陈文举《晋语四》楚成王与晋文公言，语及"冀州之土，其无令君乎"，陈文为了将此"冀州"解为"中原"，不惜将"令君"解为"使令"之君，以为穿凿成"中原（冀州）大地上发号施令之人"提供训诂支持，但"使令"之释尤与古汉语文法不合（即陈氏自举的《左传》之"令王"同样不能释为"使令之王"，此当与经籍常见的"令闻不已"同例，应释为美、善义，不劳烦说）。顺便说一句，陈文发于 2010 年，其时清华简《系年》虽未公布，但豳公盨早已面世，并已有深入的讨论，尤其是该器与大禹治水之历史密切相关，而陈文竟无一言及之，此又何也？

⑦ 杨伯峻先生以为"菟裘古为嬴姓之国，其后土地并于鲁"，良是。参杨氏《春秋左传注》，中华书局 1990 年版，第 79 页。

⑧ 学者或以为卜辞之"犬"地即文献之"犬丘"，而秦先祖早居于此，因此并不能说秦人起源于东方，清华简《系年》所云将秦人由东方迁到西方，不过是回到了他们的旧居地而已（参见沈建华《秦族西迁"朱圉"原因及有关地理》，《古文字研究》第 29 辑，中华书局 2012 年版，第 570 页）。今按此说对于"犬"地与文献"犬丘"之关联论证嫌弱，最重要的是，将反叛之秦人迁回故地的做法，与周初处理反叛的一贯策略不合。另外，若说秦原居西而非东，不但无法解释卜辞中"秦"地在东方的事

实，尤其与清华简《系年》所说商奄之民迁到西方后"是秦先人"的记载相矛盾。

⑨此处所列秦出东方之史料证据，俱出上揭李学勤先生《清华简关于秦人始源的重要发现》文，谨此说明。

⑩这种情形，使我们不得不重提《史记·五帝本纪》中司马迁对如何处理诸如"五帝"等传说时期史料时所道的甘苦之言："予观《春秋》《国语》，其发明《五帝德》《帝系姓》章矣，顾弟弗深考，其所表见皆不虚。书缺有间矣，其轶乃时时见于他说。非好学深思，心知其意，固难为浅见寡闻道也。"

⑪此人当系《韩非子》提到的"辛公甲"，按《韩非子·说林上》云："周公旦已胜殷，将攻商盖，辛公甲曰：'大难攻，小易服……'乃攻九夷，而商盖服矣。"

参考文献

[1] 王国维. 古史新证 [M]. 长沙：湖南人民出版社，2010.

[2] 李学勤. 清华简关于秦人始源的重要发现 [N]. 光明日报，2011 – 09 – 08（11）.

[3] 安徽省文物考古研究所，等. 安徽蚌埠双墩一号春秋墓发掘简报 [J]. 文物，2010（3）：4 – 18，97，99.

[4] 政协枣庄市山亭区委员会. 小邾国文化 [M]. 北京：中国文史出版社，2006.

[5] 赵平安. 金文释读与文明探索 [M]. 上海：上海古籍出版社，2011.

[6] 何清谷. 嬴秦族西迁考 [J]. 考古与文物，1991（5）.

[7] 陈英杰. 燹公盨铭文再考 [J]. 语言科学，2008（1）：63 – 77.

[8] 刘雨. 金文论集 [M]. 北京：紫禁城出版社，2008.

[9] 李学勤. 论燹公盨及其重要意义 [J]. 中国历史文物，2002（6）：4 – 12，89.

[10] 罗志田. 史料的尽量扩充与不看二十四史：民国新史学的一个诡论现象 [J]. 历史研究，2000（4）：151 – 167.

作者简介：宁镇疆，男，上海大学历史系教授、博士生导师
原文刊于：《中原文化研究》（郑州），2014.3：45 – 50

中国初期国家形成过程中的牙璋及意义

秦小丽

摘　要： 牙璋出现于新石器时代晚期的黄河流域，在此后二里头、二里岗文化时期许多重要的文化遗址中多有发现。因此，它的出现与中国初期国家形成过程有密切的关系。新石器时代中晚期，礼仪性玉器在长江流域、黄河流域和辽河流域非常流行，而在此后的国家形成期，随着早期青铜器的出现，玉器礼仪器数量有所减少，其器类与前期相比也多有减少，但是新出现了一些特殊的器类，比如玉牙璋、玉圭、大型玉钺、玉刀等兵器型礼仪玉器。玉器器类组合的转变与玉牙璋的存在，是探索这一时代转变的社会背景不可缺少的因子。因为牙璋不是一个孤立的存在，它和其他共存遗物，以及牙璋在传播过程中形态与质地的差异，都显现着承载这一特殊玉器所在的社会环境。特别是二里岗文化晚期开始，牙璋以中原型或者模仿型主要在南方地区的一些重要遗址中出现，相反中原地区的城郭遗址却很少发现，这就需要在一个考古学文化大框架下来理解牙璋存在的社会含义。

关键词： 牙璋；初期国家；南方地区

牙璋最早出现于中国新石器时代晚期的黄河流域，此后的许多地区与重要的文化遗址中都有发现，关于它的起源、用途、制作工艺、传播线路等学界多有讨论。从新石器时代早期开始，礼仪性玉器在长江流域、黄河上游下游和辽河流域比较流行，在此后出现二里头、二里岗遗址的洛阳郑州地区玉器文化并不盛行。新石器时代之后进入早期青铜时代，二里头等遗址开始出现玉质礼仪器类，但是其器类与前期相比则差异较大。琮、璧、冠状梳背类祭祀性器类与管珠、笄、坠、耳饰等装饰性器类很少，但新出现了诸如玉牙璋、玉圭、大型玉钺、大型玉刀等兵器型礼仪玉器。从新石器时代晚期到早期青铜时代的转变，玉器器类组合的转变以及玉牙璋的广地域性传播，是探索从新石器时代到早期青铜时代转变的社会背景不可缺少的因子。本文重点关注玉牙璋以及其共存的其他玉器和陶质礼仪器类的动态，试图通过这些共存关系来理解牙璋出现的意义以及在中国初期国家形成过程中的重要性。

一　二里头、二里岗文化时期的
诸礼器组合与牙璋

为什么牙璋的发现比其他玉器器类更引人注目？首先，这是因为牙璋在从南到北的远距离广地域的重要遗址出土，把原本从其他遗物上无法确认其是否有关联的相距很远的诸遗址联系起来，暗示着它与其他玉器相异的特殊传播背景；其次，还与以二里头文化为代表的中国初期王朝国家成立期有紧密关系；最后，石峁遗址大量的牙璋发现固然具有不可忽视的重要意义，但是由于其缺乏科学发掘资料的支持，许多问题尚悬而未决。然而，从 20 世纪 50 年代末开始的二里头遗址的发掘，自始至终都是在科学的考古发掘中展示它的文化内涵，都为学术界提供了难得且准确的研究资料。因而，当二里头遗址发掘中发现了随葬牙璋的墓葬时，牙璋引起了学术界更多的重视。

先来讨论二里头文化时期发现牙璋的遗址以及共存遗物的关系。从年代关系来看，目前可供讨论的大致有甘肃一带采集的齐家文化的相关遗物、陕北地区的石峁遗址、洛南地区的东龙山遗址、豫南江汉流域的下王岗遗址、洛汭河流域的花地嘴遗址、伊洛河流域的二里头遗址、四川盆地的三星堆遗址和湖南皂市的栀岗遗址。分布于甘肃一带的齐家文化遗址中虽有牙璋发现，如新庄坪等遗址[1]，但是因为多是采集品或者征集品，缺乏牙璋的时代判别以及共存遗物信息，这里暂不作更多分析。

（一）石峁遗址

位于陕北黄土高原沟壑丘陵地带的石峁遗址，虽然在 30 多年前就有大量牙璋发现，但是因为缺乏确切的科学证据，这些包括牙璋在内的玉器研究一直有所局限。2012 年的大规模发掘使得 400 万平方米的大型城址面世，引起学术界对石峁牙璋的再度关注。根据科学测年，目前确定石峁遗址的年代跨度在公元前 2300—公元前 1900 年，它是一处从龙山文化晚期到二里头文化早期的遗址。根据邵晶的研究，目前石峁经科学发掘出土了 2 件牙璋，它们在地层上有明确的早晚关系，大概介于龙山晚期与二里头文化早期之间[2]。若这一关系能得到进一步确认，并公布与其共存的遗物组合的话，将是今后研究大量石峁玉器以及牙璋形态从龙山到二里头转变的重要突破口。即使从目前采集的玉器与陶器研究来看，龙山文化晚期与二里头文化的特征也比较明显，因此可以说，二里头文化牙璋的起点也许就在黄河中上游的石峁一带，但是关于石峁牙璋与二里头遗址牙璋的关系还需要更多具体的资料支撑。从公布的发掘出土的石峁陶器来看，其具备龙山文化晚期晋陕蒙高原一带与客省庄文化、陶寺文化的因素与特点，也有一些诸如大口尊、双耳罐等二里头文化早期特点的陶器，而具体的交流关系则需要对其时空标尺以及混杂的文化因素的变迁状况进行梳理与分析。这里的玉石器也与陶器一样呈现多文化混杂的状况，石峁遗址出土的诸多玉器共存组合难以确定其类型，尽管这里有经科学发掘的 10 多件其他种类的玉器可供参考，但是由于更多的牙璋以及其他玉器缺乏科学发掘证据，因此仅选择玉石器的器类进行分析。根据戴应新先生 20 世纪 80 年代中期正式发表的报告，石峁玉器的种类大概有各种形式的牙璋、大型带孔刀、戚、钺、圭，少量环、璜、人头雕像、动物雕像等[3]，与器类丰富的长江流域玉器文化相比非常简单。

尽管石峁玉器器类以大型玉刀、玉圭、玉钺、玉戈、牙璋等为主流，呈现出与二里头文化时期一致的风格，但是该遗址也出土了许多来自长江下游地区诸如良渚文化的玉琮、玉璧、玉璜，长江下游石家河文化的动物形和人头像类的玉器装饰品，以及黄河下游山东地区特有的牙璧。结合黄河对岸大致同时期的陶寺文化、清凉寺墓地以及兴县碧村发现的成组玉器，形成了这一地区特有的玉器组合风格，这是我们解读此后牙璋作为二里头文化时期广域传播的一个起始点。

（二）东龙山遗址

位于长江支流丹江流域的东龙山遗址[4][5]，是一处龙山文化、二里头文化与二里岗文化的复合型遗址。根据发掘者杨亚长先生的研究，东龙山牙璋出土于二里头文化早期的 M83，即相当于二里头遗址第一、二期，其绝对年代在公元前 1900—公元前 1850 年。与牙璋同时出土的随葬品除了玉戚、玉刀外，还有一组石璧以及半成品。虽然 M83 没有发现随葬陶器，但是同时期的其他墓葬随葬的陶器可以作为参考。根据报告，二里头文化早期的墓葬共有 36 座，出土遗物中，陶器器类有大量双耳罐、单耳罐、觚等。但是从大量灰坑与居住遗址出土的陶器器类则有所不同，更多与二里头遗址第一、二期出土器类相似，出土有典型的大口尊、花边园腹罐、篮、双扳盆、豆、爵等器类，与以上双耳、单耳、无耳长颈罐等以泥质带耳罐类陶器为主有所不同。而墓葬出土的这些陶器器类则与陕西地区客省庄二期文化晚期有更多的关联性。

再来分析出土牙璋的 M83 与 M84 夫妇合葬墓的玉器组合以及石器组合。牙璋、玉戚和玉圭三件一组玉器出土于 M83 男性墓主一侧，其大腿之间有漆木器 1 件以及填土中出土石璧 3 件；M84 墓主为女性，墓内填土出土石璧 6 件，小龛内有双耳罐 1 件，还有 2 件方形石璧在人骨胸部。牙璋为墨玉，长 27.6cm，宽 5~7cm，厚 0.3cm。东龙山遗址 M83 出土的牙璋以及共存器物的年代早于伊洛地区二里头遗址，而晚于石峁遗址，介于两时代转变的中间时段，在地理位置上也是介于陕北黄土高原与伊洛盆地的中间地带，因此，它是思考牙璋的传播时具有重要意义的一处遗址。

（三）河南淅川下王岗遗址

同样位于丹江流域的河南省淅川县下王岗遗址[6]，在二里头文化三期的一个文化层中也出土了一件残半玉牙璋，同一灰坑中没有报告共存的陶器等其他遗物，但是这里参考同时期的遗迹出土物来分析这一牙璋的时代背景。出土牙璋的第三期地层中，出土的陶器器类构成除了常见的典型花边鼎足的罐形鼎与盆形鼎、单耳杯豆等外，引人注目的是长颈双耳、单耳罐，它们的特征与东龙山遗址出土的同类器形非常相似。鉴于下王岗遗址的时代晚于东龙山遗址，因而具有典型特征的二里头文化器类也更明显。虽然两个遗址相距较远，一个在秦岭南侧的丹江上游，另一个在河南南部的丹江下游，但是两遗址位于同一流域，沿河流进行远距离交流的可能性比较大，同时出土牙璋是不是与同时位于丹江流域的地理位置有关值得思考。至少从目前发现的考古学遗物的特点与构成上显示出较多相似性（见图1）。

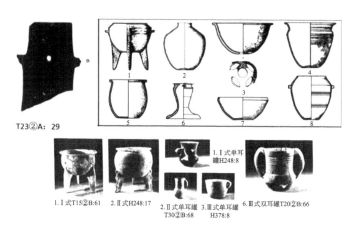

图1 下王岗遗址出土牙璋以及玉石器和陶器

（四）花地嘴遗址

位于伊洛河与黄河交汇处附近的洛汭地区的花地嘴遗址[7]也是一处从龙山文化晚期到二里头文化时期的复合型遗址，其中属于早夏文化新砦期的文化堆积很丰富。根据2003年的发掘成果，属于新砦期的H40出土了2件牙璋与一组玉器。面积约30万平方米的遗址上有内外两重（4条）环壕，其中数个圆形深坑内有明显的踩踏面，出土了大量完整陶器，还有玉器、卜骨、农作物和家畜遗骸等。发掘者推测其应为祭祀坑。玉器的种类有钺、铲、璋和琮等。最令人瞩目的是一件完整的墨玉璋，该玉璋出土时首端向上，略向西南倾斜，其北侧有一人骨架。坑内数层填土褐、白相间，显然系有意为之。在嵩山周围、洛阳盆地一带的中原腹地，整个龙山时代并无使用大型玉器的传统。其后的二里头都邑则出现了成组的大型玉礼器，两者形成了鲜明的对比。花地嘴遗址出土牙璋的特点显示其时代比较早，其风格还残留有龙山文化晚期的牙璋特点，特别是厚重、两牙端比较短、没有刻画纹等与石峁遗址出土的一些牙璋很相似。而另一件残牙璋则呈浅黄色，两牙端与前一件有明显差异。其他共存的玉璧、玉刀与残玉琮等，与稍晚的二里头文化玉器相比，无论是器类还是制作风格都略有不同。发掘出的4件陶器除了一件三角足盆形鼎呈现二里头文化早期特点外，其他均是典型的新砦期陶器。

以上分析的东龙山、下王岗与花地嘴三遗址，无论是牙璋本身，还是共存的玉器与陶器组合都具有较多的共同特点，在时代上也都早于二里头遗址牙璋，它们与此后二里头牙璋的流行以及传播具有相当的关联性。

（五）二里头遗址

位于伊洛河流域的二里头遗址[8]除了发现大型宫殿、大型墓葬、手工业作坊、道路等重要遗迹外，大量特殊遗物的出土更加引人注目。比如青铜容器、绿松石以及海贝、漆器、玉石器、精美陶礼器等。在二里头文化第三、四期墓葬出土了4件牙璋，这些牙璋不仅有明确的出土位置，也有完整的共存器物。首先介绍墓葬出土的4件：属于第三期的是ⅢKM6：8牙璋和VM3：4、5两件牙璋；属于第四期的是ⅦKM7：3牙璋（见图2）。根据二里头发掘者对资料的研究[9][10][11]，二里头遗址的4件牙璋，可分为A、B二型。A1是73YLⅢKM6：8，A2是80YLVM3：5，B1是80YLVM3：4（这件牙璋在圆孔处镶嵌有绿松石），B2是75YLKM7：5。此外，邓聪和王方也有文章对二里头牙璋的性质特点进行过分析[12]。

二里头第三期墓葬M3出土牙璋以及共存器物包括2件牙璋与一组陶质礼器以及绿松石珠2件，玉钺、玉柄形器等共同埋葬在M3这座墓葬中。这可能就是一组经过死后葬仪而埋入的礼仪器类，以此表示对墓葬主人的敬仰和其社会地位以及生前权威的肯定。随葬的牙璋不是1件而是2件的象征意义又是什么呢？M3：4右侧刃部镶嵌有一颗绿松石，放置在墓主人上肢部，而M3：3则呈相反方向放置在墓主人的下半身。据报告，墓葬还留有红色漆器棺的痕迹。

尽管以二里头遗址为主的二里头文化遗址也出土了一些玉器，但是因为本地龙山文化时期与其他地区相比很少有使用玉器的传统，只是进入二

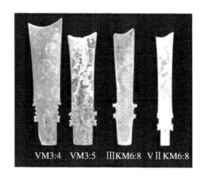

图2 二里头遗址第三、四期墓葬出土的牙璋
（引自邓聪论文）

里头文化时期后才开始出现具有特点的玉器组合。可以看出，这些玉器器类与龙山时代有玉器传统的长江中下游地区的玉器组合均有不同，与祭祀性礼仪用品和装饰性用品相比，这些玉器以武器和工具类为主，显示着与前期较少的继承性。经历了龙山文化晚期环境与社会的大动荡之后形成的二里头文化，在陶器的形态上仍然有继承龙山文化晚期的特点，其玉器与绿松石镶嵌也显示出崭新的时代特征。牙璋镶嵌绿松石在二里头遗址墓葬随葬不仅是时代的反映，还在于此后它在中原以外地区的远距离传播。

中原地区龙山文化晚期与二里头文化时期的陶质礼器虽然有所传承，但是独特性也很明显，特别是二里头文化遗址与墓葬随葬陶器的区别明显。许多礼仪性陶器如鬶、盉、爵、豆等大多出现在墓葬，并在二里头文化时期广地域间传播。根据笔者的研究[13]，二里头文化时期，这些陶质礼器在长江以南许多遗址的墓葬中被发现。而日常生活用器虽然也曾呈现向外传播或者有扩散的迹象，但是成片的遗址分布则仅局限在长江中游以北，长江以南仅有少量特殊遗址中有所发现。陶质礼器则不同，在长江以南的湖南、江浙、四川的许多二里头文化晚期以及二里岗文化早期的一些遗址中都有发现，因此陶器的广域传播形态可以区别为礼仪性陶器与一般陶器两类。显然，与牙璋一起广域传播的是礼仪性陶器，比如鬶、盉、爵以及豆、盘等。向桃初先生对二里头文化时期礼仪性陶器传播的研究[14]，将有牙璋出土的川西平原和湘西地区的二里头、二里岗文化特征的陶器罗列如图3、图4所示，并作详细分析。

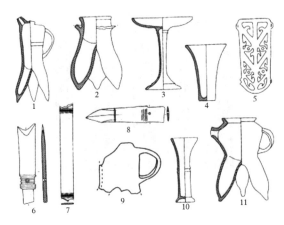

图3　四川盆地川西平原出土的二里头文化陶器、玉器与牙璋
（引自向桃初论文）

（六）三星堆遗址

位于成都平原的三星堆遗址[15][16]是三星堆文化的命名地，它虽然在地理位置上与二里头、二里岗文化中心地相距甚远，却在某些文化因素上有诸多共同点，在年代上也正好介于统领中原王朝国家的二里头文化与二里岗文化时期，即公元前1800—公元前1100年。强强并立的文化之间究竟存在怎样的一种关系？它们共同的文化因素又是如何出现的？特别是在这里发现的牙璋以及其他玉器与二里头遗址出土的同类器物非常形似，是学术界关注的焦点。图3是三星堆遗址发现与出土的二里头文化常见的典型器，但是它们是否有共存关系尚不明确。牙璋与玉刀形器、玉戈以及绿松石镶嵌牌饰的要素则与前述遗址相似。

根据向桃初的研究，在湘西与湘东均有二里头文化时期陶质礼器的出土，因为没有发现相应的玉器或者牙璋，这里不作详细叙述，但是陶质礼器的发现暗示着这些地区也曾经在二里头文化时期或者二里岗文化阶段与中原地区有着地域间的密切关系。这种关系正是牙璋在南方地区扩展的社会背景。

（七）石门宝塔遗址和枳冈墓地

长江中游地区的宝塔遗址[17]位于澧水南岸的冲积地带，石门县城东约

2.5 公里处。1984 年发掘发现灰坑 4 座，可分三期，年代相当于二里岗上层期—殷墟期。第一期陶器中的鬲、簋、假腹豆等占 5.6%，本地系的釜鼎、鼓肩罐、圈足碗、细柄豆等占 94.1%。第二期伊洛·郑州系略增加到 16.9%，本地系减少为 86.7%。但是其陶器构成的整体趋势没有发生大的变化。同样位于澧水南岸的柜冈墓地[17]，距离宝塔遗址西约 20 公里处，偶然发现的 1 座墓葬中出土了玉璋、钺 4 件和盉、豆等陶器 3 件，均属于伊洛·郑州系，其时代属于二里岗下层后期到二里岗上层前期。这件牙璋与玉钺、玉刀共存，出土于墓葬（见图 4）。

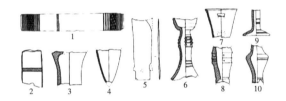

图 4　湘西地区出土的二里头文化陶器、玉器与牙璋
（引自向桃初论文）

（八）新郑望京楼遗址

位于郑州南部新郑市的望京楼遗址[18]，因发现二里头、二里岗文化时代的大型城址而被学术界熟知。其得到发掘的线索正是在 20 世纪 70 年代偶然发现了一座类似墓葬的遗迹，并出土了一批早期青铜器和玉器以及陶器，在这批玉器中就包含了 1 件牙璋。与牙璋共存的有玉戈、玉圭、玉刀 4 件，以及铜斝、铜爵、铜鬲、铜斝、铜鼎各 1 件。根据研究，青铜器与玉器的年代属于二里岗下层阶段，从而推测这里应该是一处二里岗文化早期的重要遗址。2010 年发现的望京楼夏商城址证明了这一推测，并出土了一批非常典型的二里头、二里岗文化时期的陶器组合。望京楼遗址牙璋出土于一座二里岗文化下层期墓葬，与玉刀、玉戈等器类以及玉圭共存，同时出土的陶质礼器有爵、盉、盆、大口尊等。牙璋与青铜容器爵、盉、斝等的同时出土，彰显这一时期的特点，也与牙璋这一代表权威象征的意义很相符。

（九）许昌大路陈遗址

大路陈遗址[19]位于距离许昌市西南约 10 公里处，牙璋以及 34 件玉器与青铜器出土于一座大型墓葬中，其中铜器 29 件，玉器有玉戈 2 件、玉柄形器 2 件、牙璋 1 件。发掘报告者根据出土青铜器的特点，认为这座墓葬的年代应该属于二里岗文化上层期。

（十）荆州市沙市区汪家屋场

汪家屋场遗址[20]出土的 2 件牙璋，第一件呈深灰色，长 35.6cm，宽 8.2cm，厚 0.5cm；第二件呈浅褐色，长 41cm，宽 9.2cm，厚 0.7cm。根据方勤的研究，这两件牙璋均属于后石家河文化时期，绝对年代在距今 4300—4000 年。

二 牙璋以及共存遗物在南方地区的传播

公元前 1300 年前后，中原王朝的中心地从洛阳郑州地区迁移到安阳。殷墟文化时期，牙璋这种曾经在二里头文化时期作为权力象征的重器，从二里岗文化开始也随之改变了它的功能。至少在中原地区的考古学文化的资料中，显示它在王朝统治的中心地不再是一种可以代表王朝权力或者身份的象征物，却继续在南方地区的二里岗文化时期遗址中，持续中原王朝统治的权力象征性意义。除了上文叙述过的二里岗文化时期出土牙璋的遗址外，在中国的广东、广西、福建以及香港地区均发现了牙璋以及共存遗物，特别是在越南北部地区的几处遗址中发现了 8 件牙璋。这不仅使中国学者关注，也引起了世界考古学界对牙璋的关注。与此同时，四川盆地的金沙遗址的发掘带给学术界更震撼的新发现，这就是石质牙璋制作场所及成品、半成品合计 300 余件石璋以及数十件玉质牙璋的出土，引起我们对牙璋南向传播的关注。这里仅对金沙遗址出土的玉质牙璋进行分析。

位于四川成都平原的金沙遗址[21]516-519[22][23]是在 20 世纪 80 年代末 90 年代进行发掘的，除了大量象牙类饰品、金质饰品、青铜器外，特别引人注目的是发现了数十件玉质牙璋和 300 余件石质牙璋。这些牙璋除了成品外还有大量半成品，而且制作粗糙，暗示这可能是一处制作石质牙璋的工坊。根据学者的研究，金沙玉质牙璋与较早的三星堆牙璋有关联，也就是说它们是位于四川盆地前后继承的两个遗址。因此，这些牙璋不一定直接与中原王朝相联系，而是与本地的先行文化继承性有密切关系。至于广东、广西与福建地区出土的牙璋，因为大多数牙璋不是经过科学发掘的出土品，其年代的确定比较困难。但是从牙璋的形态等分析，大多属于二里岗文化阶段之后。首先来看广东地区，根据已发表的简报与学者的研究文章，广东增城百花林遗址、广东东莞村头遗址发现牙璋，广东博物馆收藏的 2 件牙璋有一件可以确认出土于百花林遗址，另一件出土不明。根据曹芳芳等人的研究[24][25]，广东博物馆收藏的 2 件牙璋，均属于岭南青铜时代。其中一件明代岭南大儒陈白沙收藏的牙璋，从性质与玉质观察应为中原传统风格，时代相对略早，应该是墓葬出土品；另一件据传采集于增城百花林山岗，其风格为典型的岭南风格，时代略晚。再对比广东东莞村头和南沙鹿颈村两处明确考古出土牙璋的遗址状况，岭南系青铜时代牙璋的出土大多与聚落等级有关。另外在福建漳浦虎林山遗址 13 号墓出土 1 件牙璋，残长 51.4cm，宽 13.8cm，厚 1.5cm，灰黑色。19 号墓出土 1 件牙璋，残长 25.4cm，宽 6.4cm，厚 0.6cm，黑色[26]，其时代大约均在青铜时代。广西那坡县感驮岩遗址出土的牙璋略有不同，它不是玉石质，而是用动物角体切割磨成，长 5.8cm，刃宽 1.4cm，厚 0.2cm，柄宽 0.7cm，是中国目前发现的最小的骨质牙璋。但是根据民间收藏以及采集，在左江曾打捞到 1 件牙璋，右江南宁金陵段也出土 1 件，百色右江博物馆收藏有 1 件。这 3 件在广西出土或者采集的牙璋，均与中原相关。与此同时，在广西地区有一种与牙璋形态相似的大石铲值得关注[27][28]。这两种不同的牙璋是否也有中原系与广西本地系的区别值得关注。若是这样的话，就暗示着牙璋最初的王权象征意义，以及传播到岭南之后由地方模仿具有中原王权象征意义的牙璋，进而借助正统王权对地方进行经营的可能性。

香港大湾遗址发现的牙璋具有共存玉器组合，与一串精美项链一起出土于墓葬。根据邓聪先生的研究[12][29]，福建虎林山与香港大湾出土的牙璋具有二里头文化牙璋的特点，考虑到两者均出土于墓葬的埋藏环境，可能也是属于直接受到中原的影响而传入的牙璋。但是广东与广西地区除了典型中原类型牙璋外，还存在本地化的模仿系牙璋，两个类型的牙璋在形态上、材质上以及工艺细节上都是可以区别的。

根据许多学者的研究[30][31]451-454[32]，以及相关图片的分析，越南迄今为止出土的 8 件牙璋分别发掘或者采集于冯原（译名，下同）遗址 4 件与任村遗址 3 件，1 件采集于富寿省。除了 1 件为石质外，其余均为软玉制品，大多出土于墓葬之中，而并非遗址。虽然不能把握所有牙璋的确切年代，但至少冯原文化的牙璋年代应在距今 4000—3500 年。其实冯原遗址还出土大量玉器，包括玉环、玉玦和玉管，特别是有领环值得关注。也有许多玉质戈，因为不清楚这些玉器与出土牙璋在墓葬内的共存关系，不能做过多的分析，但从外形以及有石质牙璋来看，也许可以区分为典型中原型牙璋与地方模仿型牙璋两类，而这也正是深入研究这一课题的关键。

三 初期国家形成过程中的礼仪形式交替

牙璋，这一特殊玉器究竟是以什么样的意义从龙山文化晚期开始登上社会礼仪舞台的？本文通过对牙璋以及共存遗物资料的分析，试图从整个礼仪组合构成以及与前后时期的差别与比较中来寻找这一背景的蛛丝马迹。二里头、二里岗文化以及在这一时期牙璋向南方的扩散可以理解为社会礼仪的滞后传播，成熟的社会礼仪在初期国家统治、社会意识形态归属感的利用以及精神与宗教支配方面是一种有效的手段。

（一）非实用性和非装饰性的玉器组合——礼仪形式的变化

中国古代传统玉器源于公元前 5000 多年的新石器时代，发达于此后整个新石器时代的东北、长江中下游以及黄河上游与下游等区域。这些源远流长的玉器组合大致可以总结为环、玦、珠管类、发笄、带钩等装饰品；琮、璧、组合锥、冠饰、雕刻神像、组合璜饰、动物雕塑等祭祀性玉器；钺、戚、多孔刀、柄形器等表现武力与军权的玉器类。从数量来看，新石器时代以装饰类、祭祀类等具有实用性的玉器为绝大多数，表现武力与军权的武器类玉器比较少。然而到了二里头文化时期，较少用玉传统的二里头遗址发现较多的玉器以及绿松石制品，这些玉器虽有传承新石器时代的器类，但是就整体玉器组合而言，则与前期表现出较大的差异。实用性装饰品和宗教祭祀类琮、璧类几乎没有发现，取而代之的则是凸显国家成立时期社会交替时战争重要性的钺、戚、戈、圭、刀、柄形器、牌饰类等。详细观察这些玉器，虽然均为武器工具类形态，但事实上是用很薄的玉片制成，并不能真正用于厮杀，似乎就是一种象征性的武器。这种特征的玉器组合，并不仅仅限于二里头遗址，在同时期的东龙山遗址、下王岗遗址、望京楼遗址、花地嘴遗址等发现的玉器大多与此相似，显示着二里头文化的时代特征。因此可以说，在中原地区从新石器时代到二里头文化时代的转变过程中，礼仪性玉器组合发生了变化，从实用性的装饰品、祭祀性玉器转化为非实用性的武器工具类玉器。与此同时，牙璋这一特殊玉器开始在二里头文化贵族墓葬中出现，进而扩展到一些远距离的遗址中，彰显牙璋以及共存的武器类玉器组合在这一时期的政治社会中非同寻常的特殊意义。进入二里岗文化后，以郑州商城为主的同时期 7 座城址遗址中均没有牙璋的发现，却在一些并非据点性的遗址或者墓葬中有所发现。特别有意思的是，若观察牙璋的分布可以发现，二里头文化时期牙璋多分布在黄河中游一带，但是从二里头文化晚期到二里岗文化早期开始，牙璋则在南方地区的同时期遗址中多有发现。比如四川成都平原的三星堆遗址、湖北汪家屋场遗址、湖南枙岗墓葬，进而在越南北部也发现了同类的牙璋。相反，黄河以北地区除了石峁之外则未在更远的二里头文化时期墓葬中发现牙璋，牙璋的南向分布很有特点。

(二) 牙璋的象征性意义与初期国家的广域性支配体系

牙璋的功用究竟是什么？学术界对此有很多的研究成果。一些学者认为它是中原统治集团用于统治支配周边地区的一种象征性礼器——瑞圭或者玄圭[33]，也就是说将牙璋作为承认或者认同他们隶属关系的一种象征物，也是强调周边与中原政权具有密切关系的证据。那么，哪些地区需要这种象征物，哪些地区不需要？牙璋的分布研究就显得重要。根据对二里头、二里岗文化时代日常生活用陶器组合的研究，超越考古学文化分布范围的陶器系统的传播与扩散发生在二里头文化后期。但是这种扩散，根据器形与功用可以区分为两种形式：日常生活用器类和礼仪性陶器。日常生活用陶器的分布以遗址为单位，其分布基本上也以地域之范围来体现。因为日常生活用陶器的形式改变意味着一般人们的生活因某些状况而发生改变，这种改变往往不可能一瞬间发生，而是一种渐进的过程。改变的原因比较复杂，既有政权强制性的改变，也有陶器制作方法与技术以及陶器生产体制发生的变化带来的消费环节以及消费人群生活方式的变化，还有强势文化对弱势文化的影响力因素以及弱势文化对强势文化的趋附。但是无论哪种形式，这种变化都具有集团性的渐变特点，因而从陶器扩散的分布形态来看多呈现面状分布的形式。二里头、二里岗文化的陶器组合虽然具有向外扩张的趋势，但是二里头文化时期能确定的范围大约在北到漳河以及以北一带，东到河南东南、安徽、江浙上海一带，南到长江流域北岸一带。虽然二里岗文化时期其范围有所扩大，但是除长江南岸的如盘龙城、铜鼓山、荆南寺遗址这些据点性遗址有所发现外，其他一般聚落遗址并没有受到影响。然而，礼仪性陶器则不同，它与其他祭祀性器类的传播方式一样，仅在一些特殊遗址中发现，因而它的扩散范围也不局限于地理位置，而完全可以在很远的核心性遗址中发现。目前可知二里头文化的礼仪性陶器扩散范围很广，既可以在北方夏家店下层、大甸子遗址等遗址墓地发现，也可以在西南的三星堆遗址、长江中游的湖南栀岗遗址和朝天嘴遗址、长江下游的马桥遗址、湘赣一带的东南地区发现。这些二里头、二里岗陶质礼器的分布特征，充分显示着非日常生活的特殊意义。那么，这种陶质礼器和牙璋的传播与分布是不是一样呢？牙璋是单独传播还是一组礼仪器物中的一件？各自体现什么礼仪意义？这些可能都应该是我们在思考牙璋在中国初期国家成立过程中的意义时不可或缺的问题。虽然在这里不打算进行更深入的研究，但是我们不能忽视始于二里头文化时期青铜礼器的存在对初期国家形成的重大意义，以及它对玉器组合和陶质礼器的影响。这也是我们在讨论中国初期国家形成，其标志性物质体现时需要考量的重要因素。

（三）牙璋与南中国的紧密关系

正如前文叙述的那样，二里头文化时期的陶器组合扩张，无论是日常生活用陶器还是陶质礼器的传播和扩散，都呈现向北、西、东、南的四方扩散趋势。一些遗址还伴随着其他玉器组合的传播，比如花地嘴遗址、东龙山遗址、大甸子遗址以及朱开沟遗址和夏家店下层遗址。然而到了二里岗文化时期，这种传播形式有所变化。首先是牙璋在二里岗文化时期7座城址遗址中均未发现，而在距离郑州商城很近的新郑望京楼遗址墓葬发现

1 件，这件牙璋与一组 30 件青铜礼器以及 4 件玉器包括牙璋、玉戈、柄形器一同出土。而另外一个遗址是湖南栀岗遗址，在一座墓葬中发现了 1 件牙璋与玉圭、玉戈 3 件玉器组合一起出土。同时期陶器显示这是一处二里岗文化早期的墓葬。这里还有一处遗址就是四川成都平原的三星堆遗址，除了牙璋外还发现了玉戈、玉圭、玉刀、柄形器、钺等二里头文化特征性的玉器组合。而最引人注目的是这里出土的二里头文化陶质礼器。但是若从绝对年代来看，其应该属于二里头文化晚期到二里岗文化早期。考虑到文化传播过程的滞后性，尽管玉器和陶器礼器呈现二里头文化特征，但是其到达成都平原也许已经是二里岗文化时期。因此，牙璋在二里头文化中晚期作为初期王朝国家的礼仪权力象征发挥了很重要的作用，也是彰显强权统治的证据。但是牙璋的扩散则是在二里岗文化时期。与二里头文化时期不同，伴随着巨大的郑州商城的建立而展开的二里岗文化，随着王权国家的强盛，在从北到南的广阔地域中相继建造了 7 座城，分别为其空间地域统治发挥着不同的作用。这种空间占有支配形态，是二里岗文化时期不同于其前后王朝社会构造的特征。而牙璋这一曾经在二里头王朝国家统治中发挥过重要作用的象征权力的礼器，也很可能在二里岗文化扩张中被用于新政权的空间统治。但是由于政权的更替与统治理念的不同，牙璋并不像二里头文化那样被中央统治者所重视，而只是把它作为外部统治的一个象征物，在中心地以外的周边地区发挥意识形态的归属感作用。但是这还是不能解释为什么牙璋只在南方地区发现，事实上这与同时期陶器的扩散是一致的。二里岗文化时期，以盘龙城为例，最主要的向外扩张方向就是南方，虽然生活用陶器与陶质礼器的扩散范围不同。

除了以上举例的二里岗文化时期发现的牙璋外，在更南方的我国广东、福建、香港以及越南北部均发现了牙璋这一特殊礼器。虽然这些牙璋的时代并不都属于二里岗文化时期，大多可能均晚于二里岗文化时期甚至殷墟期到西周。但是能将这一特殊玉器流传到下一个朝代甚至下下一个朝代，那也说明牙璋在历史上曾经具有特殊意义。这里特别需要强调的是，在广东、广西发现的牙璋形态可以区分为中原系和岭南系，这一点是牙璋在分布空间上中心与周边的差异，也彰显牙璋在这一地区具有的象征意义和社会背景。多出土于墓葬的中原系牙璋与多出土于遗址中具有模仿特点的岭南系牙璋，两者的区别也许正是牙璋远距离传播以及在传播地所赋予的两种功能与象征。一方面是代表中原正统统治的正当意义；另一方面是在天高皇帝远的周边地区，这种统治事实上也只是一种形式上的象征，精神上的归属而已。也正如许多学者强调的那样，牙璋的南方传播正是中原中国王朝观念在南方的体现。

（谢词：在研究成果发表时曾得到香港中文大学邓聪先生、郑州市文物考古研究院顾万发院长、中国社会科学院考古研究所许宏先生的多方帮助，在此深表谢意！）

参考文献

[1] 王裕昌. 甘肃境内馆藏齐家文化玉牙璋初探［C］//香港中文大学，北京大学，郑州市文物考古研究院. 东亚牙璋学术探讨会论文集，2016.

[2] 邵晶. 石峁牙璋的发现与研究［C］//香港中文大学，北京大学，郑州市文物考古研究院. 东亚牙璋学术探讨会论文集，2016.

[3] 戴应新. 陕西神木县石峁龙山文化遗址调查［J］. 考古，1977（3）：155 – 157，172，图版壹 – 肆.

[4] 陕西省考古研究所，等. 商洛东龙山［M］. 北京：科学出版社，2011.

[5] 杨亚长. 陕西商洛东龙山遗址发现的夏代牙璋［C］//香港中文大学，北京大学，郑州市文物考古研究院. 东亚牙璋学术探讨会论文集，2016.

[6] 河南省文物研究所. 淅川下王岗［M］. 北京：文物出版社，1989.

[7] 郑州市文物考古研究所，北京大学考古文博学院. 河南巩义市花地嘴遗址的"新砦期"遗存［J］. 考古，2005（6）：3 – 6.

[8] 中国社会科学院考古研究所二里头队. 1980 年秋河南偃师二里头遗址发掘简报［J］. 考古，1983（3）：199 – 205.

[9] 朱乃诚. 牙璋研究与夏史史迹探索［C］//中国社会科学院考古研究所. 夏商都邑与文化（二）："纪念二里头遗址发现 55 周年学术研讨会"论文集. 北京：中国社会科学出版社，2014.

[10] 朱乃诚. 时代巅峰，冰山一角：夏时期玉器一瞥［M］//中华玉文化中心，中华玉文化工作委员会. 玉魂国魄：玉器·玉文化·夏代中国文明展. 杭州：浙江古籍出版社，2013.

[11] 郑光. 略论牙璋［M］//香港中文大学中国考古艺术研究中心. 南中国及邻近地区古文化研究. 香港：香港中文大学出版社，1994：9 – 17.

[12] 邓聪，王方. 二里头牙璋（VM3：4）在南中国的波及：中国早期国家政治制度起源和扩散 [J]. 中国国家博物馆馆刊，2015（5）：68－79.

[13] 秦小丽. 夏商时期江淮河地区与中原地区的地域间文化动态关系：以陶器资料分析为中心 [J]. 江汉考古，2013（2）：54－72.

[14] 向桃初. 二里头文化向南方的传播 [J]. 考古，2011（10）：47－61.

[15] 陈德安. 试论三星堆玉璋的种类、渊源以及宗教意义 [M]//香港中文大学中国考古艺术研究中心. 南中国及邻近地区古文化研究. 香港：香港中文大学出版社，1994.

[16] 四川省文物考古研究所. 三星堆祭祀坑 [M]. 北京：文物出版社，1999.

[17] 王文建，龙西斌. 石门商时期遗存 [M]//湖南省文物考古研究所，湖南省文物学会. 湖南考古辑刊：第4辑. 长沙：岳麓书社，1987.

[18] 赵柄焕，白秉乾. 河南新郑县新发现的铜器和玉器 [J]. 中原文物，1992（1）：85－90.

[19] 河南省文物研究所. 许昌县大路陈村发现商代墓 [J]. 华夏考古，1988（1）：23－26，85.

[20] 荆州博物馆. 石家河文化玉器 [M]. 北京：文物出版社，2008.

[21] 张擎. 金沙遗址出土牙璋的初步研究 [M]//杨伯达. 中国玉文化玉学论丛. 北京：紫禁城出版社，2006.

[22] 成都市文物考古研究所. 成都金沙遗址Ⅰ区"梅苑"地点发掘一期简报 [J]. 文物，2004（4）：4－65.

[23] 王方. 试论成都平原古蜀文化时期的石器制作技术 [C]//王震中，高大伦，肖先进. 夏商周方国文明国际学术研讨会论文集. 北京：科学出版社，2015.

[24] 曹芳芳. 广东省博物馆藏牙璋研究 [C]//香港中文大学，北京大学，郑州市文物考古研究院. 东亚牙璋学术探讨会论文集，2016.

[25] 李岩，湛小灵，王亮. 关于岭南所见牙璋的分布与相关认识：从东莞村头谈起 [C]//香港中文大学，北京大学，郑州市文物考古研究院. 东亚牙璋学术探讨会论文集，2016.

[26] 陈兆善，杨丽华. 虎林山遗址：福建漳州商周遗址发掘报告之一 [M]. 福州：海潮摄影艺术出版社，2003.

[27] 韦江. 广西那坡感驮岩遗址出土牙璋研究 [J]. 广西民族研究，2001（3）：98－102.

[28] 蒋廷瑜，彭书琳. 桂南大石铲研究 [J]. 南方文物，1992（1）：19－24.

[29] 邓聪. 香港大湾出土商代牙璋串饰初论 [J]. 文物，1994（12）：54－63.

［30］彭长林.越南北部牙璋研究［J］.华夏考古，2015（1）：63－71．

［31］HA V T． Yazhang in VietNam［M］∥香港中文大学中国考古艺术研究中心.南中国及邻近地区古文化研究.香港：香港中文大学出版社，1994．

［32］Trinh Hoang HIEP.越南发现的牙璋［C］∥香港中文大学，北京大学，郑州市文物考古研究院.东亚牙璋学术探讨会论文集，2016.

［33］王永波.中国上古瑞圭研究［J］.故宫学术季刊，1992，10（2）：55－102.

作者简介：秦小丽，女，日本金泽大学国际文化资源学研究中心准教授

原文刊于：《中原文化研究》（郑州），2017.4：85－94

殷墟商墓随葬铜器玉器之
"双轨制"现象探析

杜金鹏

摘　要: 考古发现证明,晚商时期存在这样一种社会现象:墓葬随葬品有单独使用青铜器、单独使用玉器、同时使用铜器和玉器三种模式。不同的随葬模式,标志着不同族群的人们在社会地位、职业身份,可能还有宗教信仰方面,各有不同。即便在同一族群里,人们的职业属性虽然基本一致,但社会地位却差别很大。殷墟甲骨卜辞和铜器铭文资料说明,当时没有把青铜礼器用作赏赐、进献、交易的记录。商人在祭祀天地神祇、祖先神灵等活动中,青铜容器是作为"礼器"——容盛"礼物"的器物而存在,而装盛在青铜容器里面的牲肉、粟米、酒醴,才是"礼物"。青铜礼器是施礼者身份和权力的象征,不可用作赏赐、贡纳、馈赠、交换等。而玉礼器则主要用作赏赐、进献、贡纳、祭祀,是真正的"礼物"。在当时,铜器更多代表地位和权力,玉器则更多偏向代表地位和财富。铜器和玉器分属两个不同的社会功能体系,即在表达社会功能时实行铜器、玉器"双轨制",它们虽有交集却不可互为替代。

关键词: 殷商墓葬;青铜器;玉器;双轨制

一　殷墟商墓随葬铜器和玉器之模式现象

安阳殷墟90多年的考古发掘,揭露了数以万计的商代墓葬,出土了大量文物。其中,最常见的随葬品是陶器,最重要的随葬品则为青铜器(以下简称"铜器")和玉器。

　　笔者大致梳理了殷墟遗址中心区（宫殿区）、殷墟西区、殷墟南区、殷墟东区的商墓资料（见图1），就其未经盗扰的墓葬中随葬铜器和玉器的情况进行了粗略统计分析，结果如下。

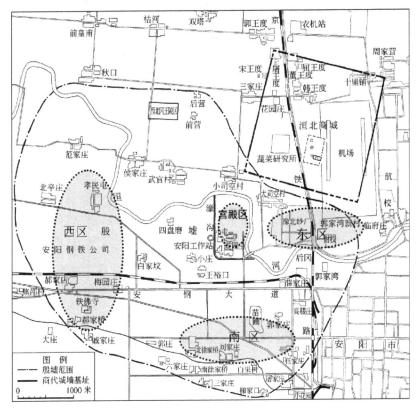

图1　殷墟遗址分区示意

（一）　殷墟中心区

　　在排除了一些非正常埋葬之后，统计了14座商墓，包括小屯M5、M18、花园庄M54等较高等级墓，还有小屯M17、花园庄M48等偏低等级墓葬[①]。

　　在这14座商墓中，单独随葬铜器者2例，约占总墓数14%，其中铜礼器＋铜兵器墓1例、铜兵器墓1例，各占铜器墓50%。单独随葬玉器者2例，约占总墓数14%，其中玉礼器＋玉饰件墓1例、玉饰件墓1例，各占玉器墓 50%。铜器、玉器共存者 10 例，约占总墓数 71%。其中铜礼器 + 玉饰件墓 2 例，占铜玉器墓 20%；铜器礼器、兵器 + 玉礼器、饰件墓 8 例，占铜玉器墓 80%。

（二）殷墟西区

笔者选择殷墟西区[②]三份材料如下。

1. 殷西墓葬

殷西墓葬指 1969 年至 1977 年殷墟西区墓葬（简称殷西墓葬[③]，以区别于殷墟大分区概念之"殷墟西区"）。根据《1969—1977 年殷墟西区墓葬发掘报告》"墓葬统计表"，在随葬有铜器（包括仿铜的铅器）玉器且未经盗扰的 160 座殷墓中，单纯随葬铜器者 27 例，约占墓葬总数（有效统计 160 座，下同）17%。其中只有铜礼器者 7 例，约占铜器墓 26%；同时用铜礼器和铜兵器者 20 例（没有只随葬铜兵器者），约占铜器墓 74%。

单独随葬玉器者 87 例，约占总墓数 54%。其中单独用玉礼器者 28 例，约占玉器墓 32%；单独用玉饰件者 46 例，约占玉器墓 53%；同时用礼器和饰件者 13 例，约占玉器墓 15%。

同时随葬铜器、玉器者 46 例，约占总墓数 29%。其中铜礼器 + 玉礼器者 6 例，约占铜玉器墓 13%；铜礼器 + 玉饰件者 2 例，约占铜玉器墓 4%；铜兵器 + 玉礼器者 5 例，约占铜玉器墓 11%；铜兵器 + 玉饰件者 10 例，约占铜玉器墓 22%；铜礼器、兵器 + 玉饰件者 8 例，约占铜玉器墓 17%；铜礼器、兵器 + 玉礼器者 5 例，约占铜玉器墓 11%；铜礼器 + 玉礼器、饰件者 2 例，约占铜玉器墓 4%；铜兵器 + 玉礼器、饰件者 5 例，约占铜玉器墓 11%；铜礼器、兵器 + 玉礼器、饰件者 3 例，约占铜玉器墓 7%。

总计铜礼器 31 件、铜兵器 36 件、玉礼器 26 件、玉饰 30 件。可见，铜器墓中兵器多于礼器；玉器墓中，饰件多于礼器。

2. 戚家庄

在戚家庄[④]随葬铜器或玉器的 114 座墓葬（包括被盗扰者）中，单独随葬铜器者 9 例，占比约 8%；单独随葬玉器墓 86 例，占比约 75%；同时随葬铜器和玉器墓 19 例，占比约 17%。

在未经盗掘的 87 座墓葬中（被商代墓葬、灰坑打破但未被扰动随葬品者计算在内），单独随葬铜器者 3 例，占比约 3%；单独随葬玉器者 73 例，占比约 84%；同时随葬铜器和玉器者 11 例，占比约 13%。

3. 安阳孝民屯

在孝民屯[⑤]随葬铜器、玉器且未被盗扰的 84 座墓葬中，只用铜器随葬者 33 例，约占墓葬总数 39%。其中单独用铜礼器者 3 例，约占铜器墓总数 9%；单独用铜兵器者 19 例，约占铜器墓总数 58%；同时使用礼器和兵器者 11 例，约占铜器墓总数 33%。

只用玉器随葬者 29 例，约占墓葬总数 35%。其中单独用玉礼器者 12 例，约占玉器墓 41%；单独用玉饰件者 14 例，约占玉器墓 48%；同时使用玉礼器和饰件者 3 例，约占玉器墓 10%。

同时用铜器和玉器随葬者 22 例，约占墓葬总数 26%。其中铜礼器 + 玉礼器 2 例，约占铜、玉器共存墓葬总数 9%；铜礼器 + 玉饰件 3 例，约占 14%；铜兵器 + 玉礼器 3 例，约占 14%；铜兵器 + 玉饰件 3 例，约占 14%；铜礼器、兵器 + 玉礼器 4 例，约占 18%；铜礼器、兵器 + 玉饰件 1 例，约占 5%；铜礼器、兵器 + 玉礼器、饰件 6 例，约占 27%。

（三）殷墟南区

笔者采用了三批次发掘材料。

1. 郭家庄商代墓葬（1982 年至 1992 年发掘）

在未遭盗扰的 31 座墓葬中[⑥]，单独随葬铜器者 16 例，约占墓葬总数 52%。其中只随葬铜礼器者 3 例，约占铜器墓 19%；只随葬铜兵器者 12 例，占铜器墓 75%；铜礼器、兵器同存者 1 例，约占铜器墓 6%。

单独随葬玉器者 5 例，约占墓葬总数 16%。其中只随葬玉礼器者 4 例，占玉器墓 80%；只用玉饰件者 1 例，占玉器墓 20%。

同时随葬铜器、玉器者 10 例，约占墓葬总数 32%。其中铜礼器、兵器 + 玉礼器、玉饰墓 2 例，占铜玉器墓 20%；铜礼器、兵器 + 玉礼器 2 例，占铜玉器墓 20%；铜礼器 + 玉礼器 1 例，占铜玉器墓 10%；铜兵器 + 玉饰 2 例，占铜玉器墓 20%；铜礼器、兵器 + 玉饰 2 例，占铜玉器墓 20%；铜兵器 + 玉礼器 1 例，占铜玉器墓 10%。

2. 徐家桥、郭家庄商代墓葬（2004 年至 2008 年发掘）

在 15 座随葬铜器、玉器的商墓中⑦，单独随葬铜器者 8 例，约占墓葬总数 53%。其中单独随葬铜兵器者 7 例，约占铜器墓 88%；同时随葬铜礼器和兵器者 1 例，约占铜器墓 12%。且没有单独随葬玉器者。

同时随葬铜器、玉器者 7 例，约占墓葬总数 47%。其中铜礼器、兵器 + 玉礼器 2 例，约占铜玉器墓 29%；铜礼器、兵器 + 玉饰件 1 例，约占铜玉器墓 14%；铜礼器、兵器 + 玉礼器、饰件 4 例，约占铜玉器墓 57%。

3. 北徐家桥商代墓葬（2001 年至 2002 年发掘）

在未经盗扰（包括盗掘但未扰动随葬品）的随葬铜器、玉器的 57 座殷墓中⑧，单纯随葬铜器的墓 18 例，约占墓葬总数 32%。其中铜礼器墓约占铜器墓总数 22%，铜兵器墓约占 45%，铜器礼器、兵器墓约占 33%。

单纯随葬玉器的墓 16 例，约占墓葬总数 28%。其中玉礼器墓约占玉器墓总数 69%，玉饰件墓约占 19%，礼器 + 饰件墓约占 12%。

随葬铜器 + 玉器墓 23 例，约占墓葬总数 40%。其中铜礼器 + 玉饰件 1 例，约占该类型墓 4%；铜兵器 + 玉礼器、饰件 2 例，约占 8%；铜兵器 + 玉礼器 6 例，约占 26%；铜礼器、兵器 + 玉礼器 6 例，约占 26%；铜礼器、兵器 + 玉饰件 2 例，约占 8%；铜礼器、兵器 + 玉礼器、饰件 6 例，约占 26%。

（四）殷墟东区

采用如下两批材料。

1. 大司空商代墓葬（2004 年发掘）

在随葬铜器、玉器且未经盗扰的 30 座墓葬中⑨，单独使用铜器者 21 例，占总墓数 70%。其中只用铜礼器 2 例，约占铜器墓 10%；只用铜兵器 14 例，约占铜器墓 67%；同时使用铜礼器和兵器 5 例，约占铜器墓 23%。

单独使用玉器者 5 例，约占总墓数 17%。其中只使用玉礼器 2 例，占玉器墓 40%；只使用玉饰件 2 例，占玉器墓 40%；同时使用玉礼器、饰件 1 例，占玉器墓 20%。

同时使用铜器和玉器者 4 例，约占总墓数 13%。其中铜礼器、兵器 + 玉礼器、饰件 2 例，占铜玉器墓 50%；铜兵器 + 玉礼器 1 例，占铜玉器墓

25%；铜兵器 + 玉饰件 1 例，占铜玉器墓 25%。

2. 郭家湾新村商代墓葬

在随葬铜器、玉器且未被盗扰的 12 座墓葬中[⑩]，单纯随葬铜器者 4 例，均为铜礼器 + 兵器墓，约占墓葬总数 33%；只随葬玉石器者 3 座，均系玉饰件墓，占墓葬总数 25%；同时随葬铜器和玉器者 5 座，约占墓葬总数 42%，均为铜兵器 + 玉器，其中铜兵器 + 玉礼器、饰件 1 例，铜兵器 + 玉礼器 3 例，铜兵器 + 玉饰件 1 例。

笔者试对上述资料列表 1 统计分析如下。

表1 殷墟商墓随葬铜器玉器统计分析

墓区与墓群		铜器墓 A			玉器墓 B			铜器 + 玉器墓 C			墓数
		A1	A2	A12	B1	B2	B12	A1B	A2B	A12B	
殷墟中心区	小屯、花园庄	2 例，约占总墓数 14%			2 例，约占总墓数 14%			10 例，约占总墓数 71%			14
		0	50%	50%	0	50%	50%	20%	0	80%	
殷墟西区	1969—1977 殷西	27 例，约占总墓数 17%			87 例，约占总墓数 54%			46 例，约占总墓数 29%			160
		约 26%	0	约 74%	约 32%	约 53%	约 15%	21%	44%	35%	
	孝民屯	33 例，约占总墓数 39%			29 例，约占总墓数 35%			22 例，约占总墓数 26%			84
		约 9%	约 58%	约 33%	约 41%	约 48%	约 10%	23%	27%	50%	
	戚家庄	9 例，约占总墓数 8%			86 例，约占总墓数 75%			19 例，约占总墓数 17%			114
		0	89%	11%	12%	74%	14%	21%	47%	32%	
殷墟南区	1982—1992 郭家庄	16 例，约占总墓数 52%			5 例，约占总墓数 16%			10 例，约占总墓数 32%			31
		约 19%	75%	约 6%	80%	20%	0	10%	30%	60%	
	2004—2008 徐家桥、郭家庄	8 例，约占总墓数 53%			0			7 例，约占总墓数 47%			15
		0	约 88%	约 12%	0	0	0	0	100%	0	
	2001—2002 北徐家桥	18 例，约占总墓数 32%			16 例，约占总墓数 28%			23 例，约占总墓数 40%			57
		约 22%	约 45%	约 33%	约 69%	约 19%	约 12%	约 4%	35%	61%	
殷墟东区	2004 大司空	21 例，占总墓数 70%			5 例，约占总墓数 17%			4 例，约占总墓数 13%			30
		约 10%	约 67%	约 23%	40%	40%	20%	0	50%	50%	
	郭家湾新村	4 例，约占总墓数 33%			3 例，占总墓数 25%			5 例，约占总墓数 42%			12
		0	0	100%	0	100%	0	0	100%	0	

墓区与墓群	铜器墓 A			玉器墓 B			铜器 + 玉器墓 C			墓数
	A1	A2	A12	B1	B2	B12	A1B	A2B	A12B	
平均	35.33%			29.33%			35.33%			517

说明说明：1、随葬品分类代号：A1 代表青铜礼器，A2 代表青铜兵器，A12 代表青铜礼器 + 兵器；B1 代表玉礼器，B2 代表玉饰件（艺术品），B12 代表玉礼器 + 玉饰件；A1B 代表青铜礼器 + 玉器，A2B 代表青铜兵器 + 玉器，A12B 代表青铜礼器、兵器 + 玉器。2、青铜器包括仿铜铅质容器、兵器，仿铜陶容器；铜兵器主要指戈、矛、钺等，刀、镞不在此列。3、玉礼器主要包括戈、璋、璧（含环瑗）、琮、璜、玦，一些显然是"弄器"者，计入艺术品类。石质礼器（主要是璋、戈等）和饰件，也计入玉器类。4、戚家庄数据一栏笔者经过相关考古报告计算得出，文中不再赘述。5、比例计算结果四舍五入。

通过对以上 500 多座墓葬资料的统计分析，可以发现：随葬有铜器、玉器的殷墟商墓，可分为单独随葬铜器、单独随葬玉器、同时随葬铜器和玉器三类；单独随葬铜器、同时随葬铜器和玉器者，占比大致相同，各约 35%；单独随葬玉器者，占比 30% 左右。就是说，当时社会存在这样一种现象：墓葬随葬品有单独使用铜器（A 类）、单独使用玉器（B 类）两种基本模式，这两种基本模式的结合，产生第三种模式——同时随葬铜器和玉器（C 类）。那么，产生这三种模式的历史原因和社会背景是什么？揭示这三种模式的学术意义又是什么？

二　殷墟卜辞和商代铜器铭文所见铜器及其功用

（一）卜辞所见铜器名称及其用途

在殷墟甲骨文中，屡见有礼器名称，其字多为象形字。对照出土文物，我们知道这些器名主要是指铜礼器（含少量陶礼器）。包括爵、觚、斝、彝、卣、壶、觥、鼎、鬲、甗、豆、簋、盘、盂等酒器、食器、水器和炊器。而它们的功用，主要是在祭祀、宴请宾客时，用作盛放食品。

1. 爵

甲骨文爵字作𣆪、𣆪、𣆪、𣆪、𣆪、𣆪、𣆪，象铜爵之形，在卜辞中用作礼器名称和祭名[①]：

庚戌卜，王曰：贞，其爵用。 《甲骨文合集》（以下简称《合集》）24506

贞，爵示；贞，勿爵示。 《合集》6589 正

贞，唐弗爵竹妾。 《合集》2863

贞，子畫爵祖乙，庚亡艰。 《殷墟花园庄东地甲骨》（以下简称《花东》）449·3

其"爵"为进爵、侑爵之意。

2. 瓶

甲骨文有字作 ⊔、⊔、⊔、⊔，旧不识。笔者疑其殆即瓶字，象形，表侈口圆筒状酒器。

癸未卜，贞，燎于 ⊔ 十小宰卯十牛年。用十月。 《合集》14770

辛卯卜，燎于 ⊔。 《合集》14771

……丑卜，古贞……于 ⊔ 燎十…… 《合集》14772

贞，帝秋于 ⊔ 于社。 《合集》14773

甲骨文 ⊔ 字，从人从瓶。旧不识。卜辞曰：

……卜贞燎…… ⊔。 《合集》14774

可见，⊔、⊔ 与燎祭有关。⊔ 首部有两个角状物，不见于铜瓶。笔者注意到，甲骨文鬯字一般写作 ⊔、⊔、⊔、⊔、⊔，有学者指出其字象盛鬯酒容器之形，上象器身、下象器足，不确。考古实践中从未发现此型铜器。所幸卜辞中又有鬯字作 ⊔（《合集》30915），主体正象瓶形，唯口部有双耳，与实物不符。其实，瓶作为酒器，主要用于滤酒和裸祭。其口部配置有香草编制的滤酒器，为安置稳固、提拿方便，设有耳状提手。这便是裸字往往以夸张其配件、指明其特殊功能而写作 ⊔、⊔ 之缘由[12]。

贞，其蒸兽，其在祖乙。 《合集》22925

其蒸新兽二升一卣于…… 《合集》30973

贞，其蒸新兽在祖乙。 《合集》22925

上辞说明，觚确与祭祀相关。

甲骨文蒸字有写作👐、🔠者，象双手捧酒器（盛兽）敬献于示前。

其八🔠（蒸）王受佑。 《合集》30524

按甲骨文瓒、裸字，多有从觚者，如👐（《花东》493·6）、👐（《花东》526·3）、👐（《花东》475·1）。近有学者研究指出觚乃裸器[13]，至确。

3. 酉

甲骨文酉字作👐、👐、👐、👐、👐、👐、👐，象侈口、束颈、广肩、深腹、圜底或尖底之器形，应是殷商时期陶大口尊之象形字，可指代一切酒类盛储器。卜辞中"酉"读为酒，指荐酒之祭：

贞，惟邑子呼飨酉。 《合集》3280

……甲申👐酉祭上甲。 《合集》37840

与酉相关者，有典、尊、酒、配、裸等字。其中尊字，甲骨文作👐、👐、👐或增阝旁作👐、👐、👐、👐，象以手捧尊（酉）之状，表捧尊献酒之义。在卜辞和金文中常用作祭祀礼器之共名，也常作祭名：

丁亥卜，寅其尊伐三牢。 《合集》32536

甲寅贞，来丁巳尊甗于父丁宜三十牛；乙卯贞，其尊甗侑羌。《合集》32125

丙午卜，贞卓尊岁羌卅卯三牢籫一牛于宗，用。八月。 《合集》320

甲骨文尊字虽取形于陶尊，但铜器铭文中每言"尊"，却多指铜尊乃至泛指一切铜器，则卜辞言尊，亦应主要指铜尊。考古发现中的铜尊一般比陶大口尊体态粗短，为盛酒器。形状相近、功能相似者还有"罍""瓿"一类铜器。

4. 斝

甲骨文斝字写作㚔、㚔、㚔、㚔、㚔、㚔，是铜斝之象形字。旧出龟甲卜辞涉斝者无完整辞例，殷墟花东 H3 出土甲骨卜辞中见有 8 例涉斝卜辞，均用作地名：

> ……㚔……凡……　《合集》18579
> ……㚔……　《合集》18580
> 甲戌……无㚔……　《合集》21504
> ……王贞，韦……㚔……凡……　《合集》19791
> 戊午卜：我人擒。子占曰：其擒。用。在斝。　《花东》312·1
> 丙子：岁祖甲一牢，岁祖乙一牢，岁妣庚一牢。在绝，来自斝。

《花东》480·6

现有卜辞斝字虽然只见用作地名，但铜斝为重要酒礼器已为考古发现所证明。

5. 卣

甲骨文㓝、㚵、㚵、㚵诸字，学者释作卣，谓其上象卣形，下象承盘。其实，㚵字与考古发现的铜卣，并不相像，且铜卣自带圈足无须承盘。依其字形，颇似挹酒之杓，殷墟考古屡屡发现此类铜器，前有圆斗，后有柄或直或曲。今日所说铜卣大小不一，容量不同，用作量词不妥。甲骨文"升"字，亦象斗状，所谓"卣"，应与"升"同属酒杓类而容量有别。

> 其蒸新邑二升一卣于……　《合集》30973
> 蒸邑二卣，王受佑。　《小屯南地甲骨》（以下简称《屯南》）766
> 三卣，兹用。　《屯南》215（3）

我们现在通常所称铜卣，在甲骨文中应是"壶"字所象之形。

6. 壶

甲骨文🍶、🍶、🍶字，象今谓卣、壶之形。按所谓卣、壶之别，主要在于腹部肥瘦不同，肥者称卣、瘦者叫壶，实乃同类器物[14]。卜辞中壶字仅见数例，多为残辞，词意不明。

贞，勿于壶力。 《英国所藏甲骨集》（以下简称《英》）751

铜卣、铜壶均属盛酒器。考古发掘出土的商代铜卣中常见液体（酒）容物。

7. 觥（觵）

甲骨文觥字作🍶、🍶，象牛角杯之形，学者认为是觵字之初文。《说文》曰："觵，犀牛角可以饮者也。……觥，俗觵，从光。"在现存20多例涉觥卜辞中，句型多限于"有觥""无觥""将觥"，卜辞中觥用于祭祀之角爵：

贞，父乙有觥。 《合集》2280正

……亘贞，妇好有觵；……贞，妇好无觥。 《合集》2659正

甲午卜，贞，将觥鼓。 《合集》19561

今日学界所称铜觥，并非甲骨文觥（觵）字之本形。甲骨文🍶字所象者，乃牛角状酒具。此类青铜酒具在殷墟王陵 M1022 号墓出土一件，状如牛角，单附耳，有盖，通长 36 厘米[15]。

8. 彝

甲骨文彝字作🍶、🍶、🍶，象双手捧鸟之形。学者指出，古代宗庙祭祀每以鸟（鸡）为牲，甲骨文彝字正象以鸟献祭之形。后又取鸟形以为宗庙礼器，名其器曰彝。殷墟王陵区 M1885[16]和小屯妇好墓[17]，均出土有鸟形铜酒器，即所谓彝器。殷商铜器铭文还以彝作为铜礼器之共名。卜辞用为祭名：

彝在中丁宗。在三月。　《合集》38223

癸丑卜，彝在厅……　《合集》30286

甲戌卜，乙亥，王其彝于祖乙宗，兹用；王于祖乙宗，不用。

《合集》32360

9. 鼎

甲骨文鼎字作🔲、🔲、🔲、🔲、🔲、🔲、🔲，象铜鼎之形。卜辞中用作器
名或祭名：

贞，鼎🔲。　《合集》11350

贞，王裸鼎，侑伐。告。　《合集》418 正

贞，呼子宾裸于侑姚鼎侑赢。　《合集》3171 甲正

……侑母庚豖鼎用。　《合集》19962

学者皆谓鼎、贞字同源，亦可通用⑱。则鼎在通神方面的作用，可见
一斑。

10. 鬲

甲骨文鬲字作🔲，象陶鬲、铜鬲形。卜辞中用为祭器名，指以鬲盛祭
品奉进于神祇：

于父丁其尊鬲。　《合集》32235

甲戌卜，贞，其尊鬲🔲十牛于丁。　《合集》1975

"尊鬲"之尊，在此为铜礼器统称。

11. 膚（甒）

甲骨文膚字作🔲、🔲、🔲、🔲，象铜甒形。膚为甒之初文。卜辞中用为
祭器名：

贞，今庚辰夕，用甒小臣三十、小妾三十于妇，九月。　《合集》

629

甲寅贞：来丁巳尊甗于父丁，宜三十牛；乙卯贞，其尊甗侑羌。
《合集》22125

上辞谓以牛、人为牺牲，用甗进献于父、妇神位。殷墟出土的铜甗中置有人头[19]，或即"尊膚侑羌"之实证。

12. 𠥩（簋）

甲骨文𠥩字作𠥩。象侈口、圈足之食器中盛有米食之形，当为簋之本字。或增攵旁写作𦥑、𦥑、𦥑，卜辞中用作祭名：

辛未，岁妣庚小宰告，又肇𠨧，子祝，𠥩祭。 《花东》265·6
贞，乙亥，陷擒七百麋，用𠥩。 《屯南》2626

与簋字相关者有飨、食、既、餗、蒸字：飨字，甲骨文作𦥑、𦥑，或作𦥑，象人坐簋、甗前，会就食之意；食字，甲骨文作𦥑、𦥑，象盛食之簋加盖之形；既字，甲骨文作𦥑，象人食毕转头欲去之形；餗字，甲骨文作𦥑、𦥑、𦥑，象以簋盛食献祭；蒸字，甲骨文作𦥑，象双手捧簋奉献状；𦥑字，甲骨文，今隶作𦥑，象实米食于簋而进献之形，卜辞中乃登进黍稻以祭祀神祇之专字。总之，卜辞凡涉簋之字，皆与以簋盛米食献祭有关。

13. 豆

甲骨文豆字作𦥑、𦥑。象敛口、浅腹、高足食器之形，陶豆、铜豆皆作此形。殷墟有白陶豆，制作精致。豆字与簋字之区别，在于簋内容物（米食）可高出器口，而豆内容物（酱食）限于器口以下。卜辞中豆用作祭祀：

贞，其𦥑豆……兹用。 《屯南》2484

甲骨文登字作𦥑、𦥑、𦥑、𦥑、𦥑、𦥑，象捧豆进献之状，今隶作𦥑

（登）。卜辞中用指进献之祭：

登燎惟豕。《合集》28180

其登于祖乙。《屯南》2619

14. 皿

甲骨文皿字作、。象侈口、鼓腹、圈足容器之形，类似铜簋。商代铜器《作母皿簋》（《殷周金文集成》3240），自名为皿，是知皿为簋类。卜辞中皿字词意明确者多为地名、宫室名，也有用作祭名者：

癸皿甲酒。《屯南》218

卜辞中从皿之字血、盟，均为祭名。

甲骨文血字作、，象皿中盛牲血之形。卜辞用作祭名、用牲法：

……于帝五玉臣血……在祖乙宗卜，兹用。《合集》34148

贞庚午贞，王宾血，歲无……　《合集》38633

15. 盂

甲骨文盂字作、，从皿从于。殷墟 M1400 号大墓出土一件铜盂，其铭曰“寝小室盂”，是罕见的自名为“盂”的铜器，是商王宫殿自用之物[20]。卜辞中盂皆用作地名，未见用于器物名称者。

总之，上述甲骨文中所见礼器，基本上多属青铜礼器之象形字，少数则是陶质酒器和食器之象形字，其用途主要是祭祀时容盛祭品（酒、米、肉、酱等）。

（二）铜器铭文所见铜器及其造器原因

商代铜器铭文中[21]，也见有一些铜器名，如爵、鼎、斝、皿、盂、盘、㿝（簋）、甗（甗）、豆、酉、尊，其写法与甲骨文基本相同，但多为人名、氏族名。作为器名者，只有爵（爵耳㑋祖丁爵，《集成》8840）、尊

（辇作妣癸尊，《集成》5893）、盂（寝小室盂）等少数[22]。

按商代铜器铭文，最常见者为族氏徽号、祖先名号、作器简记、器主名号等，凡此均为表明该铜器的人物属性，即器与人之从属关系。最简省的句型只有受器人，如祖辛、祖癸、父甲、父乙、妣丁……比较完整的记事辞，其句型一般为某人在某地因某事为某人铸铜礼器。受器者，有时就是作器者本人，但更多为作器者之祖、父、母、姑、兄、配偶。如："王作敀弄"（小屯 F11：12，器盖。《集成》10347）；"邶作祖癸彝"（邶甗。《近出》155）；"史夒作爵"（前掌大 M110：4。《近二》781）；"亚址"（郭家庄 M160：144 亚址角。《近出》832）；"祖辛"（殷墟西区 M793：10 祖辛爵。《集成》7862》）；"王赐寝鱼贝，用作父丁彝"（殷墟西区 M1713 寝鱼簋。《近出》454）；"亚鱼。辛卯，王赐寝鱼贝，用作父丁彝"（殷墟孝民屯 M1713：50 寝鱼爵。《集成》9101）；"王赏戍嗣子贝廿朋，在阑宗，用作父癸宝甔。唯王飨阑大室，在九月。犬鱼"（安阳后冈圆形坑戍嗣子鼎。《集成》2708）；"王赐小臣涽积五年，缶用作享大子乙家祀尊。冪父乙"（小臣缶鼎。《集成》2653）；"王赐小臣邑贝十朋，用作母癸尊彝"（《集成》9249）；"舥作母丙彝，亚址"（殷墟郭家庄 M53：4 舥。《近出》930）；"妇闛作文姑日癸尊彝，冪"（妇闛甗。《集成》9220）；"王赐亚鱼贝，用作兄癸尊"（殷墟西区 M1713：27 亚鱼鼎。《近出》339）；"妇竹"（殷墟 M238 妇竹爵。《集成》8755）；"妇好"（殷墟妇好墓）；"父壬"（侯家庄 M2006 父壬爵。《集成》7466）。

至今，鲜有为无血缘关系的人作器之例证；没有把铜容器用作赏赐品的记录；没有向天地神衹贡献铜礼器的记录。明晰以上几点，对于研究商代铜器的实际功能和社会属性，十分重要。

三 殷墟卜辞和商代铜器玉器铭文所见玉器及其功用

关于商代玉器及其功用问题，已有学者做过一些非常有益的讨论[23]，兹作综合与补充如下。

（一）卜辞所见玉器及其用途

殷墟卜辞记录的玉器，已知有十余种，包括：玉、珏、琡、戚、戈、圭、璋、瓒、璧、珥、琅、琮、鼓。

卜辞反映的商代玉器用途，至少包括进献、贡纳、祭祀。

1. 进献玉器

    戊戌卜，争贞，王归奏玉，其伐。　《合集》6016 正
    甲辰卜，𣪘贞，我奏兹玉黄尹，若。二告。　《合集》10171 正
    贞，我奏兹玉黄尹，弗若。二告。　《合集》10171 正

所谓"奏玉"即进献玉。

    己亥卜：于廷冓琡、璋。用。　《花东》29
    己亥卜：惠今夕冓琡、璋，若，侃。用。　《花东》149
    戊寅卜：翌己子其见（献）琡于丁，侃。用。　《花东》427
    乙亥，子叀白圭冓。用。隹子见（献）。　《花东》193
    壬子卜，子以妇好入于㲋，肇（琡）三，往醴。　《花东》37
    甲子卜，乙，子肇丁璧眔琡。　《花东》180
    癸巳卜，叀璧肇丁。子肇丁璧。用。　《花东》198

所谓冓、见（献）、肇，均为进献之意。

    丙午卜，在麗：子其呼多尹入璧，丁侃。　《花东》196

辞义为命令多尹向丁（武丁）贡献玉璧，并卜问丁是否喜欢。

2. 贡纳玉器

    丁亥卜，贞：沝人以珏，呼芳召幸。在四月卜。
    贞：弜沝人（以）珏。　《合集》33201

此辞是汰人进贡珤的记录。

> 壬寅……𣪠贞……征玉。 《合集》7053 正
>
> □辰卜，□，贞：正玉，亡凷。 《合集》16536
>
> □河珏，叀王自正。十月。 《合集》24951
>
> 庚子卜，争贞，令𧷽取玉于龠。 《合集》4720
>
> 惟内玉，用。 《合集》11364
>
> □玉于甘。 《合集》8004
>
> 乙亥卜，我乞玉…… 《合集》22075

正（征）玉、内（纳）玉、取玉、乞玉，均为征取、搜求、索取玉器之意，是贡纳的另一种表述。

3. 用玉祭祀

祭祀方式包括燎玉、沉玉、坎玉、刚玉、奏玉、再玉、尊玉和侑玉等。

> 其鼎用三玉、犬、羊…… 《合集》30997
>
> 贞，品亚惟玉豊用 吉。 《屯南》2346
>
> 戌卜，壳贞：尞王亥圭；贞：勿圭，尞十牛。 《合集》11006 正

"尞王亥圭"，即卜问是否燎玉圭以祭祀王亥。

> 甲申卜，争贞：尞于王亥，其珡。 《合集》14735 正

"其珡"即"其用珡"之意，是燎珡以祭祀王亥。

> 戊午卜，王燎于洹三宰，坎三宰又一珡。 《合集》14362

此辞占卜用珡燎祭、坎祭洹水之神。

……二玉，燎眔沉。　《合集》30777

谓在燎祭或沉祭中以玉为祭品。

贞：叀大玉再。　《合集》9505

丁卯贞：王其再珷、紃，燎三小宰，卯三大宰于▢。　《合集》32721

王再珷于祖乙，衆三宰，卯三大（宰）。兹用。　《合集》32535

丙寅卜：丁卯子劳丁，再鬺圭一紃九。在𤔲。来狩自𤳊。　《花东》480

"再"有举义，即呈献。再玉、再珷、再圭意即呈献玉、珷、圭以祭祖先。

宾，贞：侑玉。　《合集》16088

此指侑祭时用玉。

丁▢卜，▢贞▢于二珏𡥔五人卯十牛。

卯五人五牛于二珏。　《合集》1052 正

戊辰，贞：刚于大甲𦵒珏、三牛。

刚于大甲𦵒珏、一牛。　《合集》34233

戊辰，贞：刚于大甲𦵒珏、二牛。　《屯南》280

刚，祭名。刚珏谓以珏为祭品。

贞：王𣥕祖乙珷，燎三小宰，卯三大（宰）。　《合集》40510

"𣥕珷"也是进献玉珷祭祀。

乙巳卜，宾，贞：翌丁未酒，卓岁于丁，尊有珷。　《合集》

4059 正

"尊琡"是占卜岁祭丁时是否置美玉以献。

甲辰卜，叀叀戚、三牛。　《屯南》783

叀兹戚用。　《屯南》2194 +《屯南》3572

叀戚、戈，谓用玉戚、玉戈祭祀祖先。

由此可知，甲骨卜辞记载商代用玉主要包括进献、贡纳、祭祀三大类。

（二）铜器铭文所见玉器及其用途

商代青铜器铭文记录的玉器[21]，至少包括：玉、璋、琮、瑞（圭）、琅、璧等。商代青铜器铭文反映的商代玉器用途，只见有：赏赐、进献。

1. 赏赐玉器

《禤攸簋》铭文曰："乙亥，王赐禤攸玉十丰（或隶作珏）、璋，用作祖丁彝。亚舟。"（《集成》3940）商王赏赐给亚雀十枚玉和一件璋，亚雀因此作了祖丁的祭器。《虘霫卣》铭文："子赐虘霫璧一，虘霫用作丁师彝。"（《集成》5373）《六祀邲其卣》铭文："乙亥，邲其赐作册好圭（玉）一、垃（琮）一，用作祖癸尊彝。在六月，佳王六祀翌日。亚獏。"（《集成》5414）笔者以为圭应即"羊"字异体，即为"玉"字。

2. 进献玉器

《乙卯尊》（《或称子黄尊》）铭文："乙卯，子见（献）在大室，白圭一、珥琅九、又百牢。王商（赏）子黄瓒一、贝百朋。子光赏姒丁贝，用作己宝盘。举。"（《集成》6000）辞谓子向商王进献白圭、珥琅和牲畜，王赏赐子黄瓒和贝。《小臣𦥑觥》铭文："癸亥，小臣𦥑易伯工，王作册殷友小夫丽，赐圭一、璧一、璋五，陶用作上祖癸尊彝。佳王司册，在九月。或。"（《图集》3089）[25]此铭文记录的是小臣𦥑和作册的下属丽受命赏赐诸工之长，陶受到一圭、一璧和五璋的赏赐，因此铸造祭祀祖癸的铜器。值得注意的是，商代赏赐玉，受赏者可用作铸造铜礼器的铸器资费，但赏赐者绝不直接赏赐铜礼器。有进献玉器的记录，但绝无进献铜礼器的例子。

（三）殷商玉器文字反映的玉器用途

有的殷商时期玉器上书写或铭刻有记事辞，表明玉器来源或功用。

1. 贡纳

殷墟妇好墓玉戈 M5：580，长 38.6 厘米，内上刻有"卢方𦥑入戈五"，辞意为卢方（方国名）名叫𦥑的人入贡五枚玉戈[26]。妇好墓石磬 M5：316，长 44 厘米，刻有"妊竹入石"四字[27]，表明此器为"妊竹"所贡献。

殷墟小屯村北 M18 出土玉戈（M18：46），长 20.5 厘米，上有朱书文字"……在沘执虔，𦰩在入"七字[28]。发掘者推测说"可能是殷王朝在沘与𡕥进行战争获胜后所书"[29]。有学者认为是指进贡在兆（𥝌）地执之戈[30]。

美国哈佛大学福格艺术博物馆藏有一件商代玉戈，长 22.9 厘米、宽 6 厘米，援基纵刻有铭文曰："曰𩁹王大乙，在林田，𦰩𩁹。"[31]𩁹是祭名，大乙为成汤，𩁹义为进献。辞谓名字叫𦰩的林地田官进贡此玉戈，用作祭祀成汤。

2. 赏赐

天津博物馆收藏的商代玉柄形器《小臣玉瓒》有铭文云："乙亥，王赐小臣𢉖瓒，在大室。"[32]是说商王在宗庙大室赏赐小臣𢉖一枚玉瓒（此玉系瓒之柄）。

3. 祼礼

殷墟刘家庄南商代墓葬出土 19 片玉戈（璋）残件，上面均有朱书文字，词句残缺不全，但大体可窥见属于祼祭之辞[33]。如：M42：1 的"……公，𣂴（茎）一"；M54：1 的"𩁹（祼）于……茎一"；M54：3 的"祼于□辛，茎一"；M57：1 的"（祼）于小史，茎一"；M57：3 的"（祼）于祖□，茎一"。𩁹、𩁹，即祼；茎即玦字，"玉戈专字"。茎为祼祭礼器[34]。玦乃无柲玉戈专用名字[35]。

在殷墟刘家庄北 M1046 出土 55 件"似石似玉，似璋似戈"的玉器，其中 18 件有墨书文字，内容分别是"祼于某君乙或丁""祼于太子丁"

"裸于祖乙、祖丁、亚辛、三辛""裸于诸子"等㊲。它们是一种专门用于丧葬的冥器"裸玉"（即后来的裸圭）。

殷墟后冈殷墓 M3 盗坑中出土 6 枚石质柄形器（编号 M3：01 - 06），均有朱书文字，分别为"祖庚""祖甲""祖丙""父□""父辛""父癸"㊳。书文应该是"裸于祖庚"之类祭辞的省文，因器体表面狭小不能书写全文。

（四）殷商玉器的货币属性

殷商时期的玉器，除了是重要的礼器、弄器和装饰品之外，还具有一定的货币属性。

当初商王盘庚斥责身边贪腐者云："兹予有乱政同位，具乃贝玉。"㊴即只知道搜罗贝玉而无心理政。王国维据此指出"殷时玉与贝皆货币也"㊵。殷商甲骨文、金文有"宝"字，从宀从贝从玉，会意字，指收藏在室内的贝和玉，可知贝、玉具同等财富属性。前引多件商代青铜器铭文云因受赏玉器而用作铸造青铜礼器（更多记载是受赏贝而作彝器），也从一个角度说明玉器具有一定的货币属性。

总之，殷商玉器在当时已有玉、珏、琡、戚、戈、圭、璋、瓒、璧、珥、琅、琮、鼓等名称，玉器是与货贝同样宝贵的财富，其用途包括了赏赐、贡纳、进献、祭献等。

四　殷墟商墓随葬铜器玉器不同模式现象的社会背景

（一）随葬模式反映的社会现象

前文指出，殷墟商墓存在三种随葬模式。通过梳理分析可以发现，在不同人群（不同区域、不同墓地）之间，三种模式的占比有明显差异。在遗址核心区即王族居住地，以 C 类模式占绝对多数；在殷墟西区手工业者聚居地，A 类、B 类模式比较突出——早年西区发掘的包括制玉工匠家族墓在内的商代墓葬的 54%㊵、戚家庄制玉工匠家族墓葬的 75%㊶ 为 B 类模式；而孝民屯铸铜工匠家族墓的将近 40% 为 A 类模式。这似乎表明，随葬品主要品类为铜器抑或为玉器，与其职业密切相关。而 C 类模式，主要流行在核心区墓葬和周边等级偏高墓葬中，表明该模式为社会地位较高者所专享，与墓主人职业关联度不大。

对此，笔者试做更进一步探讨。遗址核心区（以宫殿区为主体）墓葬以同时随葬铜器、玉器者为主，占比 72%，且均系铜礼器＋玉器或铜礼器、兵器＋玉器组合，没有铜兵器＋玉器的现象出现；单独使用铜器、玉器者较少，占比只有 14%。铜器墓中一半为礼器、兵器共存，玉器墓一半为礼器、饰件共存，没有只用铜礼器或只用玉礼器随葬者。说明这一区域的人们整体上社会地位较高，政治、军事要人较多，也有不少普通武士。

殷墟西区主要是制玉和铸铜手工业者聚居地，其随葬模式反映的社会背景如下。

殷西墓以单独随葬玉器墓为主，占比约 54%。只使用铜器者仅占约 17%。同时随葬铜器、玉器者占比约 29%。似说明这里的人们喜欢玉器、也有条件使用玉器，当与其多从事玉器生产密切相关。但具有较高社会地位者不是很多。

戚家庄墓地是制玉手工业家族墓地。因此单独使用玉器随葬的 B 类墓占比约达到 75%，单独使用铜器的 A 类墓只有约 8%，C 类墓约有 17%。铜器墓中以单独使用兵器者占绝大多数，玉器墓中以单独使用装饰品者占多数。似表明，拥有一定社会地位的人不多，只占 20% 左右。大部分人的社会地位不高但比较富裕。

孝民屯墓群随葬品模式以 A 类为主，B 类次之，C 类最少。A 类墓中单独用铜兵器者约达到 58%，玉器墓中单独用玉饰件者占比约 48%。已知这是铸铜工匠家族墓地，可知当地铸铜手工业者较易拥有铜器，工匠兼武士身份比较常见。

殷墟南区三处墓地反映的情况如下。

郭家庄墓地以 A 类为主，占比约 52%；C 类次之占比约 32%；B 类最少，只有约 16%。铜器墓中单独使用兵器者约占到 75%，玉器墓中单独使用礼器者占到 80%。似表明 A 类墓中武士居多，B 类墓用玉主要追求礼仪价值。可见，该墓地人们十分注重身份礼仪的体现，其实余财不多。

徐家桥、郭家庄墓地，比较突出的现象是不见单独使用玉器的 B 类墓，A 类墓中只用兵器者占比约达 88%，C 类墓中全部是铜兵器与玉器搭配。似乎死者中武士居多，高度重视铜兵器，而不喜欢（或不具备使用条件）玉器。

北徐家桥墓地随葬模式以 C 类为主，占比约 40%；A 类次之，占比约 32%；B 类只有约 28%。该墓地人们很喜欢使用玉石柄形器和可能与柄形器具有类似功能的玉石棒形器，动辄每人多枚至几十枚。再结合上述随葬模式比例，显示人们注重身份地位的追求，有相当比例的人为武士身份。

殷墟东区墓地反映的情况如下。

大司空墓地随葬模式以 A 类占主导地位，达 70%；B 类次之，占比约 17%，C 类只占约 13%。铜器墓中单独使用兵器者占比约 67%，为绝大多数。玉器墓中单独使用玉礼器和饰件者各占 40%。可见，武士身份最为常见，重铜轻玉。

郭家湾新村墓地随葬模式以 C 类为主，占比约 42%，且全部为铜兵器＋玉器模式；A 类次之，占比约 33%，且全部为铜礼器＋兵器模式；B 类最少，只占 25%，且全部为玉饰件，不见玉礼器。可见，铜器墓主人应以武士为主，玉器墓主人社会地位很低。

凡此，标志着不同墓群（族）的人们，在社会地位、职业身份，或者宗教信仰方面，均有不同。而在同一族群里，人们的职业属性可能基本一致，但社会地位却差别明显——权贵与平民并存，富裕与贫穷共生。整个社会的人口比例，显然是中间大、两端小的"纺锤形"，占人口大多数的平民阶层，是社会生产的主力军。社会管理者分布在各个族群中。没有生产资料、缺乏生活资料的社会底层，只是少数人。后世意义上以血缘关系为纽带、涵盖全族的所谓"贵族"，在商代似乎并不存在。

笔者的分析基于铜器、玉器均具有代表相应身份（社会地位）之象征价值，其中铜器更多代表地位和权力，玉器则更多偏向代表地位和财富。但铜器和玉器的使用，也与主人职业密切相关。必须指出的是，这里的统计分析，只涉及随葬铜器、玉的墓葬。实际上更多墓葬只随葬有陶器，还有一部分墓葬没有任何随葬品。因此上述统计分析，不能完全代表全部族群的实际情况。这些墓葬统计资料均具有一定的偶然性，未必是当时社会的完整、真实反映，就每一组数据做出的具体解释也未必可信，但综合性分析、趋势性结论，还是需要和可以做出的。关于三种随葬模式之考古学现象是客观、真实的，但除了本文的认知，容或可有其他不同的解释。

（二）铜器与玉器：礼器与礼物的分工

据殷墟甲骨卜辞记载，商代贡纳制度中，向商王献纳的物品包括有臣、仆等奴仆，贝、玉等宝货，黍、秫、麦等农产品，牛、羊、马、豕、犬等家畜，鹿、兕、虎等野兽，还有邑、龟甲和手工业产品等[42]。唯独没有进贡铜礼器的。

在现知 40 多条有关商王赏赐的卜辞中，所赐物品有牛羊𦎫等牲畜，𥝊等农作物，贝，食（食物），但不见赏赐爵、觚、鼎等铜礼器者：

> 贞：赐牛；乙卯卜，亘贞：勿赐牛。　《合集》9465
>
> 贞，赐牛于……　《英》787
>
> 壬寅卜：赐牛五𠂤十牛示十千……　《合集》22349
>
> ……于南赐羊。　《合集》9466 反
>
> 乙酉卜，亘贞：赐𥝊；勿赐𥝊。　《合集》9464 正
>
> ……勿令赐𦎫。　《合集》9467
>
> 庚戌……贞，赐多女有贝朋。　《合集》11438
>
> ……赐𡧈食，乃令西史。……　《合集》9560
>
> ……令赐𤕦，……姒庚取……　《合集》23430
>
> 辛亥卜，彭贞：其赐𠂤。　《合集》26907 正
>
> 王恒赐御。　《英》1177 正
>
> 赐入二十。　《合集》5637 反

唯有一辞涉及食器：

> ……赐𣪊𠼝。　《合集》3823

𠼝字不识，疑应𣪊𠼝连读，𠼝是𣪊内容盛物。

商代铜器铭文关于赏赐之现有记录中，有 40 多条是赐贝，约占赏赐类铭文的 80%。其他赏赐物还有玉器、积（粮草）、猪、牛、羊、黿、兕、厘（祭祀用肉）、户（人口）等[43]。但没有赏赐铜礼器的例子。

　　殷墟卜辞中有几条关于"赐兵"的记录：

　　　　贞：勿赐黄兵。　《合集》9468

　　　　赐龙兵。　《屯南》942

　　　　丁……赐……兵。　《合集》9469

　　　　贞：翌乙亥，赐多射📍。　《合集》5745

　　黄兵，应即铜兵；龙兵，可能是龙纹铜兵；📍则应是铜镞。可见，当时铜兵器可以作为赏赐品。

　　在学者统计到的商代有铭铜兵器中，戈 281 件、钺斧 47 件、矛 34 件、甲胄 25 件。其铭文多为 1~2 字之私名、族徽（名），用以表明器主[⊕]。像铜容器那样指明祭祀、贡纳对象为祖先者，只有四例：

　　　　《祖乙戈》：祖乙祖己祖丁。　《集成》11115

　　　　《大兄日乙戈》：兄日丙兄日癸兄日壬兄日戊大兄日乙。　《集成》11392

　　　　《大祖日己戈》：祖日己祖日己祖日丁祖日庚祖日乙祖日丁大祖日己。　《集成》11401

　　　　《祖日乙戈》：父日己父日辛父日癸仲父日癸大父日癸大父日癸镞日乙。　《集成》11403

　　似乎，殷商时期的铜兵器，并不具有铜容器那样高的礼器地位，它们大概主要体现兵权（包括武士身份）而非爵位，因此既可以用于祭献也可以用来赏赐。

　　正因为铜礼器之尊贵而严肃的地位，玉器之宝贵而华美的特性，使得它们成为两类最重要的随葬品——当时社会所尊崇的两类物品。铜礼器代表着主人的政治地位，玉器则主要反映了主人的财富水平。当然，情况也并非绝对：拥有铜礼器必须具备相应的财力，那些只能使用仿铜陶礼器者，可能就是财力不逮所致；身份高贵者，也会用玉器表达其社会地位。

　　关于商代铜器与玉器的关系，从商代铜器铭文可得阐释：

亚舟。乙亥。王赐𣂪玉十珏璋，用作祖丁彝。　　（𣂪簋。《集成》3940）

子赐𢿳璧一，𢿳用作丁师彝。　　（𢿳卣。《集成》5373）

乙亥，郱其赐作册䝅𡊄一琮一，用作祖癸尊彝。……亚獏。（六祀郱其卣。《集成》5414）

辛卯，王赐寝鱼贝，用作父丁彝。　　（殷墟孝民屯 M1713：50 寝鱼爵。《集成》9101）

王赐小臣邑贝十朋，用作母癸尊彝。　　（小臣邑斝。《集成》9249）

庚申，王在阑，王格，宰椃从。赐贝五朋，用作父丁尊彝。（宰椃角。《集成》9105）

上述铜器铭文说明：因为得到玉或贝的赏赐，而铸造铜礼器。可见，商时玉与贝一样，代表的是财富——具有一定的货币功能；而铜器则是"尊彝"——代表身份地位的礼器。

总之，商代罕有以铜礼器为贡纳物、赏赐物者。其原因，在商代甲骨卜辞和铜器铭文中并无直接证词可循。我们只能求证于稍晚的文献。《左传·成公二年》载："新筑人仲叔于奚救孙桓子，桓子是以免。既，卫人赏之以邑，辞。请曲县、繁缨以朝，许之。仲尼闻之曰：'惜也，不如多与之邑。唯器与名，不可以假人，君之所司也。名以出信，信以守器，器以藏礼，礼以行义，义以生利，利以平民，政之大节也。若以假人，与人政也。政亡，则国家从之，弗可止也已。'"孔子谓"唯器与名，不可以假人"，是说爵位（名号）和礼仪器具不可轻易授予他人，否则，就等同于授人以政（权），那就离丧国不远了。

那么，作为最重要的礼器之铜容器，是当时人们身份地位的象征和标志，也就列在"不可以假人"范畴内。铜礼器出现在祭祀场合，只是作为容盛"礼物"的"礼器"，而不是作为贡献的"礼物"。清楚了铜容器是"礼器"、玉器则是真正的"礼物"，就明白了铜器和玉器的相互关系及其在社会生活中的主要作用，也就比较容易理解晚商墓葬中的"双轨制"现象。

结　语

　　大量考古发现证明,晚商社会存在这样一种现象:墓葬随葬品有单独使用铜器、单独使用玉器、同时使用铜器和玉器三种模式,代表着铜器和玉器分属两种社会属性,体现在墓葬随葬品方面便是铜器与玉器的"双轨制"。不同的随葬模式,标志着不同族群的人们,在社会地位、职业身份,可能还有宗教信仰方面,均有所不同。即便在同一族群里,人们的职业属性虽然基本一致,但社会地位却差别甚大。

　　商代甲骨卜辞和铜器铭文证明,商人在祭祀天地神祇、祖先神灵等活动中,铜容器是作为"礼器"——容盛"礼物"的器物而存在,装盛在铜容器里面的牲肉、粟米、酒醴甚至玉器,才是"礼物"。礼器是施礼者身份和权力的象征,不可用作赏赐、贡纳、馈赠、交换等。玉器作为祭祀天地神祇和祖先神灵的礼物之习俗,起源于数千年前的新石器时代。大约在夏代,出现了铜礼器和玉礼器并驾齐驱现象。但实际上铜器和玉器一直分属两个不同的社会功能体系,它们既平行又有交集,却从未合二为一、互为替代。铜器更多代表地位和权力,玉器则更多偏向代表地位和财富。有时铜器和玉器的使用,也与其主人的职业密切相关。

注释

①参见中国社会科学院考古研究所编著《殷墟妇好墓》,文物出版社 1980 年版,第 204 页,彩版三四:1;中国社会科学院考古研究所编著《安阳殷墟花园庄东地商代墓葬》,科学出版社 2007 年版,第 188—189 页,图一三八:1、2,彩版四六:2,图一四〇:4;中国社会科学院考古研究所编著《安阳小屯》,世界图书出版公司 2004 年版,第 150—152 页,图七九 – 八一;中国社会科学院考古研究所安阳工作队《安阳小屯村北的两座殷墓》,《考古学报》1981 年第 4 期;石璋如《小屯·第一本·南组墓葬附北组墓葬补遗》,中研院史语所 1973 年版;石璋如《小屯·第一本·丙区墓葬(上)》,中研院史语所 1980 年版。

②戚家庄遗址位于殷墟遗址西南部,以往考古工作者习惯上将其划归殷墟南区。笔者根据戚家庄现有考古发现,认为其与殷墟西区文化遗存之内涵关联度更高,因而归为殷墟西区。

③参见中国社会科学院考古研究所安阳工作队《1969—1977 年殷墟西区墓葬发掘报告》,《考古学报》1979 年第 1 期。

④参见安阳市文物考古研究所编著《安阳殷墟:戚家庄东商代墓地发掘报告》,中州古籍出版社 2015 年版。

⑤参见中国社会科学院考古研究所编著《安阳孝民屯(四)殷商遗存·墓葬》,文物出版社 2018 年版。

⑥参见中国社会科学院考古研究所编著《安阳殷墟郭家庄商代墓葬——1982 年—1992 年考古发掘报告》,中国大百科全书出版社 1998 年版。

⑦参见安阳市文物考古研究所编著《安阳殷墟徐家桥郭家庄商代墓葬——2004—2008 年殷墟考古报告》,科学出版社 2011 年版。

⑧参见安阳市文物考古研究所编著《安阳北徐家桥——2001—2002 年发掘报告》,中州古籍出版社 2020 年版。

⑨参见中国社会科学院考古研究所编著《安阳大司空——2004 年发掘报告》,文物出版社 2014 年版。

⑩参见中国社会科学院考古研究所、安阳市文物考古研究所编著《安阳郭家湾新村》,科学出版社 2020 年版。

⑪本文关于甲骨文中器物名称与功用之解字、释义,广泛吸收学者见解,主要参见于省吾主编《甲骨文字诂林》,中华书局 1996 年版;徐中舒主编《甲骨文字典》,四川辞书出版社 2019 年版。

⑫《周礼·春官·鬯人》有"鬯人掌共秬鬯而饰之",《注》曰:"鬯,酿秬为酒,芬芳条畅于上下也。"《诗经·大雅》:"秬鬯一卣。"《传》云:"鬯,香草也。筑煮合而郁之曰鬯。"《易·震卦》:"不丧匕鬯。"《注》曰:"鬯,香酒,奉宗庙之盛也。"《尚书·洛诰》:"以秬鬯二卣曰明禋。"《传》云:"黑黍曰秬,酿以鬯草"。《说文》鬯部曰:"鬯,以秬酿郁艸,芬芳攸服,以降神也。"皆指祭祀用酒经香草酿制。

⑬参见李小燕、井中伟《玉柄形器名"瓒"说》,《考古与文物》2012 年第 3 期;严志斌《小臣𤉢玉柄形器诠释》,《江汉考古》2015 年第 4 期;严志斌《漆觚、圆陶片与柄形器》,《中国国家博物馆馆刊》2020 年第 1 期。

⑭姚孝遂先生指出:卜辞壶字均通体象壶之形。辞均残,用义不详。参见于省吾主编《甲骨文字诂林》,中华书局 1996 年版,第 2702 页。

⑮参见李济、万家保《殷墟出土伍拾叁件青铜容器之研究》,《古器物研究专刊》第五本,"中研院"史语所 1972 年版,图版伍玖:1。

⑯参见李济、万家保《殷墟出土伍拾叁件青铜容器之研究》,《古器物研究专刊》第五本,"中研院"史语所 1972 版,图版肆玖、伍玖:2。

⑰参见中国社会科学院考古研究所编著《殷墟妇好墓》，文物出版社 1980 年版，第 55 页，图三六。

⑱参见于省吾主编《甲骨文字诂林》，中华书局 1996 年版，第 2729 页。

⑲参见中国社会科学院考古研究所安阳队《殷墟 259、260 号墓发掘报告》，《考古学报》1987 年第 1 期，第 112 页，图一七：2，图版拾叁：1；中国社会科学院考古研究所安阳工作队《安阳殷墟刘家庄北 1046 号墓》，《考古学集刊》第 15 集，文物出版社 2004 年版，第 365—367 页，图 6：7，图版 24：3。

⑳参见李济、万家保《殷墟出土伍拾叁件青铜容器之研究》，《古器物研究专刊》第五本，"中研院"史语所 1972 年版，图版玖，图版伍叁：3。

㉑本文引用金文资料时，所用书目简称指代情况为：《集成》即中国社会科学院考古研究所《殷周金文集成》，中华书局 1984—1994 年版；《近出》即刘雨、卢岩《近出殷周金文集录》，中华书局 2002 年版；《近二》即刘雨、严志斌《近出殷周金文集录二编》，中华书局 2010 年版；《图集》即吴镇烽《商周青铜器铭文暨图像集成》，上海古籍出版社 2012 年版。

㉒参见严志斌编著《商金文编》，中国社会科学出版社 2016 年版。

㉓关于殷墟卜辞所见殷商玉文化的研究文章，可参见王宇信《卜辞所见殷人宝玉、用玉及几点启示》，收入邓聪主编《东亚玉器》，香港中文大学中国考古艺术研究中心 1998 年版，第 18—25 页；杨州《甲骨金文中所见"玉"资料的初步研究》，首都师范大学 2007 年博士学位论文；徐义华《甲骨文与古文献所见殷商玉文化》，收入杜金鹏主编《殷墟妇好墓出土玉器研究》，科学出版社 2018 年版，第 77—103 页。

㉔商代青铜器铭文所见玉器、玉事研究，参见刘雨《商和西周金文中的玉》，《故宫学刊》2004 年创刊号，第 171—195 页；严志斌《商代青铜器铭文研究》，上海古籍出版社 2013 年版，第 339 页。

㉕徐义华认为根据其形制与铭文，应该是商末器物。参见徐义华《甲骨文与古文献所见殷商玉文化》，收入杜金鹏主编《殷墟妇好墓出土玉器研究》，科学出版社 2018 年版，第 91 页。

㉖参见中国社会科学院考古研究所编著《殷墟妇好墓》，文物出版社 1980 年版，第 136 页，图七五：3。

㉗参见中国社会科学院考古研究所编著《殷墟妇好墓》，文物出版社 1980 年版，第 136 页，图七五：1。

㉘参见中国社会科学院考古研究所安阳工作队《安阳小屯村北的两座殷代墓》，《考古学报》1981 年第 4 期，第 505 页，图一一：1。

㉙参见中国社会科学院考古研究所安阳工作队《安阳小屯村北的两座殷代墓》，《考古

学报》1981 年第 4 期。

㉚参见吴雪飞《安阳小屯 18 号墓出土朱书玉戈考》，《殷都学刊》2016 年第 2 期。

㉛参见李学勤《论美澳收藏的几件商周文物》，《文物》1979 年第 12 期。

㉜参见天津博物馆编《天津博物馆藏玉》，文物出版社 2012 年版，第 64 页，第 047 号器。

㉝参见孟宪武、李贵昌《殷墟出土的玉璋朱书文字》，《华夏考古》1991 年第 2 期。

㉞参见李学勤《〈周礼〉玉器与先秦礼玉的源流——说祼玉》，收入邓聪主编《东亚玉器》，香港中文大学 1998 年版；李学勤《祼玉与商末亲族制度》，《史学月刊》2004 年第 9 期。

㉟参见杜金鹏《殷商玉戈名实考》，《文物》2022 年第 7 期。

㊱参见中国社会科学院考古研究所安阳工作队《安阳殷墟刘家庄北 1046 号墓》，收入刘庆柱主编《考古学集刊》第 15 集，文物出版社 2004 年版。

㊲参见中国社会科学院考古研究所安阳工作队《1991 年安阳后冈殷墓的发掘》，《考古》1993 年第 10 期，第 898 页，图三六：19 - 21。

㊳参见《尚书·盘庚》。

㊴王国维：《说珏朋》，收入王国维《观堂集林》，中华书局 1959 年版，第 160 页。

㊵参见杜金鹏《殷墟西区制玉工匠墓探析》，待刊稿。

㊶参见杜金鹏《殷墟戚家庄商代制玉手工业遗存及相关问题》，《中原文物》2022 年第 2 期。

㊷参见杨升南《甲骨文中所见商代的贡纳制度》，《殷都学刊》1999 年第 2 期，第 27— 32 页。

㊸参见严志斌《商代青铜器铭文研究》，上海古籍出版社 2017 年版，第 337—344 页。

㊹参见严志斌《商代青铜器铭文研究》，上海古籍出版社 2017 年版，"商代青铜器铭文总表"。

作者简介：杜金鹏，男，中国社会科学院考古研究所研究员

原文刊于：《中原文化研究》（郑州），2022.3：23 - 35

神熊意象与中华文明探源

胡建升

摘　要：在文化大传统时期，神话意象扮演着叙事表意的神圣功能，成为阐释大传统时期文化基因的重要文化文本。在出土文献楚帛书中，大熊伏羲开天辟地，是中华创世神话与文明的创造者。在人文始祖黄帝的神话中，黄帝生于北斗星精，居于有熊之国，号为轩辕氏，体现了神熊居于天体帝车之中的神话观念，成为天帝与大地母亲的神话信使和最初化身。在出土文献《容成氏》所载大禹建的五方旗中，熊旗居中，成为夏代国家旗帜制度的神圣标志物。只有理解了神熊意象在文化大传统到小传统之间的原型编码，我们才能揭开中华文明的神圣起源，深入理解华夏精神的文化基因。在中华文明起源过程中，玉器早于青铜器，神话意象先于文字，玉器与神话意象共同构成中华文明探源的两大核心要素。

关键词：神话意象；神熊意象；文化文本；中华文明探源

西方人设定了讨论文明起源的三个标准，即文字、青铜器与城市。如果依照西方这一文明标准，商代才是华夏文明与文化的开端，因为甲骨文是在安阳殷墟发现的，而且甲骨文中有殷商的文字证据。我们通常所说的中华文明5000年，依照西方这一标准，最多只有3000余年。可见，拘囿于西方人的标准来讨论中华文明探源问题，就会显得捉襟见肘，无法展开。因此，只有暂时搁置西方关于文明的三个标准，才能重新去理解和发现中华文明起源的本土特质与核心要素。

一 文化大传统与神熊文化之根

文学人类学重视田野调查，尤其重视立足中国本土素材，结合考古出土实物与物质图像来提炼中华文明与华夏精神的文化基因，在此基础上，提出了扎根中国本土的文化大、小传统理论。将史前无文字时期的文明与文化传统称为大传统，将文字出现以后的文明与文化传统称为小传统。如果将西方文明的文字标准放置在文化大传统的新型理论视野下，就可以发现，西方关于文明的相关概念及其标准，其实质乃是文化小传统的文明观念与文化精神，不足以涵盖文明在大传统时期的文化意义。

文学人类学依据大、小传统的文化理论，相应提出了 N 级编码理论，将无文字时期的文化大传统编码称为原型编码（或元编码），即一级编码与文化基因；将甲骨文与金文出现以后的文化编码称为二级编码；将先秦经典的文化编码称为三级编码；将秦汉以后文人的文字书写至今天的各种文字文本称为 N 级编码。如果将西方关于文明的文字标准放置在 N 级编码体系中，也可以发现，西方关于文明的定义与范围极为狭小，其重视的是二级至 N 级编码的文字书写形式，而忽略了大传统文化时期的文化基因与原型编码。

如果立足于文化大传统与 N 级编码理论来探究中华文明起源问题，最为重要的是要重视文化文本。文化文本与文字文本不同，前者是以出土实物与史前物质图像为主的文本形式，后者是以文字书写为主的文本形式。从时间关系来看，前者是史前无文字时期的重要遗留物与文明痕迹，后者是文字出现以后的历史记录与书写形式，两者之间存在一定的文化贯通与文脉传承关系，但前者属于史前先行出现的特殊文本形式，后者属于后来崛起的流行文本形式，不能因为文字文本的出现，就完全陷入文字文本中心主义，而忘记了在文字文本之前就已经存在的文化文本。相较而言，前者是源，后者是流。只有据源析流，才能源流分明，条理有序。为了彰显文化文本的文化基因与源头功能，只有暂时摆脱文字文本的局限，才有利于开启探索中华文明起源的大传统新模式。

在文化大传统、N 级编码与文化文本等诸多理论新视野中，中华文明探源亟待解决的问题是如何在新石器时代中晚期（距今 10000 年至文字出现的 3000 年之间）提炼和总结出中华文明的核心文化要素。叶舒宪近来提出，在文化大传统时期，存在一种被历史叙事遮蔽的玉石神话信仰（玉教）。他认为，玉石文化与玉礼器是文化大传统时期的核心文化要素之一。

同时，深入史前无文字的大传统文化时期，在玉器、陶器、骨器、漆器等诸多出土器具之上，都存在一种极为普遍的"制器唯象""制器尚象"的文化现象。在文字还没有出现以前，神话意象已经具有优先表达意义的符号功能，也可以成为中华文明探源的核心要素。

为了展示神话意象在文明探源方面的重要作用，在此，我们以神熊意象为例，联系与中华文明起源相关的几个方面，展示神熊意象在建构中华文明起源方面的重要作用，尤其为探讨文明起源、国家制度、文化认同等诸多问题，提供一种全新的文化视野。

动物熊是自然界的猛兽，早在几十万年前的洞居时代，猿人就已经获得对熊的神性知识，熊具有冬眠与复苏的生理习性，由此，将熊与宇宙气运、大地母亲的季节物候联系起来，形成熊是宇宙物候节奏的神性信使的神话认知。从辽宁金牛山猿人洞穴遗址中同洞出土的 28 万年前的猿人头骨与熊头骨，到同洞出土的大约 3 万年前的尼安德特人的人骨与熊骨，都展示了人熊之间的信仰观念与神话幻想故事具有长时段的文化积淀。在牛河梁红山文化的女神庙中，庙顶部有一只完整的泥塑神熊，底部有泥塑神鹰，这种神话结构为我们探索神熊意象与中华文明起源奠定了文化大传统的神话真知[①]。随着中华文明的逶迤到来，古老的神熊认知与文化记忆也就以神话关联与支配动力的方式渗透到文明制度之中[1]。

二　三皇之首伏羲：神熊创世与文明起源

伏羲是华夏人文始祖，这是一种文化共识。唐代司马贞在《史记正义》中按："太史公依《世本》、《大戴礼》，以黄帝、颛顼、帝喾、唐尧、虞舜为五帝。谯周、应劭、宋均皆同。而孔安国《尚书序》，皇甫谧《帝王世纪》，孙氏注《世本》，并以伏牺、神农、黄帝为三皇，少昊、颛顼、高辛、唐、虞为五帝。"[2]1司马贞在《三皇本纪》中将伏羲、女娲与神农列为三皇。

现藏于美国大都会博物馆的出土文献《楚帛书甲篇》云："曰故（古）

大熊包戏（伏羲），出自□霆（震），居于睢□。厥□渔渔，□□□女。梦梦墨墨，亡章弼弼。□每（晦）水□，风雨是於。乃取（娶）□□子之子，曰女堣（娲），是生子四。□是襄而戏，是各（格）参化法逵（度）。为禹为契，以司域襄，咎而步廷。乃上下朕（腾）传（转），山陵丕疏。乃命山川四海，熏（熏、阳）气百（魄、阴）气，以为其疏，以涉山陵、泷、汩、益、厉。未有日月，四神相弋（代），乃步以为岁，是惟四时：长曰青干，二曰朱四单，三曰白大橪，四曰□墨干。千有百岁，日月夋生，九州丕塝（平），山陵备峡（侐）。四神乃作，至于覆（天盖），天旁动，扞蔽之青木、赤木、黄木、白木、墨木之精。炎帝乃命祝融，以四神降，奠三天，□思敎（保），奠四极，曰非九天则大峡（侐），则毋敢蔑天灵，帝夋乃为日月之行。共攻（工）□步十日四时，□神则闰，四□毋思，百神风雨，辰祎乱作，乃□日月，以传相□思。又宵又朝，又昼又夕。"[3] 董楚平认为："帛书甲篇是很标准的创世神话，在现有的中国先秦传世文献与出土文献中，还没有比它更完整、更明确的创世神话。"[3] 在楚帛书的创世神话中，天地尚未形成，宇宙还处于混沌的状态。楚帛书认为，混沌之中，首先诞生的是"大熊伏羲"，犹如混沌之中生出太一，可见，大熊、伏羲与太一处于创世神话相同的结构位置。此后再有伏羲、女娲结为夫妻，生了四神。这个过程可以看作由太一、太极分化出阴阳，然后由阴阳产生四象。四神开辟天地，才有了大地与天盖。这样才有四时、四方、日月星辰和五木等。

在楚帛书中，为何大熊成为宇宙化有的太一状态的文化象征？这可能跟大熊冬眠与复苏的生理习性有关。大熊进入黑洞，开始了漫长的冬眠，黑洞就成了混沌未开的原始象征。第二年春天，大熊苏醒，从黑洞之中爬出来，就犹如凿破混沌的天帝太一。从楚帛书中的大熊伏羲，转变为伏羲女娲二元结构的伏羲，就好比是由太一结构分化为真阳与真阴的二元结构。楚帛书的文化结构为：大熊伏羲（太一）—伏羲与女娲（阴阳两仪）—四神（四象）—大地、天盖、日月、四时、四方等。神兽大熊成为华夏创世神话的最为核心的文化基因，相当于太一、太极的中心位置，是人类凿破混沌、迎来光明的帝象之先。

《易纬·乾凿度》记载："黄帝曰：'太古百皇，辟基文籀。遽理微萌，始有熊氏，知生化柢，晤兹天心。噫念虞思慷，虑万源无成。既然物出，始俾太易者也。太易始著，太极成。太极成，乾坤行。'"注云："有熊氏，庖牺氏，亦名苍牙也。"[4]1《易纬》是汉代学者的文字文本，但依旧保留了早期大熊创世的神话叙事。首先，有熊氏伏羲通达了"天心"。所谓"天心"，就是舍弃作为个体存在所具有的各种人为思虑念想，通达了宇宙之初的道体神性，然后才达到了宇宙之初的混沌状态，这就是"万源无成"。然后，从混沌之中，有熊氏生发出"物"。这种"物"的生成不是一蹴而就的，而是经历了"太易""太极"的文化过程，才形成"乾坤"，然后才有万物的有形存在出现。将《易纬》与楚帛书中的创世神话进行比较，就可以发现，两者具有相同的文化结构，大熊伏羲与有熊氏伏羲都成为宇宙混沌的创世者。神熊意象成为华夏创世神话中创世神的重要符号。

作为创世之神的大熊伏羲与有熊氏伏羲，随着"雌雄"二元观念的出现与形成，"熊"就常常与"雄"通用，这种文化符号的通用现象，就开始遮蔽了作为太一状态的创世神话。《释名》："熊者，雄也。"《皇王世纪》曰："太昊帝庖牺氏，风姓也，蛇身人首，有圣德，都陈，作瑟三十六弦。燧人氏没，庖牺氏代之，继天而王，首德于木，为百王先。帝出于震，未有所因，故位在东方，主春。象日之明，是称太昊。制嫁娶之礼，取牺牲以充庖厨，故号曰庖牺皇。后世音谬，故或谓之宓牺。一号雄皇氏，在位一百一十年。"[5]607伏羲由"大熊""有熊氏"，变成了"雄皇氏"，而"雄"不过是阴阳、雌雄二元结构中的一个因素，作为太一状态的创世神结构就被人遗忘了。

三　五帝之首黄帝：神熊意象与帝车制度

在西方文化中，北斗星所在星座被称为大熊座，以熊意象来比拟天体中的星象。在东方文化中，北斗星又被比喻为帝车。《史记·天官书》云："北斗七星，所谓璇玑玉衡，以齐七政。杓携龙角，衡殷南斗，魁枕参首……斗为帝车，运于中央，临制四乡。分阴阳，建四时，均五行，移节度，定诸纪，皆系于斗。"[2]1291所谓帝车，就是天帝巡视宇宙时所乘坐的神车（见图1）。神车所到之处，就是天帝所到之处。可见，在天体星球中，北斗星成为天帝所至的标志性符号。北斗星斗柄所指成为天地气运变换、自然节气转变的重要标志，这与神熊的冬眠与复苏一样，都是自然季节物候的灵使。

图1　北斗帝车画像，山东嘉祥武梁祠

《史记》将黄帝列为五帝之首，黄帝也成为中华文明的人文始祖之一。梳理相关文献发现，黄帝出身于有熊氏，乃是受到北斗星精所感而生，其坐拥有熊之国，居轩辕之丘，还以轩辕为号。《帝王世纪》曰："黄帝，有熊氏少典之子，姬姓也。母曰附宝，其先即炎帝母，家有蛟氏之女，世与少典氏婚，故《国语》兼称焉。及神农氏之末，少典氏又取附宝，见大电光绕北斗枢星照郊野，感附宝，孕二十五月，生黄帝于寿丘，长于姬水。龙颜，有圣德，受国于有熊，居轩辕之丘，故因以为名，又以为号。"[5]675-676《河图握枢》曰："黄帝名轩，北斗黄神之精。母地祇之女附宝，大郊野，大电绕斗枢星耀，感附宝，生轩，胸文曰'黄帝子'。"[5]676总结黄帝的文化符号，可以看出：一是与熊有关，如有熊氏与有熊国；二是与北斗有关，如北斗星精感化而生，是北斗在人间的化身；三是以帝车为号，轩辕即车，居轩辕之丘，犹如天帝居住在帝车之上。

可见，在人文始祖黄帝的身上，汇聚了作为自然宇宙节气转换的天地灵使符号，如天上的北斗与地上的神熊，还有运载天帝的帝车。北斗是天帝的化身，神熊是大地母亲的标志。帝车成为天帝与大地母亲自然运转的运载工具形式。黄帝之所以是黄帝，有着极为神奇的神话结构：神熊－北斗星精－帝车，而这三个标志性的意象符号又有共同的神话价值，即都是宇宙神圣天帝与大地母亲的有形显现。

在甘肃礼县圆顶山1号秦墓出土的青铜车上有一人一熊（见图2），中间之人应该是天帝的形象，熊为太一的形象，天帝与太一居于青铜车的中央。车体周边四隅是四鸟与四兽，形成了以天帝与神熊为中心的神话空间结构。联系上文黄帝的神话结构可知，青铜车犹如帝车，承载着天帝与神熊太一，这也形象地讲述了自然宇宙气运的季节物候故事。

图2　熊与帝同车（正面图），春秋，1998年
甘肃礼县圆顶山1号秦墓出土

四　大禹建熊旗：神熊意象与国家旗帜制度

旗帜既是一种政治制度，也是民族国家的集体信仰。建立国家民族的旗帜，就是树立一个国家集体的核心信念，由此形成集体行动的文化方向。同时，为了区别旗帜，通常在旗帜上标示一定的标志物，诸如日月星辰等，以此展示旗帜的空间秩序与权力关系。

根据传世文献的记载，华夏文明最早的建旗制度应该是从黄帝开始的。《列子·黄帝篇》云："黄帝与炎帝战于阪泉之野，帅熊、罴、狼、豹、貔、虎为前驱，雕、鹖、鹰、鸢为旗帜，此以力使禽兽者也。"[6]84黄帝在炎黄之争中，为了严肃军队纪律，统一指挥，组织了以神兽为形象的军队，建立了以神鸟为标志物的旗帜。清代学者黄奭所辑的《河图稽耀钩》载："黄帝之生，先致百狐。有蚓长十二丈。幼好习兵，长善攻战。问之于风后曰：'夫帝之旗何如乎？'风后曰：'予告汝：帝之五旗，东方法青龙，曰旗；南方法朱鸟，曰鼪；西方法白虎，曰典；北方法玄蛇，曰旍；中央法黄龙，曰常也。'"[7]5《河图稽耀钩》中风后向黄帝提出建立"帝之五旗"，按照东、西、南、北、中的顺序，分别是青龙旗、白虎旗、朱鸟旗、玄蛇旗与黄龙旗，五方的旗帜标志物各不相同。从中心意象与四象、四灵来看，文化小传统中的黄帝建五方旗明显受到汉代五行观念的影响，中央黄龙意象彰显了神龙意象的文化崛起。

出土文献《上海博物馆藏战国楚竹书（二）·容成氏》中记录了大禹建五方旗的事迹，其云："禹听政三年，不制革，不刃金，不略矢。田无蔡，宅不空，关市无赋。禹乃因山陵平隰之可封邑者而繁实之，乃因迩以知远，去苛而行简。因民之欲，会天地之利。夫是以近者悦治，而远者自至，四海之内及四海之外皆请贡。禹然后始为之号旗，以辨其左右，思民毋惑。东方之旗以日，西方之旗以月，南方之旗以蛇，中正之旗以熊，北方之旗以鸟。禹然后始行以俭：衣不鲜美，食不重味，朝不车逆，春不毁米，宰不折骨。制服冕黻。禹乃建鼓于廷，以为民之有谒告者鼓焉。"[8]264-267大禹执政三年之后，可谓政通人和，四海之内的其他部落纷纷前来请贡，以表示对大禹政权的臣服之意。大禹为了区别自己的中央位置与其他的请贡部落，开始建立五方旗制度。同时，为了表明朝廷的司法公正，还配套实施廷鼓制度。五方旗制度是从视觉符号方面建立空间权力秩序，建立廷鼓制度是从听觉符号方面建立国家惩治处罚法律制度，从而保障了国家秩序与中央权力的有效性与正当性。

大禹建立五方旗，在选择旗帜的符号标志物方面，也使用了特殊的神话意象。东方旗帜上是太阳，西方旗帜上是月亮，南方旗帜上是蛇，北方旗帜上是鸟，中央旗帜上是熊。中正之旗代表的是大禹的中央政权，四方之旗代表的是臣服的四方部落。大禹选择了"熊"作为中央权力的神圣标志物，彰显了"熊居中央"的古老文化记忆与史前原型编码。

在河南二里头遗址出土的铜牌饰上，用绿松石镶嵌出一种神兽的形象，我们认为，这种神兽和夏代王朝的神物崇拜与宗教信仰有关，尤其与夏代君王的旗帜圣物有关，就是神熊意象。铜牌上的神熊，与中正之旗的神熊，正好勾勒出中华文明第一个王朝的神话信仰标志物，都用神熊意象来展示国家的神圣权力。

到了周代，依旧保留了"熊虎为旗"的古老传统与神圣信仰。《周礼·春官·司常》云："掌九旗之物名，各有属，以待国事。日月为常，交龙为旂，通帛为旜，杂帛为物，熊虎为旗，鸟隼为旟，龟蛇为旐，全羽为旞，析羽为旌。"[9]859在"熊虎为旗"中，尽管"虎"也开始成为旗帜的重要意象，但是"熊"的核心标志地位依旧没有改变。许慎《说文解字》云：

"旗，熊旗五游，以象罚星，士卒以为期。从㫃其声。《周礼》曰：率都建旗。"[10]170 许慎在解释"旗"的时候，就直接用"熊旗"来解释，可见，"神熊意象"与旗帜制度具有一种对等互称的关系，说到旗帜，是指"熊旗"。刘熙《释名·释兵》云："九旗之名，日月为常，画日月于其端，天子所建，言常明也。交龙为旗，旗，倚也，画作两龙相依倚也，诸侯所建也。通帛为旃，旃，战也，战战恭己而已，通以赤色为之，无文采，三孤所建，象无事也。熊虎为旗。旗，期也，与众期期于下，军将所建，象其猛如熊虎也。"[11]18253 刘熙区别了天子旗帜、诸侯旗帜、三孤旗帜与军将旗帜。他认为，天子是建日月常旗，诸侯是建交龙之旗，三孤是建赤色之旗，军将建熊虎之旗。可见，随着社会复杂化程度加深，旗帜制度也出现各种等级分化。作为国家集体的神熊意象，开始沦落为军队部门的旗帜符号。

结　论

在无文字的大传统文化时期，各种不同材质的器具与器物上的神话意象极为丰富，充分体现了史前时期"制器唯象"的神话思维与文化编码，甚至可以说，神话意象成为中华文明探源的重要符号标志。

在大熊伏羲的创世神话中，大熊扮演着太一的神话角色，太一伏羲与女娲形成二元结构，他们结婚之后，才产生了四神，然后才有四神开天辟地，创造天地日月万物。可见，神熊作为太一化身的神话意象直接推动了宇宙世界的诞生，成为中华文明起源的最为原始的创世神。

在人文始祖黄帝的神话中，黄帝诞生于北斗星精，居于有熊之国，号为轩辕，将北斗帝车与神熊意象融为一体，神熊与天帝乘坐帝车，依据自然宇宙的运化节奏，成为天父与地母最佳的物候信使。只有理解了神熊与北斗的宇宙信使身份与神话认知，才能理解黄帝为何是北斗星精所生，黄帝为何成为有熊国君，为何以轩辕为号。可以说，北斗为天帝的使者，神熊为地母的信使，黄帝为人间的圣灵，它们共同承载了宇宙自然物候的气运变化。

旗帜是国家制度的象征，也是集体信仰的标志。大禹建立五方旗，中央的旗帜图腾物或符号标志物是神熊，二里头出土铜牌饰上的神兽也是神熊，神熊意象成为中华文明第一个王朝的神圣之物，神熊信仰成为建立国家五方旗帜制度的支配动力。

在大传统文化时期，青铜器还没有出现，玉器扮演着文明起源的核心物质要素。文字还没有出现，各种出土器具之上的神话意象就成为文明起源的原始动力与文化文本。要探寻中华文明的本土起源，发掘华夏文化的精神实质，必须从大传统文化时期的神话意象与文化文本入手，才能逐渐揭开中华文明的本土特质，才能理解诸多作为文化现象存在的文明形式与国家制度。只有理解了文化大传统时期神话意象的原型编码与文化基因，才能真正揭开中华文明与国家起源所潜藏的支配动力与精神信仰。因此，史前神话意象是中华文明探源的核心要素之一。

注释

①2019 年 8 月 30 日至 9 月 1 日，笔者参加辽宁省朝阳市德辅博物馆召开的"国际熊文化研讨会"，有幸聆听郭大顺先生回忆当年发掘牛河梁女神庙的真实情景。9 月 1 日下午，笔者还跟随郭先生参观牛河梁女神庙遗址，详细了解了女神庙出土泥塑熊与泥塑鹰的神话现场。具体可参阅杨朴、杨旸《牛河梁女神庙的真相再揭秘——记文学人类学家与考古学家的一次对话》，《吉林师范大学学报》（人文社会科学版）2020 年第 1 期，第 1—7 页。

②参见甘肃省文物考古研究所、礼县博物馆《礼县圆顶山春秋秦墓》，《文物》2002 年第 2 期，图版 18。

参考文献

[1] 胡建升. 神熊意象的神话幻想与原型编码 [J]. 吉林师范大学学报（人文社会科学版），2020（1）：8 – 22.

[2] 司马迁. 史记 [M]. 北京：中华书局，2006.

[3] 董楚平. 中国上古创世神话钩沉：楚帛书甲篇解读兼谈中国神话的若干问题 [J]. 中国社会科学，2002（5）：151 – 163.

[4] 赵在翰. 七纬·附论语谶 [M]. 钟肇鹏，肖文郁，点校. 北京：中华书局，2012.

[5] 李昉，等. 太平御览 [M]. 石家庄：河北教育出版社，1994.

[6] 杨伯峻. 列子集释 [M]. 北京：中华书局，1979.

［7］黄奭．黄氏逸书考　通纬　河图稽耀钩［M］．怀荃室．

［8］马承源．上海博物馆藏战国楚竹书：二［M］．上海：上海古籍出版社，2002.

［9］郑玄，注，贾公彦，疏．周礼注疏［M］．北京：北京大学出版社，2000.

［10］王平，李建廷．说文解字标点整理本：附分类检索［M］．上海：上海书店出版社，2016.

［11］刘熙．释名［M］∥董治安．两汉全书：第31册．济南：山东大学出版社，2009.

作者简介：胡建升，男，上海交通大学人文学院副教授

原文刊于：《中原文化研究》（郑州），2020.2：34－39

河南巩义双槐树"河洛古国"遗址浅论

范毓周

摘　要：双槐树遗址是目前黄河流域发现的仰韶文化中晚期具有最高规格和都邑性质的中心聚落。从其布局结构与功能性质来看，都是围绕中心区域能受到妥善保护而规划设计的。中心区域的大型建筑、重要墓葬与祭坛布局显示该聚落已经产生了一整套基于社会阶层分化的政治与宗教制度，初步奠定了后世"前朝后官左祖右社"的王朝官室雏形。遗址中心区域的围墙并非"瓮城"，其实际功能是把聚落权贵的政治活动区与生活起居区分开，不能等同于后世城市或官城用于护卫的瓮城。结合历史文献，考古发现的北斗星状陶罐组合是中华文明"北斗九星"文化传统的渊薮，与历史上的超新星"景星"无涉，其与埋藏的麋鹿骨架共同构成了寓意权贵驾"帝车"巡游的特殊地位。此种天文星象的装饰是权力阶层欲借助天文理念以树立自身的人间权威。而骨质蚕雕的出土证明了中国早在距今 5300 年前后已经形成了完整成熟的蚕桑和丝织生产体系，为日后的丝绸之路的形成奠定了最初的基础。双槐树遗址的发现再次有力地证明了中原地区是中华文明起源的核心地区，对于中华文明形成与早期发展起到了不可忽视的主导作用。

关键词：双槐树遗址；瓮城；"北斗九星"；骨质蚕雕

河南巩义双槐树遗址地处河洛文化的中心区域，在中华文明探源研究中具有非常重要的地位。为深入开展"中华文明探源工程"，2013 年以来经国家文物局批准,郑州市文物考古研究院与中国社会科学院考古研究所、中国丝绸博物馆、巩义市文物和旅游局等单位联合对双槐树遗址开展了一系列调查勘探与考古发掘工作,已经取得许多重要的阶段性成果。2019年8月26日,第二届"中国考古·郑州论坛"举行,会议期间首次披露了双槐树遗址及其相关的荥阳青台遗址的部分考古成果。2020年5月7日,在郑州举行的河南郑州巩义双槐树古国时代都邑遗址考古重大发现发布会上,中国社会科学院、北京大学等单位多位参与现场实地考察的知名考古学家,根据科学测年结果研讨论证,认为双槐树遗址为距今5300年前后古国时代的一处巨型聚落遗址,并建议命名为"河洛古国"。

毫无疑问,该遗址是迄今为止在黄河流域发现的中华文明形成初期即仰韶文化中晚期规格最高的具有都邑性质的中心聚落。现根据相关研究资料和实地调研结果,笔者就该遗址的几个问题略谈一些粗浅认识,以请教于海内外方家。

一 从遗址的布局结构与功能性质
看中华文明的核心源头

双槐树遗址位于巩义市黄河南岸南2公里、伊洛河东4公里,总面积经勘探确认约117万平方米,目前已发掘3500多平方米,基本显现出其布局结构。根据勘探和发掘,可以确定该遗址是由内壕、中壕和外壕3条环壕围绕的大型聚落,其中有1处是采用版筑法夯筑而成的大型连片块状遗址区,3处是经过严格规划的夯土祭祀台和13处祭祀坑组成的祭祀遗迹,此外还有3处公共墓地和4处窑址(见图1)。遗址中出土有丰富的仰韶文化晚期的精美彩陶以及与丝绸制作工艺相关的骨雕、纺轮、骨针、石刀等文化遗物[1]。

根据遗址结构图示,该遗址是一个经过周密规划的大型聚落。聚落有3层防卫措施,3个大壕沟把聚落分成由内而外的3个区域。而在中心区域,还专门设立了一道围墙,把居住区与大型建筑、祭台和墓葬隔离开来,形成了一个独立区域。在居住区域既有居住建筑,又有池苑,还有用陶罐组成的九星天象台基,在最南端还有出土蚕形骨雕的小基址。在围墙外是一个比较广阔的区域,最北边是一座有15开间的大型殿宇式建筑,在

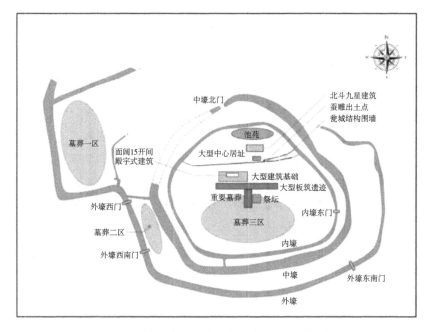

图 1 双槐树遗址功能布局示意（引自《新华每日电讯》2020 年 5 月 8 日第 9 版）

其南边紧挨着是一处长条形大型版筑遗址，紧挨这个版筑遗址的正中间是一处重要墓葬小区，其中部的东侧是一个祭坛。这个重要墓葬小区和祭坛虽然与内壕中心区域的大型墓葬区相连接，但在整个大型墓葬区内是相对突出的。

值得注意的是，内壕与中壕之间是一个非常狭窄的区域，无任何建筑和其他遗址。在内壕与中壕之间位于南部偏西有一条小壕沟相连，而在中壕的北部有一个北门可与外界相通。这无疑表明中壕的功能只是内壕之外的又一道防卫壕沟，其作用是更好地护卫内壕以内的区域，内壕的中心区域是通过中壕北门与外界相通的。这种结构明显表明，内壕以内的区域是这个聚落最为重要的区域。从现有考古发现来看，也证实了这一点：内壕以内不仅有丰富的建筑遗址，还出土了大量能显示当时思想观念的文化遗物。外壕与中壕之间，目前只在西部和西北处发现两个墓葬区，其中西部的墓葬区较小，但在其附近外壕上设有两个出入的门，使外部和墓葬区相通。西北处的大型墓葬区是一个相对封闭区域。由于内壕外的西北部和中壕北门以北区域目前情况不明，无从判断其内涵，但外壕在西北处明显地围绕大型墓葬区向西外沿围绕墓葬区并与西北拐角处延伸出的一个小壕沟形成了一个相对封闭的区域。

如上所述，在中心区域的围墙以内是一个精致的生活区，这里有池苑可以娱情，宫室可以生活休憩，门前以陶罐组成的九星可象征居住者的通天灵性，出土骨雕蚕的地方可以奉祀蚕桑丝织的神祇。这一片大型遗址既是当时权贵的生活起居之所，又是神化权威的精神空间。可以说这片大型遗址已经具备后世宫廷的基本功能。

围墙之外的中心区域里，在宫室外设有一处 15 开间的殿宇式宏大建筑，应是当时聚落权贵接待外来聚落首领和周围聚落臣服成员的政治活动中心，相当于后世王朝的朝廷。而在其紧挨的南边就有凸显出与整个墓葬区不同的重要墓葬和相关祭坛。这可能是聚落权贵的先祖墓葬和祭祀祭台。如果这一推断不误，这一区域的结构已经呈现出类似后世王朝左祖右社的规制雏形。

从该遗址发现的结构现象可以清楚地看到，这是一个精心打造的大型聚落遗址。其布局显示，所有结构设计都是围绕中心区域内的活动能够受到妥善保护而展开的。从 3 个墓葬区的分布与整个聚落结构中的不同环境也可明显看出，这是一个社会分层明显的聚落。中心区域的大型建筑、重要墓葬与祭坛布局明显地表现出该聚落已经产生了一整套基于社会阶层分化的政治与宗教制度。而围墙内外把生活起居与政治活动的功能区分开来，也使聚落中心有了前朝后宫左祖右社的结构性功能区分。从这个聚落遗址的结构可以看出，社会分层的现象已经形成，聚落中心已出现生活区域与政治区域的分离。居住于围墙以内的权贵已拥有通过政治活动统驭外界的强大能力，其所统驭的社会已经跨入文明的门槛，而且几乎奠定了后世中华文明历代王朝宫室结构与政治、宗教功能相协调的基本形制。从这一意义上讲，巩义双槐树遗址的布局结构及其显现的功能性质的确可以看作中华文明的核心源头。

二 关于"瓮城"与"北斗九星"性质的探讨

现有研究认为，双槐树遗址中心区域围墙围起来的部分为"瓮城"，认为河洛古国的中心居址区已有典型的瓮城建筑结构[1]。这是需要商榷的，笔者认为这道围墙的实际功能是把聚落权贵的生活起居区与政治活动区分开，使权贵的生活起居与政治活动互不干扰。该种结构虽然对权贵的安全居住起到了一定的保护作用，但与后世城市或宫城用于护卫的瓮城是不能等同的。因为后世虽也有用于护卫的瓮城，但瓮城之中并无任何非军事意义的建筑。将该围墙看作对生活起居的宫室与政治活动的殿宇的分隔，以及对权贵权威的粉饰可能更合乎实际。因此，不能看到有这道围墙就认定其所围起来的空间就是后世的瓮城。

双槐树遗址中另一个引人注目的遗迹是所谓的"北斗九星"。其是郑州市文物考古研究院在遗址巷道相通的 4 排大型房址中最大的房址前面的门廊发现的，是一组摆成北斗星形状的 9 个陶罐。由于其中 7 个陶罐所摆放的形状与北斗星相似，发掘者把连同其两边的陶罐和这个北斗星形状的陶罐组合称为"北斗九星"（见图 2）。学界已有学者认为"北斗九星"天文遗迹的发现，表明 5000 多年前的"北斗"崇拜是仰韶先民的最高信仰之一。其中一颗如今已看不到的星，有专家推测可能是景星，即超新星。并引《河图》记载"黄帝治，景星见于北斗也"，认为在北斗附近出现景星的时候是黄帝治理天下的繁盛时代。从而推断这 9 个陶罐，有可能记录了一次超新星爆发。

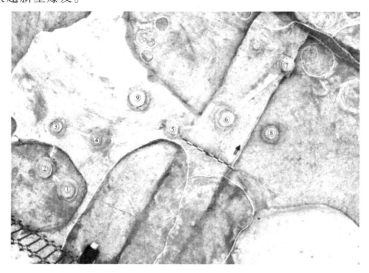

图 2　"北斗九星"

对于该天文遗迹为什么是"九星"目前尚无进一步解释。考虑到这一陶罐组合分布在权贵居住起居区域内面积达 220 平方米最大的一所房址前的门廊中，应当具有特殊的含义，发掘者推断其是天象中的"北斗"星象应该是很有见地的。联系到在其附近的荥阳青台遗址也有"北斗九星"，可以想见，以"北斗九星"装点门面已是一种文化象征。然而为什么不用"北斗七星"而要用"九星"，确实令人费解。

中华文明自古就是一个重视天文观测的文明。由于中华文明很早就进入农业社会，而农业是要根据作物在一年四季中的特定时间进行播种、管理和收获的，只有通过天文观测才能准确地确定农时，使耕作合乎自然规律而有所收获，因此中华文明是世界上最早开创天文观测和记录的文明之一。而在夜空中肉眼所能观察到的最能显示季节转换的星座就是北斗星。北斗星是由天枢、天璇、天玑、天权、玉衡、开阳、摇光 7 颗星组成的斗勺形星座，故又被称为"北斗七星"。由于其斗口的两颗星与北极星在一条直线上，指向北极星，故也被称为"指极星"。北斗星相对于北极星的位置是相对不变的。由于地球的公转，人们观测到其斗柄一年四季随时间变化而指向转动，大致每天旋转 1 度，一年正好旋转一周。因此通过斗柄指向可以确定季节的变化，从而作为确定农时的依据。故斗柄指向在中国很早就被用来作为指导农业生产时序。《鹖冠子·环流篇》就记载："斗柄东指，天下皆春；斗柄南指，天下皆夏；斗柄西指，天下皆秋；斗柄北指，天下皆冬。"就是古代农业社会对北斗星的季节性转动的观察总结。以"北斗星"的斗柄指向考察季节变化，从而确定农时指导农业生产是中原地区很早就有的文化传统，中国的数学就是在观察"北斗星"斗柄指向变化中孕育产生的，甚至中国最古老的数学元典《周髀算经》中所提出的享誉世界的著名数学定理——"商高定理"，都是根据"北斗星"的天文观察作"四分历"而形成的。

对于双槐树遗址发现的为什么是"北斗九星"，其中的一颗是否为"景星"这些疑问，笔者考证如下。就北斗星而言，古人认为在其斗柄 3 颗星附近还有两颗与北斗星相关的星，是北斗星的辅佐星，分别被称为"辅"星和"弼"星。在道教文献《云笈七签》卷 24《北斗九星职位总主》篇称北斗星为"北斗九星"，并引古佚经典《黄老经》说："北斗第一天枢星，则阳明星之魂神也；第二天璇星，则阴精星之魂神也；第三天机（玑）星，则真人星之魄精也；第四天权星，则玄冥星之魄精也；第五玉衡星，则丹元星之魄灵也；第六闿阳星，则北极星之魄灵也；第七摇光星，则天关星之魂大明也；第八洞明星，则辅星之魂精阳明也；第九隐元星，则弼星之魂空灵也。"并主张分别由 9 位大帝各主一星，摄理 28 个星辰[2]179-181。这种"北斗九星"的理念曾经成为古代社会的一个核心理念，甚至渗透到当时社会生活的方方面面。例如著名的中医元典《黄帝内经素问》在讨论人体的变化源于天地阴阳变化时，认为天地的阴阳变化是由"北斗九星"和日、月，以及金、木、水、火、土五大行星的运行决定的，在其《天元纪大论》中即把"九星悬朗，七曜周旋"作为天体运行的"天元"根本。后世的数术与占算如《奇门遁甲》等也皆以"九星"代表天时而影响人事休咎进行测算，足见"九星悬朗"对于古人认识世界的重要性。

为什么"北斗九星"后世变成"北斗七星"？天文学家的解释是"辅""弼"两星本是暗星，早期可能尚能看到，后世已经隐去，而组成"北斗"的主星 7 颗始终明朗可视，因而后世不再称"北斗九星"而以"北斗七星"为其正规名称。前文谈到一些学者把"北斗七星"之外的"星"看作"景星"，并认为其是历史上的超新星的看法可能只是一种主观的臆断。所谓"景星"在古代是指突然出现的瑞星，《晋书·天文志》说："瑞星，一曰景星。"《文子精诚》亦云："故京城内形动于天，景星见，黄龙下，凤凰至，醴泉出，嘉谷生，河不满溢，海不波涌。"是祥瑞现象的一种。王充在《论衡》中发挥为"古质不能推步五星，不知岁星、太白如何状，见大星则谓景星矣"。认为岁星即木星，太白即金星，均与北斗星和历史上的超新星无涉。故从以上论述中可以看出遗址中的"北斗九星"应是中华文明中"北斗九星"文化传统的渊薮。

关于为什么要把"北斗九星"放在权贵起居区域内面积最大的一所房址前的门廊中，这可能与中国古代关于"北斗星"的另一文化传统相关。司马迁在《史记·天官书》中曾根据中国古代的文化传统认为："斗为帝车，运于中央，临制四方，分阴阳，建四时，均五行，移节度，定诸纪，皆系于斗。"[3]1291-1292 可见中国古代有把"北斗星"视为天帝车舆的传统。著名的山东嘉祥武梁祠汉画像石中就有"斗为帝车"的画像，画一帝王坐在形似车舆的斗勺之中，斗柄 3 星恰似车辕，而车舆没有车轮，明显是把北斗星当作车子看待。如果联系到史书中屡屡记有"黄帝居轩辕之丘"的传说，又屡言"黄帝造舟车"，而双槐树遗址和青台遗址都有象征"帝车"的"北斗星"遗迹，那么这些遗迹很有可能是以上传说的滥觞，并为学界认定双槐树遗址是黄帝族的"河洛古国"都邑遗址提供了重要证据。

另外一个重要发现是遗址中门道旁还有一头首向南并朝着门道的完整麋鹿骨架，不难想象这个麋鹿与"北斗九星"应有密切的联系。发掘者认为道教有"三跷"的说法，指龙、虎、鹿三神兽，它们是帮助神巫上天的桥，麋鹿也应有鹿跷的意思[1]。如果"斗"是"帝车"，这头麋鹿很可能是驾车的麋鹿，其与北斗构成了寓意权贵可以驾车巡游的特殊地位。这种天文星象的装饰显示了权贵阶层借助天文理念树立人间权威的目的。

三　关于骨质蚕雕的意义

在双槐树遗址还出土了一件国宝级文物，即中国最早的骨质蚕雕艺术品（见图3）。它与青台遗址等周边同时期遗址出土的迄今最早的丝绸实物一起，证实了距今5300年前后黄河中游地区的先民们已经开始养蚕缫丝。其发现有力地证明了中国的蚕桑和丝织早在仰韶文化中晚期就已出现，而且已经具备了完整成熟的蚕桑和丝织生产体系，为日后丝绸之路的形成奠定了最初的基础。

图3　骨质蚕雕（引自《新华每日电讯》
2020年5月8日第9版）

郑州地区的仰韶文化聚落已经发现数处裹有蚕丝埋葬着孩童的瓮棺。通过对汪沟遗址瓮棺中的头盖骨附着物和瓮底土样的检测，发现了距今5000多年的桑蚕丝残留物[1]。这是目前世界范围内发现年代最早的丝织品。以上发现不仅是自2013年起郑州市文物考古研究院联合中国丝绸博物馆开展"寻找中国丝绸之源——郑州地区仰韶时代中晚期考古学文化面貌与文明起源问题研究"考古发掘项目对郑州周边相关遗址进行全面调查勘探与考古发掘工作的重要收获,而且是探索早期蚕桑文明面貌的重要物证。对于这些发现,有学者认为这种死后要裹蚕衣的葬俗是当时人们希望死后像蚕破茧飞天一样复活,并认为孩童的瓮棺也多为小口尖底瓶,形似蚕蛹,体现了先民对蚕神的崇拜。

通过将现代家蚕的形态与这件骨质蚕雕相比较,可以看出其是对家蚕吐丝时的生动形象的抓取和捕捉。笔者认为之所以要雕刻出这么生动的蚕雕是缘于对蚕神的崇拜。而汪沟遗址的出土残片中,有一块"绫罗绸缎"中的罗织物,且经过染色处理。为防止掉色,先民对这块染色罗进行脱胶,生丝脱胶后称熟丝,这块罗也是世界范围内发现年代最早的熟丝丝绸织品。毫无疑问,当时的蚕桑农业与丝绸技术已经基本成熟。如果双槐树遗址确为黄帝时期的核心聚落遗址,联想到诸如《史记·五帝本纪》等文献屡屡载有黄帝"娶于西陵之女,是为嫘祖",以及历来都有把嫘祖当作蚕神"先蚕"祭祀的有关情况,该骨质蚕雕很有可能是蚕神的化身,与嫘祖信仰相关。

余　论

双槐树遗址并非一个孤立的文化遗址,近些年来在其周围地区相继发现了荥阳的汪沟遗址、青台遗址,以及郑州西南郊区的黄岗寺遗址等一系列同时期的重要遗址,这些遗址与双槐树遗址共同构成一个大型聚落群,显现出这一地区是中华文明起源的核心地区。双槐树遗址就其规模和结构及其文化遗迹的丰富度与特征来看,毫无疑义是这个聚落群的核心遗址,具有早期都邑的特点。

多年前笔者曾经根据中原地区的考古文化的发展与消长变化指出,从新石器时代中期,中原地区就最先崛起了由东向西的磁山文化、裴李岗文化、老官台文化,它们之间的联系颇为密切,已经形成了一个较大的文化区域。这从它们所共有的圜底钵、平底钵、三足钵和圜底碗等器物类型中可以清楚地看出它们之间文化联系的密切性。这与约略同时出现的兴隆洼文化、后李文化和彭头山文化的相对孤立发展相比,显然具有明显的发展优势。

在随后的新石器时代晚期的仰韶文化时期,由老官台文化发展而来的仰韶文化半坡类型向北发展,覆盖了陕北和额尔多斯地区,并同时沿着黄河向东扩展到今洛阳以西一带,另外还经汉水流域影响到南阳盆地;而地处中原东部的仰韶文化后冈类型则扩展到今豫北、晋南、晋中、鲁东北、冀北和内蒙古南部等广大地区。从这一时期的考古资料中可以清楚地看出,上述两个含有仰韶文化半坡类型和仰韶文化后冈类型的文化因素地区,经过较长时间的激荡和交互影响,最终形成发展态势强劲的仰韶文化庙底沟类型。仰韶文化庙底沟类型形成后迅速向四周地区扩散,北部拓展到河套地区,南端影响到汉水中游和湖北北部,东部已达华北平原的北部,西部伸展到甘肃湟水流域,并在仰韶文化末期形成影响广泛的庙底沟二期文化。尽管学界对于庙底沟二期文化的渊源和性质尚有争议,但在其影响下,在渭水中下游流域、豫西、晋中和晋南这一广大范围内形成了具有比较统一文化面貌的文化区域。因此不难想象,与周边其他相关考古学文化相比,中原地区的考古学文化在这一时期不仅是当时处于中心的强势文化,而且在与其他各类考古学文化的交流中起着明显的主导作用。中原地区的考古学文化反映了先民们在地处黄河中下游的中原地区长期繁衍、生息,不断劳作、发展,在汲取了相邻地区的诸多文化因素后,创造出文明形成的基本条件,最终催生出彪炳于世的中国早期文明[4]。

中国文明形成的格局是多源一体的,而非多元一体,就中国文明的形成和早期发展而言,无可否认,中原文化是处于中心地位并起主导作用的[5]前言。巩义双槐树遗址的发现再次有力地证明了中原地区是中华文明起源的核心地区,对中华文明的形成与早期发展起着无可怀疑的主导作用。

参考文献

[1] 王丁,桂娟,双瑞.“河洛古国”掀起盖头,黄帝时代的都邑找到了?[N].新华每日电讯,2020 – 05 – 08(09 – 10).

[2] 道藏:第 22 册[M].北京:文物出版社;上海:上海书店;天津:天津古籍出版社,1988.

[3] 司马迁.史记:第 4 册[M].北京:中华书局,1959.

［4］范毓周. 中原文化在中国文明形成进程中的地位与作用 ［J］. 郑州大学学报（哲学社会科学版），2006（2）：88 – 91.

［5］李学勤，范毓周. 早期中国文明 ［M］. 南京：江苏教育出版社，2005.

作者简介：范毓周，男，南京大学历史学院教授、博士生导师

原文刊于：《中原文化研究》（郑州），2020.4：15 – 20

中原早期城址研究

马世之

摘　要： 中原地区历史悠久，文化发达，早在仰韶与龙山时代，便涌现出一批早期城址，它们是由环壕聚落演变而成的一种特征明显的崭新的聚落形态。这些城址已经具备城市的一些基本要素，似已发展成为原始城市，在中原城市起源上具有极其重要的意义。

关键词： 环壕聚落；早期城址；原始城市

中原是一个地域概念，在古代，它与中国、中州、华夏是同义语。"中原"一词有广义与狭义之分，广义指黄河中下游地区，狭义仅指河南省域。本文所说的"中原"是狭义概念。中原地区历史悠久，地域辽阔，是中华文明重要发祥地。早在仰韶与龙山时代，这里便涌现出一批早期城址，为探索城市起源提供了极其珍贵的资料。现就有关问题探讨如下。

一　考古发现的早期城址

根据考古资料，中原地区迄今已发现早期城址 12 座：属仰韶文化大河村类型的有郑州西山；属河南龙山文化王湾类型的有温县徐堡与博爱西金城；属河南龙山文化煤山类型的有登封王城岗、新密古城寨、新密新砦、平顶山蒲城店、郾城郝家台；属河南龙山文化后岗类型的有安阳后岗、辉县孟庄、濮阳戚城；属河南龙山文化造律台类型的有淮阳平粮台。

（1）郑州西山。城址位于郑州市古荥镇孙庄村西，北依西山，南面为枯河。平面近圆形，面积原有 2.5 万余平方米，因流水侵蚀，现存面积 1.9 万余平方米。若将城垣及城壕计算在内，则面积达 3.45 万平方米。除城壕外，又发现外围壕沟，从而形成了三重防御体系。遗迹有道路、房址、灰坑、墓葬等[1]。据测定，年代距今 5450—4970 ± 70 年[2]，是目前所知我国年代最早的一处版筑夯土城址。

（2）温县徐堡。城址位于温县武德镇徐堡村东的沁河南岸，平面略呈圆角长方形，面积约 20 万平方米。遗迹有台地、灰坑、墓葬、陶窑等。年代约为龙山文化晚期[3]。

（3）博爱西金城。城址北距太行山脉 10 公里，运粮河、勒马河分别从西南侧和北面流过。平面大致呈圆角长方形，城内面积 25.8 万平方米，含城墙面积达 30.8 万平方米。北墙、东墙和南墙外侧有防御壕沟。东墙外缘土岗上龙山时期居住堆积的灰坑中，发现有五种粮食作物的炭化遗存。建筑和使用年代在龙山文化中期偏晚至晚期偏早阶段[4]。

（4）登封王城岗。城址位于登封市告成镇西北的岗地上，四周群山与丘陵环抱。城址由大城和小城组成。复原后的大城总面积达 34.8 万平方米。城的北、西两面发现有城壕，东、南两侧利用自然河道作为城壕。小城位于大城东北部，由东西并列的两城组成。东城城墙大都遭到破坏，西城呈边长 90 多米的正方形，面积近 1 万平方米。遗迹有夯土建筑基址、祭祀坑、灰坑等。建筑和使用年代约在龙山文化晚期，小城又略早于大城[5]。

（5）新密古城寨。城址位于新密市曲梁乡（现曲梁镇）古城寨村溱水东岸的河旁台地上，平面呈东西长方形，面积 17.65 万平方米。城外南、北、东三面有壕沟，西面的溱水为自然屏障。重要遗迹有大型宫庙性质的高台建筑房址（F1）和廊庑建筑基址（F4）[6]。建筑与使用年代为龙山文化晚期，或推定年代约为公元前 2037 年，废弃时期在公元前 2018 年前后[7]。

（6）新密新砦。城址位于新密市刘寨镇新砦村，三面环水，地势略高于四周地面。城址由大城与小城组成，大城平面略呈方形，面积约 70 万平方米。城外筑有城壕，北城墙以北另有一条外壕。城址西南部地势较高，设有内壕，从而形成内壕圈占的小城（内城），小城仅存西、北、东三面内壕，面积约 6 万平方米。重要遗迹有大型建筑基址、道路、灰坑、制骨作坊等。始建于龙山文化晚期末段，废弃于二里头文化早期[8]。

（7）平顶山蒲城店。城址位于平顶山市东高皇乡蒲城店村北的岗地上，平面略呈长方形，现存城址（含城壕）面积约 4.1 万平方米，城内面积约 2.65 万平方米。遗迹主要有房址、灰坑、陶窑、瓮棺葬及圆形黄土台建筑基址。建筑和使用年代为龙山文化中晚期[9]。

（8）郾城郝家台。城址位于漯河市郾城区石槽赵村东北的台地上，沙河在遗址南流过。平面呈长方形，面积 3.2856 万平方米。城外有壕沟，城内有连间式房址、灰坑、陶窑、水井和墓葬等遗迹。郝家台龙山文化可分五期，城墙始建于第二期。^{14}C 测定并经树轮校正的年代数据有两个：二期文化距今 4606±121 年，三期文化距今 4590±145 年[10]。

（9）安阳后岗。城址位于安阳市洹河南岸一舌形河湾的高岗上，平面呈不规则椭圆形，面积约 10 万平方米。遗迹有房址、夯土台基和水井。后岗龙山文化遗存可分三期，早期聚落限于岗顶附近，中期以后不断扩大，晚期扩展到整个遗址。据测定，中期距今 4500—4300 年，晚期距今 4300—4100 年[11]。该城建筑与使用年代应在龙山文化中晚期阶段。

（10）辉县孟庄。城址位于辉县市东南孟庄镇东侧的台地上，平面略呈方形，面积 12 万余平方米。城墙内外两侧，都发现有壕沟环绕。遗迹主要有房址和水井等。孟庄龙山文化遗存可分三期，该城始建于一期中段，毁于三期较晚阶段[12]。

（11）濮阳戚城。位于濮阳市城区内，平面基本呈方形，面积 14.4 万平方米。连城墙在内，面积近 16 万平方米。城外有城壕环绕。遗迹有房址、高台建筑基址、灰坑和陶窑等[13]。

（12）淮阳平粮台。位于淮阳县大连乡大朱庄西南台地上，平面呈正方形，城内面积 3.4 万平方米。加上城墙及外侧附加部分，面积达 5 万平方米。城外有护城河。遗迹有房址、道路、排水管道、陶窑、墓葬和灰坑等。始建年代为 4500 年前，距今 4100 年时仍在使用[14]。

二　从环壕聚落到早期城址的演进轨迹

城址是一种崭新的聚落形式，从其发展历程来看，是由环壕聚落逐渐演进而成的。考古发现的环壕聚落甚多，裴李岗文化时期有新郑唐户，仰韶文化早中期有西安半坡、临潼姜寨、灵宝西坡等。

唐户遗址位于新郑市观音寺镇唐户村西部和南部潠水河与九龙河汇流

的夹角地带，为一处跨时代聚落群址。其西北部主要为裴李岗文化堆积，面积约 30 万平方米。北部有条长达 300 米的壕沟（真正长度还需进一步钻探）。壕沟与溴水河、九龙河一起将遗址包围起来，形成一个环壕聚落[15]。半坡遗址位于西安市城东浐河东岸二级阶地上，居住区中部有三条小沟，围绕着居住区有条壕堑，从而形成内外二重式环壕聚落[16]。姜寨遗址位于西安市临潼区骊山脚下临河东岸二级阶地上，居住区四周有三条壕沟环绕，中央有处广场，围绕中心广场环列有五组建筑群[17]。西坡遗址位于灵宝市阳平镇西坡村西，灵湖河与夫夫河由南向北自遗址东西两侧流过。在东、西两条河流之间，聚落南、北分别有一道西北—东南走向的壕沟，由此形成了一个方形环壕聚落[18]223-239。

环壕聚落是人类历史上时代甚早的防御性聚落遗存。作为特定的聚落形态，它较之同时代大量存在的无壕聚落而言，在规模与防御性方面的特征是明显的，把它视为这一时期的中心聚落或次中心聚落，也未尝不可。从发展角度看，它最重要的影响，就是导致城的出现。"壕沟无需多言，就连城墙事实上亦为当源于环壕聚落的土垒式围墙或栅栏类辅助设施。在布局结构及构成要素方面，早期城址与环壕聚落之间也存在密不可分的承袭发展关系。两者在防御方面具有同样的意义与作用，不过城的防御性能更趋严密。在形式上，两者最大的区别在于防御设施的重心发生了变化，城的主要标志和防御设施是城墙，城墙外侧的壕沟已演变为辅助性的外围设施，有别于环壕聚落。"[19]古代居民挖掘环壕时，将土堆放在环壕沟沿，逐渐认识到其防护功能。但这些堆土松散，易被雨水冲走或倒塌，经常淤塞壕沟，必须夯实才能保持相对稳定的高度，起到护卫作用。夯筑技术发明以后，有的环壕土垒逐渐演变为城墙，城邑方才应运而生。郑州西山城址，就是从环壕聚落发展到早期城址的一个代表性聚落。该城址平面近似圆形，外有双重环壕，说明它承袭了唐户、半坡、姜寨和西坡等环壕聚落的壕堑防御设施，而在内壕的内侧又建起了夯筑城墙，表明彼时环壕土垒已经演变为城墙，新的防御设施出现了，也就是说从环壕聚落已经完成了到城址的演变过程。又经过了几百年的时间，像淮阳平粮台一类的方形城址犹如雨后春笋般出现。环壕聚落发展为城址，中国城邑的历史由此揭开序幕。

三 中原早期城址的特征

考古发现的中国早期城址有七八十座，其中中原地区占有很大比例，据初步分析，考古发掘的中原早期城址有如下特征。

1. 城址依山傍水，一般坐落在山麓或河滨台地上，地势都较周围略高，具有多种地形

西山城址北依西山，南临枯河；西金城城址位于运粮河与勒马河的河滨土丘上；王城岗城址四周群山与丘陵环抱，地势高出周围地面 1～2 米；古城寨城址位于溱水东岸的河旁台地上，地处嵩山东麓丘陵地带；平粮台城址位于新蔡河西岸台地上，地处黄淮大平原黄河冲积扇南沿地带，遗址高出附近地面 3～5 米。早期城址的地理位置，往往具有山地、高原、平原和小盆地等多种地形，这种地形是人类流动最频繁的地区。"现代人文地理学的研究表明，两种不同地形、地貌交接的地方往往是城市兴起的良好场所。"[20]

2. 城墙多建在原始村落之上

筑城之前，当地已形成一定规模的聚落。可分为两个类型。a. 城墙建在遗址之上，城址又是遗址的一个组成部分。如西山城址位于遗址中部偏东处；王城岗城址位于遗址中北部；平粮台城址在遗址东南部。b. 城墙囊括整个遗址。如新砦、后岗等。这两种类型的城墙均建在原有的村落之上。这种情况，正如恩格斯所说的那样："只要村一旦变作城市，也就是说，只要它用濠沟和墙壁防守起来，村制度也就变成了城市制度。"[21]361 高耸的城墙和深而宽的城壕将村落变成了城邑。

3. 城墙均系夯筑而成

以西山城址为例，其筑法为，在拟建城墙的区段，将原有文化层堆积全部清除，构成城墙基槽。把基底清理平整后，再在基槽上逐段逐层逐块夯筑城墙。所用的土方，取自城内外两侧。内侧沟在城墙筑起后为保护城墙基础不受破坏，即予封填。外沟相连，成为城墙外的护城沟或护城河。城墙的基底较宽，随着城墙高度增加逐级内收，形成一级级的台阶。城墙内侧收的幅度较大，外侧收幅较小，并另筑宽度不等的城墙，以形成陡峭的斜面，达到防御的目的。城墙建造过程中，局部地段采取中间立柱，固定夹板，四周同时逐块夯筑的方法，在同一层板块夯筑完成后，立柱和夹板同时取走；在另一些地段则依次逐块夯筑，筑造过程中在一些板块内直接填土稍经夯打而成。板块大小不等，宽窄有别。现存城墙平面横排三板，西北隅城墙较宽，横排五板。在城墙夹角处，夹板和用于固定夹板的立柱则未取出，留在城墙夯土层中，可以起到加固作用[22]。这种板块夯筑法，为龙山时代城址所承袭。

4. 双重与多重防御体系

早期城址一般城墙外侧筑有城壕，形成双重防御体系。个别增设外壕，建成多重防御体系。如西山城址除城墙与城壕外，另设有外壕；王城岗城址的西、北两侧发现有城壕，东、南两侧利用自然河道作为城壕；新砦城址城内西南部设有内壕，城墙外面有城壕，北城墙以外另有一条外壕；郝家台城址城墙外侧筑有壕沟；濮阳戚城和淮阳平粮台，城墙外侧也有城壕。中国古代的城墙或称垣，城壕或称隍、池。秦蕙田《五礼通考·社稷》云："而城隍所以卫人，且浚湟为城，亦土之功也。"是说从隍内挖出的土可以直接用来筑城。《孟子·梁惠王下》说："凿斯池也，筑斯城也，与民守之，效死而民弗去。"可见城池的防御功能。

5. 城址平面多呈方形

除西山、后岗城址平面近圆形或不规则椭圆形外，其余城址多呈方形，如徐堡、西金城、古城寨、蒲城店等为长方形，王城岗、新砦、孟庄、平粮台等基本上近正方形。西山仰韶文化城址之所以为圆形，主要是受圆形房屋和环壕聚落的影响。龙山时代，受"方块田"规划概念和"天圆地方"宇宙观的影响，城的平面多呈方形。这种格局所体现的方正对称思想，一直影响了中国古代城市几千年的发展，成为中国古城形制的基本模式。

6. 城址规模悬殊

西山、蒲城店、郝家台、平粮台等城址，面积3万~5万平方米；后岗、孟庄、古城寨、戚城等城址，面积均超过了10万平方米；徐堡、西金城的城址面积达20万~30万平方米；王城岗城址面积34.8万平方米，新砦总面积逾100万平方米。"各城址的面积相差悬殊，应与各自所处邦国的经济实力和政治势力有关。"[23]35

7. 布局经过统一规划

早期城址的布局，似经过统一规划，城址分布有居住区、作坊区和墓葬区等。郑州西山 F144、F129 分别位于一号道路东、西两侧，门皆向北，朝向北城门。F136 位于城内东北部，门向西。F105 位于城内西北部，两间并排，门皆开向东南。以上房址似可分为两组，即门向北的一组和门向城内中心的一组。此外，西门内东侧有一座大型夯土建筑基址（F84），周围有数座房址环绕。

8. 城址使用时间一般较短

西山城址大体沿用 500 年，其间经过大规模的重建过程；平粮台城址大体沿用四五百年，其间经过废弃、修补、重建的过程。除此之外，其他城址沿用时间一般较短。王城岗城址的小城沿用了几十年时间，大城城墙使用了几十年时间；西金城城址建筑与使用年代很可能在龙山文化中期偏晚，进入龙山晚期已经废弃；新砦城址始建于龙山文化晚期末段，废弃于二里头文化早期；蒲城店城址建筑与使用年代为龙山文化中晚期。据此而论，"这些城址的使用时间较为短暂。即，所在遗址的龙山文化遗存延续时间较长，但作为拥有城垣的城址，其存在时间只是龙山时代中极为有限的一段"[23]19。或曰："纵然每处遗址都长期发展延续，有着丰富的堆积，但城址存在的时间却只是其间极有限的一段，不久即城毁池废。"[24]由此可见，城的兴起和衰落都是在一个不太长的历史时期的一种集中的社会现象。城址的兴建、废弃、重筑，正好表明其间经历的战争、弭兵、会盟、再战的历史事实，形象地说明了当时社会经历的大动荡和剧烈变革[2]。

四 城市的起源及其初期形态

村落与城市的径迹，构成了人类社会结构的两翼。"城市的出现是社会生活方式演进过程中的大事。这种特定形态的聚落使人类生产与生活行为再一次呈现出前所未有的新景观，由村居生活所开辟的生活方式革命和种种分化在此被充分放大、加强并深化。一些人不但距离直接的食物生产愈来愈远，程度愈来愈甚，而且藉〔借〕着城市这种全新的聚落形态，他们甚至在文化价值上反宾为主，成为社会生活的主导力量，领导着社会生活方式变革的潮流，为新的社会变化输送源源不断的动力。"[25]中国古代关于"城"与"市"的记载甚多，但"城市"连称最早出现于战国文献中却仅有三条，分别见于《韩非子·爱臣》《战国策·赵一》《战国策·赵四》。这表明至迟在战国时期，城市这种聚落已经与其他聚落形态相分离并且有了自己独立的称谓，城市与邑的连用，说明城市作为邑的一种特殊形态被人们普遍认识。

从考古发现看，城市作为一种崭新的聚落形态，其出现时间远早于战国，不少学者都把中原早期城址列入"城市"之列，为同后世城市有所区别，一般把它们称为"雏形城市"或"初期城市"。张光直先生指出："在近东古代聚落形态发展的某一阶段，其聚落类型从较早形式在质上演进为较晚形式，我们称这新形式为'城市'。在中国古代聚落形态发展的某一阶段，其聚落类型从较早形式在质上演进为较晚形式，我们也称这新形式为'城市'。这两种形式如有不同，并不能因为两者同称城市而说这种定名是不应当的，或说因此其中之一不能称为城市。"[26]许宏先生认为："在春秋以前的中国古代城市发展的早期阶段，城市是一种以政治军事职能为主的、作为邦国权力中心的聚落形态……中国古代社会早期商业贸易一直不甚发达，是构成上述特色的原因所在。过分强调城市的商贸职能，是不符合中国古代社会发展的实际情况的。早期城市由作为权力中心而派生出的经济中心的职能，主要地表现为社会物质财富的聚敛中心和消费中心。"[23]9据此，他将中原早期城址均列入中国城市起源的聚落形态考察之列。

西山城址建立起多重防御体系，这在早期城邑中是少见的；城墙建造，采用夯打、版筑和挖槽筑基等多种方法，表现出建筑技术的进步；在房址底部、城墙墙基底部和城门门道下，均发现有埋婴现象，这是具有特殊宗教意义的奠基礼仪；城内道路系统的形成，是人流、物流、信息流畅通的重要保证。杨肇清先生指出，西山城址"应当是聚落中心，也是统领一方的经济中心，也许还是统领一方的管理中心"[27]。李鑫先生说："但可以肯定，西山古城具有更多经济方面的功能。它首先可能是凭借着优越的地理条件成为这一地区固定的经济交换中心和手工业中心。由于其他聚落都与其进行交易，从而使它们与西山聚落形成了一种互补与依赖的关系，西山聚落的财富积聚能力便要优越于其他聚落，因此才有能力修建起这座夯土城墙……通过对西山城址的分析，可以肯定，由经济交换中心进而发展成为有城墙的政治中心可能是中国早期城市起源的一个很重要的模式。"[20] 由此可知，西山城址不仅已发展为最初的原始城市，而且代表了早期城市起源的一种重要模式。

西金城城址中曾浮选炭化粮食作物，说明当时人们已经开始由种植粟类作物的单一种植制度，逐渐转变为多种农作物种植制度，这是农业发展水平提高的一个重要标志。尤其是小麦遗存在河南境内的龙山文化遗址中还是首次发现，这对研究小麦在我国出现和传播路线以及中原地区文明起源阶段的人地关系演变，都具有重要的学术价值。农业生产对人类的贡献不可估量，"特别是城市出现后，没有雄厚的农业基础是不可能的"[28]。从当时发展水平来看，暗示着西金城城址已经脱离了围墙加村落的聚落形态，似已演变成为新的原始城市了。

王城岗城址发现了龙山时代的炭化粮食作物种子，这是当时社会生产力水平空前发展与生产关系变革的体现；出土了大批龙山时代的动物骨骼，经鉴定，认为当时已经驯化了猪、狗、黄牛和绵羊，人类获取肉食资源的方式已经进入开始型阶段；王城岗龙山文化三期出土的陶碗腹部和陶瓮肩部，均刻有"×"形符号。H473 出土的一件黑陶杯外底残片上，有一个形似"共"字的文字。此字系由两个符号组成，像两手有所持执，已超越了象形文字阶段，而是比较成熟的会意字了。H617 内出土一件铜鬶的腹与袋状足的部分残片，系由锡铅青铜铸造而成，这需要比较高超的冶铸技术。此外，这里还发现了用人奠基的重要礼制性建筑遗存和白陶器、玉石琮等高规格的器物。上述重要发现，说明王城岗城址已经进入文明社会。特别是文字的产生，更具有重大意义。英国考古学家戈登·柴尔德主张城市的十大标准中有两条与文字有关。仅从文字出现来看，王城岗城址已经发展成初期城市了。

古城寨城址内重要的考古发现，是两座大型建筑遗存。杜金鹏先生认为，这两座建筑遗址在我国古代宫殿建筑史乃至文明史的研究方面具有重要意义。第一，这是我国现知最早的具有四合院特征的大型建筑，而这种建筑格局，奠定了我国数千年帝王宫殿的基本格局。第二，主体殿堂和廊庑建筑，均使用了擎檐柱，这就为因建筑的高大而出现的檐墙庇护问题的解决找到了一条出路，客观上为回廊的出现奠定了基础。第三，出现了室内没有隔墙无堂室分割的大型厅堂，这是我国古代建筑史上的一个创举。第四，如果 F1、F4 只是某建筑群的一个院落中部分建筑，即 F1 的东面还有一个院落的话，它就开启了后世宫殿建筑多进院落前后连缀的先河[29]。城市这种新的聚落形态在考古材料中有所反映的因素之一，就是宫庙建筑，古城寨城址发现的 F1 与 F4 大型建筑基址，很能说明此一问题。

新砦城址面积逾 100 万平方米，是河南境内规模最大的龙山文化晚期城址。从多方面考察，"反映出新砦城址非普通意义上的一般聚落，应是都邑级的重要城址"[30]。

平粮台城址龙山文化遗存较多，曾受到学界青睐。对于陶排水管道，俞伟超先生说："在中国古代，这种公共的排水设施，常见于以后的城市遗址，村落遗址中则从未发现过。从这些局部情况来判断，平粮台遗址似已发展为最初的城市。"[31] 张光直先生说："平粮台的城门口有'门卫房'，有铜渣和排水管道……看来三代时期城市型聚落在龙山晚期已具雏形。"[26] 许宏先生也说过："迄今所知中国最早的排水系统，是一组距今 4000 多年前、埋于地下的陶质排水管道。它们出土于河南淮阳平粮台龙山时代城址。在中国古代，夯土城墙的功能之一，就是防洪。值得注意的是，这处中原国家形成期的城址，是同时代的城址中布局最为方正规矩的一座。而此后，（长）方形几乎成为中国历史上城市建设规划的一个根本思想和原则。它的南北两门大体居中，已颇有中轴线的味道。南门门道两侧还有门卫房。城内的建筑也颇为讲究，规格较高。有学者推测这应是一处贵族专用的'门禁社区'，因而应属雏形的城市或都邑。"[32] 严文明先生认为城址具有"规划整齐""防卫设施严密""有公共下水管道设施""有较高级的房屋建筑""有手工业设施""有宗教活动的遗迹"等六个特点。足以说明，像平粮台那样的城址，已具备初期城市的基本要素。它应是政治中心，因而有较高级的房屋与规划整齐的市政建设；也可能是经济中心和宗教中心，因而才有炼铜（这是当时最先进的手工业）和烧制陶器的遗迹，以及宰杀大牲畜祭奠的遗迹。正因为如此重要，才会修建坚固的城堡。这种城堡显然已不是一般村落的土围子，而是一个已具雏形的城市了[33]319-321。

综上所述，中原早期城址大都具备了初期城市的基本要素，可以被视为雏形城市了。这些城址一般都有城墙、城壕、大型建筑和手工业作坊，农业生产已达到较高水平，城内布局事先经过统一规划，同原始村落相比，属于一种崭新的聚落形态。中原初期城市一般都是某一地区或古国的政治中心、军事中心、文化中心和手工业中心，尽管它并不是经济起飞的产物，也不是商业发达的后果和动因，但它仍有一定的商贸职能，某些城址可能已经发展成为经济交换的中心。

参考文献

［1］ 国家文物局考古领队培训班．郑州西山仰韶时代城址的发掘［J］．文物，1999
（7）：4 – 15.

［2］ 张玉石．史前城址与中原地区中国古代文明中心地位的形成［J］．华夏考古，2001
（1）：29 – 36.

［3］ 毌建庄，邢心田，等．河南焦作徐堡发现龙山文化城址［N］．中国文物报，2007 –
02 – 02（2）.

［4］ 河南省文物管理局南水北调文物保护办公室，山东大学考古系．河南博爱县西金
城龙山文化城址发掘简报［J］．考古，2010（6）：22 – 35.

［5］ a 河南省文物研究所，中国历史博物馆考古部．登封王城岗与阳城［M］．北京：文
物出版社，1992；b 北京大学考古文博学院，河南省文物考古研究所．登封王城岗
考古发现与研究：2002—2005［M］．郑州：大象出版社，2007.

［6］ 蔡全法，马俊才，郭木森．河南省新密市发现龙山时代重要城址［J］．中原文物，
2000（5）：4 – 9.

［7］ 方燕明．关于新密古城寨城址的年代与性质［M］∥河南省文物考古研究所．华夏
文明的形成与发展．郑州：大象出版社，2003：195 – 204.

［8］ 赵春青，张松林，等．河南新密新砦遗址发现城墙和大型建筑［N］．中国文物报，
2004 – 03 – 03（1）.

［9］ 河南省文物考古研究所，平顶山市文物局．河南平顶山蒲城店遗址发掘简报［J］.
文物，2008（5）：32 – 49.

［10］ 河南省文物考古研究所．郾城郝家台［M］．郑州：大象出版社，2012.

［11］ 中国社会科学院考古研究所安阳工作队．1979 年安阳后岗遗址发掘报告［J］．考
古学报，1985（1）：33 – 88.

［12］ 河南省文物考古研究所．辉县孟庄［M］．郑州：中州古籍出版社，2003.

［13］ 马学泽．河南濮阳戚城遗址文物调查取得重要收获［N］．中国文物报，2008 – 04 –
09（2）.

［14］ 河南省文物研究所，周口地区文化局文物科．河南淮阳平粮台龙山文化城址试掘

简报 [J]. 文物, 1983 (3): 21 - 36.

[15] 郑州市文物考古研究院, 河南省文物管理局南水北调文物保护办公室. 河南新郑市唐户遗址裴李岗文化遗存 2007 年发掘简报 [J]. 考古, 2010 (5): 3 - 23.

[16] 中国科学院考古研究所, 陕西省西安半坡博物馆. 西安半坡 [M]. 北京: 文物出版社, 1963.

[17] 西安半坡博物馆, 陕西省考古研究所, 临潼县博物馆. 姜寨 [M]. 北京: 文物出版社, 1988.

[18] 河南省文物考古研究所. 考古河南 [M]. 郑州: 大象出版社, 2012.

[19] 钱耀鹏. 略论史前时期的环壕聚落 [C] //西北大学文博学院. 考古文物研究: 纪念西北大学考古专业成立四十周年文集. 西安: 三秦出版社, 1996: 136 - 144.

[20] 李鑫. 西山古城与中原地区早期城市的起源 [J]. 考古, 2008 (1): 72 - 80.

[21] 恩格斯. 马尔克 [G] //马克思恩格斯全集: 第 19 卷. 北京: 人民出版社, 1963.

[22] 杨肇清. 中原地区早期古城址的发现与初步研究 [C] //四川大学考古专业. 四川大学考古专业创建三十五周年纪念文集. 成都: 四川大学出版社, 1998: 76 - 86.

[23] 许宏. 先秦城市考古学研究 [M]. 北京: 北京燕山出版社, 2000.

[24] 魏兴涛. 中原龙山城址的年代与兴废原因探讨 [J]. 华夏考古, 2010 (1): 49 - 60.

[25] 曹兵武. 中国文明起源: 理论与实际 [J]. 中原文物, 1996 (4): 50 - 57.

[26] 张光直. 关于中国初期"城市"这个概念 [J]. 文物, 1985 (2): 61 - 67.

[27] 杨肇清. 郑州西山仰韶古城的性质 [C] //郑州市城市科学研究会. 华夏都城之源. 郑州: 河南人民出版社, 2012: 41 - 48.

[28] 许顺湛. 关于文明起源的几个问题 [J]. 中州学刊, 1989 (3): 73 - 78.

[29] 杜金鹏. 新密古城寨龙山文化大型建筑基址研究 [J]. 华夏考古, 2010 (1): 61 - 69.

[30] 赵春青. 新密新砦城址与夏启之居 [J]. 中原文物, 2004 (3): 12 - 16.

[31] 俞伟超. 中国古代都城规划的发展阶段性 [J]. 文物, 1985 (2): 52 - 60.

[32] 许宏. 中国古代城市排水系统 [N]. 中国文物报, 2012 - 08 - 03 (5).

[33] 白寿彝. 中国通史: 第二卷 [M]. 上海: 上海人民出版社, 1994.

作者简介: 马世之, 男, 河南省社会科学院研究员

原文刊于: 《中原文化研究》(郑州), 2013.2: 39 - 45

试论夏商周都城宫城及其相关问题

徐昭峰　李　云

摘　要： 夏商周时期的都城均应营建有宫城，这个问题经过近些年一系列主动、系统的考古调查和发掘已经基本被确认。宫城的产生可上溯至龙山文化时期，陶寺、藤花落、石峁和良渚等早期大型城址的发现均可证明。龙山文化时期特大型城址部分已经形成了完全意义上的宫城，部分则只是具有相对封闭和独立存在形态的宫殿区，说明这一时期是我国古代宫城的萌芽时期。从已有的考古发掘成果来看，进入夏商周时期，都邑的形态表现出从早期的宫殿区、郭区演变为内城外郭，再从内城外郭向内城外郭的形态演进。而都城中宫城的营建是从最初的宫殿区过渡到后来的宫城，并以城垣、沟堑等构建起完备的防御体系。该时期都城宫城多建于城址中部或中部偏南一带，宫城的布局基本处于中轴线上，可视为后世中轴线形成的萌芽期。

关键词： 夏商周时期；都城；宫城

夏商周时期都城宫城的营建及相关问题已有学者进行过系统论述[1]，其中一些宫城是近些年通过一系列主动、系统的考古发掘才被确认的[2]。关于夏商周宫城的确认如洛邑成周的宫城等，以及与之有关的一些问题如宫城的类型、位置和中轴线等，仍处于探讨阶段。本文在对夏商周宫城的营建进行系统梳理的基础上，对与之有关的问题也进行必要的探讨。

一 夏商周时期都城宫城的营建

关于城郭、城郛的问题，学界曾作过系统论述[3]a78-132,c143-150。关于城郭，《吴越春秋》曰："（鲧）筑城以卫君，造郭以守民，此城郭之始也。"《释名·释宫》云："郭，廓也，廓落在城外也。"《管子·度地》曰："内为之城，城外为之郭，郭外为之土阆。"一般而言，外侧大城为郭，是城内居民居住、生活的地方；内侧小城为城，即宫城，是国君居住、生活的地方。关于郛与郭的关系，《说文》曰："郛，郭也。从邑，孚声。"《春秋公羊传·文公十五年》言："郛者何？恢郭也。"恢，大也，"恢郭"，即面积很大的"郭"。《韩非子·难二》有"赵简子围卫之郛郭"之语，张衡《西京赋》中也有"经城洫，营郭郛"之语。从上述文献记载来看，郛应在郭外。杨宽认为《逸周书·作雒》中的"郛"并非指城郭，而是周围的自然山川[1]a47。这一认识很有见地，根据相关论述，郛应指的是郭城外（若无郭城则为宫城外）依靠周围自然山川构建的具有一定防御功能的设施。

二里头文化从发现至今，关于其性质的讨论可以说见仁见智。由最初的商文化主流说到后来的夏文化主流说，其间仍有不同的认识。但不可否认的是，迄今为止二里头夏文化说仍是最有说服力的一种认识。

二里头文化新砦期之时，夏国家地域狭小，新砦期遗址主要分布在环嵩山地区的东半部。在如此狭小的区域内，新密新砦大型城址正位于其中心。新砦遗址是一处设有外壕、城垣与城壕、内壕共三重防御设施且中心区建有大型建筑的大型城址，整个城址总面积逾100万平方米[4]。结合文献记载，有学者认为新砦城址应为夏启之居或启都夏邑[5]，这一认识基本被学界认同。新砦城址以浅穴式大型建筑基址为中心，宫城以内壕为防御设施，内壕以外是城墙和城壕，再外是外壕。

二里头文化时期，可以确认的都城遗址即为二里头城址。《汲冢古文》云："太康居斟鄩，羿亦居之，桀又居之。"学界一般认为二里头遗址即夏都斟鄩。在二里头文化一期之时面积已逾100万平方米，至少自二里头文化二期开始，二里头都邑的规模已逾300万平方米[6]。二里头文化二期核心宫殿区已经形成，自二、三期之交建成的面积逾 10 万平方米的宫城一直沿用到四期[2]a。故至迟在二里头文化三、四期，二里头都邑正如许宏先生所言，为宫城、郭区的城市形态[3]b。但这种形态在二里头文化一、二期时，还不是很清楚，基本可以肯定的是，二里头城址是从早期的宫殿区、郭区演变为内城外郭形态。

二里岗早商文化时期，不管是规模宏大的郑州商城，还是建于原夏都二里头城址近旁的偃师商城，根据相关的研究成果，二城都具有都邑性质，是故郑州商城为早商王朝主都，偃师商城是辅都[7]77-78或军事色彩浓厚且具有仓储转运功能的次级中心[8]，这是学术界普遍接受的意见。不管对郑州商城内城是小城还是宫城的认识存在争议，还是对偃师商城宫城、小城与大城的关系如何认识，郑州商城和偃师商城均是城郭完备的都邑形态。郑州商城和偃师商城所谓内城外郭的形态不是始建时期就已存在，郭城的建造时间均晚于宫城或小城，故这两座城址是从内城外郭向内城外郭的都邑形态演进。

中商时期具有都邑性质的城址包括小双桥城址和洹北商城。陈旭先生力证小双桥遗址就是隞都[9]，这一认识也基本得到了学术界的认同。小双桥城址发现有宫城，由于破坏严重，仅发现了宫城墙基槽的西北部分，即宫城北墙的西段和西墙的北段[2]b61-62。是故小双桥遗址同二里头遗址一样，也是内城外郭的城市形态。洹北商城发现于 1999 年[10]，根据随后的考古发现，其城址略呈方形，总面积约 4.7 平方公里[11]，宫城平面呈长方形，位于郭城内南部略偏东[2]c。关于洹北商城的性质，既无法认定是"河亶甲居相"，也无法认定是"盘庚首迁于殷"的地方，这两种情况都有可能[11]。但不管怎样，洹北商城也是中商时期晚于小双桥城址的一座都邑这一论断应无争议。而根据上文描述，洹北商城似是内城外郭的形态，实则是一个动态的建造过程。根据张国硕先生的研究，洹北商城在中商二期早段先建造起宫殿建筑群，然后在中商二期晚段至中商三期早段期间才在宫殿建筑群外围建造宫城城垣，之后在宫城外围开挖大型环壕，此时才形成内城外壕的城郭形态。中商三期晚段仓促填平宫城外的环壕，意欲修筑大城城垣，但由于突遭灾难，洹北商城的大城城垣并未建成即遭废止，内城外郭的布局形态最终未能真正形成[12]。如是，洹北商城是从早期的宫殿区、郭区演变为内城外壕，最后意欲营建为内城外郭的都邑形态。

晚商的安阳殷墟遗址，其都邑形态几乎同于二里头城址，也没有发现郭城城墙。在殷墟文化第一期时，其总面积约 12 平方公里，小屯作为王都的中心，已经建立起若干宫殿和宗庙。在宫殿宗庙区外围，有广泛的居民点、作坊及墓葬等遗存分布[13]295。至迟从第二期开始，在宫殿宗庙区的西、南两面挖掘一道深壕，壕上口宽 7 ~ 21 米，深度不尽一致，最深处可达 10 米。这道壕北端和东去的洹河南岸相连，东端与南流的洹河西岸相接[14]94-96，形成一处由洹河和人工壕沟构建的防御体系，宫殿宗庙区实际具有了宫城的性质。这之后，随着人口的增多，殷墟范围不断扩大，最终发展成面积多达 30 平方公里的大都会。殷墟的都邑形态基本也是从早期的宫殿区、郭区演变为内城外郭。

西周时期的都邑计有宗周丰镐城址和洛邑成周城址，而成周城址则包括瀍河两岸的西周早中期成周城和汉魏洛阳故城内的西周晚期成周城[15]。西周王朝的都城丰镐遗址位于西安市西南的沣河两岸，总面积超过 10 平方公里。在整个遗址区内，迄今没有发现夯土城墙等防御设施。据 2012 年的勘探情况，丰京遗址范围东至沣河西滩地，西至古灵沼河，北至郿鄂岭北缘，南至冯村南至新旺村南一线，总面积约 8.62 平方公里，而新发现的超大面积的湖面或沼泽地则构成了天然的屏障[16]。据 2014 年新的勘察结果，丰京遗址新发现 1 条流向为自东向西、东引自沣河、西连灵沼河的河道，河道的宽度为 11.75 ~ 15.84 米，最深为 1.4 ~ 2.95 米。据丰京遗址内先周文化遗存的分布情况，如果该河道建于西周立国之前，则周文王所建的丰京宫城（笔者注）很可能就在郿鄂岭以南、2014 年新发现的河道以北、灵沼河以东和沣河以西这一四面环水的区域[17]。至于镐京外围，"南有泬水，东界滈水，西至丰水，丰水在马王村出折向东流，构成镐京的北界。三水……形成了护卫镐京外围的天然界河和堑沟"[18]。从资料分析，镐京也发现有可能是宫城壕沟的线索。1986 年在长安棉织厂铲探出一段壕沟，壕沟走向北偏东 10 度，长 25 米，上口宽 9 米、底宽 6.3 米，深 3.5 ~ 4 米，形成于西周初年，废弃时间至迟在西周晚期或晚期以后[19]48-49。从壕沟形成和废弃时间，再结合壕沟与宫室建筑基址的位置关系考虑，该壕沟为镐京宫城外围具有防御功能的壕沟的可能性很大。若此，可以认为作为宗周的丰京和镐京存在与殷墟小屯近似的以人工壕沟与河道构建起的宫城，那么宗周丰镐城址基本也属于内城外郭的都邑形态。

　　洛邑成周应该说是争议最多的一个学术课题，涉及西周成周城的营建与位置、西周成周与东周成周的变迁，以及"洛邑""成周"与"王城"的关系等，古今相当数量的学者探讨过该问题。笔者曾对此做过论证，西周时期周公营建的洛邑和成周应该是同一座城，在现在的瀍河两岸，此时并无"王城"。西周晚期，瀍河两岸的成周城衰敝，替代瀍河成周城的是建于今汉魏洛阳故城一带的"周"城，这也是春秋时期敬王避王子朝之乱所都之地，后世称为东周成周[15][20]。瀍河两岸的西周早中期成周城，布局不甚清楚，但其主要遗存都分布在史家沟涧水[21]b197以东、洛水以北、邙山以南、焦柳铁路线以西的区域，特别是铸铜作坊遗址包括大量的建筑遗迹、祭祀遗存[22]和大面积的夯土建筑基址[23]196、大型祭祀场[24]53-57，正合于《逸周书·作雒》"南系于洛水，北因于郏山，以为天下之大凑"的描述。而据《尚书·多士》，"成周既成，迁殷顽民。周公以王命诰，作《多士》"，成周有监控殷遗民的功能，另考虑到夏商周三代都城均设有宫城，是故瀍河西周成周城应存在宫城。比上述重要遗存分布区更小的区域便可能是其宫城区，其外未发现郭城城垣，若此，西周成周亦为内城外郭的都邑形态。

　　至西周中晚期，瀍河两岸的成周城废弃，代之而起的是建于今汉魏洛阳故城的狄泉成周城，该城重要遗存包括郭城[25]和一批墓葬[26]。其城市形态不是很清楚，笔者曾著文认为，西周晚期在汉魏洛阳故城修建的狄泉成周城完全出于军事需要，也与其优越的地理位置和险要地势是分不开的[20]。如同瀍河成周城的考虑一样，狄泉西周晚期成周城也应存在宫城，是故该城应是内城外郭的都邑形态，至于其宫城是环壕还是城垣，只能等待下一步的考古发现。延至东周，周敬王被王子朝所迫，从王城东徙成周直至赧王，该城成为东周王朝的实际都邑，《左传·昭公三十二年》："合诸侯之大夫于狄泉，寻盟，且令城成周。"这与考古发现狄泉成周有春秋晚期扩建及修筑的夯土城垣相符[25]。不唯如此，此地还发现了闻名于世的金村带墓道东周大型墓地，根据研究，墓地时代从战国早期延至战国晚期，研究者认为金村大墓应是周王及附属臣属的葬地[27]29。以上均可证该城即东周敬王至赧王所居之成周。和西周晚期成周城一样，由于历朝建筑的破坏，其宫城和其他重要遗存尚不明确，出于同样考虑，东周成周也应是内城外郭的都邑形态。

东周王城作为平王东迁后的都城，跨涧河而建。虽然对该城的始建和沿用有诸多争论，但考古资料显示，该城始建于春秋初年而补建于战国晚期或可晚到秦汉之际，废弃于西汉后期[28]a,b107-165。关于该城的性质，学界基本赞同该城即东周王朝所都之王城。但对考古资料分析的结论亦存在争议，如对东周王城郭城的始建年代，报告认为郭城城墙的始建年代可能早到春秋时期。但报告对郭城城墙的始筑使用了"或可能""估计""可能"等字眼，表明是一种推测，而非肯定用语。其后的考古发掘资料显示，东周王城的郭城北墙[29]186、东墙[30]a208-209、西墙和南墙[31]始建年代约在战国早中期，后期修补、增筑部分的始筑年代为战国中晚期。东周王城也不是像原来认为的那样仅有郭城而无宫城，而是内城外郭的都邑形态，但这种都邑形态的形成有一个发展过程。春秋时期，东周王城已修建了宫城，形成内有城垣、外以人工壕沟连通自然河道形成城壕的防御体系；延至战国时期，在宫城外围又修建起规模宏大的郭城[32][2]e。是故，东周王城是从内城外郭向内城外郭的都邑形态演进。

二　夏商周时期宫城相关问题的认识

（一）夏商周都城均应存在宫城

都城内存在规划有序的宫殿建筑基址的区域，可称为宫殿区；而在都城宫殿区之外还存在墙垣或环壕等防御体系的区域，才能称为宫城。从本文的分析可以看出，宗周丰镐应是存在宫城的，现今不能确认宫城的就是洛邑成周，但作合理推测的话，无疑洛邑成周也应存在宫城。

宫城的产生可上溯至古国阶段的龙山文化时期。从原来的考古发现来看，陶寺城址的宫殿区虽然没有规整的宫城城垣，但学界一般认为其相对封闭和独立的存在形态在很大程度上已具有了宫城的性质和功用[33]。而最新的考古发掘发现了陶寺遗址的宫城和门址，宫城始建于陶寺文化早期，这是目前考古发现的中国最早宫城；宫城在陶寺文化中期继续使用，并因陶寺大城的修建而成为真正意义上的宫城，完备的城郭之制在陶寺文化中期已然形成；宫城晚期重建，在其偏晚阶段彻底废弃[34]。藤花落龙山古城是内城外郭的城邑形态，其内城是中国古代早期宫城的范例[35]。根据考古调查和相关发掘资料，石峁城址由"皇城台"、内城和外城三道砌石台基及石墙构成，城内面积在 400 万平方米以上[36]。"皇城台"可能系一处高台建筑或祭坛，内城或具有宫城的功能。毫无疑问，石峁城址是有宫城的。经近 10 年的考古调查和发掘，基本确认良渚古城郭城略呈圆角长方形，总面积约 300 万平方米，城墙宽 20～145 米；郭城内的莫角山遗址东西长约 670 米、南北宽约 450 米、面积 30 多万平方米，是一处人工堆积厚度达 10 余米的高台遗址，在高台中心部位有大面积的沙泥夯筑层和建筑遗迹[37]，这与陶寺遗址具有一定的相似性，均具有宫城的性质和功用。龙山文化时期特大型城址有的形成了完全意义上的宫城，有的仅是具有相对封闭和独立存在形态的宫殿区，说明这一时期正是我国古代宫城的萌芽时期。进入国家阶段的夏商周时期，所有的都城才具有了完全意义上的宫城，不仅有相对封闭和独立的存在形态，而且以城垣或沟堑，或城垣、沟堑构建起完备的防御体系。

（二）宫城的营建过程和类型

从分期较细、城址建筑过程明晰的几座都城来看，二里头城址在二里头文化二期时核心宫殿区已经形成，宫城建于二、三期之交并沿用至四期。洹北商城在中商二期早段首先建造宫殿宗庙建筑，然后在中商二期晚段至三期早段建造宫城城垣。安阳殷墟遗址在殷墟文化第一期时已经建立起若干宫殿和宗庙，至迟从第二期开始，在宫殿宗庙区的西、南两面挖掘一道深壕连通洹河，形成一处由洹河和人工壕沟构建的宫城。那么是否可以这样概括：两周都城的宫城营建过程不甚清楚，但夏商时期都城宫城的营建是从最初的宫殿区过渡到后来的宫城。

夏商周时期都城宫城以其外围构筑的防御设施不同大致存在三种类型：一是宫城外围围以墙垣，如二里头城址、郑州商城、偃师商城、小双桥城址等，或者狄泉成周城；二是宫城外围以人工沟壕连通自然河道构建的所谓"城堑河濒"（《史记·六国年表·秦表》）的防御体系，如小屯殷墟、丰镐城址或西周瀍河成周城；三是宫城外围墙、壕俱备，如新密新砦、洹北商城和东周王城。有学者曾论及三代都邑是否修筑城垣，主要应该与当时的政治、军事等形势有关。国家强盛以及封邦建国以屏藩王畿局面的形成，使王朝都邑不必筑城自卫。除此之外，王朝都邑及王畿地区尽可能地利用山川形胜构建天然屏障，这也是三代都邑建置的一个显著特点[3]a78-132。这一特点不仅适用于晚商至西周这一国家强盛阶段不建郭城的问题，有意思的是，同样适用于这一阶段的宫城城垣建置。

而以都城宫城外围有无郭城，可将夏商周时期的都邑形态分为两大类型：其一是内城外郭的所谓"大都无城"模式[3]b，如二里头城址、小双桥城址、小屯殷墟、宗周丰镐，可能还有瀍河成周城；其二是内城外郭的都邑形态，如新密新砦、郑州商城、偃师商城、洹北商城、东周王城，可能还有狄泉成周城。或正如许宏先生所言，自二里头直至曹魏邺城近2000年的时间，内城外郭而非内城外郭的布局才是都城空间构造的主流。其间的商前期和东周时期为城郭布局的兴盛期，但这两个时期都有其特殊的历史背景，而军事冲突的常态化是其共性[3]b。

（三）宫城的位置和中轴线问题

从考古发掘看，新密新砦宫城似位于整个城址中部偏南的位置；二里头宫城位于整个城址核心区的中部位置；郑州商城的内城（宫城）位于城址的中部；偃师商城的宫城位于城址中部偏南……整体来看，夏商周时期都城宫城多建于城址中部或中部偏南一带。小屯殷墟和东周王城宫城位置一个位于东北部、一个位于西南部，可能和宫城用水及宫城的围护使用了部分自然河道这些环境因素有很大关系。

宫城内的布局及中轴线，有的清楚，有的不明。其中的二里头宫城，东西两组宫殿建筑似乎各自以一条中轴线南北排列，每组建筑都有一个核心建筑；偃师商城宫城内布局南为宫殿建筑群，中为祭祀遗存，北为池苑设施，宫殿建筑基址似以一条中轴线形成左右对称分布；洹北商城宫城内的1号宫殿建筑基址和2号宫殿建筑基址基本位于宫城正中，这使我们有理由相信洹北商城宫殿建筑似亦以一条中轴线形成左右对称分布；小屯殷墟看似杂乱无章的宫殿建筑基址，有学者认为其宫殿建筑基址群是有明确中轴线的，并进行了复原研究[38]418-424。东周王城宫城内的瞿家屯甲组建筑基址群也具有中轴线对称的性质[28]b107-165；瞿家屯战国中晚期夯土建筑群基址也具有非常强烈的中轴线对称性质[39]，需要说明的是，该夯土建筑群的池苑置于宫城内南端主体宫殿前的位置。新密新砦、郑州商城、小双桥、宗周丰镐和成周洛邑的宫城布局尚未搞清楚。上述情况似可概括为：

夏商周都城宫城的布局基本处于后世中轴线形成的萌芽期，宫城中的池苑从早期的置于主殿后逐渐前移至主殿前。

参考文献

[1] a 杨宽.中国古代都城制度史研究 [M].上海：上海古籍出版社，1993；b 刘庆柱.古代都城与帝陵考古学研究 [M].北京：科学出版社，2000；c 许宏.大都无城 [M].北京：生活·读书·新知三联书店，2016.

[2] a 中国社会科学院考古研究所二里头工作队.河南偃师市二里头遗址宫城及宫殿区外围道路的勘探与发掘 [J].考古，2004（11）：3 - 13；b 河南省文物考古研究所.郑州小双桥：1990—2000 年考古发掘报告 [M].北京：科学出版社，2012；c 中国社会科学院考古研究所安阳工作队，中加洹河流域区域考古调查课题组.河南安阳市洹北商城遗址 2005—2007 年勘察简报 [J].考古，2010（1）：3 - 8；d 中国社会科学院考古研究所，等.丰镐考古八十年 [M].北京：科学出版社，2016；e 徐昭峰.试论东周王城的宫城 [J].考古与文物，2014（1）：31 - 34.

[3] a 许宏.先秦城市考古学研究 [M].北京：北京燕山出版社，2000；b 许宏.大都无城：论中国古代都城的早期形态 [J].文物，2013（10）：61 - 71；c 李鑫.商周城市形态的演变 [M].北京：中国社会科学出版社，2012；d 徐昭峰.从城郛到城郭 [J].文物，2017（11）：45 - 50.

[4] a 中国社会科学院考古研究所河南新砦队，郑州市文物考古研究院.河南新密市新砦遗址东城墙发掘简报 [J].考古，2009（2）：16 - 31；b 中国社会科学院考古研究所河南新砦队，郑州市文物考古研究院.河南新密市新砦遗址浅穴式大型建筑基址的发掘 [J].考古，2009（2）：32 - 47.

[5] a 赵春青.新密新砦城址与夏启之居 [J].中原文物，2004（3）：12 - 16；b 马世之.新砦遗址与夏代早期都城 [J].中原文物，2004（4）：51 - 54.

[6] 许宏，等.二里头遗址聚落形态的初步考察 [J].考古，2004（11）：23 - 31.

[7] 张国硕.夏商时代都城制度研究 [M].郑州：河南人民出版社，2001.

[8] 刘莉，陈星灿.中国早期国家的形成：从二里头和二里岗时期的中心和边缘之间的关系谈起 [J].古代文明，2002（1）：71 - 134.

[9] a 陈旭.商代隞都探寻 [J].郑州大学学报（哲学社会科学版），1991（5）：85 - 89；b 陈旭.郑州小双桥商代遗址的年代和性质 [J].中原文物，1995（1）：1 - 8；c 陈旭.郑州小双桥商代遗址即隞都说 [J].中原文物，1997（2）：45 - 50.

[10] 唐际根，刘忠伏.安阳殷墟保护区外缘发现大型商代城址 [N].中国文物报，

2000 – 02 – 20（1）.

［11］中国社会科学院考古研究所安阳工作队.河南安阳市洹北商城的勘察与试掘［J］.
考古，2003（5）：384 – 400.

［12］张国硕.试析洹北商城之城郭布局［J］.考古与文物，2015（4）：35 – 39.

［13］中国社会科学院考古研究所.中国考古学：夏商卷［M］.北京：中国社会科学出
版社，2003.

［14］中国社会科学院考古研究所.殷墟发掘报告：1958—1961［M］.北京：文物出版
社，1987.

［15］徐昭峰.成周城析论［J］.考古与文物，2016（3）：56 – 63.

［16］付仲杨，宋江宁，徐良高.丰京遗址2012年考古调查和勘探收获［EB/OL］.中
国考古网，2013 – 01 – 21.

［17］付仲杨，徐良高.2014年丰京遗址考古勘探和发掘新收获［EB/OL］.中国考古
网，2015 – 04 – 24.

［18］卢连成.西周丰镐两京考［J］.中国历史地理论丛，1988（3）：115 – 152.

［19］陕西省考古研究所.镐京西周宫室［M］.西安：西北大学出版社，1995.

［20］徐昭峰.成周与王城考略［J］.考古，2007（11）：62 – 70.

［21］a 叶万松，张剑，李德方.西周洛邑城址考［J］.华夏考古，1991（2）：70 – 76；
b 叶万松，李德方.三代都洛水系考辨［G］//河南省文物考古学会.河南文物考
古论集.郑州：河南人民出版社，1996.

［22］a 洛阳市文物工作队.1975—1979年洛阳北窑西周铸铜遗址的发掘［J］.考古，
1983（5）：430 – 441；b 洛阳博物馆.洛阳北窑村西周遗址1974年度发掘简报
［J］.文物，1981（7）：52 – 64.

［23］刘富良.洛阳市西周夯土基址［M］//中国考古学会.中国考古学年鉴：2000.北
京：文物出版社，2002.

［24］石艳艳.洛阳中州东路北西周祭祀坑发掘［M］//国家文物局.2009中国重要考
古发现.北京：文物出版社，2010.

［25］中国社会科学院考古研究所洛阳汉魏城队.汉魏洛阳故城城垣试掘［J］.考古学
报，1998（3）：361 – 404.

［26］陈国梁，等.汉魏洛阳故城两周时期墓葬发掘取得新收获［N］.中国文物报，
2007 – 12 – 05（2）.

［27］李学勤.东周与秦代文明［M］.北京：文物出版社，1984.

［28］a 考古研究所洛阳发掘队.洛阳涧滨东周城址发掘报告［J］.考古学报，1959
（2）：15 – 43；b 中国社会科学院考古研究所.洛阳发掘报告［M］.北京：北京

燕山出版社，1989.

[29] 叶万松，赵振华. 洛阳市东周王城城墙遗迹 ［M］//中国考古学会. 中国考古学年鉴：1987. 北京：文物出版社，1988.

[30] a 安亚伟. 洛阳市 014 中心东周及唐代夯土 ［M］//中国考古学会. 中国考古学年鉴：2001. 北京：文物出版社，2002；b 郑州大学历史学院，洛阳市文物工作队. 洛阳东周王城东城墙遗址 2004 年度发掘简报 ［J］. 文物，2008（8）：15 - 19.

[31] 洛阳市文物考古研究院. 洛阳东周王城城墙遗址 2013 年度发掘简报 ［J］. 洛阳考古，2015（4）：5 - 18.

[32] 徐昭峰. 试论东周王城的城郭布局及其演变 ［J］. 考古，2011（5）：67 - 77.

[33] 庞小霞，高江涛. 试论中国早期宫城的形成及初步发展 ［J］. 考古与文物，2009（5）：46 - 51.

[34] 高江涛. 襄汾陶寺遗址宫城及门址考古取得新收获 ［N］. 中国文物报，2018 - 03 - 09（8）.

[35] 李德方. 中国古代宫城出现于龙山时代 ［J］. 中国古都研究，2007（21）：213 - 217.

[36] 陕西省考古研究院，榆林市文物考古勘探工作队，神木县文体局. 陕西神木县石峁遗址 ［J］. 考古，2013（7）：15 - 24.

[37] 刘斌，王宁远，郑云飞，等. 2006—2013 年良渚古城考古的主要收获 ［J］. 东南文化，2014（2）：31 - 38.

[38] 杜金鹏. 殷墟宫殿区建筑基址研究 ［M］. 北京：科学出版社，2010.

[39] 徐昭峰，朱磊. 洛阳瞿家屯东周大型夯土建筑基址的初步认识 ［J］. 文物，2007（9）：67 - 70.

作者简介：徐昭峰，男，辽宁师范大学教授、博士生导师；李云，女，辽宁师范大学硕士研究生

原文刊于：《中原文化研究》（郑州），2018.6：30 - 35

试论夏商西周畿内防御体系的构建

徐昭峰　申　颖

摘　要： 夏商西周国家的统治区域可分为畿内和畿外两部分，是故，该时期国家防御体系的核心是构建起以王畿为中心的畿内防御体系。在这一过程中，均有效利用了高山、大河作为天然屏障。夏至早商，畿内防御体系以城址、中心聚落结合山川河流进行构建，这一基本原则自中商开始不复存在。从晚商直至西周，畿内防御体系除利用天然屏障进行构建外，畿外则"建侯卫"，以屏藩畿内。同时，夏商西周国家运用各种措施构建由外及内多重防御体系并不断完善，特别是重视军队建设，最终达到防御体系的日趋完备。

关键词： 夏商西周国家；畿内防御体系；畿外防御体系

夏商西周是我国的早期国家阶段，国家已然形成并进入初步发展时期，疆域空前扩大并持续扩展。夏商西周国家的统治区域可分为畿内和畿外两部分，是故，该时期国家防御体系的核心是构建起以王畿为中心的畿内防御体系。从这一实际情况分析，夏商西周畿内防御体系的构建，就成为关乎国家生死存亡的大事。有学者对夏商西周时期的国家军事防御体系的构建进行过研究[1]，本文将在此基础上，对这一较长历史时期的国家畿内防御体系的构建及其变化进行简略探讨，不当之处，尚祈指正。

一 夏代畿内防御体系的构建

《孙子兵法·计》开篇即言："兵者，国之大事。死生之地，存亡之道，不可不察也。"建立完备的畿内防御体系，对内维护国家统治秩序，对外防范外族入侵，是国家统治者防御思想的根源和追求的目标。但畿内防御体系的构建是随着疆域的扩张或收缩而变化，其构建思想则随着历史背景的变化而变化。

国家产生之初的夏初新砦期文化之时，国家地域狭小，新砦期遗址集中分布在环嵩山地区的东半部，西不过登封，南不过禹州，北不过黄河，东到郑州左近[2]531。在这样一个狭小的区域内，新密新砦大型城址正位于其中心。新砦遗址是一处设有外壕、城垣与城壕、内壕共三重防御设施且中心区建有大型建筑的大型城址，总面积逾 100 万平方米[3]。有学者从新砦城址的文化内涵，并结合文献认为新砦城址应为夏启之居或启都夏邑[4]，这一认识基本被学界认同。

新砦期夏国家早期，在其统治区域中心的外围北为黄河、西为嵩山、南有颍河和双洎河、东为贾鲁河，这些高山和大河相连，构建起新砦期夏国家畿外防御体系。但夏国家新砦期之时还在其西北部伊洛河入黄河的右岸设置大型环壕聚落——巩义花地嘴遗址[5]。该遗址面积约 30 万平方米，共发现四道环壕。考虑到新砦期之后的二里头文化一期主要向该遗址西部嵩山以西的豫西扩展，新砦期文化之时夏国家在该地设置大型环壕聚落，要么是其西的豫西地区部族势力较为强大，要么是为下一步向豫西地区的扩展埋下伏笔。不管如何，花地嘴环壕拱卫新砦都邑的意图很明显，显示出自夏建国之初构建国家畿内防御体系的意识和其前瞻性。

从新砦期之后的二里头文化一期开始，夏国家进入急速扩张阶段。二里头文化一期的分布范围为东至郑州左近[6]，西至渑池[7]，南至豫中[8]，北不过黄河，主要分布于嵩山东西的豫西和颍河上游地区。略晚于新砦城址的二里头遗址，在二里头文化一期之时面积已逾 100 万平方米[9]，故有人认为二里头遗址作为夏都当开创于二里头一期[10]。《汲冢古文》云："太康居斟鄩，羿亦居之，桀又居之。"学界一般认为二里头遗址即夏都斟鄩。果如此，二里头文化一期夏都二里头遗址正位于夏文化分布的中心。

该时期二里头文化主要分布于郑洛地区而集中于洛阳盆地一带，其畿外西有崤山和熊耳山、南有汝河、东有贾鲁河、北有黄河，该时期夏国家主要向西、向南大力扩张。由于夏都二里头遗址略微偏北，故需在南部设置一区域性军事重镇，用于镇抚南部，始建于该期的平顶山蒲城店城址[8]c正肩负着该使命。

二里头文化二期夏国家四面扩张。向东越过郑州到达开封杞县境[11]191-237；向南持续推进至驻马店[12]92-204；西南进入南阳盆地[13]；西北越过黄河到达晋西南的临汾盆地和运城盆地[14]b18-28。具有都邑性质的二里头遗址发现有始建于该期的3号和5号大型夯土建筑基址，并且在二、三期之交修建了宫城[15]。该期平顶山蒲城店城址继续使用。始建于该期晚段的郑州大师姑二里头文化城址是东方的军事重镇[16]16-274，新近发现的新郑望京楼夏代城址始建于该期，是夏王朝东部的另一处军事重镇[17]。驻马店杨庄遗址，在二里头文化二、三期之交形成了具有较强防御系统的环壕聚落。该时期夏国家畿外军事防御体系的构建，北部河南段以黄河、济水为界，山西段则以汾水、太岳山为界，西为华山，南依伏牛山和汝河，东为贾鲁河。考虑到二里头文化一期之时发生"太康失国""后羿代夏"这些重大的事件，夏国家在复国后必定严加防范东方的"夷族"，这就是二里头文化二期在东部出现数座具有较强军事防御功能的城址或环壕的原因所在。

二里头文化三期是其全盛期。在豫西南地区的南阳盆地向西扩张[18]264-302；豫北地区自二里头遗址以北越黄河北上，到达沁水沿岸[19]171-210；晋西南地区，在二期的基础上略向东扩张[14]a[20]89-115。在夏都二里头遗址，1号、2号、4号等大型夯土建筑基址兴建于该期，使二里头夏都宫殿区的布局为之改观[15]b。区域性中心聚落由于夏国家的持续南扩，平顶山蒲城店城址已弃用，但郑州大师姑、新郑望京楼、驻马店杨庄中心聚落继续使用。夏县东下冯遗址在该期形成"回"字形内外两重具有防御性质的环壕。从该期开始直至二里头文化四期，夏国家统治范围基本定型，主要是豫西和晋南这一区域。其东、南、西三面畿外防御体系未变，北部以汾河、太岳山、太行山、沁水、黄河和济水构建起东西绵延数百公里的防御体系。《史记·孙子吴起列传》中吴起对魏武侯说："夏桀之居，左河济，右泰华，伊阙在其南，羊肠在其北。"而《史记·周本纪》武王说有夏之居"南望三涂，北望岳鄙，顾詹有河"，两者基本一致，正与夏末二里头文化的分布区域相吻合。在这一区域内，二里头夏都所在的伊洛地区是其王畿之地。

二里头文化四期的范围主要是在河南中南部有所收缩，但变化并不太大。在夏都二里头遗址，又兴建了一批大型夯土建筑基址如 6 号基址等。发掘者认为二里头文化四期并非如以前所认识的处于衰落阶段，恰恰相反，仍处于繁荣阶段[21]。

在夏国家构建以畿内为中心的防御体系过程中，先后作为都城的新砦遗址和二里头遗址基本处于夏文化分布的中心，畿外据高山、大河构建起相互连接、相互依存的第一道天然防御屏障。在畿外防御体系内，则建起城垣或环壕这类防御性强的遗址作为区域性中心聚落，承担起拱卫都城和防范外族入侵的责任，构建起夏国家畿内防御体系。《诗·商颂·长发》追述的是商汤灭夏的功绩："韦顾既伐，昆吾夏桀。"夏末商汤以夏方国的身份自豫东杞县一带西迁至郑州一带，越过夏国家畿内东部外围防御体系。又以"专征伐"的权力，先灭掉葛，接着灭掉韦、顾和昆吾。郑州大师姑、新郑望京楼等拱卫畿内伊洛的城址被逐一攻破后，商汤兵锋直指伊洛，灭掉夏桀[22]。

在致力于构建完善的防御体系之外，夏国家也致力于强大军事力量的建设。从《左传·哀公元年》引伍员的话论及少康"有众一旅"的情形看，一般认为夏国家可能是亦农亦兵的兵役制度。从夏开国之初的启征有扈氏甘之战、启征西河，到后相征东夷、柏杼子征东夷，及至夏末的夏桀东征有缗等战争，夏国家均取得了军事上的胜利，充分说明夏国家有一支强大的军队。

强大的军队加上完善的防御体系，构建起夏国家牢固的畿内防御系统。正是夏国家从立国之初就注重国家防御体系的构建，并不断强化完善，使夏国家不仅能够保证畿内免遭外族的攻击，而且不断向外扩展，成为当时东亚地区最发达、最具影响力的国家。

二 商代畿内防御体系的构建

本文将商代分为三段，即早商、中商和晚商，分别对应商汤至太戊、中丁至小乙、武丁至帝辛三个阶段[23]170-325。

在刚刚灭夏的早商文化第一期，商建郑州商城为亳都[24]183-218。商人并未弃用临近的大师姑夏代城垣，而是略微收缩，在原二里头文化城壕的内侧修建了完整的环壕遗址，使其成为拱卫亳都的军事重镇[16]275-334。郑州商城南的新郑望京楼商代城址始建于早商文化第一期，废弃于中商文化第一期[17]，该城址拱卫亳都的意图也极为明显。在原夏都二里头城址近旁，新筑偃师商城，不仅为拱卫亳都，更为镇抚夏遗民[25]。黄河以北沁水北岸的焦作，在早商文化第一期新筑了焦作府城商城[26]。早商文化第一期晚段进入晋南后，商国家在早商文化第二期修筑了两座城址——东下冯商城[14]b148-183和垣曲商城[20]263-276。早商时期在长江岸边新筑盘龙城商城[27]14-77。关中地区自早商文化第一期开始直至晚商文化第一期，老牛坡遗址成为该地区中心聚落[28]57-322。

早商文化畿内是以郑州商城和偃师商城为中心的郑洛地区，但早商文化的分布地域主要在河南汝河以北地区、晋南和关中东部。这一区域的外围，北有黄河、济水、汾水等大河和太行、太岳等高山，西有华山，南有伏牛山和汝河，东有贾鲁河，构建起天然的防御屏障，是为畿外防御体系。在这一区域内，郑州商城为主都；偃师商城为辅都；临近的大师姑早商环壕和望京楼早商城址主要是拱卫郑州商城；焦作府城遗址、东下冯商城和垣曲商城的主要功能是拱卫亳都，更重要的则是镇抚夏遗民。盘龙城商城处于水陆交通的要冲，一般认为其是商王朝为便于向长江流域扩张而建立的据点，主要目的是控制南方的铜矿资源[29]。除郑州商城和偃师商城外的这些城址构建起拱卫早商国家畿内的防御体系。《诗·商颂·殷武》载："昔有成汤，自彼氐羌，莫敢不来享，莫敢不来王，曰商是常。"早商文化时期是商王朝强力扩张的时期，它向西、北、南三面持续扩张，独不向东扩张，有学者认为只能用早商文化时期商王朝与东夷关系密切，两者是同盟关系来解释[30]，这一观点是比较切合实际的。

中商文化的分布地域比早商时期有进一步发展，四面扩张。向东主要是向山东发展，推进到泰沂山脉一线，向西持续推进，抵达关中西部岐山、扶风一带，西北到达晋中地区，东南到达安徽，北面近抵长城，南逾长江[31]。

始建于早商时期的城址均废弃于中商文化第一期，原因是什么？《史记·殷本纪》云："自中丁以来，废嫡而更立诸弟子，弟子或争相代立，比九世乱，于是诸侯莫朝。"王国维先生认为："商之继统法，以弟及为主而以子继辅之，无弟然后传子。"并指出："《史记·殷本纪》所谓中丁以后九世之乱，其间当有争立之事而不可考矣。"[32]289可谓一语中的。但《史记·殷本纪》所谓中丁以来九世之乱，当涵盖中丁之世，也就是说从中丁开始就发生了弟子争相代立的乱局。

从早商开始直至中商时期，商王朝的疆域持续扩大，显示出商王朝军事力量的强大。在这样的情况下，尚没有一个集团可以对商王朝构成威胁，更不可能同时毁掉商王朝在早商文化时期构建起的以城址为中心的畿内防御体系。唯一合理的解释就是商王朝的内乱导致这些城址同时被废弃。是故中丁即位后，将都城自亳都郑州商城迁至隞都小双桥，之后发动了对东夷的战争。中丁时期开始的商王室诸弟子内讧的严重后果，不仅导致早商时期一系列城址的废弃，国力削弱，诸侯莫朝，更为可怕的是商族内部的裂痕或者说对立，极需要和解与平抚。中丁即位后的迁都和对外战争都是转移商王朝内部矛盾、团结族群的有力举措。

中商文化第一期都城是位于郑州商城西北不远的小双桥遗址[33]，其畿内范围基本应同于早商文化，只是没有了拱卫王畿的一系列城址。中商文化二、三期的都城则北移至豫北冀南一带，洹北商城城址略呈方形，总面积约4.7平方公里，发现有宫城，并有大量夯土基址。发掘者认为，该城内多数基址的年代可能为中商二期，其繁荣期在中商二、三期。因此，关于其性质，或是"河亶甲居相"，或是"盘庚首迁于殷"，也不排除前后相继的可能性[34]。而河北邢台则极可能是祖乙所迁之邢，曹演庄遗址和葛家庄遗址均是中商文化时期该区域的大型聚落[24]206-207;[35]b248-256,c546-549。中商二、三期畿内与晚商畿内基本重合，该时期商王朝畿内防御体系已没有了拱卫王畿的区域性城址存在，其畿内防御体系的构建可基本参照晚商。

关于晚商时期商王朝的畿内，吴起曾论及。《战国策·魏策一》曰："殷纣之国，左孟门而右漳、滏，前带河，后被山。"《史记·孙子吴起列传》曰："殷纣之国，左孟门，右太行，常山在其北，大河经其南。"表述虽不尽相同，但论及的范围是一致的。基本地域西为巍巍太行山，南、东两面均为滔滔黄河，北至约在滹沱河，地广千里，河山拱戴。很明显，晚商畿内是以高山、大河构建起完备的防御体系。但和夏至早商时期在畿内修筑一系列城址拱卫王畿不同的是，晚商时期国土面积更大，畿外商之诸多封国分布四土，起着屏藩畿内的作用。但这些封国情况复杂，有的还时叛时服。对于商代分封诸侯的爵称尚有不同认识，但从大量的商代甲骨文来看，一般认为至少存在"侯""伯"这两类爵称。封国的册命分封权归商王，封国对商王朝有很多义务，如到朝廷做官，随王出征或受王调遣出征，纳贡和助祭等，更重要的是为王戍边[36]36,99-108。《大盂鼎》铭文作"殷边侯甸"，也明确指出商代存在为王戍边的诸侯。甲骨文常见"某来告"，一般认为就是戍边诸侯报告敌情。

一旦边境出现异动，如有外敌进犯，戍边诸侯紧急报告商王，并根据商王的命令阻击来犯之敌。若敌人过于强大，商王会派王师或调遣别的封国军队前来支援。甲骨文有许多这方面的卜辞。通过这种方式，商王建立起完善的畿外封疆戍边警卫体系，屏藩着畿内的安全。

在构建畿内防御体系和畿外封疆戍边警卫体系的基础上，商王朝更注重军队建设。从甲骨文来看，商王是国家的最高军事统帅，他亲自或者指派他人进行兵员征调并率军出征。在王之下，有师、亚、史等专任军职，军队有师、旅、大行、行的编制。商代实行的是亦兵亦农的兵役制度，甲骨文中常见"登人""共人"，就是征召兵员，还有"登射""登马""共马"，就是征召射手和马匹，说明商王朝有意识地培训不同的兵种。而到商代后期，少见"登人""共人"等临时征召兵员的内容，常见"师""王师"等有关内容，透露出商代晚期军队组织的变化。"师"成为固定的军事编制，它以贵族为骨干，有一批在军中长期服役的人员，这反映了带有常备性质的军队的出现，是商王朝国家机器日益完备的体现[1]c124-134。实战经验培育出的超强战斗力和机动灵活的高效性，使商王朝的常备军在保卫畿内和征伐异族方面更显示出它的绝对优势。与夏至早商时期不同的是，中商至晚商阶段商王朝对畿内防御体系的构建不仅仅凭借高山大河这些天然屏障，而且放弃了以区域性中心聚落构建的点线结合的防御体系，更多的是依托完善的畿外封疆戍边警卫体系和强大高效的具有常备军性质的王师。这其中蕴含的战略思想：一是变被动防御为主动出击；二是畿内防御体系的前推；三是防御的机动灵活和多样。

三 西周畿内防御体系的构建

西周的畿内非常明确，宗周丰镐和成周洛邑。在宗周置"六师"，在成周置"八师"，"西六师"保卫京师和防范西、北戎狄，"东八师"保卫成周和防范南、东诸国及"蛮夷"。在宗周和成周外围封建诸侯，以藩屏周。

宗周丰镐，位于沣河两岸，面积约 10 平方公里。宗周之地，集中于关中的泾、渭河流域，基本是"左有崤函重险桃林之塞"，"右有陇坻之隘，隔阂华戎"，也即前有终南，后有岐梁，东有黄河与晋相隔，三面环山，一面滨水的四塞之地[1]c286，天然的屏障构建起宗周牢固的防御体系。正如《史记·留侯列传》张良所论："夫关中左崤函，右陇蜀，沃野千里，南有巴蜀之饶，北有胡苑之利，阻三面而守，独以一面东制诸侯。诸侯安定，河渭漕挽天下，西给京师；诸侯有变，顺流而下，足以委输。此所谓金城千里，天府之国也！"

驻于宗周的是"西六师"。据《诗经·大雅·棫朴》，文王伐崇时"周王于迈，六师及之"。是故，"西六师"应组建于周人灭商前。《尚书·康王之诰》曰："张皇六师，无坏我高祖寡命。"是康王即位后，召诰加强"六师"建设，增强"六师"军力，以保证文王创下的基业不被破坏。可见"西六师"是西周王朝嫡系的常备军，是维护西周统治的基石。金文中也有"六师"之名，正与文献对应。

从出土的青铜器铭文可知，"西六师"的统帅大司马和众师氏都葬于丰镐，说明"西六师"的指挥中心在丰镐。但"西六师"并不都驻守丰镐，而是以丰镐为中心进行布防。"六师"之一的"𨛷师"，驻于宗周西北部的𨛷地。《史记·周本纪》武王灭商后"登𨛷之阜以望商邑"，𣂪鼎铭文和善鼎铭文均有关于"𨛷师"的内容。可见"𨛷师"是布防在泾河中游的一支劲旅。"六师"之一的"螯师"，驻于宗周西南部的渭河南岸。旅鼎铭文和螯司土幽卣均有关于"螯师"的内容，其地在今周至县东洛南镇附近[37]216。穆公簋盖铭文记有关于"商师"的内容，李学勤先生认为"商师"就是驻守在今丹凤县的周军[38]67，铭文载周王即位之初即去视察"商师"，可见"商师"对于周来说极为重要，驻于宗周东南部的"商师"或应是"六师"之一。

东都成周，在西周早中期位于今洛阳市瀍河一带；西周晚期东迁至今汉魏洛阳故城的狄泉一带[39]。为何营建成周？是因为宗周距离东方过于遥远，不易控制，需要选择一个如《史记·周本纪》所谓"天下之中，四方入贡道里均"的"天保"之地，既能安定西土宗周，控制东方诸国，又能据险而守，处于西周王朝统治的中心。洛邑成周正符合这些要求。《史记·留侯列传》张良说"雒阳东有成皋，西有殽黾，倍河，向伊雒，其固亦足恃"，这一天然的屏障构建起成周坚固的防御体系。

驻于成周的是"东八师"。"八师"又称"殷八师"或"成周八师"，"八师"为金文所独有，而不见于文献记载。关于"殷八师"和"成周八师"，有人认为是两支军队，有人认为是一支军队的不同称呼。目前从未见"殷八师"和"成周八师"出现在同一铭文中，故一般认为这是同一集团军的两种不同称呼。周初曾发生平定"三监之乱"和"东伐淮夷"的战争，"殷八师"应是在镇压和防止殷人及其与国及东方诸国反抗的过程中组建起来的。据《逸周书·作雒解》记载，成王二年，周公"作师旅，临卫政殷"，平定三监和诸殷。周公东征三监和诸殷并未动用驻于宗周的王师"西六师"，而是"作师旅"，征召兵员，组建师旅，这应是后来"殷八师"的基础。周初"八师"既在征殷的基础上组建，其主要职能又为监控殷遗民，故称"殷八师"，而"八师"又以成周为指挥中心，所以又被称为"成周八师"。有学者从洛阳北窑西周墓的文化内涵分析，认为该墓地是"成周八师"阵亡将士的公共墓地[40]。这一认识极有见地。

"八师"并不驻守成周一地，而是分戍在以成周为中心的诸多战略要地。金文所见"八师"包括："成师"，小臣单觯和兢卣铭文有见，驻防成皋；"牧师"和"相师"见于小臣速簋铭文，前者驻于商郊牧野，后者驻于今河南内黄县境；"朸师"见于作册睘鼎铭，"朸师"应读为"柯师"，驻于今河南内黄县东北，近于卫；"炎师"见于召尊和召卣铭文，驻防鲁南的郯城地区；"古师"多见于穆王时期的青铜器铭文，有人认为其驻防在今河南叶县一带，有人认为其驻防在方城山以北；"噩师"见于中甗铭文，是昭王南征时的一个师次地点，驻防于今南阳[41]213-226。另据《尚书·洛诰》，洛邑驻有周人的"洛师"。成周既为"八师"的指挥中心，又负有监控殷遗民重任，必驻防重兵，是故"洛师"也应是"八师"之一。

"八师"的布防，西接宗周"西六师"的"商师"，外围经南阳、平顶山到达鲁东南，主要防范南面的荆楚和东南面的淮夷；东、北据成皋延及殷商故畿，主要镇抚殷遗民。这样布防还可以保障东方贡赋和粮道的畅通，又与"西六师"布防衔接，使两大集团军能够首尾相顾，协同作战。禹鼎铭文记载噩侯驭方率南淮夷、东夷大举入侵周地，周王朝被迫调动其最精锐之师"西六师"和"东八师"合击之，才将叛乱镇压下去[42]483，这正是两大集团军协同作战的精彩案例。

两畿之外是诸侯之地。《左传·定公四年》曰："昔武王克商，成王定之。选建明德，以藩屏周。"《左传·僖公二十四年》曰："昔周公吊二叔之不咸，故封建亲戚，以蕃屏周。"西周之所以实行封建制度，是因为"小邦周"灭掉"大邑商"之后，面对空前广阔的征服地域不得不采取一种新的统治方式。西周封建的途径是"授民授疆土"，将被征服的土地和人民授予周室的子弟亲戚，人为组成由非单一血缘亲属构成的邦国[43]。封建的实质是周王通过封建控制诸侯，诸侯在自己的封国内行使主权，控制国人，通过对领土的分割治理，实现西周王朝对广大疆域的统治。西周统治者还从夏商王朝灭亡的教训中认识到，抵抗异族"莫若亲亲，故以亲屏周"（《左传·僖公二十四年》）。据《国语·鲁语下》及韦昭注，作为屏藩的封国分布在两畿之外的四土，它们虽有国有卿有师，但诸侯作师，而卿帅之，卿又命于天子。《周礼·夏官·大司马》曰："凡制军，万有二千五百人为军，王六军，大国三军，次国二军，小国一军，军将皆命卿。"《礼记·王制》载："大国三卿，皆命于天子。"郑玄注："命于天子者，天子选用之。"《左传·僖公十二年》曰："王以上卿之礼飨管仲，管仲辞曰：'臣，贱有司也，有天子之二守国、高在。'"杜预注："国子、高子，天子所命为齐守臣，皆上卿也。"杨伯峻先生注云："齐侯爵为次国，二卿为天子所命，则国氏、高氏也。"[44]341考古发现也可证西周时期这一制度的存在，根据学者的研究，山东高青陈庄引簋做器者引即为受王命世袭管理齐国军队的齐国上卿，地位与国、高相类[45]。西周王朝通过这种严格的制度控制诸侯国，使其既能有国以御外族，而又完全听命于周天子，真正达到以藩屏周的作用。

结　语

从国家产生之初的夏代开始，就非常注重构建以畿内防御体系为核心的一系列军事体系。夏商西周防御体系具有多重性和多样性的显著特征。多重性特征主要表现在夏商西周国家运用各种措施构建由外及内的多重防御体系，多样性特征主要表现在夏商西周国家运用各种措施完善防御体系，达到防御体系的完备和信息的畅通。其中多样性特征具体表现在主辅都制的建立、据点防御与机动防御相结合、各臣服属国和封国的勤王义务以及后勤供应、道路交通、军事通信和情报搜集等军事保障体系的完备。而军队从亦农亦兵的兵役制向常备军的演变、从以步兵为主的作战方式向步兵与车战协同作战方式的转变，也是防御体系多样性特征的一部分。

郑樵《通志》特别指出了中原地区自古以来凭借高山、河流构建防御体系的历史传统："建邦设都，皆凭险阻。山川者，天之险也；城池者，人之阻也；城池必以山川为固。大河自天地之西，而极天地之东……所以设险之大者莫如大河……故中原依大河为固。"夏商西周在构建畿内防御体系的过程中，均有效利用了高山、大河作为天然屏障。

夏至早商，畿内防御体系以城址、中心聚落结合山川河流进行构建，这一基本原则自中商开始不复存在。从晚商直至西周，商周国家更为重视强大而又机动灵活的常备军建设；畿内防御体系除利用天然屏障进行构建外，畿外则"建侯卫"，以藩屏畿内。《左传·昭公二十三年》沈尹戌曾论："古者天子守在四夷。天子卑，守在诸侯，诸侯守在四邻；诸侯卑，守在四境。慎其四境，结其四援，民狎其野，三务成功，民无内忧，而又无外惧，国焉用城。"

事实证明，夏国家畿内外一系列城址和环壕在藩屏畿内的防御体系中具有重要作用，夏末商汤只有在剪灭夏畿内重要方国葛、韦、顾、昆吾的前提下，在攻下大师姑、望京楼等一系列拱卫畿内城址的基础上，才最终灭掉夏桀。夏灭商立，商王朝总结了夏构建畿内防御体系的成功经验，是故早商时期完全予以承袭。中商开始的内乱，毁掉了早商构筑的一系列城址。这些城址在藩屏畿内、勤王戍边方面有不可替代的作用，但据有这些城址的统帅也可以拥兵自重，割据一方，这就是从中商开始诸弟子互相攻伐的背景。取得王位的胜方在总结经验教训的基础上，必定采取削弱割据势力的措施。这就是从中商开始直至商末在畿内外除都城外没有商王子弟驻守的大型城址存在，也没有商王朝可以倚重的畿外方国存在的原因。这也是"小邦周"在窥得商王朝畿内防御空虚的情况下，可以以区区数万兵力灭掉多达几十万兵力的"大邑商"的原因。西周王朝建立后，总结了商王朝防御体系中的这些不足，认识到藩屏畿内、保卫王室政权，还需要宗室子弟这些"亲戚"，这是西周实行分封制的出发点。很多学者还认为

"东八师"是由东方各国军队共同构建的。纵览西周时期，畿外诸侯国的确起到了以藩屏周的作用。虽然夏商西周时期极为重视畿内防御体系的构建，但他们也清晰地意识到军队建设才是根本。

参考文献

[1] a 张国硕. 夏国家军事防御体系研究 [J]. 中原文物，2008（4）：40－49；b 殷商国家军事防御体系研究 [J]. 郑州大学学报（哲学社会科学版），2005（6）：158－162；c 罗琨，张永山. 中国军事通史第一卷：夏商西周军事史 [M]. 北京：军事科学出版社，1998.

[2] 北京大学震旦古代文明研究中心，郑州市文物考古研究院. 新密新砦 [M]. 北京：文物出版社，2008.

[3] a 中国社会科学院考古研究所河南新砦队，郑州市文物考古研究院. 河南新密市新砦遗址东城墙发掘简报 [J]. 考古，2009（2）：16－31；b 河南新密市新砦遗址浅穴式大型建筑基址的发掘 [J]. 考古，2009（2）：32－47.

[4] a 赵春青. 新密新砦城址与夏启之居 [J]. 中原文物，2004（3）：12－16；b 马世之. 新砦遗址与夏代早期都城 [J]. 中原文物，2004（4）：51－54.

[5] 郑州市文物考古研究所，北京大学考古文博学院. 河南巩义市花地嘴遗址"新砦期"遗存 [J]. 考古，2005（6）：3－6.

[6] 河南省文物研究所. 河南荥阳竖河遗址发掘报告 [M]//《考古》编辑部. 考古学集刊：10. 北京：科学出版社，1996.

[7] 河南省文物研究所. 渑池县郑窑遗址发掘报告 [J]. 华夏考古，1987（2）：47－95.

[8] a 河南省文物研究所，等. 郾城郝家台遗址的发掘 [J]. 华夏考古，1992（3）：62－91；b 河南省文物考古研究所，等. 河南驻马店西平上坡遗址发掘简报 [J]. 考古，2004（4）：7－28；c 河南省文物考古研究所，平顶山市文物局. 河南平顶山蒲城店遗址发掘简报 [J]. 文物，2008（5）：32－49.

[9] 许宏，等. 二里头遗址聚落形态的初步考察 [J]. 考古，2004（11）：23－31.

[10] 陈旭. 偃师二里头遗址近年考古新发现的意义 [J]. 中国历史文物，2006（2）：12－17.

[11] 郑州大学文博学院，等. 豫东杞县发掘报告 [M]. 北京：科学出版社，2000.

[12] 北京大学考古系，等. 驻马店杨庄 [M]. 北京：科学出版社，1998.

[13] 河南省文物研究所. 河南邓州市穰东遗址的发掘 [J]. 华夏考古，1999（2）：

7 - 24.

[14] a 中国社会科学院考古研究所山西工作队. 晋南二里头文化遗址的调查与试掘 [J]. 考古, 1980 (3): 203 - 210, 278; b 中国社会科学院考古研究所, 等. 夏县东下冯 [M]. 北京: 文物出版社, 1988; c 中国社会科学院考古研究所山西工作队. 山西襄汾县大柴遗址发掘简报 [J]. 考古, 1987 (7): 586 - 596.

[15] a 中国社会科学院考古研究所二里头工作队. 河南偃师市二里头遗址 4 号夯土基址发掘简报 [J]. 考古, 2004 (4): 14 - 22; b 许宏, 赵海涛, 王丛苗, 等. 河南偃师市二里头遗址宫城及宫殿区外围道路的勘察与发掘 [J]. 考古, 2004 (11): 3 - 13.

[16] 郑州市文物考古研究所. 郑州大师姑: 2002—2003 [M]. 北京: 科学出版社, 2004.

[17] 张松林, 吴倩. 新郑望京楼发现二里头文化和二里岗文化城址 [N]. 中国文物报, 2010 - 12 - 28 (4).

[18] 河南省文物研究所, 等. 淅川下王冈 [M]. 北京: 文物出版社, 1989.

[19] 刘绪. 论卫怀地区的夏商文化 [G] //北京大学考古系, 纪念北京大学考古专业三十周年论文集. 北京: 文物出版社, 1990.

[20] 中国历史博物馆考古部, 等. 垣曲商城 [M]. 北京: 科学出版社, 1996.

[21] a 中国社会科学院考古研究所二里头工作队. 河南偃师市二里头遗址中心区的考古新发现 [J]. 考古, 2005 (7): 15 - 20; b 赵海涛, 等. 二里头遗址发现大型围垣作坊区 [N]. 中国文物报, 2006 - 07 - 21 (2).

[22] 徐昭峰, 杨远. 郑州大师姑发现的早商文化与商汤灭夏 [J]. 考古与文物, 2008 (5): 26 - 30.

[23] 中国社会科学院考古研究所. 中国考古学: 夏商卷 [M]. 北京: 中国社会科学出版社, 2003.

[24] 邹衡. 论汤都郑亳及其前后的迁徙 [G] //邹衡. 夏商周考古学论文集. 北京: 文物出版社, 1980.

[25] 徐昭峰. 从 "汤始居亳" 说到汤都郑亳 [J]. 考古与文物, 1999 (3): 43 - 48.

[26] 袁广阔, 等. 河南焦作市府城遗址发掘简报 [J]. 华夏考古, 2000 (2): 16 - 35.

[27] 湖北省文物考古研究所. 盘龙城: 1963—1994 年考古发掘报告 [M]. 北京: 文物出版社, 2001.

[28] 刘士莪. 老牛坡 [M]. 西安: 陕西人民出版社, 2002.

[29] 刘莉, 陈星灿. 城: 夏商时期对自然资源的控制问题 [J]. 东南文化, 2000 (3): 45 - 60.

［30］张国硕．论夏末早商的商夷联盟［J］．郑州大学学报（哲学社会科学版），2002（2）：91－97．

［31］唐际根．中商文化研究［J］．考古学报，1999（4）：393－420．

［32］王国维．殷周制度论［G］∥王国维．观堂集林：上．石家庄：河北教育出版社，2001．

［33］a 陈旭．商代隞都探寻［J］．郑州大学学报，1991（5）：85－89；b 郑州小双桥商代遗址的年代和性质［J］．中原文物，1995（1）：1－8；c 陈旭．小双桥遗址的发掘与隞都问题［J］．中原文物，1997（2）：45－50．

［34］中国社会科学院考古研究所安阳工作队．河南安阳市洹北商城的勘探与试掘［J］．考古，2003（5）：3－16．

［35］a 李民，朱桢．祖乙迁邢与卜辞井方［J］．郑州大学学报，1989（6）：13－19；b 杨锡璋，唐际根．豫北冀南地区的中商遗存与盘庚以前的商都迁徙［M］∥《三代文明研究》编辑委员会．三代文明研究：一．北京：科学出版社，1999；c 李恩玮．商王居邢建都新考［G］∥王宇信，宋镇豪．纪念殷墟甲骨文发现一百周年国际学术研讨会论文集．北京：社会科学文献出版社，2003．

［36］李雪山．商代分封制度研究［M］．北京：中国社会科学出版社，2004．

［37］唐兰．史征［M］．北京：中华书局，1986．

［38］李学勤．穆公簋盖在青铜器分期上的意义［M］∥李学勤．新出青铜器研究．北京：文物出版社，1990．

［39］徐昭峰．成周城析论［J］．考古与文物，2016（3）：56－63．

［40］张应桥．洛阳北窑西周墓地性质初探［J］．四川文物，2006（2）：34－38．

［41］张永山．金文所见成周的战略地位［G］∥叶万松．洛阳考古四十年：1992 年洛阳考古学术研讨会论文集．北京：科学出版社，1996．

［42］唐复年．西周青铜器铭文分代史征器影集［M］．北京：中华书局，1993．

［43］沈长云．论殷周之际的社会变革：为王国维诞辰 120 周年及逝世 70 周年而作［J］．历史研究，1997（6）：4－21．

［44］杨伯峻．春秋左传注：第一册［M］．北京：中华书局，2009．

［45］李学勤．高青陈庄引簋及其历史背景［J］．文史哲，2011（3）：119－121．

作者简介：徐昭峰，男，辽宁师范大学教授、博士生导师；申颖，女，辽宁师范大学硕士研究生

原文刊于：《中原文化研究》（郑州），2019.4：18－25

华国遗址考察与中华名称溯源

索全星

摘　　要： 河南省新郑市华阳城遗址是西周华国都邑所在。夏代前期都城主要建在华地。伊洛一带的二里头遗址，其文化内涵属夏文化的中晚期，大体反映了夏文化由嵩山东部向嵩山西北、由华地向伊洛一带发展的趋势。华地相当于大河村类型文化区，夏文化的核心区则与《史记·孙子吴起列传》记载及二里头文化的分布相当。然而，"华"与"夏"的概念虽然不同，二者兴起与繁荣的时间虽然有先后，但地域相近且有因袭，"华""夏"同源一体。结合考古发掘和全面调查，我们认为，华阳城遗址为"中华"名源之地，大河村文化晚期的繁荣景象与中华文明起源关系密切，可称为"华文化"，华夏文明是中国早期文明从华文化发展到夏文化的历史概括。大河村类型文化处在古代的"华地"、夏文化的核心地区，通过河南龙山文化与夏文化一脉相承、衔接紧密，充分证明其是华文化的实质。黄帝的胜利导致周边文明起源与文化发展受到抑制，这扫除了华文化发展的最大障碍，中原文化由华文化向夏文化转变。对"华""夏"的历史了解有助于我们加深对"华夏"、"中华"及"中华民族"的认识。

关键词： 华国遗迹；大河村文化；华夏；中华

"中华"名源从何而来，是困惑学术界的老问题。河南新郑市华阳城遗址是西周华国都邑之所在，但与"中华"是否真有关系一直难以定论。2010年7月至11月，我们对华阳城遗址进行了考古发掘和全面调查，发现有东周城址，商代二里岗文化、殷墟文化及仰韶大河村文化遗存等，尤其是大河村文化遗存与古"华地"分布的大河村类型文化内涵一致，从而凸显大河村文化在"华地"的重要性。大河村类型文化晚期农业、手工业已有较高发展，发明并使用历法日历和书写文字，建筑舒适整洁的陶房和大房子，应用版块夯筑技术建造高厚坚固的西山古城（原始古国，距今5300年）[1]，表明夫妻制家庭、私有制已经确立，社会严重分层、分化，聚落及社会管理也已制度化，这个时期在新的生产关系下，呈现出繁荣盛世的景象，具有文明社会的特质。我们结合历史文献对这一问题进行初步探讨，认为华阳城遗址为"中华"名源之地，大河村文化晚期的繁荣景象与中华文明起源关系密切，可称为"华文化"，华夏文明是中国早期文明从华文化发展到夏文化的历史概括。

一 "华国"文献记载及相关问题

西周末年，在周朝担任司徒的郑桓公，预感到西周将亡便向史伯征询安全保身之策，史伯建议他最好将国都迁到现今郑州一带。但是，郑桓公还是身死于西戎之乱，由其子郑武公完成东迁大计，建立郑国。史伯有这样一段精彩的形势分析："其济、洛、河、颍之间乎！是其子男之国，虢、郐为大，虢叔恃势，郐仲恃险，是皆有骄侈怠慢之心，而加之以贪冒。君若以周难之故，寄孥与贿焉，不敢不许。周乱而弊，是骄而贪，必将背君，君若以成周之众，奉辞伐罪，无不克矣。若克二邑，邬、弊、补、舟、依、黮、历、华，君之土也。若前华后河，右洛左济，主芣、騩而食溱、洧，修典刑以守之，是可以少固。"[2]462-464

十邑之地和"前华后河"里各有一个"华"，以文义看一指国一指山，都没问题。十邑之地的"华"被认定是"华国"，对此大家历来都认同不疑，说明西周时确有华国，春秋初年郑武公东迁时灭之。《路史·国名记四》载："华，子国，郑十邑有华。"《汉书·地理志》注引臣瓒曰："幽王既败，郑桓公死之，二年而灭郐，四年灭虢。"这是郑武公东迁时先后灭掉郐、东虢两个较强国家的时间，即郐国灭于公元前769年，东虢国亡于公元前767年，那么，华国应在公元前769年至公元前767年被郑武公灭掉。现代学者认为，华国"在今河南新郑县北"，并明确指出即新郑市郭店镇华阳寨村[3]。

"前华后河"的"华"是华山，系华国一带山地的统称，泛指地理险要。但也有学者认为是"颍"字之误。对此笔者持不同意见，若为"颍"字，这可能与"济、洛、河、颍之间"的"颍"对应，指颍水或指登封境内的颍阳一带山地，但其历史文化内涵和重要性表现得不够。智者史伯应清楚这些。史伯舍颍用华，既考虑到华山有较高的知名度又有比较深厚的历史内涵，意思只是个概称。郑武公东迁灭掉华国改称"华阳"，山称"华阳山"。如此，西周至郑武公东迁，"华"以中华源地一直享誉神州，是专用的名称，指华国、华山。这就是以"华"代称中原的缘由。还有一例可说明华山在新郑。吴起是战国时卫地（今河南辉县）人，其出生地与华地隔河南北相对，是比较熟悉情况的人，他曾说："夏桀之居，左河济，右泰华，伊阙在其南，羊肠在其北。"[4]249"泰华"分别指登封的太室山和新郑的华山。郑武公虽然改其名，但民间还常以"华"称之。

根据实地考察，华阳城周边为丘陵岗地，起伏连绵，系黄土土壤，属嵩山余脉的缓丘平原地带，有水牛岗、陵岗、陵上、梅山等，太山为最高峰，海拔307米，这是华山的大概范围。太山也称"华山"，曾是《山海经》记载的名山之一。南北朝时，人已不知"华阳"根源，郦道元《水经注》中时而称"华城"时而称"华阳城"，并歧生出所谓的"华水"，坠人迷阵[5]520-527。因为"华水"实在短促，不足2公里，凭此命"华"，确难服人。从此中华圣地难以解定。

西周初年，有一件叫命簋的铜器[6]337，其铭文有"华"的记载，这是目前最早的有关华国的文献记载。器身有四行28字铭文，器盖铭文与器身相同，属周穆王时的器物。铭文是："唯十又一月初吉甲辰，王在华，王锡命鹿，用作宝彝。命其永以多友饱餍。"另外，也应重视西周晚期的华季益鼎，这件铜礼器的铭文是"华季益作宝鼎，其万年子子孙孙永宝用享"[7]。2012年2月，山东沂水纪王崮发现大型春秋墓葬，出土遗物丰富，华孟子鼎是80余件青铜器中比较著名的一件。华孟子鼎铭文是"华孟子乍中段氏妇中子媵宝鼎，其眉寿万年无疆，子子孙孙永宝用享"[8]，华孟子鼎的铭文用语、纹饰、铸造工艺等属于西周晚期中原地区的风格，应是新郑华国的铜器。由此可知华国在西周时期是较有影响的封国，并且只有一个华国，不会再有重名的。当史伯讲到华国，郑桓公即心领神会，最后郑国也确实东迁至此,这也将华国、华山定位在新郑北部一带。

唐兰先生对《命簋铭》作了考证,认为:"华在今河南省密县,西为嵩山,是夏族旧居,所以华即是夏,中华民族起于此。"唐先生的认识比较客观,基本可称。现在的考古成果显示,华地不限于新密(原密县),还应有新郑、郑州、登封、荥阳和许昌禹州、长葛等地,这正好与大河村类型文化的分布区相吻合[9]125。唐先生指明华地极为正确,但仅言密县(新密)则不妥当,把"夏族旧居"等同于"华",这就不对了。夏族虽也世居于华地,但在华地东南端的禹州谷水河[10]、瓦店一带,至于兴起则在龙山晚期的鲧、禹之时。"夏族旧居"一般指夏王国的国都,考古工作证明,登封王城岗[11]、禹州瓦店[12]、新密新砦[13]、偃师二里头[14]等均为禹都或夏代国都,其中登封王城岗遗址为夏国禹之都,禹州瓦店、新密新砦遗址与夏王启关系密切,都是夏王国建国前后的文化遗址,表明夏因华地而兴盛的事实。夏代前期都城主要建在华地,二里头遗址则处在伊洛一带,其文化内涵则是夏文化[15]的中晚期,这大体反映了夏文化由嵩山东部向嵩山西北、由华地向伊洛一带发展的趋势。华地相当于大河村类型文化区,夏文化的核心区则与《史记·孙子吴起列传》记载及二里头文化的分布相当[16]82-97。"华"与"夏"概念不同,差别大矣。二者兴起、繁荣的时间虽有先后,但地域相近且有因袭,"华""夏"同源一体,盖因于此。

二 华国遗址考察

华阳城遗址位于河南新郑市郭店镇华阳寨村一带,北距郑州市约 25 公里,南距新郑市 20 公里。遗址中心在东经 34°33′43.02″、北纬 113°42′46.50″,海拔 189 米。这里地势较高,丘岗起伏,陵阜连绵,潮河、黄水河等发源于此,自古以来就是华夏腹地的重要区域。1986 年该遗址的东周城址被公布为省级文物保护单位,2010 年郑州市文物考古研究院通过发掘,进一步了解该城的建筑过程及增修情况,护城河、防御墙、防卫坑及早期壕沟等东周时期完整的城防体系是这次发掘工作的新发现。发掘期间,对华阳城遗址进行初步的调查,发现遗址不仅有东周时期的城址,还有大河村、二里岗、殷文化遗址等,包括郭店、海寨村,面积约 120 万平方米,内涵深厚,这为全面了解遗址面貌增添新资料,为探寻古华族华国提供了新的线索依据[17]。

考古发现的护城河、防御墙、防卫坑及早期壕沟等城防体系属战国晚期，这与韩、赵、魏和秦国之间爆发的"华阳大战"有关系，华阳城一带是其主战场。关于这次战争《史记》记载最多。《史记·韩世家》载："（韩僖王）二十三年赵魏攻我华阳，韩告急于秦……八日而至，败赵魏于华阳之下。"《正义》引司马彪云："华阳，山名，在密县（今新郑），郑州管城县南四十里。"指明华阳城周边山的存在，名华阳山。《史记·赵世家》云："（赵惠王）二十五年，与魏共击秦。秦将白起破我华阳，得一将军。"《括地志》云："故华阳城，在郑州管城县南四十里。"司马彪作注时已注意到华阳城、华阳山及其之间的关系。发掘的早期城壕就是华阳大战的遗迹，这就将西周华国锁定在华阳城周围。华阳城遗址城南沟两侧有较丰富的商代二里岗文化的堆积，经初步钻探，面积较大，文化层 2~3 米，我们在此仅清理商代水井一眼，所得遗物颇多。在海寨村东南角调查发现殷文化遗存，钻探获知亦有一定面积。证实这里是商代一个较大的聚落。西周"华国"屡见记载，周因商制，这些商代遗存大致反映了华国存在的规模和基本事实。

郭店村东北角台地断崖发现有仰韶文化遗存，我们作 5 米 × 10 米的探方，得知文化层厚约 1.8 米，其中第 5 层属商代层，第 6 层属龙山文化层，但遗物均极少，第 7 层属仰韶文化层，在该层下发现 3 个灰坑，其中 H1、H3 出土遗物较多。经初步整理，H1、H3 属大河村文化晚期，与大河村第四期、谷水河第二期器物比较一致，时代应相当。其中有两件器物值得注意，一件红陶釜形鼎（H1：7），鼎腹一周凸棱，凸棱以上为泥陶，以下为砂陶。这种将实用美观巧妙地结合起来的制鼎技术尚属罕见；另一件是灰陶大口圆底罐，陶质细腻，制作精良，非日常器物。郭店仰韶文化遗址仅剩村庄台地一块，其余多被 20 世纪八九十年代取土或建窑烧砖挖掉 1.5~2 米，遗址当然也被破坏。现在看华国若存在的话，可能在郭店村至城南沟两岸一带，城南沟以东则破坏大部，所幸城南沟至华阳城之间保存尚好。郭店大河村文化遗存应引起我们极大注意，其事关中华文明的源头，小觑不得。我们在重视华阳城遗址早期遗存发现的同时，也要打开眼界，更应注意与之相关的大河村文化的研究，因为华文化是一个面，华阳城遗址是其面上的一个亮点。西周华国只是中华文明的名源的子遗，而其文化内涵则是仰韶大河村文化，具体讲应是大河村文化晚期的繁荣阶段。

结 论

（一）大河村文化是华文化的实物载体

前面我们从文献记载和考古调查两个方面作了基本的论证，嵩山周围的复合型遗址很多，有些遗址的文化内涵更丰富典型，而为何单以华阳城遗址由点及面切入华文化呢？这主要是由华阳城遗址的特殊性决定的。以前认为华阳城遗址是西周华国仅是从文献层面讲的，缺乏深入论述，影响有限，这次考古调查发现的商代、大河村文化遗存进一步丰富了遗址的文化内涵，大河村文化遗存尤具重要性，其将大河村文化准确定位在华文化的范围之内。大河村文化晚期所创造的繁荣文化已超过氏族社会生产力的发展水平，具有明显的社会文明特征，但长期没有正确的文化定位[18]，而大河村类型文化又恰处在古代的"华地"、夏文化的核心地区，大河村文化通过河南龙山文化与夏文化一脉相承，衔接紧密，充分证明其华文化的实质。

（二）华文化与黄帝

仰韶文化时期，华地经济发展水平明显高于周边，由于位置居中，四方文化在此交汇融合，形成文明起源的优秀文化，考古学称为大河村文化，若与族属联系则可称为华文化。这里除华族、夏族外还有其他一些氏族和古国，如有熊、补、胥、邻、梅、郑、祝融，还有不知名的西山古国等[19]，可谓氏族毗邻，古国林立。华族在大河村文化的形成过程中有主导和首功作用，其他氏族也作出了重要贡献。

轩辕是华文化中最有影响力的人物，是有熊国的首领，由于功德至伟被尊为黄帝，称为"中华人文始祖"，居五帝之首。轩辕生活在今新郑的南部及与新密交界的地方，传说新郑唐户遗址为"黄帝口（国）"[20]，新密黄帝宫遗址为习武练兵之处[21]。据考证，黄帝所都"有熊"在新郑，现在有黄帝故里、轩辕墓等古迹[22]172-175。黄帝的崛起是以大河村文化繁荣而"神农氏世衰"为历史背景的，华地形成众多的如西山古国的文明实体，出现了"诸侯相侵伐，暴虐百姓，而神农氏不能征"的局面，这时黄帝"习用干戈，以征不享，诸侯咸来宾从"[23]6，以"替天行道"繁盛于华地，最终在阪泉战胜炎帝，取得中原的统治权。但兴起于山东的蚩尤族亦觊觎富庶的中原，于是炎帝、黄帝联盟在涿鹿打败并杀死蚩尤，取得了战争的胜利。这个时间在公元前3000年前后，在西山古城被破坏期间，华地似乎正处在战争状态，也开始了向龙山文化的过渡。因为黄帝的胜利，周边文明起源与文化发展受到抑制，排除了华文化发展的最大障碍，中原文化由华文化向夏文化转变。中国早期文明的发展与一些古代氏族的杰出贡献息息相关，华夏文明即是如此，不仅有华族、有熊族、夏族的功绩，还有炎帝族、蚩尤族、祝融族等的成就，既有盛世一体，也有战争分裂，中华文明从华地的星星之火而开始燎原神州大地。

（三）华夏、中华与中华民族

对华、夏的历史了解有助于我们加深对"华夏"、"中华"及"中华民族"的认识。"华夏"一词出现在春秋时期，其时也盛行"华夏"的称呼。《尚书·周书·武成》有"华夏蛮貊，罔不率俾"，《左传·襄公二十六年》有"楚失华夏，则析公之为也"。《尚书·周书·武成》中"华夏蛮貊"显然指周王国全境，系中国与四方国的统称。由于中国特殊的地理环境，当时没有大国家的概念，以王国为宗主，各方国以臣属纳贡为职，也就没有大国家的称号，故称天下为"华夏蛮貊"。"华夏"与"诸华"义同，有时也称"诸夏"。春秋时期周室东迁，周王的号召力已经大大降低，政治上诸侯群起争霸，思想比较活跃，出现"百家争鸣"的文化现象。这里的"华""夏"为上古时代的国家，均不实指，能与"夏"对应的只能是更早的"华"，显然非西周华国。这时以"华夏"代称中国比较流行，其中的原因是"华夏"意义含蓄且富有历史内涵，各国均能接受。从春秋文献看，当时文人是知道"华夏"真情的，其专指中原一带，区域十分有限，后来范围有所扩大，现在基本相当于河南省。孔颖达疏"华夏为中国也"，这个解释是正确的，代称中原诸国。后世已不知其意，生出"中国有礼仪之大，故称夏；有服章之美，谓之华"，甚至《说文》"华，荣也。夏，中国之人也"，多是望文生义，概不足凭。

我国古代先民认为天圆地方，天下有一个中心，这种观念对先民的思想与行为影响很深刻。新石器晚期，华地经济文化发达，又在四方的中心，自然成为天地之中，也被称为中国。夏王国的建立，中国的概念从华地发展到夏地，但被称为"中国"的区域尚是有限。西周时期，"天中"思想已经形成，认为天中在嵩山（今登封告成一带），故嵩山号称中岳。古代帝王以"中"为王权的命脉和根本，以此建都立国为华夏传统。黄帝建都有熊（今河南新郑）、夏禹建都阳城（今河南登封王城岗）、夏启都黄台（今河南新密新砦）、夏桀建都斟鄩（今河南偃师二里头），即受"中"思想的影响。何尊铭载，西周初年周武王推行了一系列巩固其统治的新政策，其中就有营建成周这一举措。营建成周的依据是其处在"中国"，距"天室（天中）"较近，便于统治天下四方。西周时期，"中国"一词已经概念化，春秋时"华夏"一词也是如此，南北朝时期"中华"便成为称号了。中国自古就是多民族国家，称号须利于民族团结和睦、国家稳定发展，这是非常重要的事情。

"中华"来源较晚，最早见于汉魏时期的文献。《魏书·宕昌传》"其地东接中华，西通西域"，《晋书·刘乔传》载刘弘上表云"今边陲无备豫之储，中华有杼轴之困"，此"中华"均指全国。究其名源有认为乃取"中国"与"华夏"首字的合称[24]，显得颇为牵强。"中华"与中国、中夏意义大致相同，都和古代的"中"文化有渊源，"华"不见"华夏"之义。"中国"之名极其悠久，"中夏"又较固定，唯"中华"宽泛而意趣深厚，包容性强，故能在魏晋南北朝时期流行，这大概与当时处于分裂状态及民族大融合的历史背景有很大关系。近代中国，西方殖民者恃强而入，清政府腐败卖国，革命浪潮起伏汹涌，1912 年 1 月"中华民国"建立，国内各族合称"中华民族"，神州大地再次响起"中华"的声音。民族战争中各族人民在"中华"大义的感召下又一次大集结，凝聚成抗日救国的钢铁长城，打败了日本侵略者。之后，在中国共产党领导下，1949 年10 月 1 日中华人民共和国成立。

参考文献

[1] 国家文物局考古领队培训班. 郑州西山仰韶时代城址的发掘 [J]. 文物, 1999 (7): 4 - 15, 97, 1 - 2.

［2］徐元诰．国语集解·郑语第十六［M］．北京：中华书局，2002.

［3］a 徐元诰．国语集解·郑语第十六［M］．北京：中华书局，2002：462－464；b 复旦大学历史地理研究所．中国历史地名辞典·华国［M］．南昌：江西教育出版社，1988：315；c 郑州市历史文化丛书编纂委员会．郑州市文物志·华阳故城［M］．郑州：河南人民出版社，1999：150.

［4］司马迁．史记·孙子吴起列传［M］．上海：上海古籍出版社，上海书店．1988.

［5］郦道元．水经注·卷二十二［M］．陈桥驿注释．北京：中华书局，2007.

［6］唐兰．西周青铜器铭文分代史征［M］．北京：中华书局，1986.

［7］方辉．华孟子鼎铭小议［N］．中国文物报，2012－8－17（6）.

［8］郝导华，邱波．山东沂水纪王崮发现大型春秋墓葬［N］．中国文物报，2012－10－12（8）.

［9］中国社会科学院考古研究所．中国考古学：新石器时代卷［M］．北京：中国社会科学出版社，2010.

［10］河南省博物馆．河南禹县谷水河遗址发掘简报［J］．考古，1979（4）：300－307，386－388.

［11］a 河南省文物考古研究所，等．登封王城岗与阳城［M］.b 北京：文物出版社，1992；b 北京大学考古文博学院，等．登封王城岗考古发现与研究［M］．郑州：大象出版社，2007.

［12］a 河南省文物研究所，等．禹县瓦店遗址发掘简报［J］．文物，1983（3）：37－48；b 河南省文物考古研究所．禹州瓦店［M］．北京：世界图书出版公司，2004.

［13］北京大学震旦古代文明研究中心，等．新密新砦［M］．北京：文物出版社，2008.

［14］a 中国社会科学院考古研究所．偃师二里头［M］．北京：中国大百科全书出版社，1999；b 中国社会科学院考古研究所二里头工作队．河南偃师市二里头遗址中心区的考古新发现［J］．考古，2005（7）：15－20；c 许宏，等．二里头遗址聚落形态的初步考察［J］．考古，2004（11）：23－31.

［15］赵芝荃．探索夏文化三十年［C］//中国社会科学院考古研究所．中国考古学论丛．北京：科学出版社，1993.

［16］中国社会科学院考古研究所．中国考古学·夏商卷［M］．北京：中国社会科学出版社，2003.

［17］郑州市文物考古研究院，等．河南新郑市华阳城遗址东周遗存的调查与发掘［J］．考古，2013（9）：23－39.

［18］a 张松林，陈萍．河洛地区史前遗存与黄帝文化［M］//张松林．郑州文物考古与

研究：一. 北京：科学出版社，2003；c 韩建业. 西山古城兴废缘由试探 ［J］. 中原文物，1996 （3）：60 - 65.

［19］ 马世之. 中原古国历史与文化 ［M］. 郑州：大象出版社 .1998.

［20］ a 马洪路. 河南新郑唐户新石器时代遗址试掘简报 ［J］. 考古，1984 （3）：193 - 196；b 河南省文物考古研究所，等. 新郑唐户新石器时代遗址调查 ［J］. 中原文物，2005 （5）：12 - 23.

［21］ 河南省文物考古研究所，等. 河南新密市黄帝宫新石器时代遗址调查 ［J］. 华夏考古，2009 （2）：3 - 11，33.

［22］ 新郑市文物管理局. 新郑市文物志 ［M］. 北京：中国文史出版社，2005.

［23］ 司马迁. 史记·五帝本纪 ［M］. 上海：上海古籍出版社，上海书店 .1988.

［24］ 王树民. 中华名号溯源 ［J］. 中国历史地理论丛，1985 （1）：6 - 16.

作者简介：索全星，男，郑州市文物考古研究院副研究员

原文刊于：《中原文化研究》（郑州），2013.5：59 - 64

后　记

在喜迎党的二十大召开之际，我们编辑出版了《中华文明探源论丛》（全三册）一书。

《中华文明探源论丛》（全三册）聚焦中华文明起源、形成、发展的基本图景、内在机制以及各区域文明演进路径等重大问题，展示中华文明探源研究相关成果，拓展深化对五千多年中华文明的深刻认识，是践行习近平新时代中国特色社会主义思想，落实中华优秀传统文化创造性转化创新性发展，服务哲学社会科学学科体系学术体系话语体系建设，响应河南"兴文化工程文化研究"计划，推动河南省社会科学院"双一流"建设的成果。

本书在编辑过程中得到了河南省社会科学院的高度重视与大力支持。院领导对于《中华文明探源论丛》的编撰工作多次专门动员、安排、部署，院科研部门积极做好各方的组织、协调与沟通工作，这些都为本书在较短时间内完成编辑与出版提供了坚实保障。本书编辑工作依托中原文化研究杂志社编辑人员组成编辑组。编辑组成员多次召开编辑会，统一思想，落实责任，明确任务。

由于时间紧、任务重，文中不妥之处在所难免，真诚希望广大作者与读者批评指正。

诚挚感谢所有对《中原文化研究》关爱帮助，对《中华文明探源论丛》支持肯定的作者和读者！

诚挚感谢给予本书指导、支持、帮助的领导、同人、部门！

诚挚感谢担当奉献、辛勤劳作、团结协作的编辑组同人！

2022 年 10 月

图书在版编目（CIP）数据

中华文明探源论丛：全三册 / 闫德亮主编；李娟
副主编. -- 北京：社会科学文献出版社，2023.5（2024.1 重印）
ISBN 978 - 7 - 5228 - 1331 - 8

Ⅰ.①中… Ⅱ.①闫… ②李… Ⅲ.①中华文化 - 文
集 Ⅳ.①K203 - 53

中国版本图书馆 CIP 数据核字（2022）第 254036 号

中华文明探源论丛（全三册）

主　　编 / 闫德亮
副 主 编 / 李　娟

出 版 人 / 冀祥德
组稿编辑 / 任文武
责任编辑 / 李　淼　高振华
文稿编辑 / 贾全胜
责任印制 / 王京美

出　　版 / 社会科学文献出版社·城市和绿色发展分社（010）59367143
　　　　　 地址：北京市北三环中路甲 29 号院华龙大厦　邮编：100029
　　　　　 网址：www. ssap. com. cn
发　　行 / 社会科学文献出版社（010）59367028
印　　装 / 北京虎彩文化传播有限公司

规　　格 / 开　本：787mm × 1092mm　1/16
　　　　　 印　张：67.5　字　数：1107 千字
版　　次 / 2023 年 5 月第 1 版　2024 年 1 月第 2 次印刷
书　　号 / ISBN 978 - 7 - 5228 - 1331 - 8
定　　价 / 298.00 元（全三册）

读者服务电话：4008918866